情·人·文丛书

情忆·名人·美文

QINGYI MINGREN MEIWEN

《伴随》编辑部◎编著

北方文艺出版社

图书在版编目（CIP）数据

情忆·名人·美文 / 《伴随》编辑部编著. -- 哈尔滨：北方文艺出版社，2011.7
ISBN 978-7-5317-2645-6

Ⅰ. ①情… Ⅱ. ①伴… Ⅲ. ①名人－生平事迹－世界 Ⅳ. ①K811

中国版本图书馆 CIP 数据核字（2011）第 132557 号

情忆·名人·美文

责任编辑 / 李玉鹏
封面设计 / 品牌設計 · 小戚
出版发行 / 北方文艺出版社
地　　址 / 哈尔滨市道里区经纬街 26 号
网　　址 / http://www.bfwy.com
邮　　编 / 150010
电子信箱 / bfwy@bfwy.com
经　　销 / 新华书店
印　　刷 / 哈尔滨市石桥印务有限公司
开　　本 / 700×980　1/16
印　　张 / 29.5
字　　数 / 467 千
版　　次 / 2011 年 9 月第 1 版
印　　次 / 2011 年 9 月第 1 次印刷
定　　价 / 39.00 元
书　　号 / ISBN 978-7-5317-2645-6

目录

忆叶圣陶

忆郁达夫

忆茅盾

忆郑振铎

忆丰子恺

忆闻一多

忆沈从文

忆罗淑

忆梁实秋

忆朱湘

忆丁玲

忆靳以

忆钱钟书

忆萧红

忆苏青

忆张爱玲

忆蔡元培

蔡元培传略

蔡元培（1868—1940），中国近代民主革命家、教育家。字鹤卿，号孑民。浙江绍兴人。1868年1月11日（清同治六年十二月十七）生于一个商人世家。十一岁丧父，家境从此萧条。蔡元培自幼刻苦好学，博览群书，1883年中秀才，1889、1892年相继中举人、进士，授翰林院庶吉士，1894年补翰林院编修。中日甲午战争后，开始接触西方资产阶级政治学说，并学习外语，1898年戊戌维新运动中，蔡元培同情维新派，尤其佩服激进的改良主义者谭嗣同。他认为维新派失败是因为没有培养革新人才，决心兴办教育，一度任绍兴中西学堂监督。1901年到上海任南洋公学特班总教习。1902年参与创立中国教育会，任会长，并创立爱国女学和爱国学社，作为培养革命人才、进行秘密活动的机关。

1903年创办《俄事警闻》（后改名《警钟日报》）。1904年参加军国民教育会暗杀团，11月，将暗杀团改组扩大，修订章程，创立东南地区反清革命斗争的重要组织——光复会。1905年加入同盟会，任上海分会会长。1906年春应聘任绍兴学务公所总理。1907年6月赴德，在中国驻德使馆工作。次年秋入莱比锡大学，攻读哲学、心理学、美术史学等学科。武昌起义后回国，

1912年1月出任南京临时政府教育总长，发表《对于教育方针之意见》，宣布废除忠君、尊孔、读经，改革学制，修订课程，实行小学男女同校，推行义务教育和社会教育等。1912年7月，因不满袁世凯擅权而辞职。不久旅居欧洲，从事著述。旅法期间曾参与组织“留法勤工俭学会”和“华法教育会”。1916年11月回国，次年1月任北京大学校长，提出“思想自由”、“兼容并包”的办学方针，并采取一系列具体措施，使北大面貌焕然一新。五四运动前后，他站在维护新文化运动的立场上，提倡白话文，反对文言文；提倡科学与民主的新思想，反对封建主义的旧思想、旧礼教；提倡“劳工神圣”，反对军阀政客的巧取豪夺，使北大成为五四新文化运动的重要阵地。

蔡元培在中国国民党第一、二次全国代表大会上，先后被选为候补中央监察委员、中央监察委员。1926年北伐兴师后，他在江浙一带发起组织苏浙皖三省联合会，策动自治运动。次年2月北伐军攻占杭州，蔡任浙江临时政治会议委员，一度代理主席。蒋介石发动“四·一二”政变前后，蔡元培与国民党右派联名发表“护党救国”通电，参加清党反共运动。南京国民政府成立后，他任教育行政委员会委员、全国最高学术教育行政机关——大学院院长、代理司法部长、国立中央研究院院长。1928年8月，因不愿与蒋介石集团为伍，辞去所兼各职，专任中央研究院院长，定居上海，致力于文化教育和科学研究事业。10月国民政府设立五院，任命蔡元培为监察院院长，他坚辞不就。1932年，同宋庆龄、鲁迅等发起成立中国民权保障同盟，任副主席，为争取民主、保障人权、营救政治犯，进行了不懈的努力。抗日战争爆发后移居香港。1938年，被推为国际反侵略运动大会中国分会名誉主席。1940年3月5日病逝于香港。著作编为《蔡元培全集》。

蔡先生的回忆

陈西滢

蔡先生与稚晖先生是我生平所师事的两个人。“高山仰止，景行行止，虽不能至，然心向往之”，这几句诗，完全可以表出我对于两位先生的情绪。在黑暗中摸索前进的人生的旅途上，他们是悬在天际的巨大的两颗明星，所以虽然有时会迷途，有时不免脚下绊倒，可是由于星光的照耀，仍然可以起来，仍然可以向正确的方面前进。

蔡先生与吴先生，在我心中，常常是连系在一起，不容易分开的。蔡先生去世的消息传出后，有一天夜间不能入睡，回想起蔡先生与自己的关系，处处地方便连带的想到吴先生。可是很奇怪的，蔡先生与吴先生虽同样的给我以不可磨灭的印象而细细追想起来，我与蔡先生的接触，实在是很少。

知道蔡先生却很早。因为在六七岁的时候，曾经在上海泥城桥爱国学社里上过几个月学，可以说是蔡先生与吴先生的学生。那时候住在吴先生的家中，天天见到，可是蔡先生却只听到过名字。至于是不是认识，甚至于是不是见过，现在已经完全想不起来了。

以后看到蔡先生的名字，是在吴先生自英法写给先父等几个老朋友的数千字长信里面。这样的长信，一连大约有两封或三封，里面叙述事物很多，所以也当常会提到蔡孑民在柏林怎样，怎样。那时候的“蔡孑民”还只是一个名字。

武昌起义之后，吴先生与蔡先生都是先后回国。在他们未到以前，他们的一位朋友，商务印书馆主编“辞源”的陆炜士先生，常常对先父等说，将来修清史，只有“稚晖与鹤卿”。那时候已经十五六岁了，知道鹤卿就是以翰林公而提倡革命的蔡孑民。听了陆先生的谈话又知道蔡先生是文章家。

蔡先生回国后住在上海的时候，似乎曾经跟了吴先生到他的府上去过。但是除上一所一楼一底的房子之外，什么也不记得。也许这一楼一底的房子还记忆的错误，实在不曾去拜访过也说不定。但是那时候一个印象是相当清楚的。也可以说是蔡先生给我的第一个印象。大约是在张园举行的许多群众大会之一吧，蔡先生的演讲是在那里第一次听到。他的演讲，声音不高，而且是绍兴口音的官话，内容是朴质的说理，不打动听众的情感，所以他在台上说话，台下的人交头接耳的交谈，甚至于表示不耐烦。所以演讲辞更不能听到。蔡先生的演说也就很快的完毕了。十年以后听众对蔡先生的态度不同了，演辞不至于听不见，然而他演说态度、声音，与内容似乎与我第一个印象没有多大的出入。蔡先生不能说是一位雄辩家。

再会见蔡先生，是在十年后的伦敦。那时候蔡先生是五四运动、新文化运动的策源地北京大学校长，到欧洲去游历。在伦敦摄政街的中国饭店里，北大学生开了一个欢迎会。名义上虽是北大学生，可是原先与北大没有关系的也多人在场，我自己便是一个。此外记得起的还有张奚若，钱乙藜，张道藩。在场的北大教员有章行严与刘半农两位，学生则有傅孟真，徐志摩，徐彦之，刘光一等。那时我新买了一个照相机，初学照相。即在中国饭店的楼上照了两张团体相。这相片到抗战以前还存在，现在可无法找得到了。

蔡先生在伦敦时的故事，现在只记得二三个，大约因为稍微带些幽默，所以至今没有忘掉。有一次伦敦大学政治学教授社会心理学者怀拉斯请蔡先生到他家去茶叙，座中有他的夫人与女儿。陪蔡先生去的是志摩与我两人。起先我们任翻译。忽然志摩说蔡先生在法国住好久，能说法语。怀夫人与小姐大高兴，即刻开始与先生作法语谈话。一句句法文箭也似的向先生射去，蔡先生不知怎样回答。我为了解围，说蔡先生在法国只是作寓公，求学是在德国，所以德文比法文好。怀夫人、怀小姐不能说德语，只好依旧作壁上观。怀拉斯说他从前到过德国，可是德话好久不说已不大能说了。他与蔡先生用德文交谈了几句话。我记得怀指窗外风景说SCHON，蔡先生说IE—BRACBON，可是这样的片言只字的交换，没有法子，怀先生说还是请你们来翻译吧。

一次我与志摩陪蔡先生参观一个油画院。里面有约翰孙博士的一张油画像。我与志摩说起约翰孙博士的谈吐，骨气，生活状态，很像中国的吴先生。在出门的时候，蔡先生选购了几张画片，微笑着的说“英国的吴先生的画像也不可不买一张”！

最难忘的一次是某晚在旅馆中蔡先生的房间里。一向总是有第三人在一处。此时第三人却因事出去了，房内只有我与蔡先生两个人。那时与蔡先生还不知己，自己又很怕羞。要是他做他自己的事倒好了。可是蔡先生却恭恭敬敬陪我坐着，我提了两三个谈话的头，蔡先生只一言半语便回答了。两个人相对坐着，没有谈话。心中着急，更想不出话来。这样的坐也许不到半点钟，可是在那时好像有几点钟似的。幸而第三人来了，方才解了当时的围。

民国二十一年冬与吴先生同船由法回国，到了上海，得北大之聘，又与吴先生同乘津浦北上。拜访蔡先生后没有几天，蔡先生即在一星期日中午在香厂的菜根香请吃饭。吴先生坐首席，同座都是从前在英国的熟朋友。饭后一干人一同步行从先农坛走到天桥。当时感觉到一种北平闲暇的趣味。可是没有多少时候，空气突然紧张，蔡先生离京南下，此后他便有十年没有到过北平。

大约是民国二十一年的春天，蔡先生到武昌珞珈山住过几天。武汉大学的同人给他一个很热烈的欢迎。可是那时候我正病卧在床上，不能够行动。倒是蔡先生走上百余级石级，到我住的高高在山坡上的家，作病榻前的慰问。对于一个后辈，而且实在是很少见的人，看做亲切的朋友，这是蔡先生待人接物的本色，是他所不可及的一个特点。

就是这一年的夏末——还是次年？暑假时我从南昌去北平，因平津路突然不通，乘船到南京，改由津浦路北上。到南京后得知蔡先生正在此时北上，出席中华文化基金董事会，一同相约同行。在车上除了一位基金会的美国董事外，没有什么很熟识的人，所以有一天以上的朝夕相处。这时与伦敦旅馆中大不同了。自己没有了拘束的感觉，没有话的时候也并不勉强的想话说。可是这一次蔡先生谈话很多，从中国的政治教育到个人琐事。特别是过泰安附近时，我们在窗口凭吊志摩遇难的地点，谈了不少关于志摩的回忆。蔡先生带了几瓶南京老万全的香雪酒，是朱骝先送他在车上喝的。第一天晚餐时我们两人喝了一瓶——应该说是蔡先生一人喝一瓶，因我只能陪二三杯。那晚上蔡先生虽没有醉，脸却红得厉害。第二天中晚两餐喝了一瓶。蔡先生说这样正好，听说他每餐得喝一点酒，但并不多。

车快到北平时，他对我说，中央委员乘车是不用花钱的，所以这一次一个钱也没有花。心里觉得有些不安，饭车的账请我让他开销了罢。他说得这样诚恳委婉，我觉得没有什么话可说。可是第二天早晨发现不仅饭费，连睡车上茶房的小费他都付过了。车到站时，他又说他带了一个当差，而且有人来接，行李有人招呼，我的行李也不如放在一处运去。所以这一次与蔡先生同行，一个年轻三十多岁的我非但没有招呼蔡先生，而且反而受他招呼，这表示自己的不中用，但也可以看到蔡先生待人接物的和蔼体贴的风度。

蔡先生这一次到北平，是十年后重游旧地，盛受各团体、各个人朋友的欢迎招待。常常一餐要走两三个地方。他到一处，一定得与每一客对饮一杯，饮完方离去，所以每晚回家时大都多少有了醺意了。他对一切的兴趣都很厚浓。故宫博物院欢迎他去参观时，他进去看了一天。他的脚有病，走路不大方便，可是毫无倦容。我们从游的年轻些的人，都深为惊异。那时候我们认为蔡先生享八九十以上的高龄，应当是不成问题的事。

那一年以后，除了某年暑假，我与叔华在上海经过到愚园路进谒一次蔡先生蔡夫人而外，更没有再会见过了。

追想过去，自己与蔡先生接触的次数实在并不多，但是他在我生命中所给予的影响，却异乎寻常的大，异乎寻常的深刻。是怎样来的呢？仔细分析起来，并不是由于蔡先生的学问文章。蔡先生的书我一本不曾读过。他讲演辞和文章，也只偶然的读到。对于他的学问文章我没有资格说话。也不是由于蔡先生的功业。他办理北大，以致有五四，有新文化运动；他办理中央研究院，使中国在科学各有各种贡献，但是这种种可以使人钦佩，却不一定使人师法，使人崇拜。蔡先生的所以能给予我以不可磨灭的印象，推求起来，完全是由于他人格的伟大。他应小事以圆，而处大事以方。他待人极和蔼，无论什么人有所请托，如写介绍信之类，他几乎有求必应，并不询问来人的资格学问经验。可是到了出处大节，国家大事，他却决不丝毫含糊，而且始终如一，不因事过境迁而有迁就。他是当代最有风骨的一个人。我与他接触的机会虽不多，但是先后有二三十年。我无论在什么时候见到他，蔡先生始终是蔡先生，犹之吴先生始终是吴先生，并不因环境的不同，时运的顺逆，而举止言语有什么不同。这是说来容易，却极难做到的一件事。孟子说，“富贵不能淫，贫贱不能移，威武不能屈，此之谓大丈夫”，蔡吴两先生才可以当大丈夫的名称而无愧了。“高山仰止，景行行止，虽不能至，然心向往之！”

载1940年3月24日重庆《中央日报》

【作者简介】

陈西滢（1896—1970），江苏无锡人，原名陈源，字通伯，笔名西滢。1912年去英国读中学，后入爱丁堡大学和伦敦大学，1922年获博士学位，回国后任北京大学外文系教授。1924年在胡适支持下，与徐志摩等人创办《现代评论》周刊，任文艺部主编。1927年与女作家凌叔华结婚，1929年到武汉大学任教授兼文学院院长。1943年到伦敦中英文化协会工作，1946年出任国民党政府驻巴黎联合国教科文组织首任常驻代表。1966年退休侨居伦敦，1970年因病去世。著有《西滢闲话》、《西滢后话》等。

名人故事

三聘鲁迅

1912年1月，蔡元培受命担任南京临时民国政府教育总长后，参与教育部筹建工作的许寿裳等人，曾极力向蔡元培推荐鲁迅为教育部公务员人选。蔡元培和鲁迅虽为浙江绍兴同乡，但彼此并没有见过面，只是通过文坛阅读多有神交和了解。

蔡元培对许寿裳说：“我久慕其名，正拟驰函延请，现在就托先生代函敦劝，早日来京。”此时的鲁迅正在绍兴家中赋闲，因对辛亥革命后的绍兴失望至极，深感“越中地棘不可居”，接到许寿裳的两封信后，便立即来到南京临时国民政府教育部工作。

蔡元培担任教育总长后，便着手教育改革，展现在世人面前的教育部，再也不是旧式封建衙门的脸面。同年4月，教育部随临时政府由南京迁往北京，部内人员自然要有所调整。教育部次长景某乘蔡元培先期北上之机，便大量安置亲信，教育部于是又成了封建式的衙门。鲁迅看不惯景某的官僚习气，两人心存芥蒂，景某早有报复之心，乘机把鲁迅列入裁员名单之中。

蔡元培看到景某拟写的这份名单后，立即予以制止和纠正。蔡元培在给鲁迅等人的电报中说："昨日国务院成立，教育部亟须组织，请即日北来，为盼。"鲁迅仍被聘为教育部佥事、社会教育司第一科科长，负责科学、美术馆、博物馆、图书馆、音乐会、演艺会等。

蔡元培在担任教育总长期间，大胆提出废除祭孔，不把孔子作偶像崇拜，并在小学废止读经，大学取消经科等革故鼎新的教育主张。一时间，社会上的守旧势力群起而攻之。加之蔡元培的教育改革思想不为袁世凯等人接纳，蔡元培于是提出辞呈辞去了教育总长一职。

1917 年 1 月，蔡元培担任北京大学校长，其间依然采取思想自由、兼容并包的教育方针，以前所未有的举措，对北大尤其是文科进行大刀阔斧的改革。此时，鲁迅仍在教育部供职，在沉重、黑暗的社会氛围的压抑下，他特别感到孤独和愁闷。他常常一个人躲在补树书屋，整日整日地抄写古碑。后来，他的朋友、同乡钱玄同，将他引入北大《新青年》营垒，他的《狂人日记》、《孔乙己》和《药》等白话小说，才得以由《新青年》而面世。

蔡元培对鲁迅、周作人兄弟俩向来看重，他刚一到北大赴任即给鲁迅去信，只是因为鲁迅已在教育部供职，而未聘其到北大任教。但是，却和他多次谈起欲聘其二弟周作人的事。

周作人来到北京后，与其兄鲁迅暂住在一起。蔡元培根据周氏兄弟的意见，正式聘任周作人为北大文科教授，兼国史编纂处纂辑员，主要教授欧洲文学史和罗马文学史。

1920 年 8 月 2 日，鲁迅也收到蔡元培签名的北大聘书，聘任鲁迅为北大讲师，主讲中国小说史。鲁迅还在讲义的基础上完成《中国小说史略》书稿，胡适对此给予高度评价，"这是一部开山的创作。"

1927 年 6 月 13 日，蔡元培被任命为民国大学院院长。此时的鲁迅也早已不在北大兼职了。然而，蔡元培却还像 15 年前在教育部时那样，很快便给鲁迅发了聘书。12 月 26 日，鲁迅在致章廷谦的信中说："前两星期，有一个听差（我想，是蔡'公'家的人）送大学院的聘书到我这里来。"蔡元培还专程拜访鲁迅，聘请他为大学院特约著作员。

现在看来，当时居于民国时期社会主流地位的蔡元培，之所以接二连三地选拔聘任鲁迅，除了同为浙江绍兴老乡的地缘因素之外，在很大程度上取决于居高临下的蔡元培能够认识到鲁迅的文化学术地位，而接纳鲁迅并为鲁迅提供更多的位置，则表明了蔡元培作为伯乐的胆与识。

名人之间

名人忆评蔡元培

黄炎培就读于南洋公学特班时，蔡元培是他的老师，黄记忆中的蔡元培是："全班四十二人，计每生隔十来日聆训话一次。入室则图书满架，吾师长日伏案于其间，无疾言，无愠色，无倦容，皆大悦服……吾师之深心，如山泉有源，随地涌现矣。"

教育家胡元曾用八个字形容蔡元培："有所不为，无所不容。"有所不为者，狷洁也，则非义不取，其行也正。无所不容者，广大也，则兼收并蓄，其量也宏。蔡元培是对事有主张、对人无成见的长者，一生从善如流，却未尝疾恶如仇。有容乃大，真可谓百川归海而不觉其盈。

最能说明问题的应数辜鸿铭对蔡元培的尊重。这位脑后垂着长辫的清朝遗老不仅精通数门外国语文，而且目高于顶，眼中无人。袁世凯是何许强梁？辜鸿铭却将此公与北京街头刷马桶的老妈子等同视之。但古怪之极的辜老头子特别服膺一个人，就是蔡元培。辜鸿铭曾在课堂上对学生宣讲："中国只有两个好人：一个是蔡元培，一个是我。因为蔡元培点了翰林之后，不肯做官，就去革命，到现在还是革命；我呢？自从跟张文襄（张之洞）做了前清的官员以后，到现在还是保皇。"1919年6月初，北大教授在红楼开会，主题是挽留校长蔡元培，众人均无异议，问题只是具体怎么办理，拍电报呢，还是派代表南下。大家轮番讲话。辜鸿铭也登上讲台，赞成挽留校长，他的理由与众不同——"校长是我们学校的皇帝，非得挽留不可"，这么一说就显得滑稽了。好在大家的立场和意见一致，才没人与辜老头子抬杠。

蔡元培作品精选

洪水与猛兽

二千二百年前，中国有个哲学家孟轲，他说国家的历史常是“一乱一治”的。他说第一次大乱是四千二百年前的洪水，第二次大乱是三千年前的猛兽，后来说到他那时候的大乱，是杨朱、墨翟的学说。他又把自己的拒杨、墨比较禹的抑洪水，周公的驱猛兽。所以崇奉他的人，就说杨、墨之害，甚于洪水猛兽。后来一个学者，要是攻击别种学说，总是袭用“甚于洪水猛兽”这句话。譬如唐、宋儒家，攻击佛、老，用他；清朝程朱派，攻击陆王派，也用他；现在旧派攻击新派，也用他。

我以为用洪水来比新思潮，很有几分相像。他的来势很勇猛，把旧日的习惯冲破了，总有一部分的人感受苦痛；仿佛水源太旺，旧有的河槽，不能容受他，就泛滥岸上，把田庐都扫荡了。对付洪水，要是如鲧的用湮法，便愈湮愈决，不可收拾。所以禹改用导法，这些水归了江河，不但无害，反有灌溉之利了。对付新思潮，也要舍湮法用导法，让他自由发展，定是有利无害的。孟氏称“禹之治水，行其所无事”，这正是旧派对付新派的好方法。

至于猛兽，恰好作军阀的写照。孟氏引公明仪的话：“庖有肥肉，厩有肥马，民有饥色，野有饿莩，此率兽而食人也。”

现在军阀的要人，都有几百万几千万的家产，奢侈的了不得，别种好好作工的人，穷的饿死；这不是率兽食人的样子么？现在天津、北京的军人，受了要人的指使，乱打爱国的青年，岂不明明是猛兽的派头么？

所以中国现在的状况，可算是洪水与猛兽竞争。要是有人能把猛兽驯服了，来帮同疏导洪水，那中国就立刻太平了。

载1920年4月1日《新青年》第7卷第5号

我在北京大学的经历（节选）

是年（民国元年），政府任严幼陵君为北京大学校长。两年后，严君辞职，改任马相伯君。不久，马君又辞，改任何锡侯君；不久又辞，乃以工科学长胡次珊君代理。民国五年冬，我在法国，接教育部电，促回国任北大校长。我回来，初到上海，友人中劝不必就职的颇多，说北大太腐败，进去了，若不能整顿，反于自己的声名有碍。这当然是出于爱我的意思。但也有少数的人说，既然知道他腐败，更应进去整顿，就是失败，也算尽了心。这也是爱人以德的说法。我到底服从后说，进北京。

我到京后，先访医专校长汤尔和君，问北大情形。他说："文科预科的情形，可问沈尹默君；理工科的情形，可问夏浮筠君。"汤君又说："文科学长如未定，可请陈仲甫君；陈君现改名独秀，主编《新青年》杂志，确可为青年的指导者。"因取《新青年》十余本示我。我对于陈君，本来有一种不忘的印象，就是我与刘申叔君同在《警钟日报》服务时，刘君语我："有一种在芜湖发行之白话报，发起的若干人，都因困苦及危险而散去了，陈仲甫一个人又支持了好几个月。"现在听汤君的话，又翻阅了《新青年》，决意聘他。从汤君处探知陈君寓在前门外一旅馆，我即往访，与之订定。于是陈君来北大任文科学长，而夏君原任理科学长，沈君亦原任教授，一仍旧贯。乃相与商定整顿北大的办法，次第执行。

我们第一要改革的，是学生的观念。我在译学馆的时候，就知道北京学生的习惯。他们平日对于学问上并没有什么兴会，只要年限满后，可以得到一张毕业文凭。教员是自己不用功的，把第一次的讲义，照样印出来，按期分散给学生，在讲坛上读一遍。学生觉得没有趣味，或瞌睡，或看看杂书；下课时，把讲义带回去，堆在书架上。等到学期、学年或毕业的考试，教员认真的，学生就拼命地连夜阅读讲义，只要把考试对付过去，就永远不再去翻一翻了。要是教员通融一点，学生就先期要求教员告知他要出的题目，至少要求表示一个出题目的范围；教员为避免学生的怀恨与顾全自身的体面起见，往往把题目或范围告知他们了。于是他们不用功的习惯，得了一种保障了。尤其北京大学的学生，是从京师大学堂“老爷”式学生嬗继下来（初办时所收学生，都是京官，所以学生都被称为老爷，而监督及教员都被称为“中堂”或“大人”）。他们的目的，不但在毕业，而尤注重在毕业以后的出路。所以专门研究学术的教员，他们不见得欢迎；要是点名时认真一点，考试时严格一点，他们就借个话头反对他，虽罢课也在所不惜。若是一位在政府有地位的人来兼课，虽时时请假，他们还是欢迎得很；因为毕业后可以有阔老师做靠山。这种科举时代遗留下来的劣根性，是于求学上很有妨碍的。所以我到校后第一次演说，就说明“大学学生，当以研究学术为天职，不当以大学为升官发财之阶梯”。然而要打破这些习惯，只有从聘请积学而热心的教员着手。

那时候因《新青年》上文学革命的鼓吹，而我得认识留美的胡适之君。他回国后，即请到北大任教授。胡君真是“旧学邃密”而且“新知深沈”的一个人，所以，一方面与沈尹默兼士兄弟、钱玄同、马幼渔、刘半农诸君以新方法整理国故，一方面整理英文系。因胡君之介绍而请到的好教员，颇不少。

我素信学术上的派别，是相对的，不是绝对。所以每一种学科的教员，即使主张不同，若都是“言之成理、持之有故”的，就让他们并存，令学生有自由选择的余地。最明白的，是胡适之君与钱玄同君等绝对的提倡白话文学，而刘申叔、黄季刚诸君仍极端维护文言的文学；那时候就让他们并存。我信为应用起见，白话文必要盛行，我也常常作白话文，也替白话文鼓吹。然而我也声明：作美术文，用白话也好，用文言也好。例如我们写字，为应用起见，自然要写行楷，若如江艮庭君的用篆隶写药方，当然不可；若是为人写斗方或屏联，作装饰品，即写篆隶章草，有何不可？

那时候各科都有几个外国教员，都是托中国驻外使馆或外国驻华使馆介绍的，学问未必都好，而来校既久，看了中国教员的阑珊，也跟了阑珊起来。我们斟酌了一番，辞退几人，都按着合同上的条件办的。有一法国教员要控告我，有一英国教习竟要求英国驻华公使朱尔典来同我谈判，我不答应。朱尔典出去后，说："蔡元培是不要再做校长的了。"我也一笑置之。

我从前在教育部时，为了各省高等学堂程度不齐，故改为各大学直接的预科。不意北大的预科，因历年校长的放任与预科学长的误会，竟演成独立的状态。那时候预科中受了教会学校的影响，完全偏重英语及体育两方面；其他科学比较的落后，毕业后若直升本科，发生困难。预科中竟自设了一个预科大学的名义，信笺上亦写此等字样。于是不能不加以改革，使预科直接受本科学长的管理，不再设预科学长。预科中主要的教课，均由本科教员兼任。

我没有本校与他校的界线，常常为通盘打算，求其合理化。是时北大设文、理、工、法、商五科，而北洋大学亦有工、法两科；北京又有一工业专门学校，都是国立的。我以为无此重复的必要，主张以北大的工科并入北洋，而北洋之法科，刻期停办。得北洋大学校长同意，及教育部核准，把土木工与矿冶工并到北洋去了。把工科省下来的经费，用在理科上。我本来想把法科与法专并成一科，专授法律，但是没有成功。我觉得那时候的商科，毫无设备，仅有一种普通商业学教课，于是并入法科，使已有的学生毕业后停止。

我那时候有一个理想，以为文、理两科，是农、工、医、药、法、商等应用科学的基础，而这些应用科学的研究时期，仍然要归到文理两科来。所以文理两科，必须设各种的研究所；而此两科的教员与毕业生必有若干人是终身在研究所工作，兼任教员，而不愿往别种机关去的。所以完全的大学，当然各科并设，有互相关联的便利。若无此能力，则不妨有一大学专办文理两科，名为本科，而其他应用各科，可办专科的高等学校，如德、法等国的成例，以表示学与术的区别。因为北大的校舍与经费，决没有兼办各种应用科学的可能，所以想把法律分出去，而编为本科大学，然没有达到目的。

那时候我又有一个理想，以为文理是不能分科的。例如文科的哲学，必植基于自然科学；而理科学者最后的假定，亦往往牵涉哲学。从前心理学附入哲学，而现在用实验法，应列入理科；教育学与美学，也渐用实验法，有同一趋势。地理学的人文方面，应属文科，而地质地文等方面属理科。历史学自有史以来，属文科，而推原于地质学的冰期与宇宙生成论，则属于理科。所以把北大的三科界限撤去而列为十四系，废学长，设系主任。

……

北大关于文学、哲学等学系，本来有若干基本教员；自从胡适之君到校后，声应气求，又引进了多数的同志，所以兴会较高一点。预定的自然科学、社会科学、文学、国学四种研究所，止有国学研究所先办起来了。在自然科学与社会科学方面，比较地困难一点。自民国九年起，自然科学诸系，请到了丁巽甫、颜任光、李润章诸君主持物理系；李仲揆君主持地质系；在化学系本有王抚五、陈聘丞、丁庶为诸君，而这时候又增聘程寰西、石蘅青诸君；在生物学系本已有钟宪鬯君在东南、西南各省搜罗动植物标本，有李石曾君讲授学理，而这时候又增聘谭仲逵君。于是整理各系的实验室与图书室，使学生在教员指导之下，切实用功；改造第二院礼堂与庭园，使合于讲演之用。在社会科学方面，请到王雪艇、周鲠生、皮皓白诸君；一面诚意指导提起学生好学的精神，一面广购图书杂志，给学生以自由考索的工具。丁巽甫君以物理学教授兼预科主任，提高预科程度。于是北大始达到各系平均发展的境界。

我是素来主张男女平等的。九年，有女学生要求进校，以考期已过，姑录为旁听生。及暑假招考，就正式招收女生。有人问我："兼收女生是新法，为什么不先请教育部核准？"我说："教育部的大学令，并没有专收男生的规定；从前女生不来要求，所以没有女生；现在女生来要求，而程度又够得上，大学就没有拒绝的理。"这是男女同校的开始，后来各大学都兼收女生了。

我是佩服章实斋先生的。那时候国史馆附设在北大，我定了一个计划，分征集、纂辑两股；纂辑股又分通史、民国史两类；均从长编入手，并编历史辞典。聘屠敬山、张蔚西、薛阆仙、童亦韩、徐贻孙诸君分任征集编纂等务。后来政府忽又有国史馆独立一案，别行组织。于是张君所编的民国史，薛、童、徐诸君所编的辞典，均因篇帙无多，视同废纸；止有屠君在馆中仍编他的蒙兀儿史，躬自保存，没有散失。

我本来很注意于美育的。北大有美学及美术史教课，除中国美术史由叶浩吾君讲授外，没有人肯讲美学。十年，我讲了十余次，因足疾进医院停止。至于美育的设备，曾设书法研究会，请沈尹默、马叔平诸君主持。设画法研究会，请贺履之、汤定之诸君教授国画；比国楷次君教授油画。设音乐研究会，请萧友梅君主持。均听学生自由选习。

我在"爱国学社"时，曾断发而习兵操。对于北大学生之愿受军事训练的，常特别助成。曾集这些学生，编成学生军，聘白雄远君任教练之责，亦请蒋百里、黄膺白诸君到场演讲。白君勤恳而有恒，历十年如一日，实为难得的军人。

我在九年的冬季，曾往欧美考察高等教育状况，历一年回来。这期间的校长任务，是由总务长蒋君代理的。回国以后，看北京政府的情形，日坏一日；我处在与政府常有接触的地位，日想脱离。十一年冬，财政总长罗钧任君忽以金佛朗问题被逮，释放后，又因教育总长彭允彝君提议，重复收禁。我对于彭君此举，在公议上，认为是蹂躏人权献媚军阀的勾当；在私情上，罗君是我在北大的同事，而且于考察教育时为最密切的同伴，他的操守，为我所深信。我不免大抱不平，与汤尔和、邵飘萍、蒋梦麟诸君会商，均认有表示的必要。我于是一面递辞呈，一面离京。隔了几个月，贿选总统的布置，渐渐地实现；而要求我回校的代表，还是不绝。我遂于十二年七月间重往欧洲，表示决心；至十五年，始回国。那时候，京津间适有战争，不能回校一看。十六年，国民政府成立，我在大学院，试行大学区制，以北大划入北平大学区范围，于是我的北京大学校长的名义，始得取销。

综计我居北京大学校长的名义，十年有半；而实际在校办事，不过五年有半。一经回忆，不胜惭悚。

忆周作人

周作人传略

周作人（1885—1967），字星杓，后改名奎绶，自号起孟、启明（或作岂明）、知堂等。重要笔名有独应、仲密、药堂、周遐寿等。祖籍浙江绍兴。

1901年秋考入江南水师学堂。1906年赴日本，先后入东京政法大学、立教大学文科学习。曾与鲁迅共同翻译《域外小说集》一、二集。1911年返回绍兴，先后任浙江省教育司视学和绍兴教育会会长、浙江第五中学英语教员。1917年到北京大学任文科教授兼国史编译处纂辑员。

新文学运动发轫时期，在《新青年》、《每周评论》等刊物上先后发表《人的文学》、《平民文学》、《思想革命》等新文学运动理论建设上的重要文章，产生过广泛影响。1920年参加新潮社，被推选为该社主任编辑，并负责主持北京大学歌谣研究会。1921年参与发起成立文学研究会并起草宣言。五四前后除继续翻译介绍外国小说诗歌文学作品外，还发表大量白话诗文，成为新文化运动的骨干之一。

1922年7月起兼任燕京大学新文学系主任。1923年第一部散文集《自己的园地》问世。1924年11月发起组织语丝社，并成为《语丝》的实际主编。这时期小说诗歌文学作品为《雨天的书》、《泽泻集》、《谈虎集》、《谈龙集》等。

1928年任北平大学文学院国文系主任及日本文学系主任。1930年与冯文炳等合办文艺周刊《骆驼草》，同时大力鼓吹文学的无目的性，创作了大量专注于草木虫鱼的文章和读书笔记，创作风格愈加走向闲适。此时结集的有《永日集》、《看云集》、《苦茶随笔》、《夜读抄》、《瓜豆集》等。

七七事变后，北大南迁，他留在北平。在日本帝国主义统治下，出任南京国民政府委员、华北政务委员会委员兼教育总署督办，及东亚文化协会会长等。沦陷时期著作结集有《药堂语录》、《苦口甘口》、《立春以前》等。

1945年抗战胜利后因汉奸罪被国民党政府逮捕，判有期徒刑10年。1949年1月保释出狱。中华人民共和国成立后定居北京，先后写有《鲁迅的故家》、《鲁迅小说里的人物》、《鲁迅的青年时代》、《知堂回想录》，还翻译了一些日本、希腊文学名著。

1967年因患前列腺肿瘤在京去世。

知堂先生

废　名

林语堂先生来信问我可否写一篇《知堂先生》刊在《今人志》，我是一则以喜，一则以惧。喜者这个题目于我是亲切的，惧则正是陶渊明所云："惧或乖谬，有亏大雅君子之德，所以战战兢兢，若履深薄云尔。"我想我写了可以当面向知堂先生请教，斯又一乐也。这是数日以前的事，一直未能下笔。前天往古槐书屋看平伯，我们谈了好些话，所谈差不多都是对于知堂先生的向往，事后我一想，油然一喜，我同平伯的意见完全是一致的，话似乎都说得有意思，我很可惜回来没有把那些谈话都记录下来，那或者比着意写一篇文章要来得中意一点也未可知。我们的归结是这么的一句，知堂先生是一个唯物论者。知堂先生是一个躬行君子。我们从知堂先生可以学得一些道理，日常生活之间我们却学不到他的那个艺术的态度。平伯以一个思索的神气说道："中国历史上曾有像他这样气分的人没有？"我们两人都回答不了。"渐近自然"四个字大约能以形容知堂先生，然而这里一点神秘没有，他好像拿了一本自然教科书做参考。中国的圣经圣传，自古以及如今，都是以治国平天下为己任的，这以外大约没有别的事情可做，唯女子与小孩的问题，又烦恼了不少的风雅之士。我常常从知堂先生的一声不响之中，不知不觉的想起了这许多事，简直有点惶恐。我们很容易陷入流俗而不自知，我们与野蛮的距离有时很难说，而知堂先生之修身齐家，真是以自然为怀，虽欲赞叹之而不可得也。偶然读到《人间世》所载《苦茶庵小文·题魏慰晨先生家书后》有云："为父或祖者尽瘁以教养子孙而不责其返报，但冀其历代益以聪强耳，此自然之道，亦人道之至也。"在这个祖宗罪业深重的国家，此知者之言，亦仁者之言也。

我们常不免是抒情的，知堂先生总是合礼，这个态度在以前我尚不懂得。十年以来，他写给我辈的信札，从未有一句教训的调子，未有一句情热的话，后来将今日偶然所保存者再拿起来一看，字里行间，温良恭俭，我是一旦豁然贯通之，其乐等于所学也。在事过情迁之后，私人信札有如此耐观者，此非先生之大德乎。我常记得当初在《新月杂志》读了他的《志摩纪念》一文，欢喜慨叹，此文篇末有云："我只能写可有可无的文章，而纪念亡友又不是可以用这种文章来敷衍的，而纪念刊的收稿期又迫切了，不得已还只得写，结果还只能写出一篇可有可无的文章，这使我不得不重又叹息。"无意间流露出来的这一句叹息之声，其所表现的人生之情与礼，在我直是读了一篇寿世的文章。他同死者生平的交谊不是抒情的，而生死之前，至情乃为尽礼。知堂先生待人接物，同他平常作文的习惯，一样的令我感兴趣，他作文向来不打稿子，一遍写起来了，看一看有错字没有，便不再看，算是完卷，因为据他说起稿便不免于重抄，重抄便觉得多无是处，想修改也修改不好，不如一遍写起倒也算了。他对于自己是这样的宽容，对于自己外的一切都是这样的宽容，但这其间的威仪呢，恐怕一点也叫人感觉不到，反而感觉到他的谦虚。然而文章毕竟是天下之事，中国现代的散文，从开始以迄现在，据好些人的闲谈，知堂先生是最能耐读的了。

那天平伯曾说到"感觉"二字，大约如"冷暖自如"之感觉，因为知堂先生的心情与行事都有一个中庸之妙，这到底从哪里来的呢？平伯乃踌躇着说道："他大约是感觉？"我想这个意思是的，知堂先生的德行，与其说是伦理的，不如说是生物的；有如鸟类之羽毛，鹄不日浴而白，乌不日黔而黑，黑也白也，都是美的，都是卫生的。然而自然无知，人类则自作聪明，人生之健全而同乎自然，非善知识者而能之欤。平伯的话令我记起两件事来，第一我记起七八年前在《语丝》上读到知堂先生的《两个鬼》这一篇文章，当时我尚不甚了然，稍后乃领会其意义，他在这篇文章的开头说：在我们的心头住着 Du Daimone，可以说是两个——鬼。我踌躇着说鬼，因为他们并不是人死所化的鬼，也不是宗教上的魔，善神与恶神，善天使与恶天使。他们或者应该说是一种神，但这似乎太尊严一点了，所以还是委屈他们一点称之曰鬼。

这两个是什么呢？其一是绅士鬼。其二是流氓鬼。据王学的朋友们说人是有什么良知的，教士说有灵魂，维持公理的学者也说凭着良心，但我觉得似乎都没有这些，有的只是那两个鬼，在那里指挥我的一切的言行。这是一种双头政治，而两个执政还是意见不甚协和的，我却像一个钟摆在这中间摇着。有时候流氓占了优势，我便跟了他去彷徨，什么大街小巷的一切隐密无不知悉，酗酒、斗殴、辱骂，都不是做不来的，我简直可以成为一个精神上的“破脚骨”。但是在我将真正撒野，如流氓之“开天堂”等的时候，绅士大抵就出来高叫“带住，着即带住！”说也奇怪，流氓平时不怕绅士，到得他将要撒野，一听绅士的吆喝，不知怎的立刻一溜烟地走了。可是他并不走远，只在弄头弄尾探望，他看绅士领了我走，学习对淑女们的谈吐与仪容，渐渐地由说漂亮话而进于摆臭架子，于是他又赶出来大骂云云……这样的说法，比起古今的道德观念来，实在是一点规矩也没有，却也未必不最近乎事理，是平伯所说的感觉，亦是时人所病的“趣味”二字也。

再记起去年我偶尔在一个电影场上看电影，系中国影片，名叫《城市之夜》，一个码头工人的女儿为得要孝顺父亲而去做舞女，我坐在电影场上，看来看去，悟到古今一切的艺术，无论高能的低能的，总而言之都是道德的，因此也就是宣传的，由中国旧戏的脸谱以至于欧洲近代所谓不道德的诗文，人生舞台上原来都是负担着道德之意识。当下我很有点闷窒，大有呼吸新鲜空气之必要。这个新鲜空气，大约就是科学的。于是我想来想去，仿佛自己回答自己，这样的艺术，一直未存在。佛家经典所提出的“业”，很可以做我的理想的艺术的对象，然而他们的说法仍是诗而不是小说，是宣传的而不是记载的，所以是道德的而不是科学的。我原是自己一时糊涂的思想，后来同知堂先生闲谈，他不知道我先有一个成见，听了我的话，他不完全的说道：“科学其实也很道德。”我听了这句话，自己的心事都丢开了，仿佛这一句平易的话说得知堂先生的道境，他说话的神气真是一点也不费力，令人可亲了。

二十三年七月

周作人与废名

1921年左右，废名特别喜欢胡适、周作人、鲁迅的作品，其中周作人的《小河》，废名称它是“一首杰作”，于是很冲动地有了请求周作人指教的念头。废名与周作人至迟在1921年11月取得联系，废名将自己的诗文稿寄给周作人审阅。在废名进入北大前，二人已通信多次。

1922—1924年，废名在北大预科就读，成为周作人的学生。废名在《努力周刊》上的小说引起陈衡哲、胡适、周作人的注意，周作人甚至戏言鼓励废名出小说集，答应为他作序。1923年9月7日，废名首次拜会周作人。二人由通信到见面，关系有所发展。1925年，废名第一本小说集《竹林的故事》出版，周作人破例为废名作序，因为那套书的体例上没序言。可见，周作人确实很看重废名这个学生的。

《语丝》时期，是新文学阵营分裂与重新整合时期。《语丝》前期（1924—1927），周作人与废名通信、见面的机会更多，直接教导废名的文学创作。废名许多著名小说，都在《语丝》发表，并在《语丝》连载长篇诗化小说《桥》，成为“语丝派”的一个重要小说家。在鲁迅、周作人与现代评论派的斗争中，废名也勇敢地站到了二位老师的跟前，为之呐喊、呼号，显出“勇士”的风姿。《语丝》后期（1927年以后），鲁迅南下，废名开始偏向周作人，常常出入苦雨斋，渐渐成为周作人的私淑弟子。三一八事变、张作霖之乱后，新文学阵营彻底瓦解，废名也很苦闷，以至辍学卜居西山。这一时期，周作人与废名基本确立了师徒关系，二人关系极其密切，废名还一度住在周作人的家里，“常往来如亲眷”。

1930年5月，周作人指导废名筹办《骆驼草》周刊。北平的文坛，基本以《骆驼草》为根据地，周作人为盟主，废名是其麾下最得意的弟子。此外，还有俞平伯、江绍原、沈启无，时号周作人门下四大弟子，可谓“周门四学士”。截至1937年为止，周作人与废名一直保持亲密的关系，在文坛上相互唱和。周作人继续在思想上影响废名，废名无论文学观、审美观以至政治观、文学史观都深深刻着“周作人”的烙印。

1937年7月7日，日本发动全面侵华战争，攻占北平。这时左翼文人纷纷南下，骚乱之后的北平寂寞冷清，一个偶然的因素促使废名提前南下了——1937年9月，废名母亲还春师太圆寂。根本不打算南下的周作人也挽留不住废名，于是师徒二人挥泪离别。

1938年3月，周作人第二次回信给废名，6月又寄信废名。不久废名收到卞之琳的信及其与何其芳主编的《工作》，得知周作人附逆。废名起先固执地认为不可能，直到1944年废名才知道恩师确已附逆，但他仍然说：即使附逆，知堂老人还是爱国的，是他特殊的爱国方式。这期间，周作人很少与废名通信，因为线路已经不通了，在1941年废名寄周作人《说种子》以后，不见二人通信的记载。这期间有两个重要史料是学界所不知的，一是：1944年，周作人寄信废名要他回北平，估计是安排他在伪北大任教，此时周作人已是伪北大校长兼文学院院长。后来又有日本士兵找到废名，说已经和周作人联系好了，找你去北大教书，面临着日寇的威逼利诱废名坚决不回北大。此事在废名的家乡黄梅流传很广，被视为废名先生有着崇高气节的一面。二是：1944年的“破门声明”事件，也曾波及到远在黄梅的废名，周作人也给废名寄去了“破门声明”的明信片，被废名的几个学生收到，他们拿给废名看。可见，废名是知道沈启无被恩师逐出师门的。此后，周作人还写信问废名《谈新诗》出版的事。以上基本是周作人与废名在这一期间的交往。

1946年9月，废名取道南京返回北大。在叶公超的帮助下，周作人与废名在狱中见了一面，心中十分怀念废名的周作人终于见到了爱徒。1949年1月，北平解放后周作人被保释出狱。废名开始与周作人取得联系，考虑到周作人的艰难生活，他热心地在老朋友中为周作人募捐，并亲自解囊相助2万元。直到1950年，还有废名到周家贺年的记载。在那特殊的政治年代，周作人的许多老朋友都避之如鬼神，而废名毫不在乎，依然我行我素，保持与恩师的来往，并大力相助，在生活上有很多照顾，以至在一个寒冷的冬天，为周家拉来一车煤炭。

废名当时因长期与恩师周作人来往，在政治声名上已造成“不良影响”了。周作人也不无担忧地说：“废名人太真率，只怕因我而受连累，甚至会吃亏的。”

北大中文系开批判会批评废名，说他立场不坚定。最严重的后果是，1952年，废名被排挤出北大。此后周作人很难与废名联系了，所谓“划清界限”，但他们在心底，会思念对方吗？据《周作人年谱》记载，1957年12月14日周作人外出购买一册新出版的《废名小说选》，可见周作人在心里还是想念废名的，这比抗战期间“怀废名”更难熬、更苍凉吧！十年后，也即1967年，周作人遭受红卫兵殴打，于5月6日死去。这时废名也已不醒人世，在家被抄以后，喃喃地问道：中国的文化大革命到底是怎么回事？9月4日下午1点多，废名离开人世。中国现代文学史上开创京派的师徒二人就此永远地离开了。

周作人与梁实秋

周作人与梁实秋是在一次文艺论争中开始交往的。

五四运动爆发时，梁实秋正在清华学校读书。在五四运动的洗礼下，梁实秋和一些激进的同学一样，思想上产生了一种强烈的冲动，表现出对社会的参与意识。正是在这种心理冲动的驱使下，梁实秋选择了文学批评。他以青年人特有的激情，“喜欢和人辩驳问难”。从1922年到1923年，他先后三次开展论争。论争的对手，有同龄的青年才俊，也有年长的权威人士。在1922年5月27日到29日这段时间里，梁实秋在《晨报·副刊》上连续发表多篇文章，针对周作人的诗歌“须以真为主，美即在其中”的文艺观点而发难。

周作人怒而反击。他针对梁实秋提出了“美即是真，真即是善”的文艺观点，在6月2日《晨报·副刊》上发表了《“丑的字句”》一文，对梁实秋的观点进行了反驳。梁实秋旋即在1922年6月22日出版的《晨报·副刊》上发表《读仲密先生的〈丑的字句〉》一文，对周作人（号仲密）予以反击。接着他们互不让步，又相继发表了几篇文章进行互相答辩。

可是，四个月后，冷静下来的梁实秋作为清华文学社的学生代表，到八道湾来请周作人给他们讲课。周作人并没有计较刚刚发生过的那场争论，就一口答应下来。1923年3月3日周作人来到清华园，给文学社的同学们讲了《日本的小诗》这个专题。周作人讲课声音不大，几乎是照本宣科，但是梁实秋和他的同学们并没有慢待周作人，他们仍然怀着敬佩的心情认真听课，仔细地做笔记。

后来，梁实秋撰文对五四浪漫主义大张挞伐，周作人则很折服，引起了思想上的共鸣，从此也冰释了前嫌。

梁实秋从美国留学归来后，文艺观点有了较大的转变，对于周作人的文艺观不仅能够接受，而且几乎是殊途同归了。梁实秋主编《自由评论》时，周作人被邀请为重要撰稿人，先后发表了《谈策论》、《文学的未来》、《谈日本文化书（致梁实秋）》等文章。1934 年梁实秋到北京大学任教，成为周作人的同事时，彼此的关系异乎寻常地密切起来。他经常到周作人家造访，相互间也常有书信往来。有一次周作人给他写信，要他帮助给卖数十册英文原版书。梁实秋找到有关部门给周作人办成了这件事，解决了周作人的燃眉之急。其实当时周作人作为一位“研究教授”，收入不菲，主要是他的日本妇人花钱大手大脚。以前与大先生鲁迅住在一起时，鲁迅负担家庭的开支，后来与大先生反目后，鲁迅搬出八道湾，只凭周作人的个人收入就必然陷于经济窘境了。抗战爆发后，梁实秋到《中央日报》主编副刊，离开北京，从此他们就失去了联系。

到六十年代，周作人给香港朋友写信时提到梁实秋和林语堂，说“语堂与梁实秋皆系美材，亦同犯才子之毛病。盖才子到老辄有倚老卖老之病，亦即是才尽也。”而梁实秋得知周作人逝世的消息后，写了篇《忆岂明老人》。在文中对周作人的评价也是一分为二的：“他一生淡泊，晚节不终，实在是至堪痛惜而无可原谅之事。但是除此一点之外，他的学养的风度仍令人怀思而不能自已。”

周作人作品精选

乌 篷 船

子荣君：①

接到手书，知道你要到我的故乡去，叫我给你一点什么指导。老实说，我的故乡，真正觉得可怀恋的地方，并不是那里；但是因为在那里生长，住过十多年，究竟知道一点情形，所以写这一封信告诉你。

我所要告诉你的，并不是那里的风土人情，那是写不尽的，但是你到那里一看也就会明白的，不必另啰唆地多讲。我要说的是一种很有趣的东西，这便是船。你在家乡平常总坐人力车，电车，或是汽车，但在我的故乡那里这些都没有，除了在城内或山上是用轿子以外，普通代步都是用船。船有两种，普通坐的都是“乌篷船”，白篷的大抵作航船用，坐夜航船到西陵去也有特别的风趣，但是你总不便坐，所以我就可以不说了。乌篷船大的为“四明瓦”（Symenngoa），小的为脚划船（划读 huá）亦称小船。但是最适用的还是在这中间的“三道”，亦即三明瓦。篷是半圆形的，用竹片编成，中夹竹箬，上涂黑油，在两扇“定篷”之间放着一扇遮阳，也是半圆的，木作格子，嵌着一片片的小鱼鳞，径约一寸，颇有点透明，略似玻璃而坚韧耐用，这就称为明瓦。三明瓦者，谓其中舱有两道，后舱有一道明瓦也。船尾用橹，大抵两支，船首有竹篙，用以定船。船头着眉目，状如老虎，但似在微笑，颇滑稽而不可怕，唯白篷船则无之。三道船篷之高大约可以使你直立，舱宽可以放下一顶方桌，四个人坐着打麻将，——这个恐怕你也已学会了罢？小船则真是一叶扁舟，你坐在船底席上，篷顶离你的头有两三寸，你的两手可以搁在左右的舷上，还把手都露出在外边。在这种船里仿佛是在水面上坐，靠近田岸去时泥土便和你的眼鼻接近，而且遇着风浪，或是坐得稍不小心，就会船底朝天，发生危险，但是也颇有趣味，是水乡的一种特色。不过你总可以不必去坐，最好还是坐那三道船罢。

你如坐船出去，可是不能像坐电车的那样性急，立刻盼望走到。倘若出城，走三四十里路（我们那里的里程是很短，一里才及英里三分之一），来回总要预备一天。你坐在船上，应该是游山的态度，看看四周物色，随处可见的山，岸旁的乌桕，河边的红寥和白苹，渔舍，各式各样的桥，困倦的时候睡在舱中拿出随笔来看，或者冲一碗清茶喝喝。偏门外的鉴湖一带，贺家池，壶觞左近，我都是喜欢的，或者往娄公埠骑驴去游兰亭（但我劝你还是步行，骑驴或者于你不很相宜），到得暮色苍然的时候进城上都挂着薜荔的东门来，倒是颇有趣味的事。倘若路上不平静，你往杭州去时可于下午开船，黄昏时候的景色正最好看，只可惜这一带地方的名字我都忘记了。夜间睡在舱中，听水声橹声，来往船只的招呼声，以及乡间的犬吠鸡鸣，也都很有意思。雇一只船到乡下去看庙戏，可以了解中国旧戏的真趣味，而且在船上行动自如，要看就看，要睡就睡，要喝酒就喝酒，我觉得也可以算是理想的行乐法。只可惜讲维新以来这些演剧与迎会都已禁止，中产阶级的低能人别在“布业会馆”等处建起“海式”的戏场来，请大家买票看上海的猫儿戏。这些地方你千万不要去。——你到我那故乡，恐怕没有一个人认得，我又因为在教书不能陪你去玩，坐夜船，谈闲天，实在抱歉而且惆怅。川岛君夫妇现在偁山下，本来可以给你绍介，但是你到那里的时候他们恐怕已经离开故乡了。初寒，善自珍重，不尽。

十五年十一月十八日夜，于北京。

【注释】

①子荣，是周作人的笔名，始用于1923年8月26日《晨报副刊》发表的《医院的阶陛》一文。以后，1923年、1925年均用过此笔名，在本文之后，1927年9、10月所作《诅咒》、

《功臣》等文中，也用过“子荣”的笔名。本文收信人与写信人是同一人，可以看作是作者寂寞的灵魂的内心对白。

喝　　茶

前回徐志摩先生在平民中学讲“吃茶”——并不是胡适之先生所说的“吃讲茶”——我没有工夫去听，又可惜没有见到他精心结构的讲稿，但我推想他是在讲日本的“茶道”（英文译作 Teaism），而且一定说的很好。茶道的意思，用平凡的话来说，可以称作“忙里偷闲，苦中作乐”，在不完全的现世享乐一点美与和谐，在刹那间体会永久，是日本之“象征的文化”里的一种代表艺术。关于这一件事，徐先生一定已有透彻巧妙的解说，不必再来多嘴，我现在所想说的，只是我个人的很平常的喝茶观罢了。

喝茶以绿茶为正宗，红茶已经没有什么意味，何况又加糖——与牛奶？葛辛（George Gissing）的《草堂随笔》（原名 Private Papersof Henry Ryecroft）却是很有趣味的书，但冬之卷里说及饮茶，以为英国家庭里下午的红茶与黄油面包是一日中最大的乐事，东方饮茶已历千百年，未必能领略此种乐趣与实益的万分之一，则我殊不以为然。红茶带“土斯”未始不可吃，但这只是当饭，在肚饥时食之而已；我的所谓喝茶，却是在喝清茶，在赏鉴其色与香与味，意未必在止渴，自然更不在果腹了。中国古昔曾吃过煎茶及抹茶，现在所用的都是泡茶，冈仓觉三在《茶之书》（Book of Bvok up tea，1919）里很巧妙的称之曰“自然主义的茶”，所以我们所重的即在这自然之妙味。中国人上茶馆去，左一碗右一碗的喝了半天，好像是刚从沙漠里回来的样子，颇合于我的喝茶的意思（听说闽粤有所谓吃工夫茶者自然更有道理），只可惜近来太是洋场化，失了本意，其结果成为饭馆子之流，只在乡村间还保存一点古风，唯是屋宇器具简陋万分，或者但可称为颇有喝茶之意，而未可许为已得喝茶之道也。

喝茶当于瓦屋纸窗下，清泉绿茶，用素雅的陶瓷茶具，同二三人共饮，得半日之闲，可抵十年的尘梦。喝茶之后，再去继续修各人的胜业，无论为名为利，都无不可，但偶然的片刻优游乃正亦断不可少。中国喝茶时多吃瓜子，我觉得不很适宜，喝茶时可吃的东西应当是清淡的“茶食”。中国的茶食却变了“满汉饽饽”，其性质与“阿阿兜”相差无儿，不是喝茶时所吃的东西了。日本的点心虽是豆米的成品，但那优雅的形色，朴素的味道，很合于茶食的资格，如各色的“羊羹”（据上田恭辅氏考据，说是出于中国唐时的羊肝饼），尤有特殊的风味。江南茶馆中有一种“干丝”，用豆腐干切成细丝，加姜丝酱油，重汤炖热，上浇麻油，必以供客，其利益为“堂倌”所独有。豆腐干中本有一种“茶干”，今变而为丝，亦颇与茶相宜。在南京时常食此品，据云有某寺方丈所制为最，虽也曾尝试，却已忘记，所记得者乃只是下关的江天阁而已。学生们的习惯，平常“干丝”既出，大抵不即食，等到麻油再加，开水重换之后，始行举箸，最为合式，因为一到即罄，次碗继至，不遑应酬，否则麻油三浇，旋即撤去，怒形于色，未免使客不欢而散，茶意都消了。

吾乡昌安门外有一处地方名三脚桥（实在并无三脚，乃是三出，因以一桥而跨三汊的河上也），其地有豆腐店曰周德和者，制茶干最有名。寻常的豆腐干方约寸半，厚可三分，值钱二文，周德和的价值相同，小而且薄，才及一半，黝黑坚实，如紫檀片。我家距三脚桥有步行两小时路程，故殊不易得，但能吃到油炸者而已。每天有人挑担设炉镬，沿街叫卖，其词曰：

辣酱辣，
麻油炸，
红酱搽，
辣酱拓，
周德和格五香油炸豆腐干。

其制法如上所述，以竹丝插其末端，每枚三文。豆腐干大小如周德和，而甚柔软，大约系常品，唯经过这样烹调，虽然不是茶食之一，却也不失为一种好豆食。——豆腐的确也是极好的佳妙的食品，可以有种种的变化，唯在西洋不会被领解，正如茶一般。

日本用茶淘饭，名曰“茶渍”，以腌菜及“泽庵”（即福建的黄土萝卜，日本泽庵法师始传此法，盖从中国传去）等为佐，很有清淡而甘香的风味。中国人未尝不这样吃，唯其原因，非由穷困即为节省，殆少有故意往清茶淡饭中寻其固有之味者，此所以为可惜也。

一九二四年十二月

忆夏丏尊

夏丏尊传略

夏丏尊（1886—1946），1908 年任杭州浙江省两级师范学堂通译助教，后任国文教员。该校后改为浙江省立第一师范学校，是五四运动南方新思潮的重要发源地，鲁迅、许寿裳当时都在该校任教，他们曾共同发起一场学潮，反对以道学家自命的监督，并迫其辞职。1913 年，夏丏尊自告奋勇地兼任了该校被人瞧不起的舍监一职。他提倡人格教育和爱的教育，对学生既严格要求又关怀备至，被学生称为“妈妈的爱”。在语文教学上，提倡白话文，是中国最早提倡语文教学革新的人。1914 年与陈望道、刘大白、李次九等 3 人积极支持五四新文化运动，推行革新语文教育，被称为第一师范的“四大金刚”，受到反动当局和守旧派的攻击，相继离校。

离开杭州到长沙，在湖南第一师范任国文教员。1921 年，原浙江省立第一师范学校校长经亨颐在家乡上虞创办春晖中学，夏应邀受聘返乡。同年加入文学研究会，是文学研究会的第一批会员。为实现理想教育，夏邀请一批志同道合的同志到春晖，在白马湖畔营造了一个宽松的教育环境。其间，他翻译了《爱的教育》。1924 年底，在发生了一场反对反动势力的学潮后，夏丏尊、匡互生、丰子恺、朱光潜等教师以及一批学生愤然离开春晖。

1925年，夏丏尊到上海，参与了立达中学（后改为立达学园）、立达学会及该会杂志《立达季刊》、《一般》月刊的创办工作，同时兼开明书店的编辑工作。其间，翻译了日本山田花袋的《绵被》，是中国最早介绍日本文学的翻译家之一。1926年他的《文章作法》由开明书店出版。1927年任上海暨南大学中国文学系主任，1928年任开明书店编辑所所长，1930年创办《中学生》杂志。夏丏尊长期从事语文教育和编辑工作，积累了丰富的经验。1933年他和叶圣陶共同写成语言知识的读写故事《文心》，连载于《中学生》，次年由开明书店出版。该书被誉为“在国文教学上划了一个时代”。还出版了《文艺讲座》（世界书局1934年）、散文集《平屋杂文》（开明书店1935年）等书。1936年被推为中国文艺家协会主席。

1939年创办《月报》杂志，任社长，并担任上海文化界救亡协会机关报《救亡日报》编委。抗战爆发后，因体弱多病留守上海，参加抗日后援会。他坚守气节，矢志不为日本人做事。1943年12月被日本宪兵拘捕，后经日本友人内山完造营救出狱。但肺病复发，精神和身体都受到严重摧残。1946年4月23日，在上海病逝，墓葬上虞白马湖畔。4月27日，重庆《新华日报》发表社论《悼夏丏尊先生》，将其誉为民主文化战线的老战士，为文化运动和民主运动建树了不可磨灭的功绩。

上海沦陷期间，他出版了《阅读与写作》、《文章讲话》等。还兼任上海南屏女中国文教员，参与发起成立中国语文经验学会，翻译了《南传大藏经》等。1945年抗战胜利后，被选为中华全国文艺家协会上海分会理事。撰写《好话符咒式的政治》、《中国书业的新前途》等文，表示了对中国时局与出版事业的深切关怀。

学术著作有:《文艺论ABC》(世界书局)、《生活与文学》(北新书局)、《现代世界文学大纲》(神州国光社)。编著有:《芥川龙之介集》、《国文百八课》、《开明国文讲义》等。译著有:《社会主义与进化论》、《蒲团》、《国木田独步集》、《近代的恋爱观》、《近代日本小说集》、《爱的教育》和《续爱的教育》等。

丏尊先生故后追忆

王统照

我与夏先生认识虽已多年，可是比较熟悉还是前几年同在困苦环境中过着藏身隐名的生活时期。他一向在江南从未到过大江以北，我每次到沪便有几次见面，或在朋友聚宴上相逢，但少作长谈，且无过细观察性行的时机。在抗战后数年（至少有两年半），我与他可说除假日星期日外，几乎天天碰头，并且座位相隔不过二尺的距离，即不肯多讲闲话如我这样的人，也对他知之甚悉了。

夏先生比起我们这些五十上下的朋友来实在还算先辈。他今年正是六十三岁。我明明记得三十三年秋天书店中的旧编译同人，为他已六十岁，又结婚四十年，虽然物力艰难，无可“祝嘏”，却按照欧洲结婚四十年为羊毛婚的风气，大家于八月某夕分送各人家里自己烹调的两味菜肴，一齐带到他的住处——上海霞飞路霞飞坊——替他老夫妇称贺；藉此同饮几杯“老酒”，聊解心忧。事后，由章锡琛先生倡始，做了四首七律旧体诗作为纪念。因之，凡在书店的熟人，如王伯祥，徐调孚，顾均正，周德符诸位各作一首，或表祷颂，或含幽默，总之是在四围鬼蜮现形民生艰困的孤岛上，聊以破颜自慰，也使夏先生漱髯一笑而已。我曾以多少有点诙谐的口气凑成二首。那时函件尚通内地，叶绍钧，朱自清，朱光潜，贺昌群四位闻悉此举，也各寄一首到沪以申祝贺，以寄希望。记得贺先生的一首最为沉着，使人兴感。将近二十首的“金羊毛婚”的旧体诗辑印两纸分存（夏先生也有答诗一首在内）。因此，我确切记明他的年龄。

他的原籍是浙东“上虞”的，这县名在北方并不如绍兴，宁波，温州等处出名。然在沪上，稍有知识的江浙人士却多知悉。上虞与萧山隔江相对，与徐姚、会稽接界，是沿海的一个县份，旧属绍兴府。所以夏先生是绝无折扣的绍兴人。再则此县早已见于王右军写的曹娥碑上，所谓曹氏孝文即上虞人，好习小楷的定能记得！

不是在夏先生的散文集中往往文后有“白马湖畔”或“写于白马湖”之附记？白马湖风景幽美，是夏先生民国十几年在浙东居住并施教育的所在。——以后他便移居上海，二十年来过着编著及教书生活，直至死时并未离开。他的年纪与周氏兄弟（鲁迅与启明）相仿，但来往并不密切。即在战前，鲁迅先生住于闸北，夏先生的寓处相隔不远，似是不常见面，与那位研究生物学的周家少弟（建人）有时倒能相逢。夏先生似未到北方，虽学说国语只是绍兴口音；其实这也不止他一个人，多数绍兴人虽在他处多年，终难减轻故乡的音调，鲁迅就是如此。

平均分析他的一生，教育编著各得半数。他在师范学校，高初级男女中学，教课的时间比教大学时多。惟有北伐后在新成立的暨南大学曾作过短期的中国文学系主任。他的兴趣似以教导中等学生比教大学生来得浓厚，以为自然。所以后来沪上有些大学请他兼课，他往往辞谢，情愿以书局的余闲在较好的中学教课几点。他不是热闹场中的文士，然而性情却非乖俗不近人情。傲夸自然毫无，对人太温蔼了，有时反受不甚冷峻的麻烦。他的学生不少，青年后进求他改文字，谋清苦职业的非常多，他即不能一一满足他们的意愿，却总以温言慰安，绝无拒人的形色。反而倒多为青年们愁虑生活，替人感慨。他好饮酒也能食肉，并非宗教的纯正信徒，然而他与佛教却从四十左右发生较为亲密的关系。在上海，那个规模较大事业亦多的佛教团体，他似是“理事”或“董事”之一？他有好多因信仰上得来的朋友，与几位知名的“大师”也多认识。——这是一般读夏先生文章译书的人所不易知的事。他与前年九月在泉州某寺坐化的弘一法师，从少年期即为契交。直至这位大彻大悟的近代高僧，以豪华少年艺术家，青年教师的身份在杭州虎跑寺出家之后，并没因为“清”、“俗”而断友谊。在白马湖，在上海，弘一法师有时可以住在夏先生的家中，这在戒律精严的他是极少的例外。抗战后几年，弘一法师避地闽南，讲经修诵，虽然邮递迟缓，然一两个月总有一二封信寄与夏先生。他们的性行迥异，然却无碍为超越一切的良友。夏先生之研究佛理有“居士”

的信仰，或与弘一法师不无关系。不过，他不劝他人相信；不像一般有宗教信仰者到处传播教义，独求心之所安，并不妨碍世事。

他对于文艺另有见解，以兴趣所在，最欣赏寄托深远，清澹冲和的作品。就中国旧文学作品说：杜甫韩愈的诗，李商隐的诗，苏东坡黄山谷的诗；《桃花扇》、《长生殿》一类的传奇；《红楼梦》、《水浒》等长篇小说，他虽尊重他们，却不见得十分引起他的爱好。对于西洋文学：博大深沉如托尔斯泰；精刻痛切如陀思妥夫斯基；激动雄抗，生力勃变如嚣俄之戏剧、小说，拜仑之诗歌，歌德之剧作；包罗万象，文情兼茂如莎士比亚；寓意造同高深周密，如福楼拜，……在夏先生看来，正与他对中国的杜甫、苏东坡诸位的著作一样。称赞那些杰作却非极相投合。他要清，要挚，又要真切要多含蓄。你看那本《平屋杂文》便能察觉他的个性与对文艺的兴趣所在。他不长于分析不长于深刻激动，但一切疏宕，浮薄，叫嚣芜杂的文章；或者加重意气，矫枉过正做作虚撑的作品，他绝不加首肯。我常感到他是掺和道家的“空虚”与佛家的“透彻”，建立了他的人生观，——也在间接的酿发中成为他的文艺之观念。（虽则他也不能实行绝对的透彻如弘一法师，这是他心理上的深苦！）反之也由于看的虚空透彻，——尚非“太”透彻，对于人间是悲观多乐观少；感慨多赞美少；踌躇多决定少！个性，信仰的关系，与文艺观点的不同，试以《平屋杂文》与《华盖集》、《朝花夕拾》相比，他们中间有若何辽远的距离？无怪他和鲁迅的行径，言论，思想，文字，迥然有别，各走一路。

他一生对于著作并不像那些规文章为专业者，争多竞胜，以出版为要务。他向未有长篇创作的企图，即短篇小说也不过有七八篇。小说的体裁似与他写文的兴会不相符合，所以他独以叙事抒情的散文见长。从虚空或比拟上构造人物、布局等等较受拘束的方法，他不大欢喜。其实，我以为他最大的功绩还在对于中学生学习国文国语的选材，指导，启发上面。现时三十左右的青年在战前受中学教育，无论在课内课外，不读过《文心》与《国文百八课》二书的甚少。但即使稍稍用心的学生，将此二书细为阅读，总可使他的文字长进，并能增加欣赏中国文章的知识。不是替朋友推销著作，直至现在，为高初中学生学习国文国语的课外读物，似乎还当推此两本。夏先生与叶绍钧先生他们都有文字的深沉修养，又富有教读经验，合力著成，嘉惠殊多。尤以引人入胜的，是不板滞，不枯燥，以娓娓说话的文体，分析文理，讨论句段。

把看似难讲的文章解得那样轻松，流利，读者在欣然以解的心情下便能了解国文或国语的优美，以及它们的各种体裁，各样变化，——尤以《文心》为佳。

夏先生对此二书至少有一半以上的工力。尤其有趣的当他二位合选《国文百八课》，也正是他们结为儿女亲家的时候。夏先生的小姐与叶先生的大儿子，都在十五六岁，经两家家长乐意，命订婚约。夏先生即在当时声明以《国文百八课》版后自己分得的版税一概给他的小姐作为嫁资。于是，以后这本书的版税并非分于两家。可谓现代文士“陪送姑娘”的一段佳话！

此外，便是那本风行一时至今仍为小学后期，初中学生喜爱读物之一的《爱的教育》。这本由日文重译的意大利的文学教育名著，在译者动笔时也想不到竟能销行得那样多，那样引起少年的兴味。但就版税收入上说，译者获得数目颇为不少。我知道这个译本从初版至今，似乎比二十年来各书局出版白话所译西洋文学名著的任何一本都销得多。

战前创办了四年多的《中学生》杂志，他服劳最多。名义上编辑四位，由于年龄，经验，实际上夏先生便似总其成者。《中学生》的材料，编法，不但是国内唯一良佳的学生期刊，且是一般的青年与壮年人嗜读的好杂志。知识的增益，文字的优美，取材的精审，定价的低廉，出版的准期，都是它特具的优点。夏先生从初创起便是编辑中的一位要员。

浙东人尤以绍兴一带的人勤朴治生，与浙西的杭、嘉、湖浮华地带迥不相同。夏先生虽以“老日本留学生”，住在“洋场”的上海二十多年，但他从未穿过一次西装，从未穿过略像“时式”的衣服。除在夏天还穿穿旧作的熟罗衫裤，白绢长衫之外，在春秋冬三季难得不罩布长衫穿身丝呢类面子的皮、棉袍子。十天倒有九天是套件深蓝色布罩袍，中国老式鞋子。到书店去，除却搭电车外，轻易连人力车都不坐。至于吃，更不讲究，“老酒”固是每天晚饭前总要吃几碗的，但下酒之物不过菜蔬，腐干，煮蚕豆，花生之类。太平洋战争起后上海以伪币充斥物价腾高，不但下酒的简单肴品不多制办，就是酒也自然减少。夏先生原本甚俭，在那个时期，他的物质生活是如何窘苦，如何节约，可想而知。记得二十八年春间，那时一石白米大概还合法币三十几元，比之抗战那年已上涨三分之二。“洋场”虽尚在英美的驻军与雇佣的巡捕统治之下，而日人的魔手却时时趁空伸入，幸而还有若干文化团体明地暗里在支持着抗敌的精神。有一次，我约夏先生章先生四五人同到福州路一家大绍兴酒店中吃酒，预备花六七元。（除几斤酒外尚能叫三四样鸡肉类。）他与那家酒店较熟，一进门到二楼上，捡张方桌坐下，便作主人发令，只要发芽豆一盘，花生半斤，茶干几片。

“满好满好！末事贵得弗像样子，吃老酒便是福气，弗要拉你多花铜钿。”

经我再三说明，我借客打局也想吃点荤菜，他方赞同，叫了一个炒鸡块，一盘糖腌虾，一碗肉菜。在他以为，为吃酒已经太厚费了！为他年纪大，书店中人连与他年岁相仿的章锡琛都以画先生称之（夏读画音）。他每天从外面进来，坐在椅上，十有九回先轻轻叹一口气。许是上楼梯的级数较多，由于吃累？也许由于他的舒散？总之，几成定例，别人也不以为怪。然后，他吸半枝低价香烟，才动笔工作。每逢说到时事，说到街市现象，人情鬼蜮，敌人横暴，他从真切感动中压不住激越的情绪！因之悲观的心情与日并深，一切都难引起他的欣感。长期的抑郁，悲悯，精神上的苦痛，无形中损减了他身体上的健康。

在三十三年冬天，他被敌人的宪兵捕去，拘留近二十天，连章锡琛先生也同作系囚（关于这事我拟另写一文为记）。他幸能讲日语，在被审讯时免去翻译的隔阂，尚未受过体刑，但隆冬囚室，多人挤处，睡草荐，吃冷米饭，那种异常生活，当时大家都替他发愁，即放出来怕会生一场疾病！然而出狱后在家休养五六天，他便重行到书店工作，却未因此横灾致生剧病。孰意反在胜利后的半年，他就从此永逝，令人悼叹！

夏先生的体质原很坚实，高个，身体胖，面膛紫黑，绝无一般文人的苍白脸色，或清瘦样子。虽在六十左右，也无佝偻老态，不过呼吸力稍弱，冬日痰吐较多而已。不是虚亏型的老病患者，或以身子稍胖，血压有关，因而致死？

过六十岁的新“老文人”，在当代的中国并无几个。除却十年前已故的鲁迅外，据我所知，只可算夏先生与周启明。别人的年龄最大也不过五十六七，总比他三位较小。

自闻这位《平屋杂文》的作者溘逝以后，月下灯前我往往记起他的言谈，动作，如在目前。除却多年的友情之外，就前四五年同处孤岛；同过大集中营的困苦生活；同住一室商讨文字朝夕晤对上说，能无“落月屋梁”之感？死！已过六十岁不算夭折，何况夏先生在这人间世上留下了深沉的足迹，值得后人忆念！所可惜的是，近十年来你没曾过过稍稍舒适宽怀的日子，而战后的上海又是那样的混乱，纷扰，生活依然苦恼，心情上仍易悲观，这些外因固不能决定他的生存，死亡，然而我可断定他至死没曾得到放开眉头无牵无挂的境界！

这是“老文人”的看不开呢？还是我们的政治，社会，不易让多感的“老文人”放怀自适，以尽天年？

如果强敌降后，百象焕新，一切都充满着朝气，一切都有光明的前途，阴霾净扫，晴日当空。每个人，每一处，皆富有歌欢愉适的心情与气象，物产日丰，生活安定，民安政理，全国一致真诚地走上复兴大道，果使如此，给予一个精神劳动者，——给予一个历经苦难的“老文人”的兴感，该有多大？如此，“生之欢喜”自易引动，而将沉郁，失望，悲悯，愁闷的情怀一扫而空，似乎也有却病销忧的自然力量。

但，却好相反！

因为丏尊先生之死，很容易牵想及此。自然，“修短随化”，“寿命使然”，而精神与物质的两面逼紧，能加重身体上的衰弱——尤其是老人——又，谁能否认。

然而夏先生与晋末间的陶靖节，南宋的陆放翁比，他已无可以自傲了！至少则“北定中原”不须“家祭”告知，也曾得在“东方的纽约”亲见受降礼成，只就这点上说，我相信他尚能瞑目！

写于一九四六年

夏丏尊与李淑同

夏丏尊在杭州浙江两级师范学校任教时，与弘一（李淑同）相识。那时弘一尚未出家，也在该校执教，讲授音乐美术课程。两人朝夕相处，友情甚笃。弘一早年即有皈依佛门的出世思想，一直潜心研究佛学。1916年的一天，夏丏尊偶然与弘一谈起在一本日本杂志上读到的一篇关于断食的文章，说断食可以使人身心更新，产生巨大的精神力量，中外伟人如释迦牟尼、耶稣，都曾经断食等等。弘一听后，留下深刻印象。第二年初，弘一避开亲朋好友，径自往西湖畔虎跑大慈寺实验断食。第一星期逐渐减食，第二星期只饮清水，第三星期由粥汤逐渐恢复到正常饮食。断食期间，每日静心临写魏碑。经过此次尝试，弘一皈依佛门的信念更加坚定，开始吃素、念珠、研读佛经、供拜佛像，到1918年夏，终于舍弃一切，在虎跑大慈寺剃度出家了。

弘一出家后，对夏丏尊十分感谢，认为正是由于夏丏尊的因缘，使他得以实现了久已神往的夙愿。夏丏尊对此却颇为不安，特地在故乡上虞白马湖畔修建庵居"晚晴山房"，供弘一居住，希望能减轻弘一长年云游四方的辛劳。两人始终保持着坦诚的君子友情。1942年9月，弘一在福建泉州温陵养老院圆寂，给夏丏尊留下遗偈云："君子之交，其淡如水。执象而求，咫尺千里。问余何适，廓尔忘言。华枝春满，无心月圆。"表达了对君子友情的珍惜之意和对自己精神追求的欣慰之情。

夏丏尊与朱自清

朱自清和夏丏尊是"五四"以后中国现代国文的开山鼻祖。20世纪20年代在白马湖共事时期，虽然相处的时间并不长，但互敬互重，结下了真挚深厚的友谊，成为莫逆之交。

春晖中学位于浙江省上虞县白马湖畔，由著名民主革命家、教育家经亨颐筹建于1919年，1922年9月招生开学，夏丏尊、刘薰宇等是该校的首批教师。随着学校规模的扩大，校方拟聘请一名国文教员，委托夏丏尊物色人选。夏丏尊首先想到当时在温州省立十中教书的朱自清。

1921年，朱自清与夏丏尊在上海吴淞中国公学由首创中国新诗刊物的刘延陵介绍而相识，两人一见如故，相见恨晚。夏丏尊十分欣赏比自己小12岁的朱自清，认为他为人朴实诚恳又才华横溢。1922年，朱自清到温州教书，他们常有书信往来。夏丏尊将自己主编的《春晖》半月刊寄赠朱自清，朱自清看后非常喜欢，朱自清也将自己创作的诗歌、散文寄给夏丏尊，夏丏尊读了深为其清新朴素、平易自然的风格而更添爱慕之情。不久，夏丏尊写信给朱自清，动员他到春晖执教。1924年3月2日，朱自清离开温州来到了上虞的春晖中学。

为了照顾朱自清，夏丏尊把自己教的一个班的国文课让给了他。朱自清第一天去上课，夏丏尊亲自带他进了教室，并向初中二年级的学生介绍说："朱先生年龄比我轻，但学问比我好。上学期我已介绍几篇他所写的文章给你们看，不是都觉得很好吗？现在请他教你们这一年级，我仍教一年级。"一番话使学生对朱自清肃然起敬。面对夏丏尊这般谦虚、盛情，朱自清内心感动至极，他觉得夏丏尊如此信任、推崇自己，实在是难得的知己，因而更加敬重夏丏尊。

朱自清初到春晖，课务较多，上下午各有两个小时的课程，但他以丰富的中学国文教学经验，驾轻就熟，将课上得生动活泼，情趣盎然，受到学生的欢迎。

到了10月，朱自清将家眷接到了白马湖，刘熏宇把自己以前盖的小屋让了出来，使他们与夏丏尊的"平屋"毗邻而居。朱夏两家的前院只隔着一垛矮墙，相处极为亲和。那时，朱自清的3个孩子大的刚满6岁，小的不满周岁，小孩子之间吵闹不停，常常给一心扑在教育和写作上的朱自清带来不小的烦恼和焦躁。而每当吃晚饭的时候，院子里常听到朱家大的喊、小的哭以及孩子们在饭桌上的斗嘴声。每每这时，夏丏尊就在廊檐下或用时鲜小吃哄小孩，或对着墙边喊朱自清："佩弦，来吃老酒吧！"朱自清应了一声就过去了，于是两人开怀畅饮，倾心交谈，其乐融融，不知东方既白。当时夏丏尊的孩子已10多岁，朱自清也经常抽空和他们玩耍，或带他们去春晖中学仰山楼前的游泳池里学游泳，或在平屋前面的石凳上和他们玩纸牌。两家人互相照应、互相体恤。

夏丏尊的家非常考究，屋里布置有名人字画，还摆放着古瓷、铜佛等古玩，院里则有精心栽种的花木。朱自清平日一有空，就和丰子恺、朱光潜等到夏丏尊的“平屋”赏花、喝酒、谈天，好客的夏丏尊总是热情接待，还时常留他们吃饭。而夏夫人总会准备一大桌的菜。身处这样的环境，拥有这样真挚豪爽的朋友，朱自清不禁产生“如归”之感，因而不止一次地说“我爱春晖”。

1925年，许多教员因为同校方在教育管理上意见不合，夏丏尊、丰子恺、朱光潜等先后愤然辞职。两年后，朱自清也离开白马湖的春晖中学来到北京，其时夏丏尊已去了上海。两人虽然各处一方，但彼此始终惦念着对方。朱自清不时为夏丏尊在上海编辑的刊物如《一般》、《中学生》等杂志撰稿，还为《文心》作序，为开明书店编写语文教材；此外，还在一首《怀旧诗》和散文《白马湖》中，深情地表达了自己对夏丏尊的情谊、赞颂和感恩。他在《教育家的夏丏尊先生》一文中还写道：“夏先生是一位理想主义的教育家”，“爱朋友，爱青年，他关心他们的一切”，“他的态度永远是亲切的，他的说话也永远是亲切的。”这不失为夏丏尊千古后最真切的纪念文字。

夏丏尊作品精选

白马湖之冬

在我过去四十余年的生涯中，冬的情味尝得最深刻的，要算十年前初移居白马湖的时候了。十年以来，白马湖已成了一个小村落，当我移居的时候，还是一片荒野。春晖中学的新建筑巍然矗立于湖的那一面，湖的这一面的山脚下是小小的几间新平屋，住着我和刘君心如两家。此外两三里内没有人烟。一家人于阴历十一月下旬从热闹的杭州移居这荒凉的山野，宛如投身于极带中。

那里的风，差不多日日有的，呼呼作响，好像虎吼。屋宇虽系新建，构造却极粗率，风从门窗隙缝中来，分外尖削，把门缝窗隙厚厚地用纸糊了，缝中却仍有透入。风刮得厉害的时候，天未夜就把大门关上，全家吃毕夜饭即睡入被窝里，静听寒风的怒号，湖水的澎湃。靠山的小后轩，算是我的书斋，在全屋子中风最小的一间，我常把头上的罗宋帽拉得低低地，在洋灯下工作至夜深。松涛如吼，霜月当窗，饥鼠吱吱在承尘上奔窜。我于这种时候深感到萧瑟的诗趣，常独自拨划着炉灰，不肯就睡，把自己拟诸山水画中的人物，作种种幽邈的遐想。现在白马湖到处都是树木了，当时尚一株树木都未种。月亮与太阳都是整个儿的，从上山起直要照到下山为止。太阳好的时候，只要不刮风，那真和暖得不像冬天。一家人都坐在庭间曝日，甚至于吃午饭也在屋外．像夏天的晚饭一样。日光晒到哪里，就把椅凳移到哪里，忽然寒风来了，只好逃难似地各自带了椅凳逃入室中，急急把门关上。在平常的日子，风来大概在下午快要傍晚的时候，半夜即息。至于大风寒，那是整日夜狂吼，要二三日才止的。最严寒的几天，泥地看去惨白如水门汀，山色冻得发紫而黯，湖波泛深蓝色。

下雪原是我所不憎厌的，下雪的日子，室内分外明亮，晚上差不多不用燃灯。

远山积雪足供半个月的观看，举头即可从窗中望见。可是究竟是南方，每冬下雪不过一二次。我在那里所日常领略的冬的情味，几乎都从风来。白马湖的所以多风，可以说有着地理上的原因。那里环湖都是山，而北首却有一个半里阔的空隙，好似故意张了袋口欢迎风来的样子。白马湖的山水和普通的风景地相差不远，唯有风却与别的地方不同。风的多和大，凡是到过那里的人都知道的。风在冬季的感觉中，自古占着重要的因素. 而白马湖的风尤其特别。

现在，一家僦居上海多日了，偶然于夜深人静时听到风声，大家就要提起白马湖来，说“白马湖不知今夜又刮得怎样历害哩！”

原始的媒妁

媒妁者叫做“月老”，这典故据说出于《续幽异录》所载唐韦因的故事。据那故事：月下老人执掌人间婚姻簿册，对于未来有夫妻缘分的男女，暗中给他们用红丝系在脚上。月下老人就是司男女婚姻的神。

古今笔记中常见有“跳月”的记载，说某些民族每年择期作“跳月”之会，聚未婚男女在月下跳舞，彼此相悦，即为配偶。陆次云有一篇《跳月记》，述苗人跳月的情形非常详尽把上面两段话联结了看来，月亮与男女的结合似乎很有关系。男女的结合发生于夜，婚姻的“婚”字原作“昏”，就是夜的意思。说虽如此，黑夜究有种种不便，在照明装置还非常幼稚或竟缺如的原始社会，月亮就成了婚姻的媒介者。中国月下老人的传说也许是唐以后就有的，无非是把月亮加以拟人化罢了。

月下老人其实就是月亮的本身。

在我们现代，“跳月”的风习原已没有了，可是痕迹还存在。日本有所谓“盆踊”（bonadori）者，至今尚盛行于各地。“盆”即“于兰盆”之略语，为民间祭名之一，日期在旧历七月十五日。日本每至七月十五前后，各地举行盆祭，男女饮酒跳舞为乐，较我国之兰盆会热狂得多，因此常发生攸关风化的事件。中国各乡间迎神赛会，日期亦常在月圆的望日，吾乡（浙东上虞）的会节差不多都在旧历月半，如“正月半”，“三月半”，“六月半”，“八月半”，“九月半”，“十月半”之类。届时家长迎亲接眷，男女都盛装了空巷而往。观于从来有“好男不看灯，好女不游春”之诫，足以证明这是“跳月”的变形了。吾乡最盛的会是“三月半”，无妻的男妇向有“看过三月半，心里宽一半”的谣谚。意思是说：会场上有女如云，不怕讨不着老婆。

月亮对于男女的关系似并不偶然，莫泊桑有一篇描写性欲的短篇，就叫《月光》。

由此类推去看，古来名句“月上柳梢头，人约黄昏后”是具着有机的技巧的，那都会中作为男女情场的跳舞厅与影剧院中的电灯光，其朦胧宛如月夜，也是合乎性心理的了。

忆刘半农

刘半农传略

刘半农（1891—1934），原名刘寿彭，后改名刘复；初字伴侬、时用瓣秾、后改字半农，号曲庵。江苏江阴人，汉族，是我国“五四”新文化运动的先驱之一。著名的文学家、语言学家、教育家。同时，他又是我国语言及摄影理论奠基人。他的《汉语字声实验录》荣获“康士坦丁语言学专奖”，是我国第一个获此国际大奖的语言学家。

出生于知识分子家庭，1911年曾参加辛亥革命，1912年后在上海以向鸳鸯蝴蝶派报刊投稿为生。1917年到北京大学任法科预科教授，并参与《新青年》杂志的编辑工作，积极投身文学革命，反对文言文，提倡白话文。1920年到英国伦敦大学的大学院学习实验语音学，1921年夏转入法国巴黎大学学习。1925年获得法国国家文学博士学位，所著《汉语字声实验录》，荣获法国康士坦丁·伏尔内语言学专奖。1925年秋回国，任北京大学国文系教授，讲授语音学。

1926年出版了诗集《扬鞭集》和《瓦釜集》。1934年在北京病逝。

忆刘半农君

鲁　迅

这是小峰出给我的一个题目。

这题目并不出得过分。半农去世，我是应该哀悼的，因为他也是我的老朋友。但是，这是十来年前的话了，现在呢，可难说得很。

我已经忘记了怎么和他初次会面，以及他怎么能到了北京。他到北京，恐怕是在《新青年》投稿之后，由蔡孑民[①]先生或陈独秀[②]先生去请来的，到了之后，当然更是《新青年》里的一个战士。他活泼，勇敢，很打了几次大仗。譬如罢，答王敬轩的双鐄信[③]，“她”字和“它”字的创造[④]，就都是的。这两件，现在看起来，自然是琐屑得很，但那是十多年前，单是提倡新式标点，就会有一大群人“若丧考妣”，恨不得“食肉寝皮”的时候，所以的确是“大仗”。现在的二十左右的青年，大约很少有人知道三十年前，单是剪下辫子就会坐牢或杀头的了。然而这曾经是事实。

但半农的活泼，有时颇近于草率，勇敢也有失之无谋的地方。但是，要商量袭击敌人的时候，他还是好伙伴，进行之际，心口并不相应，或者暗暗的给你一刀，他是决不会的。倘若失了算，那是因为没有算好的缘故。

《新青年》每出一期，就开一次编辑会，商定下一期的稿件。其时最惹我注意的是陈独秀和胡适之。假如将韬略比作一间仓库罢，独秀先生的是外面竖一面大旗，大书道：“内皆武器，来者小心！”但那门却开着的，里面有几枝枪，几把刀，一目了然，用不着提防。适之先生的是紧紧的关着门，门上粘一条小纸条道：“内无武器，请勿疑虑。”这自然可以是真的，但有些人——至少是我这样的人——有时总不免要侧着头想一想。半农却是令人不觉其有“武库”的一个人，所以我佩服陈胡，却亲近半农。

所谓亲近，不过是多谈闲天，一多谈，就露出了缺点。几乎有一年多，他没有消失掉从上海带来的才子必有“红袖添香夜读书”的艳福的思想，好容易才给我们骂掉了。但他好像到处都这么的乱说，使有些“学者”皱眉。有时候，连到《新青年》投稿都被排斥。他很勇于写稿，但试去看旧报去，很有几期是没有他的。那些人们批评他的为人，是：浅。

不错，半农确是浅。但他的浅，却如一条清溪，澄澈见底，纵有多少沉渣和腐草，也不掩其大体的清。倘使装的是烂泥，一时就看不出它的深浅来了；如果是烂泥的深渊呢，那就更不如浅一点的好。

但这些背后的批评，大约是很伤了半农的心的，他的到法国留学，我疑心大半就为此。

我最懒于通信，从此我们就疏远起来了。他回来时，我才知道他在外国钞古书，后来也要标点《何典》[5]，我那时还以老朋友自居，在序文上说了几句老实话，事后，才知道半农颇不高兴了，“驷不及舌”[6]，也没有法子。另外还有一回关于《语丝》的彼此心照的不快活[7]。五六年前，曾在上海的宴会上见过一回面，那时候，我们几乎已经无话可谈了。

近几年，半农渐渐的据了要津，我也渐渐的更将他忘却；但从报章上看见他禁称“蜜斯”[8]之类，却很起了反感：我以为这些事情是不必半农来做的。从去年来，又看见他不断的做打油诗，弄烂古文，[9]回想先前的交情，也往往不免长叹。我想，假如见面，而我还以老朋友自居，不给一个“今天天气……哈哈哈”完事，那就也许会弄到冲突的罢。

不过，半农的忠厚，是还使我感动的。我前年曾到北平，后来有人通知我，半农是要来看我的，有谁恐吓了他一下，不敢来了。这使我很惭愧，因为我到北平后，实在未曾有过访问半农的心思。

现在他死去了，我对于他的感情，和他生时也并无变化。我爱十年前的半农，而憎恶他的近几年。这憎恶是朋友的憎恶，因为我希望他常是十年前的半农，他的为战士，即使“浅”罢，却于中国更为有益。我愿以喷火照出他的战绩，免使一群陷沙鬼将他先前的光荣和死尸一同拖入烂泥的深渊。

八月一日

【注释】

①蔡孑民（1868—1940），即蔡元培，字鹤卿，号孑民，浙江绍兴人，近代教育家。反清革命组织光复会的创始人之一，后又参加同盟会，民国成立后曾任教育总长、北京大学校长等职；“五四”时期赞成和支持新文化运动。

②陈独秀（1880—1942），字仲甫，安徽怀宁人。原为北京大学教授，《新青年》杂志的创办人，“五四”时期提倡新文化运动的主要人物。1921年中国共产党成立后，任党的总书记。第一次国内革命战争后期，推行右倾投降主义路线，使革命遭到失败。之后，他成了取消主义者，于1929年11月被开除出党。

③答王敬轩的双簧信　1918年初，《新青年》为了推动文学革命运动，开展对复古派的斗争，曾由编者之一钱玄同化名王敬轩，把当时社会上反对新文化运动的论调集中起来，摹仿封建复古派口吻写信给《新青年》编辑部，又由刘半农写回信痛加批驳。两信同时发表在当年三月《新青年》第四卷第三号。

④“她”字和“它”字的创造　刘半农在1920年6月6日所作《她字问题》一文中主张创造“她”、“它”二字，他说：“一，中国文字中，要不要有一个第三位阴性代词？二，如其要的，我们能不能就用‘她’字？……我现在还觉得第三位代词，除‘她’字外，应当再取一个‘它’字，以代无生物。”（见《半农杂文》）

⑤《何典》　清代张南庄（署名“过路人”）编著，是运用俗谚写成、带有讽刺而流于油滑的章回体小说，共十回，1878年上海申报馆出版。1926年6月，刘半农将此书标点重印，鲁迅曾为它作题记，现收入《集外集拾遗》。

⑥“驷不及舌”语出《论语·颜渊》，据朱熹《集注》：“言出于舌，驷马不能追之。”

⑦《语丝》第四卷第九期（1928年2月27日）曾发表刘半农的《林则徐照会英吉利国王公文》，其中说林则徐被英人俘虏，并且“明正了典刑，在印度舁尸游街”。不久有读者洛卿来信指出这是史实性的错误，《语丝》第四卷第十四期（同年四月二日）发表了这封信，从此刘半农就不再给《语丝》写稿。

⑧禁称“蜜斯”　见1931年4月1日北平《世界日报》所载刘半农答记者的谈话。其中说他不赞成学生间以密斯互称，在1930年他任北平大学女子文理学院院长时即曾加以禁止；他主张废弃“带有奴性的”密斯称呼，而代以国语中原有的姑娘、小姐、女士等。密斯，英语Miss的音译，小姐的意思。

⑨指刘半农于1933年至1934年间发表于《论语》、《人间世》等刊物的《桐花芝豆堂诗集》和《双凤凰砖斋小品文》等。参看《准风月谈·“感旧”以后（下）》。

名人之间

刘半农与鲁迅

鲁迅评价刘半农说，他“却如一条清溪，澄澈见底，纵有多少沉渣和腐草，也不掩其大体的清。倘使装的是烂泥，一时就看不出它的深浅来了；如果是烂泥的深渊呢，那就更不如浅一点的好”，因此他表示“我佩服陈（独秀）胡（适），却亲近半农”。这种评价生动而贴切，反映出鲁迅对刘半农知之甚深，是很要好的朋友。

他们相识于1918年初，在北大预科任教的刘半农是《新青年》编辑，由于没有显赫的学历，处事较为谨慎，工作极为勤勉，对人也很谦虚。他经常到宣武门外南半截胡同的绍兴会馆去拜访鲁迅。或是约稿，或是请教，或是畅谈，与鲁迅的往来较为密切。他们有时写文章还互相呼应，互相支持，因而成为相处得很默契的朋友。当时，他们的友谊是深厚而真诚的。在刘半农去欧洲留学前，他还与鲁迅相约合编一部《世界新文学丛书》。

1925年刘半农取得了洋博士学位，回国后，担任了北大国文系教授。为人处世不再像以前那样谨小慎微了。他似乎觉得有很多事要做。他选中了《何典》，准备校点后重印，并请鲁迅写序。鲁迅悉心读了他校点的《何典》稿本，觉得他的“士大夫气似乎还太多”，“校勘稍迂，空格令人气闷”，因而不满意他的校点。出于朋友间的直爽，他在序文中将自己的意见写了出来。接着又在《为半农题记“何典”后》一文中，善意地批评了半农不该印卖《何典》，建议他还是搞他的语音、声韵研究与教学为好。不料，鲁迅的直率却引起了刘半农的不满。《何典》印出来后，刘半农只送给鲁迅一本，连题签都没有。显然这种行为给他们间的友谊注入了冷凝剂。

1926年6月，刘半农应成舍我之邀，负责编辑《世界日报》的文艺副刊。刘半农在北新书局老板李小峰处遇到鲁迅，当即请鲁迅为他的副刊写稿。由此，两人的友谊又得以延续，刘半农的新诗集《扬鞭集》和翻译的《茶花女》出版后，他都赠给了鲁迅，而且都题了签。

1927年冬，《语丝》杂志被张作霖查封后，迁往上海出版。由刘半农主编。在《语丝》上发表了《林则徐照会英吉利国王公文》，刘半农为这篇文章写了“按语”，提到林则徐被英军俘虏后，“明正典刑，在印度舁尸游街”。这显然与林则徐谪官后发配伊犁充军的史实相悖。不久，鲁迅接编《语丝》时，刊登了一篇读者来信，指出了这个错误。为此刘半农认为这是鲁迅拆他的台，从此联系中断。1928年8月鲁迅辞去《语丝》主编之后，出版《语丝》的北新书局老板李小峰在上海万云楼请客，鲁迅、周建人、刘半农、沈尹默、郁达夫、林语堂等人都出席了。席间，鲁迅与刘半农几乎是无话可说，彼此都显得很尴尬。

尽管如此，刘半农还是与瑞典学者斯文赫定商议，委托台静农征求鲁迅的意见，准备提名鲁迅为诺贝尔文学奖候选人，但遭到鲁迅的谢绝。1932年刘半农编选的《初期白话诗稿》中收录了鲁迅的白话诗两首，并委托台静农转给鲁迅样书5本。

1934年刘半农病逝后，鲁迅在《忆刘半农君》一文中写道：“回想先前的交情，也往往不免长叹。我想，假如见面，而我还以老朋友自居”。

名人家庭

刘氏三杰

刘氏三杰是指刘半农、刘天华、刘北茂三兄弟。

刘天华（1895—1932），原名寿椿，刘半农二弟，中国现代民族音乐事业的开拓者，作曲家，演奏家，教育家，中国现代民族音乐的一代宗师。他在我国音乐史上第一个沿用西方五线谱记录整理民间音乐，大胆借鉴“西乐”改进国乐。他不仅创作了《病中吟》、《良宵》、《空山鸟语》、《光明行》等不朽名曲，而且他是我国现代音乐史上专业二胡学派的奠基人，第一次把二胡、琵琶等民族乐器纳入高等音乐教育课程。他是民族乐器的革新者，将传统的二胡三把位延伸到五把位，使二胡的表现力达到前所未有的境地；将琵琶的四相十品改革成六相十八品半，使琵琶成为世界通用的音律十二平均律乐器。赋予这两件古老的民族乐器以新的生命。

刘北茂（1903—1981），原名寿慈，刘半农三弟，是我国现代著名的二胡演奏家，作曲家，教育家，是刘天华事业的忠实继承者和发展者。他一生创作了《汉江潮》、《小花鼓》、《流芳曲》等一百多首二胡独奏曲和大量练习曲，是我国现代音乐史上一位多产的作曲家，被誉为“民族音乐大师”。

从“五四”时期到八十年代长达 60 多年的历史跨度中，刘氏三兄弟前赴后继，不断追求进步，以科学求实的精神，为弘扬和发展祖国民族文化呕心沥血，体现了中国优秀知识分子和艺术家的高尚品德。他们的不朽业绩赢得了人们的尊敬和爱戴，被誉为江阴刘氏“三杰”。

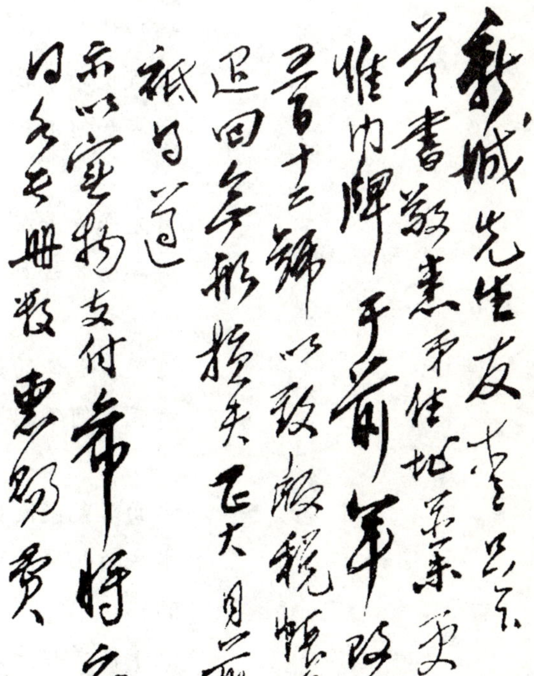

刘半农书作

刘半农作品精选

情　歌

天上飘着些微云，
地上吹着些微风。
啊！
微风吹动了我头发，
教我如何不想她？

月光恋爱着海洋，
海洋恋爱着月光。
啊！
这般蜜也似的银夜，
教我如何不想她？

水面落花慢慢流，
水底鱼儿慢慢游。
啊！
燕子你说些什么话？
教我如何不想她？

枯树在冷风里摇，
野火在暮色中烧。
啊！
西天还有些儿残霞，
教我如何不想她？

饿

他饿了；他静悄悄的立在门口；他也不想什么，只是没精没采，把一个指头放在口中咬。

他看见门对面的荒场上，正聚集着许多小孩，唱歌的唱歌，捉迷藏的捉迷藏。

他想：我也何妨去？但是，我总觉得没有气力，我便坐在门槛上看看罢。

他眼看着地上的人影，渐渐地变长；他眼看着太阳的光，渐渐地变暗。“妈妈说的，这是太阳要回去睡觉了。”

他看见许多人家的烟囱，都在那里出烟；他看见天上一群群的黑鸦，咿咿呀呀地叫着，向远远的一座破塔上飞去。他说：“你们都回去睡觉了么？你们都吃饱了晚饭了么？”

他远望着夕阳中的那座破塔，尖头上生长着几株小树，许多枯草。他想着人家告诉他：那座破塔里，有一条“斗大的头的蛇！”他说：“哦！怕啊！”

他回进门去，看见他妈妈，正在屋后小园中洗衣服——是洗人家的衣服——一只脚摇着摇篮；摇篮里的小弟弟，却还不住地啼哭。他又恐怕他妈妈，向他垂着眼泪说，“大郎！你又来了！”他就一响也不响，重新跑了出来！

他爸爸是出去的了，他却不敢在空屋子里坐；他觉得黑沉沉的屋角里，闪动着一双睁圆的眼睛——不是别人的，恰恰是他爸爸的眼睛！

他一响也不响，重新跑了出来，——仍旧是没精没采的，咬着一个小指头；仍旧是没精没采，在门槛上坐着。

他真饿了！——饿得他的呼吸，也不平均了；饿得他全身的筋肉，竦竦地发抖！可是他并不啼哭，只在他直光的大眼眶里，微微有些泪痕！因为他是有过经验的了！——他啼哭过好多次，却还总得要等，要等他爸爸买米回来！

他想爸爸真好啊！他天天买米给我们吃。但是一转身，他又想着了——他想着他爸爸，有一双睁圆的眼睛！

他想到每吃饭时，他吃了一半碗，想再添些，他爸爸便睁圆了眼睛说："小孩子不知道'饱足'，还要多吃！留些明天吃罢！"他妈妈总是垂着眼泪说，"你便少喝一'开'酒，让他多吃一口罢！再不然，便譬如是我——我多吃了一口！"他爸爸不说什么，却睁圆着一双眼睛！

他也不懂得爸爸的眼睛，为什么要睁圆着，他也不懂得妈妈的眼泪，为什么要垂下。但是，他就此不再吃，他就悄悄地走开了！

他还常常想着他姑母——"啊！——好久了！妈妈说，是三年了！"三年前，他姑母来时，带来两条咸鱼，一方咸肉。他姑母不久就去了，他却天天想着她。他还记得有一条咸鱼，挼在窗口，直挂到过年！

他常常问他的妈妈，"姑母呢？我的好姑母，为什么不来？"他妈妈说："她住得远咧！——有五十里路，走要走一天！"

是呀，他天天是同样地想，——他想着他妈妈，想着他爸爸，想着他摇篮里的弟弟，想着他姑母。他还想着那破塔中的一条蛇，他说："它的头有斗一样大，不知道它两只眼睛，有多少大？"

他咬着指头，想着想着，直想到天黑。他心中想的，是天天一样，他眼中看见的，也是天天一样。

他又听见一声听惯的"哇……乌……"，他又看见那卖豆腐花的，把担了歇在对面的荒场上。孩子们都不游戏了，都围起那担子来，捧着小碗吃。

他也问过妈妈，"我们为什么不吃豆腐花？"妈妈说，"他们是吃了就不再吃晚饭的了！"他想，他们真可怜啊！只吃那一小碗东西，不饿的么？但是他很奇怪，他们为什么不饿？同时担子上的小火炉，煎着酱油，把香风一阵阵送来，叫他分外的饿了！

天渐渐地暗了，他又看见五个看惯的木匠，依旧是背着斧头锯子，抽着黄烟走过。那个年纪最大的——他知道他名叫"老娘舅"——依旧是喝得满面通红，一跛一跛的走；一只手里，还提着半瓶黄酒。

他看着看着，直看到远远的破塔，已渐渐的看不见了；那荒场上的豆腐花担子，也挑着走了。他于是和天天一样，看见那边街头上，来了四个兵，都穿着红边马褂：两个拿着军棍，两个打着灯。后面是一个骑马的兵宫，戴着圆圆的眼镜。

荒场上的小孩，远远地看见兵来，都说“夜了”！一下子就不见了！街头躺着一只黑狗，却跳了起来，紧跟着兵官的马脚，汪汪地嗥！

他也说，“夜了夜了！爸爸还不回来，我可要进去了！”他正要掩门，又看见一个女人，手里提着几条鱼，从他面前走过。他掩上了门，在微光中摸索着说，“这是什么人家的小孩的姑母啊！”

1920年6月20日，伦敦

忆 胡 适

胡适传略

胡适（1891—1962），汉族，原名胡洪骍、嗣糜，字希强，参加"庚款"留美考试后改名适，字适之，学名洪骍，笔名天风、藏晖等。安徽绩溪（今安徽绩溪上庄村）人。现代著名学者、诗人、历史家、文学家，哲学家。胡适因提倡文学革命而成为新文化运动的领袖之一。兴趣广泛，作为学者他在文学、哲学、史学、考据学、教育学、伦理学、红学等诸多领域都有研究。

胡适5岁开蒙，在绩溪老家私塾受过9年旧式教育，打下一定的旧学基础。早年在上海的梅溪学堂、澄衷学堂求学，初步接触了西方的思想文化，受到梁启超、严复思想的较大影响。1904年到上海进新式学校，接受《天演论》等新思潮，并开始在《竞业旬报》上发表白话文章。1906年考入中国公学，1910年考中"庚子赔款"留学生，赴美后先入康乃尔大学农学院，后转文学院哲学。1915年入哥伦比亚大学研究院，师从唯心主义哲学家杜威，接受了杜威的实用主义哲学，并一生服膺。

1917年回国，任北京大学教授，加入《新青年》编辑部，撰文反对封建主义，宣传个性自由、民主和科学，积极提倡"文学改良"和白话文学，成为当时新文化运动的重要人物。同年，胡适在《新青年》上发表《文学改良刍议》，主张以白话文代替文言文，提出写文章“不作无病之呻吟”，“须言之有物”等主张，为新文学形式作出初步设想。“五四”时期，与李大钊等展开“问题与主义”辩难；陪同来华讲学的杜威，任杜威的翻译二年多；与张君劢等展开“科玄论战”，是当时“科学派”丁文江的后台。从1920年至1933年，主要从事中国古典小说的研究考证，同是也参与一些政治活动，并一度担任上海公学校长。抗日战争初期出任国民党“国防参议会”参议员，1938年被任命为中国驻美国大使。抗战胜利后，1946年任北京大学校长。

1949年寄居美国，致力于《水经注》的考证等工作。后去台湾。1954年，任台湾“光复大陆设计委员会”副主任委员。1957年，出任台湾“中央研究院”院长。1962年，在台湾的一个酒会上突发心脏病去世。

胡适著作很多，又经多次编选，比较重要的有《胡适文存》、《胡适论学近著》、《胡适学术文集》等。

忆胡适之（节选）

张爱玲

同年（指1955年——编者注）十一月，我到纽约不久，就去见适之先生，跟一个锡兰朋友炎樱一同去。那条街上一排白色水泥方块房子，门洞里现出楼梯，完全是港式公寓房子，那天下午晒着太阳，我都有点恍惚起来，仿佛还在香港。上了楼，室内陈设也看着眼熟得很。适之先生穿着长袍子。

他太太带点安徽口音，我听着更觉得熟悉。她端丽的圆脸上看得出当年的模样，两手交握着站在当地，态度有点生涩，我想她也许有些地方永远是适之先生的学生。使我立刻想起读到的关于他们是旧式婚姻罕有的幸福的例子。他们俩都很喜欢炎樱，问她是哪里人。

她用国语回答，不过她离开上海久了，不大会说了。

喝着玻璃杯里泡着的绿茶，我还没进门就有的时空交叠的感觉更浓了。我看的《胡适文存》是在我父亲窗下的书桌上，与较不像样的书并列。他的《歇浦潮》、《人心大变》、《海外缤纷录》我一本本拖出去看，《胡适文存》则是坐在书桌前看的。《海上花》似乎是我父亲看了胡适的考证去买来的。《醒世姻缘》是我破例要了四块钱去买的。买回来看我弟弟拿着舍不得放手，我又忽然一慷慨，给他先看第一二本，自己从第三本看起，因为读了考证，大致已经有点知道了。好几年后，在港战中当防空员，驻扎在冯平山图书馆，发现有一部《醒世姻缘》，马上得其所哉，一连几天看得抬不起头来。房顶上装着高射炮，成为轰炸目标，一颗颗炸弹轰然落下来，越落越近。我只想着：至少等我看完了吧。

我姑姑有个时期跟我父亲借书看，后来兄妹闹翻了不来往，我父亲有一次忸怩的笑着咕噜了一声："你姑姑有两本书还没还我。"我姑姑也有一次有点不好意思的说："这本《胡适文存》还是他的。"还有一本萧伯纳的《圣女贞德》，德国出版的，她很喜欢那米色的袖珍本，说："他这套书倒是好。"她和我母亲跟胡适先生同桌打过牌。战后报上登着胡适回国的照片，不记得是下飞机还是下船，笑容满面，笑得像个猫脸的小孩，打着个大圆点的蝴蝶式领结，她看着笑了起来说，"胡适之这样年轻！"

那天我跟炎樱去过以后，炎樱去打听了来，对我说："喂，你那位胡博士不大有人知道，没有林语堂出名。"我屡次发现外国人不了解现代中国的时候，往往是因为不知道五四运动的影响。因为五四运动是对内的，对外只限于输入。我觉得不但我们这一代与上一代，就连大陆上的下一代，尽管反胡适的时候许多青年已经不知道在反些什么，我想只要有心理学家荣（Jung）所谓民族回忆这样东西，像"五四"这样的经验是忘不了的，无论湮没多久也还是在思想背景里。荣与弗洛伊德齐名。不免联想到弗洛伊德研究出来的，摩西是被以色列人杀死的。事后他们自己讳言，年代久了又倒过来仍旧信奉他。

我后来又去看过胡适先生一次，在书房里坐，整个一道墙上一溜书架，虽然也很简单，似乎是定制的，几乎高齐屋顶，但是没搁书，全是一叠叠的文件夹子，多数乱糟糟露出一截子纸。整理起来需要的时间心力，使我一看见就心悸。

跟适之先生谈，我确是如对神明。较具体的说，是像写东西的时候停下来望着窗外一片空白的天，只想较近真实。适之先生讲起大陆，说"纯粹是军事征服"。我顿了顿没有回答，因为自从一九三几年起看书，就感到左派的压力，虽然本能的起反感，而且像一切潮流一样，我永远是在外面的，但是我知道它的影响不止于像西方的左派只限一九三〇年代。我一默然，适之先生立刻把脸一沉，换个话题。我只记得自己太不会说话，因而梗梗于心的这两段。他还说："你要看书可以到哥伦比亚图书馆去，那儿书很多。"我不由得笑了。那时候我虽然经常的到市立图书馆借书，还没有到大图书馆查书的习惯，更不必说观光。适之先生一看，马上就又说到别处去了。

他讲他父亲认识我的祖父，似乎是我祖父帮过他父亲一个小忙。我连这段小故事都不记得，仿佛太荒唐。原因是我们家里从来不提祖父。有时候听我父亲跟客人谈"我们老太爷"，总是牵涉许多人名，不知道当时的政局就跟不上，听不了两句就听不下去了。我看了《孽海花》才感到兴趣起来，一问我父亲，完全否认。后来又听见他跟个亲戚高谈阔论，辩明不可能在签押房撞见东翁的女儿，那首诗也不是她做的。我觉得那不过是细节。过天再问他关于祖父别的事，他悻悻然说："都在爷爷的集子里，自己去看好了！"我到书房去请老师给我找了出来，搬到饭厅去一个人看。典故既多，人名无数，书信又都是些家常话。几套线装书看得头昏脑胀，也看不出幕后事情。又不好意思去问老师，仿佛喜欢讲家世似的。

祖父死的时候我姑姑还小，什么都不知道，而且微窘的笑着问："怎么想起来问这些？"因为不应当跟小孩子们讲这些话，不民主。我几下子一碰壁，大概养成了个心理错综，一看到关于祖父的野史就马上记得，一归入正史就毫无印象。

适之先生也提到不久以前在书摊上看到我祖父的全集，没有买。又说正在给《外交》杂志（"Foreign Affairs"）写篇文章，有点不好意思的笑了笑，说："他们这里都要改的。"我后来想看看《外交》逐期的目录，看有没有登出来，工作忙，也没看。

感恩节那天，我跟炎樱到一个美国女人家里吃饭，人很多，一顿烤鸭子吃到天黑，走出来满街灯火橱窗，新寒暴冷，深灰色的街道特别干净，霓虹灯也特别晶莹可爱，完全像上海。我非常快乐，但是吹了风回去就呕吐。刚巧胡适先生打电话来，约我跟他们吃中国馆子。我告诉他刚吃了回声吐了，他也就算了，本来是因为感恩节，怕我一个人寂寞。其实我哪过什么感恩节。

炎樱有认识的人住过一个职业女宿舍，我也就搬了去住。是救世军办的，救世军是出名救济贫民的，谁听见了都会骇笑，就连住在那里的女孩子们提起来也都讪讪的嗤笑着。唯有年龄限制，也有几位胖太太，大概与教会有关系的，似乎打算在此终老的了。管事的老姑娘都称中尉、少校。餐厅里代斟咖啡的是醉倒在鲍艾里（The Bowery）的流浪汉，她们暂时收容的，都是酒鬼，有个小老头子，蓝眼睛白镑镑的，有气无力靠在咖啡炉上站着。

有一天胡适先生来看我，请他到客厅去坐，里面黑洞洞的，足有个学校礼堂那么大，还有个讲台，台上有钢琴，台下空空落落放着些旧沙发。没什么人，干事们鼓励大家每天去喝下午茶，谁也不肯去。我也是第一次进去，看着只好无可奈何的笑。但是适之先生直赞这地方很好。我心里想，还是我们中国人有涵养。坐了一会出来，他一路四面看着，仍旧满口说好，不像是敷衍话。也许是觉得我没有虚荣心。我当时也没有琢磨出来，只马上想起他写的他在美国的学生时代，有一天晚上去参加复兴会教派篝火晚会的情形。

我送到大门外，在台阶上站着说话。天冷，风大，隔着条街从赫贞江上吹来。适之先生望着街口露出的一角空镑的灰色河面，河上有雾，不知道怎么笑眯眯的老是望着，看怔住了。他围巾裹得严严的，脖子缩在半旧的黑大衣里，厚实的肩背，头脸相当大，整个凝成一座古铜半身像。我忽然一阵凛然，想着：原来是真像人家说的那样。而我向来相信凡是偶像都有"粘土脚"，否则就站不住，不可信。我出来没穿大衣，里面暖气太热，只穿着件大挖领的夏衣，倒也一点都不冷，站久了只觉得风飕飕的。我也跟着向河上望过去微笑着，可是仿佛有一阵悲风，隔着十万八千里从时代的深处吹出来，吹得眼睛都睁不开。那是我最后一次看见适之先生。我二月里搬到纽英伦去，几年不通消息。一九五八年，我申请到南加州亨享屯·哈特福基金会去住半年，那是 AP 超级市场后裔办的一个艺文作场，是海边山谷里一个魅丽的地方，前年关了门，报上说蚀掉五十万。我写信请适之先生作保，他答应了，顺便把我三四年前送他的那本《秧歌》寄还给我，经他通篇圈点过，又在扉页上题字。我看了实在震动，感激得说不出话来，写都无法写。

写了封短信去道谢后，不记得什么时候读到胡适返台消息。又隔了好些时，看到噩耗，只惘惘的。是因为本来已经是历史上的人物？我当时不过想着，在宴会上演讲后突然逝世，也就是从前所谓无疾而终，是真有福气。以他的为人，也是应当的。

名人故事

胡适与小贩

在胡适晚年的孤寂境遇里，有一位卖麻饼的小贩竟做了他的朋友，给他带来一点意外的安慰和快乐。小贩名叫袁瓞，他做饼卖饼之余，还爱读一点书，喜欢与人讨论英美的政治制度，到底英美政制哪个更好一点？他比较倾向于崇拜美国，但理论上说不明白，一直得不到满意的答复。于是便贸然写了一封长信，向大学者胡适请教。这是1959年10月间的事。

胡适接到这封信，知是一位卖芝麻饼的小贩，竟能在业余勤奋自修，精神可佩；问的又是胡博士最热衷的英美政治问题，更觉十分高兴，便亲笔写了一封回信。

信中说：你提出的问题太大，我很惭愧，我不能给你一个可以使我自己认为满意的解答，我只能说，你说的英国制度和美国制度其实没有什么大分别。你信上叙述的那个"杜鲁门没有带走一个人"的故事。也正和邱吉尔在1945年离开顿宁街10号时没有带走一个人，是一样的。"我还可以说，我们这个国家里，有一个卖饼的，每天背着铅皮桶在街上叫卖芝麻饼，风雨无阻，烈日更不放在心上，但他还肯忙里偷闲，关心国家大计，关心英美的政治制度，盼望国家能走上长治久安之路——单只这件奇事，已够使我乐观，使我高兴了。……如有我可以帮你小忙的事，如赠送你找不着的书之类，我一定很愿意做，……"从此，小贩袁瓞便成了博士胡适的"我的朋友"了。

一天，胡适邀请袁瓞到南港的中央研究院去做客，袁瓞把带来的一个手巾包打开，里面是10个芝麻饼，黄灿灿的，散发着新烤芝麻的清香。捧到胡适面前，胡适接过芝麻饼，笑眯眯地拿起一个便吃，嚼得支咯支咯地响，脸上现出近几年来才见的欢愉。

他们一老一少，谈得很畅快，胡适仍不忘对他的年轻朋友宣讲杜威哲学和改良主义，随后，他们又谈到幼年生活。胡适说，他喜欢游泳，可是鼻孔里长了一个小瘤，水中呼吸不方便。袁瓞听了觉得很巧，告诉胡适说，他的鼻孔里也长了一个小瘤，恐怕是鼻癌。胡适听他说，便立即给台大医院的高天成院长写了封信，说：这是我的朋友袁瓞，一切治疗费由我负担。胡适尽管经济并不是那样富有，甚至连自己住院也常提前出院，但他诚心给一个好学的年轻人以帮助，在他的心灵上是一种极好的安慰。

胡适常记着这位小贩朋友。有一次他心脏病复发，住进台大医院。他的朋友和梅夫人拿了一个芝麻饼送到胡适病房来说："我给你吃一样东西，这样东西，我相信你没有吃过。

胡适见是麻饼，便笑了，说："我早就吃过了。这是我的一个朋友做的。"

胡适也够天真，以为那么大一个台北市，芝麻饼都是“我的朋友”袁飚一个人做的。

白话电报

胡适在“五四”时期，提倡白话文，说“文言是半死文学”，“可读而听不懂”。一生以白话文的布道者自居，始终关注白话文的发展和命运，还特意编著了一部《白话文学史》。

1934年秋，胡适在北大讲课时又对白话文的优点大加颂扬，这时，有些醉心文言文的同学，听不入耳，心中厌烦，不免萌生了抵触情绪。正当胡适讲得得意时，一位姓魏的同学，突然站起来，声色俱厉地提出抗议道：“胡先生，难道说白话文就没有丝毫的缺点吗？”胡适冲着他微笑着说：“没有的。”那位同学更加激愤地反驳道：“肯定是有的！白话文语言不精练，打电报用字多，花钱多。”

胡适扶扶眼镜透露出沉思的目光，然后柔声细气地解释道：“不一定吧！前几天行政院有位朋友给我打来电报，邀我去做行政院秘书，我不愿从政，决定不去，为这件事我复电拒绝。复电是用白话写的，看来也很省字。请同学们根据我这一意愿，用文言文编写一则复电，看看究竟是白话文省字，还是文言文省字？”胡教授说完这段话后，整个教室顿时紧张沉寂起来，每个同学都在开动脑筋，认真地编写电文。

十五分钟过后，胡适让同学们自动举手，报告用字数目，然后从中挑选一份用字最少的文言电稿，电文是这样写的：“才学疏浅，恐难胜任，不堪从命。”胡适说，这份写得确实简练，仅用了12个字。但我的白话电报却只用了5个字：“干不了，谢谢。”胡适又解释说：“干不了”就含有才学疏浅，恐难胜任之意；“谢谢”既对友人费心介绍表示感谢又暗示拒绝之意。由此看来，语言的精练与否，不在白话与文言的差别。客观事物是曲折复杂的，必须反复研究，才能恰当地反映，所谓研究，就是细心琢磨问题的中心所在，恰如其分地选用字词，白话文较文言文是更可省字的。

胡适作品精选

差不多先生传

你知道中国最有名的人是谁？

提起此人，人人皆晓，处处闻名。他姓差，名不多，是各省各县各村人氏。你一定见过他，一定听过别人谈起他。差不多先生的名字天天挂在大家的口头，因为他是中国全国人的代表。

差不多先生的相貌和你和我都差不多。他有一双眼睛，但看的不很清楚；有两只耳朵，但听的不很分明；有鼻子和嘴，但他对于气味和口味都不很讲究。他的脑子也不小，但他的记性却不很精明，他的思想也不很细密。

他常常说："凡事只要差不多，就好了。何必太精明呢？"

他小的时候，他妈叫他去买红糖，他买了白糖回来。他妈骂他，他摇摇头说："红糖白糖不是差不多吗？"

他在学堂的时候，先生问他："直隶省的西边是哪一省？"

他说是陕西。先生说，"错了。是山西，不是陕西。"他说："陕西同山西，不是差不多吗？"

后来他在一个钱铺里做伙计；他也会写，也会算，只是总不会精细。十字常常写成千字，千字常常写成十字。掌柜的生气了，常常骂他。他只是笑嘻嘻地赔小心道："千字比十？字只多一小撇，不是差不多吗？"

有一天，他为了一件要紧的事，要搭火车到上海去。他从从容容地走到火车站，迟了两分钟，火车已开走了。他白瞪着眼，望着远远的火车上的煤烟，摇摇头道："只好明天再走了，今天走同明天走，也还差不多。可是火车公司未免太认真了。八点三十分开，同八点三十二分开，不是差不多吗？"

他一面说，一面慢慢地走回家，心里总不明白为什么火车不肯等他两分钟。

有一天，他忽然得了急病，赶快叫家人去请东街的汪医生。那家人急急忙忙地跑去，一时寻不着东街的汪大夫，却把西街牛医王大夫请来了。差不多先生病在床上，知道寻错了人；但病急了，身上痛苦，心里焦急，等不得了，心里想道："好在王大夫同汪大夫也差不多，让他试试看罢。"于是这位牛医王大夫走近床前，用医牛的法子给差不多先生治了不上一点钟，差不多先生就一命呜呼了。

差不多先生差不多要死的时候，一口气断断续续地说道："活人同死人也差……差……差不多，……凡事只要……差……差……不多……就……好了，……何……何……必……太……太认真呢？"他说完了这句格言，方才绝气了。

他死后，大家都很称赞差不多先生样样事情看得破，想得通；大家都说他一生不肯认真，不肯算帐，不肯计较，真是一位有德行的人。于是大家给他取个死后的法号，叫他做圆通大师。

他的名誉越传越远，越久越大。无数无数的人都学他的榜样。于是人人都成了一个差不多先生。——然而中国从此就成为一个懒人国了。

我的母亲

我小时身体弱，不能跟着野蛮的孩子们一块儿玩。我母亲也不准我和他们乱跑乱跳。小时不曾养成活泼游戏的习惯，无论在甚么地方，我总是文诌诌地。所以家乡老辈都说我"像个先生样子"，遂叫我做"穈先生"。这个绰号叫出去之后，人都知道三先生的小儿子叫做穈先生了。既有"先生"之名，我不能不装出点"先生"样子，更不能跟着顽童们"野"了。有一天，我在我家八字门口和一班孩子"掷铜钱"，一位老辈走过，见了我，笑道："穈先生也掷铜钱吗？"我听了羞愧的面红耳热，觉得太失了"先生"的身分！

大人们鼓励我装先生样子，我也没有嬉戏的能力和习惯，又因为我确是喜欢看书，故我一生可算是不曾享过儿童游戏的生活。每年秋天，我的庶祖母同我到田里去“监割”，（顶好的田，水旱无忧，收成最好，佃户每约田主来监割，打下谷子，两家平分。）我总是坐在小树下看小说。十一二岁时，我稍活泼一点，居然和一同学组织了一个戏剧班，做了一些木刀竹枪，借得了几副假胡须，就在村口田里做戏。我做的往往是诸葛亮、刘备一类的文角儿；只有一次我做史文恭，被花荣一箭从椅子上射倒下去，这算是我最活泼的玩艺儿了。

我在这九年（一八九五——一九零四）之中，只学得了读书写字两件事。在文字和思想的方面，不能不算是打了一点底子。但别的方面都没有发展的机会。有一次我们村里“当朋”（八都凡五村，称为“五朋”，每年一村轮着做太子会，名为“当朋”）筹备太子会，有人提议要派我加入前村的昆腔队里学习吹笙或吹笛。族里长辈反对，说我年纪太小，不能跟着太子会走遍五朋。于是我便失掉了这学习音乐的唯一机会。三十年来，我不曾拿过乐器，也全不懂音乐；究竟我有没有一点学音乐的天资，我至今还不知道。至于学图画，更是不可能的事。我常常用竹纸蒙在小说书的石印绘像上，摹画书上的英雄美人。有一天，被先生看见了，挨了一顿大骂，抽屉里的图画都被搜出撕毁了。于是我又失掉了学做画家的机会。

但这九年的生活，除了读书看书之外，究竟给了我一点做人的训练。在这一点上，我的恩师便是我的慈母。

每天天刚亮时，我母亲便把我喊醒，叫我披衣坐起。我从不知道她醒来坐了多久了。她看我清醒了，便对我说昨天我做错了甚么事，说错了甚么话，要我认错，要我用功读书。有时候她对我说父亲的种种好处，她说：“你总要踏上你老子的脚步。我一生只晓得这一个完全的人，你要学他，不要跌他的股。”（跌股便是丢脸，出丑。）她说到伤心处，往往掉下泪来。到天大明时，她才把我的衣服穿好，催我去上早学。学堂门上的锁匙放在先生家里；我先到学堂门口一望，便跑到先生家里去敲门。先生家里有人把锁匙从门缝里递出来，我拿了跑回去，开了门，坐下念生书。十天之中，总有八九天我是第一个去开学堂门的。等到先生来了，我背了生书，才回家吃早饭。

我母亲管束我最严。她是慈母兼任严父。但她从来不在别人面前骂我一句，打我一下。我做错了事，她只对我一望，我看见了她的严厉眼光，便吓住了。

犯的事小，她等到第二天早晨我眠醒时才教训我。犯的事大，她等到晚上人静时，关了房门，先责备我，然后行罚，或罚跪，或拧我的肉。无论怎样重罚，总不许我哭出声音来。她教训儿子不是藉此出气叫别人听的。

有一个初秋的傍晚，我吃了晚饭，在门口玩，身上只穿着一件单背心。这时候我母亲的妹子玉英姨母在我家住，她怕我冷了，拿了一件小衫出来叫我穿上。我不肯穿，她说："穿上吧，凉了。"我随口回答："娘（凉）甚么！老子都不老子呀。"我刚说了这一句，一抬头，看见母亲从家里走出，我赶快把小衫穿上。但她已听见这句轻薄的话了。晚上人静后，她罚我跪下，重重的责罚了一顿。她说："你没了老子，是多么得意的事！好用来说嘴！"她气的坐着发抖，也不许我上去睡。我跪着哭，用手擦眼泪，不知擦进了甚么微菌，后来足足害了一年多的眼翳病。医来医去，总医不好。我母亲心里又悔又急，听说眼翳可以用舌头舔去，有一夜她把我叫醒，真用舌头舔我的病眼。这是我的严师，我的慈母。

我母亲二十三岁做了寡妇，又是当家的后母。这种生活的痛苦，我的笨笔写不出一万分之一二。家中财政本不宽裕，全靠二哥在上海经营调度。大哥从小便是败子，吸鸦片烟，赌博，钱到手就光，光了便回家打主意，见了香炉便拿出去卖，捞着锡茶壶便拿出去押。我母亲几次邀了本家长辈来，给他定下每月用费的数目。但他总不够用，到处都欠下烟债赌债。每年除夕我家中总有一大讨债的，每人一盏灯笼，坐在大厅上不肯去。大哥早已避出去了。大厅的两排椅子上满满的都是灯笼和债主。我母亲走进走出，料理年夜饭，谢神，压岁钱等事，只当做不曾看见这些人。到了近半夜，快要"封门"了，我母亲才走后门出去，央一位邻舍本家到我家来，每一家债户开发一点钱。做好做歹的，讨债的才一个一个提着灯笼走出去。一会儿，大哥敲门回来了。我母亲从不骂他一句。并且因为是新年，她脸上从不露出一点怒色。这样的过年，我过了六七次。

大嫂是个最无能而又最不懂事的人，二嫂是个很能干而气量很窄小的人。她们常常闹意见，只因为我母亲的和气榜样，她们还不曾有公然相骂相打的事。她们闹事时，只是不说话，不答话，把脸放下来，叫人难看；二嫂生气时，脸色变青，更是怕人。她们对我母亲闹气时，也是如此。我起初全不懂得这一套，后来也渐渐懂得看人的脸色了。我渐渐明白，世间最可厌恶的事莫如一张生气的脸；世间最下流的事莫如把生气的脸摆给旁人看。这比打骂还难受。

我母亲的气量大，性子好，又因为做了后母后婆，她更事事留心，事事格外容忍。大哥的女儿比我只小一岁，她的饮食衣服总是和我的一样。我和她有小争执，总是我吃亏，母亲总是责备我，要我事事让她。后来大嫂二嫂都生了儿子了，她们生气时便打骂孩子来出气，一面打，一面用尖刻有刺的话骂给别人听。我母亲只装做不听见。有时候，她实在忍不住了，便悄悄走出门去，或到左邻立大嫂家去坐一会，或走后门到后邻度嫂家去闲谈。她从不和两个嫂子吵一句嘴。

每个嫂子一生气，往往十天半个月不歇，天天走进走出，板着脸，咬着嘴，打骂小孩子出气。我母亲只忍耐着，忍到实在不可再忍的一天，她也有她的法子。这一天的天明时，她便不起，轻轻的哭一场。她不骂一个人，只哭她的丈夫，哭她自己苦命，留不住她丈夫来照管她。她先哭时，声音很低，渐渐哭出声来。我醒了起来劝她，她不肯住。这时候，我总听得见前堂（二嫂住前堂东房）或后堂（大嫂住后堂西房）有一扇房门开了，一个嫂子走出房向厨房走去。不多一会，那位嫂子来敲我们的房门了。我开了房门，她走进来，捧着一碗热茶，送到我母亲前，劝她止哭，请她喝口热茶。我母亲慢慢停住哭声，伸手接了茶碗。那位嫂子站着劝一会，才退出去。没有一句话提到甚么人，也没有一个字提到这十天半个月来的气脸，然而各人心里明白，泡茶进来的嫂子总是那十天半个月来闹气的人。奇怪的很，这一哭之后，至少有一两个月的太平清静日子。

我母亲待人最仁慈，最温和，从来没有一句伤人感情的话。但她有时候也很有刚气，不受一点人格上的侮辱。我家五叔是个无正业的浪人，有一天在烟馆里发牢骚，说我母亲家中有事总请某人帮忙，大概总有甚么好处给他。这句话传到了我母亲耳朵里，她气的大哭，请了几位本家来，把五叔喊来，她当面质问他，她给了某人甚么好处。直到五叔当众认错赔罪，她才罢休。

我在我母亲的教训之下住了九年，受了她的极大极深的影响。我十四岁（其实只有十二岁零两三个月）便离开她了，在这广漠的人海里独自混了二十多年，没有一个人管束过我。如果我学得了一丝一毫的好脾气，如果我学得了一点点待人接物的和气，如果我能宽恕人，体谅人，——我都得感谢我的慈母。

忆许地山

许地山传略

许地山（1893—1941），名赞堃，号地山，笔名落华生。中国现代小说家、散文家、“五四”时期新文学运动先驱者之一。在梵文、宗教方面亦有研究硕果。1893 年 2 月 14 日生于台湾省台南府城延平郡。三岁随父定居漳州，四岁入私塾读书，由于好学聪慧，成绩优异，在漳州城内被誉为“神童”。此后，由于家道中落，开始自谋生活。曾在石码眉麓小学当教员，后来又到省立第二师范学校任教。1913 年受聘到缅甸仰光华侨创办的中华学校任职。1915 年 12 月，回国在漳州华英中学任教，1917 年，重回省立二师，并兼任附小主事（校长）。

1917 年暑假，以优异成绩考入燕京大学文学院，学会多种外文和方言。并经常和瞿秋白、郑振铎、耿济之等人在一起谈论时政，寻求真理，探索改造社会、振兴中华的道路。他们在北京青年会图书馆编辑《新社会旬刊》，宣传革命思想，发表新文学作品。

1921 年 1 月，和沈雁冰、叶圣陶、郑振铎、周作人等 12 人发起成立文学研究会，创办《小说月报》，成为我国现代文学史上第一个规模最大、影响最广的新文学刊物。以落华生为笔名在刊物上发表了第一篇小说《命命鸟》，开始了文学创作生涯。

1922年8月，与梁实秋、谢冰心等到美国纽约的哥伦比亚大学研究院哲学系学习，1924年获文学硕士学位，并以“研究生”资格进入美国牛津大学曼斯菲尔学院研究宗教史、印度哲学、梵文、人类学及民俗学，两年后又获牛津大学研究院文学学士学位。

1921年到1926年是其创作的第一次高潮时期。这期间，他的12篇短篇小说结集为《缀网劳蛛》；44篇散文小品，由商务印书馆以《空山灵雨》为书名出版。

1927年学成回国后，先后在燕京大学文学院、宗教学院任助教、副教授、教授，担任《燕京学报》编委。同时在北京大学、清华大学、北京师范大学兼课，并继续从事文学创作。

与此同时，还写了不少宗教书。如《大藏经索引》、《道教思想与道教》、《中国道教史》（上卷）、《云笈七签校异》、《摩尼之二宗三际论》等，并着手编纂《道教辞典》。其学术成就，学界有口皆碑。

抗战期间，作为一名热爱祖国的左翼作家，奔走呼号，声讨日寇罪行。后避居香港，被聘为香港大学文学院主任教授。在港大任教期间，在改革教育、教学的同时，积极从事社会教育和文化活动。他先后发起和组织了“香港新文学学会”、“中国文化协会”，积极提倡改良中小学课程，并担任“香港中小学教员暑期讨论班”主任以及多所中小学校董。对香港的文化教育事业做出不少贡献。

1937年“七·七”芦沟桥事变后，他走出书斋，奔波于香港、九龙等地，在群众集会上发表演讲，帮助流亡青年补习文化课，还在报刊上发表了《七·七感言》、《造成伟大民族底条件》等杂文，宣传抗战，反对投降。

1938年3月，在汉口成立的中华全国文艺界抗敌协会上，和郭沫若、茅盾、巴金、夏衍等45人当选为理事，并在“中华全国文艺界抗敌协会香港会员通讯处”任常务理事兼总务。他写了长篇论文《国粹与国学》，在当时影响很大。他还写了抗日小说《铁鱼的鳃》，作品通过主人公的不幸遭遇，表达了人民坚持抗战的意志和坚强的民族自尊心，受到文艺界的极大好评，被认为是“中国小说界不可多得的作品”。

由于积劳成疾，导致心脏病逐渐严重。1941年8月4日下午，他心脏病再次复发，英年早逝，年仅49岁。

敬悼许地山先生

老　舍

纪念一位值得纪念的人是有许多不同的方法的：开追悼会，撰制墓碑等等都是方法之一。许地山先生是一位值得纪念的学者与文艺写家，大概有人给他开过追悼会，或用其他的方法去纪念他。因为没有机会参加他的追悼会与别种对于他的纪念的举动，我只写了一篇哀悼他的文字，刊登在大公报上。在那篇文字里，我述说了一些他的性格与才能，表明他是怎样的可敬与可爱。现在，我不愿重述那些，而想从他的逝世提出两件事来，引起文艺界友好的注意。我想，假若由一个已无可挽回与补救的死亡与损失中，能使还活着的同道得到一些自励自策，恐怕就不失为最好的纪念方法之一吧。

一、地山先生既是一位学者，又是一位文艺写家。不知道我的判断正确与否，我觉得他的学识胜于他的创作。在关于他的宗教学的研究与著述上，他的声望是流传到了国外的；在国内，似乎“落华生”是比“许地山”更响亮得很多。从一个以文艺写作为职业的人的立场上来看，我深愿地山先生的文艺创作也与他的学术上的著作等量齐名。但是，他已经把他的一切带到了坟墓里去，没法再满足我们这个希冀，那么，使我们的新文艺流传到国外去的责任应当责无旁贷的是我们的了。这是个重大的责任，而且也是必须尽到的责任。

我们的新文艺还缺乏伟大的作品，但是这可不能便把新文艺的成就一笔抹杀。从一发芽，中国新文艺的态度与趋向，据我看，是没有什么可羞愧的地方。它要革命，它要作不平之鸣，它要追求真理与光明。这些，都是好样儿的文艺必须作的。我们的才能也许很薄弱，举不起这块文艺的千斤闸，但是我们并没有怕它沉重而放弃它。我们二十年来的成就，虽然还没有一鸣惊人的杰作，可是我们也干干净净，并没有去作像英美诸国那些专为卖钱而写出的侦探小说与大减价的罗曼司。所以，我们应当把我们的较比优秀的作品，介绍到国外去，使世界上知道我们的黄色皮肤下的血也是红的，热的，崇高的。在这种介绍工作而外，当然我们要更努力自策，生产出更好的作品，给世界人类的心灵一些新的，珍贵的精神食粮。这不是妄想，而是我们应有的志愿与应尽的责任。我们必须教世界上从文艺中知道，并且敬重新中国的灵魂，也必须把我们的心灵发展，提高，到与世界上最高伟明哲的心灵同一水准。要作到这个，我们就必须储蓄学识，然后好把我们的生活必应有的三个方面——学识，生活经验，写作——打成一片，从学识与生活经验的调协与互助，把我们的创作水准提高。

地山先生的学识，使我们感到自己的空虚。我们应当学他。我们不能专靠没有被学识滋润过的聪明与才力去支持写作。同时，我们知道地山先生的好学，减少了他的写作时间；他成为学者，可是耽误了他的更好的更多的文艺作品的产生。因此，我们虽然应努力去填满学识的空谷；可是我们求学的目的，是在有助于创作。我们不必成为学者，但必须有丰富的学识。地山先生在学问方面给了我们很好一个示范，我们应当以他的勤苦好学的榜样去充实自己，而且要以学者为创作的柱梁，正像生活经验那样的，去建造起文艺的美厦明堂来。

二、凡有机会与地山先生接触的，都能成为他的朋友。他有一颗爱朋友的心。可是，因为他一向作教授，没有时间去多参加文艺界的活动，所以文艺界友人认识他的就不很多。在抗战中，许多文艺写家在香港工作，他们有看到他的机会，他就成为大家的老大哥。他对香港文协分会的工作极为热情。他的死，不但是香港文协分会的损失，也是文协总会的损失，因为文协总会的工作有无发展，实在是要看各地分会的工作有无进展。说到这里，我们就应以地山先生爱友人爱文艺的精神与热诚去纪念地山先生——我们要用全力去支持文协！

文协在今天已成为文艺写家的精神家庭。今日文协的坚固，是明日文协发展的基础。我们既在抗战中建设起这个大家庭，我们就必须看到明日，使它继续的发展，成为永久的家庭。只有这样，文协才有它更重大的意义与使命。

文协的兴衰是与我们每个人有最密切的关系的。我们不能看它已相当的牢靠而稍微放松我们的努力。今天静止，明天就衰废！我们不能教地山先生在地下斥责我们！

载一九四一年十二月十日《文学月刊》第三卷二、三期合刊号

名人之间

许地山与老舍

许地山1920年在燕京大学毕业后留校任教。由于他是基督教徒，所以经常在礼拜日到教堂做义工。此时的老舍是个小学教师，于1922年受洗入基督教，也常去做义工。这样他们彼此就有了接触的机会。可是，许地山是大学毕业生，大学的教师，与老舍这个高中毕业生，小学教师，显然有着很大的差距。而他们之所以成为好朋友，主要是因为许地山没有架子，说话直爽，尤其是爱说笑话，这使老舍感到他平易近人，成了他很好的朋友。

做义工期间，老舍为了提高英文水准，到燕京大学跟埃文斯教授学习英文。埃文斯是伦敦大学东方学院校外考官，对老舍的印象颇佳，举荐老舍担任东方学院教师。于是，老舍于1924年9月来到伦敦任教。

许地山在老舍之前来到英国，他是来研究宗教比较学的。老舍到达英国伦敦后，投奔许地山，与他住在一起。两个人的交往就更密切了。他们经常在一起谈佛学，谈文学，许地山对老舍的启发很大。尤其是许地山早在1920年就发表了小说《命命鸟》，使老舍对这位作家朋友更加敬佩。

老舍在东方学院的酬金是每年250镑，每月仅有20镑，生活是较为艰苦的。他还要给母亲寄些生活费用，这就显得更为拮据了。因此，老舍的心情不好，就拼命地念小说，消除寂寞，同时也借此机会熟悉英文。老舍读了一段时间的英文名著之后，深受启发，觉得手痒痒的，也跃跃欲试。

此时到牛津大学从事研究的许地山经常来看望老舍，见他迷上了小说，

就鼓励他写。在许地山的影响和鼓励下，1925 年老舍用 3 便士一本的学生练习本写成了《老张的哲学》。在一次许地山来看老舍时，老舍拿出这部小说手稿，让许地山给提提意见。许地山读着小说，一直在笑。老舍问他笑什么，他说："我真没有想到你会写得这么幽默。"事后，许地山将这部小说推荐给上海的郑振铎，两三个月后《小说月报》就发表了。从此老舍一发而不可收，接二连三地发表了长篇《赵子曰》、《二马》等作品。成为五四时期长篇小说创作最为光彩的明星。

名人故事

善讲笑话

许地山是老舍先生"最好的朋友"。许地山有学问而没有架子，"他爱说笑话，村的雅的都有"。这是老舍先生几十年后回忆的印象。

1924 年许地山和老舍都到了英国。许地山到牛津大学神学系学比较宗教学，此外还研究人类学、民俗学、文学、考古学，学过梵文和巴利文。老舍在伦敦大学教汉语，他们见面时，话很多，往往说个没完。老舍回忆说："他闲扯，他就能——举个例说——由男女恋爱扯到中古的禁欲主义，再扯到原始时代的男女关系。他的故事及书本上的佐证也很丰富。他的话一会儿低降到贩夫走卒的俗野，一会儿高飞到学者的深刻高明。他谈一整天并无倦容，大家听一天也不感疲倦。"他们在英国的留学生活是清贫的。许地山先写小说，又鼓励老舍写小说，老舍在写作中得到了他的很大鼓励和帮助，在言谈中常常提起。

回到北京以后，许地山在大学教书。结婚后，生活讲究起来了，"虽然由破夏布褂子换为整齐的绫罗大衫，他的脱口而出的笑话与戏谑还完全是他，一点也没改。"老舍如此赞美许地山的笑话，可见那确是很难得的"笑话与戏谑"了。

许地山作品精选

春　桃

这年的夏天分外地热。街上的灯虽然亮了，胡同口那卖酸梅汤的还像唱梨花鼓的姑娘耍着他的铜碗。一个背着一大篓字纸的妇人从他面前走过，在破草帽底下虽看不清她的脸，当她与卖酸梅汤的打招呼时，却可以理会她有满口雪白的牙齿。她背上担负得很重，甚至不能把腰挺直，只如骆驼一样，庄严地一步一步踱到自己门口。

进门是个小院，妇人住的是塌剩下的两间厢房。院子一大部分是瓦砾。在她的门前种着一棚黄瓜，几行玉米。窗下还有十几棵晚香玉。几根朽坏的梁木横在瓜棚底下，大概是她家最高贵的坐处。她一到门前，屋里出来一个男子，忙帮着她卸下背上的重负。

"媳妇，今儿回来晚了。"

妇人望着他，像很诧异他的话。"什么意思？你想媳妇想疯啦？别叫我媳妇，我说。"她一面走进屋里，把破草帽脱下，顺手挂在门后，从水缸边取了一个小竹筒向缸里一连舀了好几次，喝得换不过气来，张了一会嘴，到瓜棚底下把篓子拖到一边，便自坐在朽梁上。

那男子名叫刘向高。妇人的年纪也和他差不多，在三十左右，娘家也姓刘。除掉向高以外，没人知道她的名字叫做春桃。街坊叫她做捡烂纸的刘大姑，因为她的职业是整天在街头巷尾垃圾堆里讨生活，有时沿途嚷着"烂字纸换取灯儿"。一天到晚在烈日冷风里吃尘土，可是生来爱干净，无论冬夏，每天回家，她总得净身洗脸。替她预备水的照例是向高。

向高是个乡间高小毕业生，四年前，乡里闹兵灾，全家逃散了，在道上遇见同是逃难的春桃，一同走了几百里，彼此又分开了。

她随着人到北京来，因为总布胡同里一个西洋妇人要雇一个没混过事的乡下姑娘当“阿妈”，她便被荐去上工。主妇见她长得清秀，很喜爱她。她见主人老是吃牛肉，在馒头上涂牛油，喝茶还要加牛奶，来去鼓着一阵膻味，闻不惯。有一天，主人叫她带孩子到三贝子花园去，她理会主人家的气味有点像从虎狼栏里发出来的，心里越发难过，不到两个月，便辞了工。到平常人家去，乡下人不惯当差，又挨不得骂，上工不久，又不干了。在穷途上，她自己选了这捡烂纸换取灯儿的职业，一天的生活，勉强可以维持下去。

向高与春桃分别后的历史倒很简单，他到涿州去，找不着亲人，有一两个世交，听他说是逃难来的，都不很愿意留他住下，不得已又流到北京来。由别人的介绍，他认识胡同口那卖酸梅汤的老吴，老吴借他现在住的破院子住，说明有人来赁，他得另找地方。

他没事做，只帮着老吴算算账，卖卖货。他白住房子白做活，只赚两顿吃。春桃的捡纸生活渐次发达了，原住的地方，人家不许她堆货，她便沿着德胜门墙根来找住处。一敲门，正是认识的刘向高。她不用经过许多手续，便向老吴赁下这房子，也留向高住下，帮她的忙。这都是三年前的事了。他认得几个字，在春桃捡来和换来的字纸里，也会抽出些比较能卖钱的东西，如画片或某将军、某总长写的对联、信札之类。二人合作，事业更有进步。向高有时也教她认几个字，但没有什么功效，因为他自己认得的也不算多，解字就更难了。

他们同居这些年，生活状态，若不配说像鸳鸯，便说像一对小家雀罢。

言归正传。春桃进屋里，向高已提着一桶水在她后面跟着走。他用快活的声调说：

“媳妇，快洗罢，我等饿了。今晚咱们吃点好的，烙葱花饼，赞成不赞成？若赞成，我就买葱酱去。”

“媳妇，媳妇，别这样叫，成不成？”春桃不耐烦地说。

“你答应我一声，明儿到天桥给你买一顶好帽子去。你不说帽子该换了么？”向高再要求。

“我不爱听。”

他知道妇人有点不高兴了，便转口问：“到的吃什么？说呀！”

“你爱吃什么，做什么给你吃。买去罢。”

向高买了几根葱和一碗麻酱回来，放在明间的桌上。春桃擦过澡出来，手里拿着一张红帖子。

“这又是那一位王爷的龙凤帖！这次可别再给小市那老李了。托人拿到北京饭店去，可以多卖些钱。”

“那是咱们的。要不然，你就成了我的媳妇啦？教了你一两年的字，连自己的姓名都认不得！”

“谁认得这么些字？别媳妇媳妇的，我不爱听。这是谁写的？”

“我填的。早晨巡警来查户口，说这两天加紧戒严，那家有多少人，都得照实报。老吴教我们把咱们写成两口子，省得麻烦。巡警也说写同居人，一男一女，不妥当。我便把上次没卖掉的那分空帖子填上了。我填的是辛未年咱们办喜事。”

“什么？辛未年？辛未年我那儿认得你？你别捣乱啦。咱们没拜过天地，没喝过交杯酒，不算两口子。”

春桃有点不愿意，可还和平地说出来。她换了一条蓝布裤。上身是白的，脸上虽没脂粉，却呈露着天然的秀丽。若她肯嫁的话，按媒人的行情，说是二十三四的小寡妇，最少还可以值得一百八十的。

她笑着把那礼帖搓成一长条，说：“别捣乱！什么龙凤帖？烙饼吃了罢。”她掀起炉盖把纸条放进火里，随即到桌边和面。

向高说：“烧就烧罢，反正巡警已经记上咱们是两口子；若是官府查起来，我不会说龙凤帖在逃难时候丢掉的么？从今儿起，我可要叫你做媳妇了。老吴承认，巡警也承认，你不愿意，我也要叫。媳妇嗳！媳妇嗳！明天给你买帽子去，戒指我打不起。”

“你再这样叫，我可要恼了。”

“看来，你还想着那李茂。”向高的神气没像方才那么高兴。他自己说着，也不一定要春桃听见，但她已听见了。

“我想他？一夜夫妻，分散了四五年没信，可不是白想？”

春桃这样说。她曾对向高说过她出阁那天的情形。花轿进了门，客人还没坐席，前头两个村子来人说，大队兵已经到了，四处拉人挖战壕，吓得大家都逃了，新夫妇也赶紧收拾东西，随着大众望西逃。同走了一天一宿。第二宿，前面连嚷几声“胡子来了，快躲罢”，那时大家只顾躲，谁也顾不了谁。到天亮时，不见了十几个人，连她丈夫李茂也在里头。她继续方才的话说：“我想他一定跟着胡子走了，也许早被人打死了。得啦，别提他啦。”

她把饼烙好了，端到桌上。向高向沙锅里舀了一碗黄瓜汤，大家没言语，吃了一顿。

吃完，照例在瓜棚底下坐坐谈谈。一点点的星光在瓜叶当中闪着。凉风把萤火送到棚上，像星掉下来一般。晚香玉也渐次散出香气来，压住四围的臭味。

“好香的晚香玉！”向高摘了一朵，插在春桃的髻上。

“别糟蹋我的晚香玉。晚上戴花，又不是窑姐儿。”她取下来，闻了一闻，便放在朽梁上头。

“怎么今儿回来晚啦？”向高问。

“吓！今儿做了一批好买卖！我下午正要回家，经过后门，瞧见清道夫推着一大车烂纸，问他从那儿推来的；他说是从神武门甩出来的废纸。我见里面红的、黄的一大堆，便问他卖不卖；他说，你要，少算一点装去罢。你瞧！”她指着窗下那大篓，“我花了一块钱，买那一大篓！赔不赔，可不晓得，明儿检一检得啦。”

“宫里出来的东西没个错。我就怕学堂和洋行出来的东西，分量又重，气味又坏，值钱不值，一点也没准。”

“近年来，街上包东西都作兴用洋报纸。不晓得那里来的那么些看洋报纸的人。捡起来真是分量又重，又卖不出多少钱。”

“念洋书的人越多，谁都想看看洋报，将来好混混洋事。”

“他们混洋事，咱们捡洋字纸。”

“往后恐怕什么都要带上个洋字，拉车要拉洋车，赶驴更赶洋驴，也许还有洋骆驼要来。”向高把春桃逗得笑起来了。

“你先别说别人。若是给你有钱，你也想念洋书，娶个洋媳妇。”

“老天爷知道，我绝不会发财。发财也不会娶洋婆子。若是我有钱，回乡下买几亩田，咱们两个种去。”

春桃自从逃难以来，把丈夫丢了，听见乡下两字，总没有好感想。她说：“你还想回去？恐怕田还没买，连钱带人都没有了。没饭吃，我也不回去。”

“我说回我们锦县乡下。”

“这年头，那一个乡下都是一样，不闹兵，便闹贼；不闹贼，便闹日本，谁敢回去？还是在这里捡捡烂纸罢。咱们现在只缺一个帮忙的人。若是多个人在家替你归着东西，你白天便可以出去摆地摊，省得货过别人手里，卖漏了。”

“我还得学三年徒弟才成，卖漏了，不怨别人，只怨自己不够眼光。这几个月来我可学了不少。邮票，那种值钱，那种不值，也差不多会瞧了。大人物的信札手笔，卖得出钱，卖不出钱，也有一点把握了。前几天在那堆字纸里检出一张康有为的字，你说今天我卖了多少？”他很高兴地伸出拇指和食指比仿着，“八毛钱！”

“说是呢！若是每天在烂纸堆里能检出八毛钱就算顶不错，还用回乡下种田去？那不是自找罪受么？”春桃愉悦的声音就像春深的莺啼一样。她接着说：“今天这堆准保有好的给你检。听说明天还有好些，那人教我一早到后门等他。这两天宫里的东西都赶着装箱，往南方运，库里许多烂纸都不要。我瞧见东华门外也有许多，一口袋一口袋陆续地扔出来。明儿你也打听去。”

说了许多话，不觉二更打过。她伸伸懒腰站起来说：“今天累了，歇吧！”

向高跟着她进屋里。窗户下横着土炕，够两三人睡的。在微细的灯光底下，隐约看见墙上一边贴着八仙打麻雀的谐画，一边是烟公司“还是他好”的广告画。春桃的模样，若脱去破帽子，不用说到瑞蚨祥或别的上海成衣店，只到天桥搜罗一身落伍的旗袍穿上，坐在任何草地，也与“还是他好”里那摩登女差不上下。因此，向高常对春桃说贴的是她的小照。

她上了炕，把衣服脱光了，顺手揪一张被单盖着，躺在一边。向高照例是给她按按背，捶捶腿。她每天的疲劳就是这样含着一点微笑，在小油灯的闪烁中，渐次得着苏息。

在半睡的状态中，她喃喃地说：“向哥，你也睡罢，别开夜工了，明天还要早起咧。”

妇人渐次发出一点微细的鼾声，向高便把灯灭了。

一破晓，男女二人又像打食的老鸹，急飞出巢，各自办各的事情去。

刚放过午炮，十刹海的锣鼓已闹得喧天。春桃从后门出来，背着纸篓，向西不压桥这边来。在那临时市场的路口，忽然听见路边有人叫她："春桃，春桃！"

她的小名，就是向高一年之中也罕得这样叫唤她一声。自离开乡下以后，四五年来没人这样叫过她。

"春桃，春桃，你不认得我啦？"

她不由得回头一瞧，只见路边坐着一个叫化子。那乞怜的声音从他满长了胡子的嘴发出来。他站不起来，因为他两条腿已经折了。身上穿的一件灰色的破军衣，白铁钮扣都生了锈，肩膀从肩章的破缝露出，不伦不类的军帽斜戴在头上，帽章早已不见了。

春桃望着他一声也不响。

"春桃，我是李茂呀！"

她进前两步，那人的眼泪已带着灰土透入蓬乱的胡子里。

她心跳得慌，半晌说不出话来，至终说："茂哥，你在这里当叫化子啦？你两条腿怎么丢啦？"

"嗳，说来话长。你从多咱起在这里呢？你卖的是什么？"

"卖什么！我捡烂纸咧。……咱们回家再说罢。"

她雇了一辆洋车，把李茂扶上去，把篓子也放在车上，自己在后面推着。一直来到德胜门墙根，车夫帮着她把李茂扶下来。进了胡同口，老吴敲着小铜碗，一面问："刘大姑，今儿早回家，买卖好呀？"

"来了乡亲啦。"她应酬了一句。

李茂像只小狗熊，两只手按在地上，帮助两条断腿爬着。

她从口袋里拿出钥匙，开了门，引着男子进去。她把向高的衣服取一身出来，像向高每天所做的，到井边打了两桶水倒在小澡盆里教男人洗澡。洗过以后，又倒一盆水给他洗脸。然后扶他上炕坐，自己在明间也洗一回。

"春桃，你这屋里收拾得很干净，一个人住吗？"

"还有一个伙计。"春桃不迟疑地回答他。

"做起买卖来啦？"

"不告诉你就是捡烂纸么？"

"捡烂纸？一天捡得出多少钱？"

"先别盘问我，你先说你的罢。"

春桃把水泼掉，理着头发进屋里来，坐在李茂对面。

李茂开始说他的故事：

“春桃，唉，说不尽哟！我就说个大概罢。

“自从那晚上教胡子绑去以后，因为不见了你，我恨他们，夺了他们一杆枪，打死他们两个人，拚命地逃。逃到沈阳，正巧边防军招兵，我便应了招。在营里三年，老打听家里的消息，人来都说咱们村里都变成砖瓦地了。咱们的地契也不晓得现在落在谁手里。咱们逃出来时，偏忘了带着地契。因此这几年也没告假回乡下瞧瞧。在营里告假，怕连几块钱的饷也告丢了。

“我安分当兵，指望月月关饷，至于运到升官，本不敢盼。也是我命里合该有事：去年年头，那团长忽然下一道命令，说，若团里的兵能瞄枪连中九次靶，每月要关双饷，还升差事。一团人没有一个中过四枪；中，还是不进红心。我可连发连中，不但中了九次红心，连剩下那一颗子弹，我也放了。我要显本领，背着脸，弯着腰，脑袋向地，枪从裤裆放过去，不偏不歪，正中红心。当时我心里多么快活呢。那团长教把我带上去。我心里想着总要听几句褒奖的话。不料那畜生翻了脸，楞说我是胡子，要枪毙我！他说若不是胡子，枪法决不会那么准。我的排长、队长都替我求情，担保我不是坏人，好容易不枪毙我了，可是把我的正兵革掉，连副兵也不许我当。他说，当军官的难免不得罪弟兄们，若是上前线督战，队里有个像我瞄得那么准，从后面来一枪，虽然也算阵亡，可值不得死在仇人手里。大家没话说，只劝我离开军队，找别的营生去。

“我被革了不久，日本人便占了沈阳；听说那狗团长领着他的军队先投降去了。我听见这事，愤不过，想法子要去找那奴才。我加入义勇军，在海城附近打了几个月，一面打，一面退到关里。前个月在平谷东北边打，我去放哨，遇见敌人，伤了我两条腿。那时还能走，躲在一块大石底下，开枪打死他几个。我实在支持不住了，把枪扔掉，向田边的小道爬，等了一天、两天，还不见有红十字会或红C字会的人来。伤口越肿越厉害，走不动又没吃的喝的，只躺在一边等死。后来可巧有一辆大车经过，赶车的把我扶了上去，送我到一个军医的帐幕。他们又不瞧，只把我扛上汽车，往后方医院送。已经伤了三天，大夫解开一瞧，说都烂了，非用锯不可。在院里住了一个多月，好是好了，就丢了两条腿。我想在此地举目无亲，乡下又回不去；就说回去得了，没有腿怎能种田？求医院收容我，给我一点事情做，大夫说医院管治不管留，也不管找事。此地又没有残废兵留养院，迫着我不得不出来讨饭，今天刚是第三天。这两天我常想着，若是这样下去，我可受不了，非上吊不可。”

春桃注神听他说，眼眶不晓得什么时候都湿了。她还是静默着。李茂用手抹抹额上的汗，也歇了一会。

“春桃，你这几年呢？这小小地方虽不如咱们乡下那么宽敞，看来你倒不十分苦。”

“谁不受苦？苦也得想法子活。在阎罗殿前，难道就瞧不见笑脸？这几年来，我就是干这捡烂纸换取灯的生活，还有一个姓刘的同我合伙。我们两人，可以说不分彼此，勉强能度过日子。”

“你和那姓刘的同住在这屋里？”

“是，我们同住在这炕上睡。”春桃一点也不迟疑，她好像早已有了成见。

“那么，你已经嫁给他？”

“不，同住就是。”

“那么，你现在还算是我的媳妇？”

“不，谁的媳妇，我都不是。”

李茂的夫权意识被激动了。他可想不出什么话来说。两眼注视着地上，当然他不是为看什么，只为有点不敢望着他的媳妇。至终他沉吟了一句：“这样，人家会笑话我是个活王八。”

“王八？”妇人听了他的话，有点翻脸，但她的态度仍是很和平。她接着说：“有钱有势的人才怕当王八。像你，谁认得？活不留名，死不留姓，王八不王八，有什么相干？现在，我是我自己，我做的事，决不会玷着你。”

“咱们到底还是两口子，常言道，一夜夫妻百日恩——”

“百日恩不百日恩我不知道。”春桃截住他的话，“算百日恩，也过了好十几个百日恩。四五年间，彼此不知下落；我想你也想不到会在这里遇见我。我一个人在这里，得活，得人帮忙。我们同住了这些年，要说恩爱，自然是对你薄得多。今天我领你回来，是因为我爹同你爹的交情，我们还是乡亲。你若认我做媳妇，我不认你，打起官司，也未必是你赢。”

李茂掏掏他的裤带，好像要拿什么东西出来，但他的手忽然停住，眼睛望望春桃，至终把手缩回去撑着席子。

李茂没话，春桃哭。日影在这当中也静静地移了三四分。

“好罢，春桃，你做主。你瞧我已经残废了，就使你愿意跟我，我也养不活你。”

李茂到底说出这英明的话。

“我不能因为你残废就不要你，不过我也舍不得丢了他。大家住着，谁也别想谁是养活着谁，好不好？”春桃也说了她心里的话。

李茂的肚子发出很微细的咕噜咕噜声音。

“噢，说了大半天，我还没问你要吃什么！你一定很饿了。”

“随便罢，有什么吃什么。我昨天晚上到现在还没吃，只喝水。”

“我买去。”春桃正踏出房门，向高从院外很高兴地走进来，两人在瓜棚底下撞了个满怀。“高兴什么？今天怎样这早就回来？”

“今天做了一批好买卖！昨天你背回的那一篓，早晨我打开一看，里头有一包是明朝高丽王上的表章，一分至少可卖五十块钱。现在我们手里有十分！方才散了几分给行里，看看主儿出得多少，再发这几分。里头还有两张盖上端明殿御宝的纸，行家说是宋家的，一给价就是六十块，我没敢卖，怕卖漏了，先带回来给你开开眼。你瞧……”他说时，一面把手里的旧蓝布包袱打开，拿出表章和旧纸来。“这是端明殿御宝。”他指着纸上的印纹。

“若没有这个印，我真看不出有什么好处，洋宣比它还白咧。怎么官里管事的老爷们也和我一样不懂眼？”春桃虽然看了，却不晓得那纸的值钱处在那里。

“懂眼？若是他们懂眼，咱们还能换一块儿毛么？”向高把纸接过去，仍旧和表章包在包袱里。他笑着对春桃说：“我说，媳妇……”

春桃看了他一眼，说：“告诉你别管我叫媳妇。”

向高没理会她，直说：“可巧你也早回家。买卖想是不错。”

“早晨又买了像昨天那样的一篓。”

“你不说还有许多么？”

“都教他们送到晓市卖到乡下包落花生去了！”

“不要紧，反正咱们今天开了光，头一次做上三十块钱的买卖。我说，咱们难得下午都在家，回头咱们上十刹海逛逛，消消暑去，好不好？”

他进屋里，把包袱放在桌上。春桃也跟进来。她说：“不成，今天来了人了。”

说着掀开帘子，点头招向高，“你进去。”

向高进去，她也跟着。“这是我原先的男人。”她对向高说过这话，又把他介绍给李茂说，“这是我现在的伙计。”

两个男子，四只眼睛对着，若是他们眼球的距离相等，他们的视线就会平行地接连着。彼此都没话，连窗台上歇的两只苍蝇也不做声。这样又教日影静静地移一二分。

“贵姓？”向高明知道，还得照例地问。

彼此谈开了。

“我去买一点吃的。”春桃又向着向高说，“我想你也还没吃罢？烧饼成不成？”

“我吃过了。你在家，我买去罢。”

妇人把向高掩到炕上坐下，说：“你在家陪客人谈话。”给了他一副笑脸，便自出去。

屋里现在剩下两个男人，在这样情况底下，若不能一见如故，便得打个你死我活。

好在他们是前者的情形。但我们别想李茂是短了两条腿，不能打。我们得记住向高是拿过三五年笔杆的，用李茂的分量满可以把他压死。若是他有枪，更省事，一动指头，向高便得过奈何桥。

李茂告诉向高，春桃的父亲是个乡下财主，有一顷田。他自己的父亲就在他家做活和赶叫驴。因为他能瞄很准的枪，她父亲怕他当兵去，便把女儿许给他，为的是要他保护庄里的人们。这些话，是春桃没向他说过的。他又把方才春桃说的话再述一遍，渐次迫到他们二人切身的问题上头。

“你们夫妇团圆，我当然得走开。”向高在不愿意的情态底下说出这话。

“不，我已经离开她很久，现在并且残废了，养不活她，也是白搭。你们同住这些年，何必拆？我可以到残废院去。听说这里有，有人情便可进去。”

这给向高很大的诧异。他想，李茂虽然是个大兵，却料不到他有这样的侠气。他心里虽然愿意，嘴上还不得不让。这是礼仪的狡猾，念过书的人们都懂得。

“那可没有这样的道理。”向高说，“教我冒一个霸占人家妻子的罪名，我可不愿意。为你想，你也不愿意你妻子跟别人住。”

“我写一张休书给她，或写一张契给你，两样都成。”李茂微笑诚意地说。

“休？她没什么错，休不得。我不愿意丢她的脸。卖？我那儿有钱买？我的钱都是她的。”

“我不要钱。”

“那么，你要什么？”

“我什么都不要。”

“那又何必写卖契呢？”

“因为口讲无凭，日后反悔，倒不好了。咱们先小人，后君子。”

说到这里，春桃买了烧饼回来。她见二人谈得很投机，心下十分快乐。

“近来我常想着得多找一个人来帮忙，可巧茂哥来了。他不能走动，正好在家管管事，检检纸。你当跑外卖货。我还是当捡货的。咱们三人开公司。”春桃另有主意。

李茂让也不让，拿着烧饼望嘴送，像从饿鬼世界出来的一样，他没工夫说话了。

“两个男人，一个女人，开公司？本钱是你的？”向高发出不需要的疑问。

“你不愿意吗？”妇人问。

“不，不，不，我没有什么意思。”向高心里有话，可说不出来。

“我能做什么？整天坐在家里，干得了什么事？”李茂也有点不敢赞成。他理会向高的意思。

“你们都不用着急，我有主意。”

向高听了，伸出舌头舐舐嘴唇，还吞了一口唾沫。李茂依然吃着，他的眼睛可在望春桃，等着听她的主意。

捡烂纸大概是女性中心的一种事业。她心中已经派定李茂在家把旧邮票和纸烟盒里的画片检出来。那事情，只要有手有眼，便可以做。她合一合，若是天天有一百几十张卷烟画片可以从烂纸堆里检出来，李茂每月的伙食便有了门。邮票好的和罕见的，每天能检得两三个，也就不劣。外国烟卷在这城里，一天总销售一万包左右，纸包的百分之一给她捡回来，并不算难。至于向高还是让他检名人书札，或比较可以多卖钱的东西。

他不用说已经是个行家，不必再受指导。她自己干那吃力的工作，除去下大雨以外，在狂风烈日底下，是一样地出去捡货。尤其是在天气不好的时候，她更要工作，因为同业们有些就不出去。

她从窗户望望太阳，知道还没到两点，便出到明间，把破草帽仍旧戴上，探头进房里对向高说：“我还得去打听宫里还有东西出来没有。你在家招呼他。晚上回来，我们再商量。”

向高留她不住，便由她走了。

好几天的光阴都在静默中度过。但二男一女同睡一铺炕上定然不很顺心。多夫制的社会到底不能够流行得很广。其中的一个缘故是一般人还不能摆脱原始的夫权和父权思想。

由这个，造成了风俗习惯和道德观念。老实说，在社会里，依赖人和掠夺人的，才会遵守所谓风俗习惯；至于依自己的能力而生活的人们，心目中并不很看重这些。像春桃，她既不是夫人，也不是小姐；她不会到外交大楼去赴跳舞会，也没有机会在隆重的典礼上当主角。她的行为，没人批评，也没人过问；纵然有，也没有切肤之痛。监督她的只有巡警，但巡警是很容易对付的。两个男人呢，向高诚然念过一点书，含糊地了解些圣人的道理，除掉些少名分的观念以外，他也和春桃一样。但他的生活，从同居以后，完全靠着春桃。春桃的话，是从他耳朵进去的维他命，他得听，因为于他有利。春桃教他不要嫉妒，他连嫉妒的种子也都毁掉。李茂呢，春桃和向高能容他住一天便住一天，他们若肯认他做亲戚，他便满足了。当兵的人照例要丢一两个妻子。但他的困难也是名分上的。

向高的嫉妒虽然没有，可是在此以外的种种不安，常往来于这两个男子当中。

暑气仍没减少，春桃和向高不是到汤山或北戴河去的人物。他们日间仍然得出去谋生活。李茂在家，对于这行事业可算刚上了道，他已能分别那一种是要送到万柳堂或天宁寺去做糙纸的，那一样要留起来的，还得等向高回来鉴定。

春桃回家，照例还是向高侍候她。那时已经很晚了，她在明间里闻见蚊烟的气味，便向着坐在瓜棚底下的向高说：

“咱们多会点过蚊烟，不留神，不把房子点着了才怪咧。”

向高还没回答，李茂便说：“那不是熏蚊子，是熏秽气，我央刘大哥点的。我打算在外面地下睡。屋里太热，三人睡，实在不舒服。”

“我说，桌上这张红帖子又是谁的？”春桃拿起来看。

“我们今天说好了，你归刘大哥。那是我立给他的契。”声从屋里的炕上发出来。

“哦，你们商量着怎样处置我来！可是我不能由你们派。”

她把红帖子拿进屋里，问李茂，“这是你的主意，还是他的？”

“是我们俩的主意。要不然，我难过，他也难过。”

“说来说去，还是那话。你们都别想着咱们是丈夫和媳妇，成不成？”

她把红帖子撕得粉碎，气有点粗。

“你把我卖多少钱？”

“写几十块钱做个彩头。白送媳妇给人，没出息。”

“卖媳妇，就有出息？”她出来对向高说，“你现在有钱，可以买媳妇了。若是给你阔一点……”

“别这样说，别这样说。”向高拦住她的话，“春桃，你不明白。这两天，同行的人们直笑话我。……”

“笑你什么？”

“笑我……”向高又说不出来。其实他没有很大的成见，春桃要怎办，十回有九回是遵从的。他自己也不明白这是什么力量。在她背后，他想着这样该做，那样得照他的意思办；

可是一见了她，就像见了西太后似地，样样都要听她的懿旨。

“噢，你到底是念过两天书，怕人骂，怕人笑话。”

自古以来，真正统治民众的并不是圣人的教训，好像只是打人的鞭子和骂人的舌头。

风俗习惯是靠着打骂维持的。但在春桃心里，像已持着“人打还打，人骂还骂”的态度。

她不是个弱者，不打骂人，也不受人打骂。我们听她教训向高的话，便可以知道。

“若是人笑话你，你不会揍他？你露什么怯？咱们的事，谁也管不了。”

向高没话。

“以后不要再提这事罢。咱们三人就这样活下去，不好吗？”

一屋里都静了。吃过晚饭，向高和春桃仍是坐在瓜棚底下，只不像往日那么爱说话。

连买卖经也不念了。

李茂叫春桃到屋里，劝她归给向高。他说男人的心，她不知道，谁也不愿意当王八；占人妻子，也不是好名誉。他从腰间拿出一张已经变成暗褐色的红纸帖，交给春桃，说："这是咱们的龙凤帖。那晚上逃出来的时候，我从神龛上取下来，揣在怀里。现在你可以拿去，就算咱们不是两口子。"

春桃接过那红帖子，一言不发，只注视着炕上破席。她不由自主地坐下，挨近那残废的人，说："茂哥，我不能要这个，你收回去罢。我还是你的媳妇。一夜夫妻百日恩，我不做缺德的事。今天看你走不动，不能干大活，我就不要你，我还能算人吗？"

她把红帖也放在炕上。

李茂听了她的话，心里很受感动。他低声对春桃说："我瞧你怪喜欢他的，你还是跟他过日子好。等有点钱，可以打发我回乡下，或送我到残废院去。"

"不瞒你说，"春桃的声音低下去，"这几年我和他就同两口子一样活着，样样顺心，事事如意；要他走，也怪舍不得。不如叫他进来商量，瞧他有什么主意。"她向着窗户叫，"向哥，向哥！"可是一点回音也没有。出来一瞧，向哥已不在了。

这是他第一次晚间出门。她楞一会，便向屋里说："我找他去。"

她料想向高不会到别的地方去。到胡同口，问问老吴。老吴说望大街那边去了。她到他常交易的地方去，都没找着。人很容易丢失，眼睛若见不到，就是渺渺茫茫无寻觅处。快到一点钟，她才懊丧地回家。

屋里的油灯已经灭了。

"你睡着啦？向哥回来没有？"她进屋里，掏出洋火，把灯点着，向炕上一望，只见李茂把自己挂在窗棂上，用的是他自己的裤带。她心里虽免不了存着女性的恐慌，但是还有胆量紧爬上去，把他解下来。幸而时间不久，用不着惊动别人，轻轻地抚揉着他，他渐次苏醒回来。

杀自己的身来成就别人是侠士的精神。若是李茂的两条腿还存在，他也不必出这样的手段。两三天以来，他总觉得自己没多少希望，倒不如毁灭自己，教春桃好好地活着。

春桃于他虽没有爱，却很有义。她用许多话安慰他，一直到天亮。他睡着了，春桃下炕，见地上一些纸灰，还剩下没烧完的红纸。她认得是李茂曾给他的那张龙凤帖，直望着出神。

那天她没出门。晚上还陪李茂坐在炕上。

“你哭什么？”春桃见李茂热泪滚滚地滴下来，便这样问他。

“我对不起你。我来干什么？”

“没人怨你来。”

“现在他走了，我又短了两条腿。……”

“你别这样想。我想他会回来。”

“我盼望他会回来。”

又是一天过去了，春桃起来，到瓜棚摘了两条黄瓜做菜，草草地烙了一张大饼，端到屋里，两个人同吃。

她仍旧把破帽戴着，背上篓子。

“你今天不大高兴，别出去啦！”李茂隔着窗户对她说。

“坐在家里更闷得慌。”

她慢慢地踱出门。作活是她的天性，虽在沉闷的心境中，她也要干。中国女人好像只理会生活，而不理会爱情，生活的发展是她所注意的，爱情的发展只在盲闷的心境中沸动而已。自然，爱只是感觉，而生活是实质的，整天躺在锦帐里或坐在幽林中讲爱经，也是从皇后船或总统船运来的知识。春桃既不是弄潮儿的姊妹，也不是碧眼胡的学生，她不懂得，只会莫名其妙地纳闷。

一条胡同过了又是一条胡同。无量的尘土，无尽的道路，涌着这沉闷的妇人。她有时嚷“烂纸换洋取灯儿”，有时连路边一堆不用换的旧报纸，她都不捡。有时该给人两盒取灯，她却给了五盒。胡乱地过了一天，她便随着天上那班只会嚷嚷和抢吃的黑衣党慢慢地踱回家。仰头看见新贴上的户口照，写的户主是刘向高妻刘氏，使她心里更闷得厉害。

刚踏进院子，向高从屋里赶出来。

她瞪着眼，只说：“你回来……”其余的话用眼泪连续下去。

“我不能离开你，我的事情都是你成全的。我知道你要我帮忙。我不能无情无义。”

其实他这两天在道上漫散地走，不晓得要往那里去。走路的时候，直像脚上扣着一条很重的铁镣，那一面是扣在春桃手上一样。加以到处都遇见“还是他好”的广告，心情更受着不断的搅动，甚至饿了他也不知道。

“我已经同向哥说好了。他是户主，我是同居。”

向高照旧帮她卸下篓子。一面替她抹掉脸上的眼泪。他说：“若是回到乡下，他是户主，我是同居。你是咱们的媳妇。”

她没有做声，直进屋里，脱下衣帽，行她每日的洗礼。

买卖经又开始在瓜棚底下念开了。他们商量把宫里那批字纸卖掉以后，向高便可以在市场里摆一个小摊，或者可以搬到一间大一点点的房子去住。

屋里，豆大的灯火，教从瓜棚飞进去的一只油葫芦扑灭了。李茂早已睡熟，因为银河已经低了。

“咱们也睡罢。”妇人说。

“你先躺去，一会我给你捶腿。”

“不用啦，今天我没走多少路。明儿早起，记得做那批买卖去，咱们有好几天不开张了。”

“方才我忘了拿给你。今天回家，见你还没回来，我特意到天桥去给你带一顶八成新的帽子回来。你瞧瞧！”他在暗里摸着那帽子，要递给她。

“现在那里瞧得见！明天我戴上就是。”

院子都静了，只剩下晚香玉的香还在空气中游荡。屋里微微地可以听见“媳妇”和“我不爱听，我不是你的媳妇”等对答。

忆袁昌英

袁昌英传略

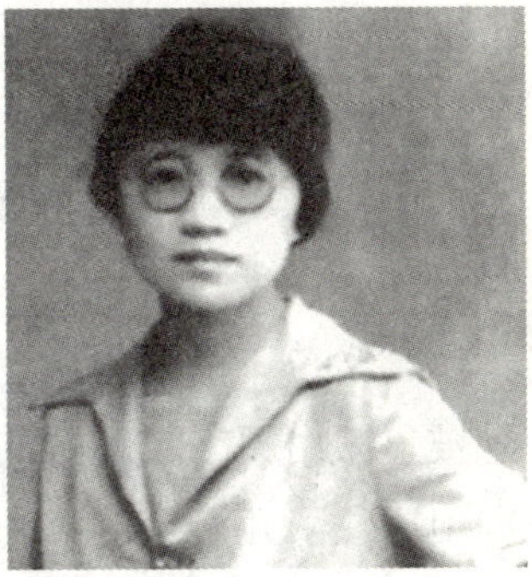

袁昌英（1894—1973），字兰子、兰紫，湖南醴陵人，幼年在家读私塾，后入上海教会学校中西女塾学英语。

1916 年，自费入英国爱丁堡大学研习英国文学，获文学硕士学位，是当时在英国取得硕士学位的第一位中国女性。为此路透社发了电讯稿，英国的《泰晤士报》和国内一些大报都刊登了这条新闻。1921 年回国，与经济学家杨端六结婚。后在北平女子高等师范学院教授英国文学史，也是我国第一个研究莎士比亚戏剧的女学者。在北京和上海教了 5 年书，她博览西欧、北欧戏剧名著，吸取西方戏剧创作的长外，于 1922 年写出三幕剧《孔雀东南飞》，用西方戏剧形式表现中国历史题材作品，用话剧形式再现了中国传统的“婆媳”问题，成为时人爱看的名剧，并凭借此剧作而驰名文坛。

1924 年，入法国巴黎大学，两年后学成归国，任上海中国公学教授。

1932 年，开始任国立武汉大学外文系教授。讲授英法文学史、戏剧史和名著选读 25 年，渊博的学识，深厚的功底，勤奋的积累为她的教学打下了坚实的基础，培养造就了一大批外国文学人才。所著《法国文学史》出版后，被国内各大学选为教材，15 年中重印 4 次。所著《法国文学》、《西洋音乐史》、

《玛亭》、《痛苦的灵魂》等著作亦相继出版。她兼长散文和小说，其作品分别发表在《现代评论》、《现代文艺》等杂志，后分别编入《山居散墨》、《行年四十》两本散文集。代表作《游新都后的感想》、《再感想》被选入高中语文课本。

抗日战争期间，她又写了《饮马长城窟》，成为中国女作家中一位知名的剧作家，也是中国女作家中少有的研究戏剧的学者之一。储安平教授和端木露西女士为她编辑出版散文精选本《友谊》。1929 年，出版小说集《牛》。1948 年 3 月，当选为第一届国民大会代表。

1949 年 5 月，武汉解放后，将毛泽东部分诗词译成英文，传播国外。年近 60 高龄，仍孜孜攻读俄语，并翻译不少资料。还用英文写作和出版《中国的爱国文学》，向西方读者介绍爱国诗人屈原、杜甫、辛弃疾、岳飞、陆游、文天祥及其作品。后加入中国民主同盟，任武汉市政协委员。三次参加武汉市文代会，当选武汉市文联执行委员。1956 年加入中国作家协会。

1957 年她被错划为“右派”，免去了教授职务，下放到图书馆劳动。一年后又以“莫须有”的罪名，由法院判为历史反革命，开除公职，交街道监督劳动。

“文革”的风暴中，与她患难与共一起生活了 45 年的伴侣杨端六去世，她被迫搬出原来较宽敞的住房，住到一间狭小的房子。1969 年 12 月，她在珞珈山居住了几十年的权利被剥夺了，当作“五类分子”勒令限期离开珞珈山。她这时已 75 岁，无处安身，远在北京的女儿杨静远下放到“五七”干校，自顾不暇，幸好她老家有一位贫下中农是她从未见过面的远方侄子，愿意收留她。就这样，她回到了阔别几十年的老家。在返乡 3 年多后的一天含冤去世。1979 年，武汉大学改正了她的右派结论，武汉市法院也撤销了 1958 年对她所作的错误判决。

记袁昌英女士

苏雪林

假如你还没有会过女作家袁昌英女士，我可以在这里给你介绍一下：短小的身个儿，不苗条也不精悍。说她美，女作家容貌足称者本少，我们又何必诛求；说她不美，一双玲珑的大眼，配着一口洁白如玉的齿牙，笑时嫣然动人，给你一种端庄而流丽的感觉，但她的照片却往往不及本人之可爱，可见风韵之为物，原是活的。它好像一首美妙的歌，只能唱在口边，不能写到纸上。难怪古诗人有“意态由来画不成”之说了。

人是聪明而且敏捷，你同她谈话，才说上半句，她便懂得下半句。读书也如此，艰深的意义，曲折的文句，只匆匆看一遍，便会涣然冰释怡然理顺地给你解释出来。这虽然得力于她平日学问的修养，资质的明敏，似乎占了更多的关系。

口才也很好，上课时口讲指画，精神弈弈，永远不会教学生瞌睡，数年前因为某种便利，我常去偷听她的课。我觉得听好口才的人演讲是一个愉快，同我所经验到的打球，游泳，驰骋自行车的愉快相同，有人以为我好学，谁知我在享乐。

假如你想同她辩论，你一定得不着便宜。辩论愈激烈，她的词锋也愈犀利。你明明觉得那是方的，然而她却会说成圆的。已故诗人徐志摩不曾这样说么：将方的变成圆的，有何难哉，铰去四只角，不就圆了？我们的昌英女士同人辩论的时候，便似乎善于利用这个“铰”字。像我这样口齿钝拙而又不肯服输的人，同她起了言语上的冲突，往往只有面红耳赤，一吵了事，然而十回倒有九回，她先到我的寓所，低声下气地同我讲和。经过她这样“义释”之后，我便不再坚持己见了。她对朋友的忠恳和仁慈，果然值得心折。

据说英国留学生都有点绅士淑女习气。昌英女士同她丈夫杨端六先生都在牛津剑桥受过多年的教育，岂有不成为绅士淑女之理。但据我的观察：端六先生的性格是厚重，宽宏，心思尤其缜密，说话做事，都要经过几番考虑与打算，有一点害处，他都不干，必要时也能接受重大的牺牲，可谓百分之百的经济学家风度。无疑的，他是个“君子”，但他却是一个由四书五经陶冶出来的“君子”，并不是牛津剑桥式的“尖头曼”。太太呢，那可是一位典型的英国式“淑女”了。听说英国上流社会最讲究礼貌，所以我们的昌英女士礼貌颇为周到，仪容的整饬更为注意，头发梳得一根不乱，衣服熨得平平正正，不容有一丝皱痕。有时候，她似乎想拿仪容之整饬与否判定人品之高下，这就苦了我这个不修边幅的人了。她一看见我，往往从头到脚打量一番，忽然眉头一皱：雪林，你的领钮没有扣拢呢。或者：你穿的这件衣服材料太不行。穿了这样衣服去上课，是有损于你的威仪的。她常不惜送我几件珍贵的衣料，想替我装装门面。我有时也想打起精神，来充个“淑女”试试，无奈自己既未到牛津剑桥，又洒脱已惯，画虎不成反类犬，何苦。所以我对于她的一番美意，总是辜负的时候多。

夏天，我们为了便利游泳，又讨厌长统袜的拘束，常赤着胫腿跑来跑去。这可害她眉头多打几个结。我又故意同她开玩笑，到别人家穿袜，到她家偏偏不穿。近年她已不再当我的新生活义务纠察员了，大约已感觉孺子之不可教吧。

她虽没有研究家谱学，对于遗传学说也似不感兴趣，但我觉得她的门第之见很深。某人品性如此优良，是因为他家世贵，某人习惯如此之好，是因为她出身高，都是她常放在口边的话。在中国，我以为根本没有阶级这回事，亭长，博徒，叫化子，一朝紫微照命，还不是俨然真命天子。十载鸡窗的寒士，题名金榜，不久便可以成为当朝一品贵人。就勉强说我们也有所谓贵族吧，那也是从下面爬上去的，只要你有能耐，你就爬得上。但不到两三代，便又堕落到原来地位，让别人来爬了。中国固没有像日本和阿比西尼亚一样的二千年一系相传的皇室，也何尝有像欧洲那样的子孙绳绳相继连血统都不与平民混杂的贵族阶级呢？记得十余年前在里昂读书，曾戏言同乡某君的父亲是个乡老，曾亲担大粪灌园。事为某君所闻，认为奇辱，大兴问罪之师，意气汹汹，欲以老拳奉敬。幸而他也是个能说不能行的人，否则区区鸡肋，必碎无疑。其实，我说那句话并不是存心毁谤他，我就从没有将担粪这件事当作什么告诉不得人的贱务。寒家世代务农，至祖父才做官。家曾祖少年丧明，贫无以为生，帮人舂米以糊一家之口。其躬亲担粪与否，家乘不载。以意度人，当时既无抽水马桶之类的设备，家贫又雇不起佣人，粪便不自己清出，难道可以让它积存屋里不成？旧读稗史：后唐韩淑妃为明帝所囚，守者索贿不遂，不为通粪。粪积圃中十年成为一邱，土皆五色，生奇花异卉多种，芳馨异常云云。果能如此岂不省了许多事。但韩淑妃乃真仙谪降，才能有此奇迹，而我曾祖父一家大小则无非俗骨凡胎；如学淑妃办法，花香未必可闻，粪臭先不可耐了。所以他之曾亲自担粪，乃势所必然之事，我辈子孙虽欲为之讳亦不可得的。我之直书此事，并非醉心劳动神圣主义，谬托第四阶级以自炫，我觉得以前的人以高门世阀为荣，现在的人以农工大众为尚，我若这样存心，便成了攀附。攀附的对象虽不同，攀附的动机之可耻则一。我虽不肖，尚不至此，所以然者，无非证明我素无所谓阶级观念，并想借此向从前对我发生误会之同乡解释解释罢了，假如他能够读到此文的话。喔，我由袁昌英女士说到自己的曾祖父，由贵族说到大粪，又由大粪而向某同乡补道十年之歉，野马未免跑得太远，再跑下去，不是要跑过希马拉亚山那头么？况且昌英女士虽与我相交多年，尚不深知我的家世，我现在将祖宗舂米担粪的话柄，一概宣扬出来，岂不累吾友面上无光？又听说英国上流社会谈人体有一定尺寸，粪便之类的字眼，当然更绝口不提，我今于此物偏津津乐道，恐十年老友将对我提出绝交书矣。奈何！还是赶紧自己喝一声“带住”吧。

话归本传，我愿意再来谈谈昌英女士的学问。她留学英法多年，研究希腊神话戏剧与其他文学，都有深湛心得。平日一编在手，孜孜不倦。每读一书，必提其要而钩其元，案头卡片不几日便是一叠。我们说她是个女作家无宁说她是个女学者。有人因她实力充足，将她归入陈衡哲，高君珊，方令孺诸女士一型，我亦承认。写作魄力磅礴，气象光明，满含乐观前进气氛，近于理想主义，她秉性原慷慨磊落，富于丈夫气，文亦如其人云。

载《宇宙风》1937年3月36期

【作者简介】

苏雪林(1899—1999),现代女作家、文学研究家。曾用名瑞奴、瑞庐、小妹,又名苏梅,字雪林,以字行。笔名绿漪、灵芬、老梅等。原籍安徽太平,生于浙江瑞安。1917年毕业于安徽省立第一女子师范学校。翌年入北京高等女子师范学校。1921年毕业,次年赴法国留学,先后在吴稚晖创办的海外中法学院和里昂国立艺术学院学习美术和文学。1925年回国。1928年起任苏州东吴大学、上海沪江大学、安徽大学、武汉大学等校教授,一直到抗日战争胜利以后。1949年到香港真理学会工作。翌年赴巴黎研究神话。1952年到台湾,任台湾师范大学、台南成功大学教授,1973年退休。其间于1964年赴新加坡任教于南洋大学。她的著作颇丰,其中有小说散文集《绿天》,历史小说集《蝉蜕集》,自传体长篇小说《棘心》,散文集《屠龙集》,散文评论集《蠹鱼生活》、《青鸟集》,历史传记《南明忠烈传》,回忆录《文坛话旧》、《我的生活》、《我与鲁迅》,戏剧集《鸠罗那的眼睛》,专著《二三十年代作家与作品》、《中国文学史》,古典文学论著《唐诗概论》,论文集《蠹鱼集》,以及《苏绿漪佳作选》、《苏雪林选集》等。

名人之间

袁昌英与苏雪林

袁昌英与苏雪林不仅是文友,在人生旅途上也有过提携和助持。她们订交于1925年的上海,结谊计二十多年。苏雪林说,在上海“我们三日便通一封信,都写得很长,闲话家常外,也讨论些文学艺术问题。兰子(袁昌英昵称)常对我说:‘你的信文采斐然,见解透彻,我非常爱读,我把你的信封封保存,现在已捆成几大捆了。’”当初王世杰(雪艇)办武大,所聘教授大半是英国的旧同学,“我不是留英的,兰子在雪公前极力推荐,因之,民二十年,我也上了珞珈。”“上课时在校中日日见面,课余之暇,两家相互走动;吃饭、喝茶、聊天,日子过得很愉快。”抗战军兴,武大迁到四川乐山,他们同赁一屋而居三年,朝夕相处。袁昌英是富家小姐出身,又有留英背景,讲礼貌,喜尊贵,素有矜重之风。苏雪林性率直,语多锋。就性格说,两人如冰火。

苏雪林有时说话口无遮拦，甚而偶为小文嘲讥袁昌英的小姐脾气。袁昌英不予计较，处处宽容。最令苏雪林感佩的是，袁昌英精通希腊神话，苏后来完成的长篇巨著《屈赋新探》得益于袁的关于神话的启发、帮助。苏雪林为研究楚辞，遍读西亚、埃及、印度的原版神话书，遇到疑难，便向袁讨教。“她不惮其烦，不厌其详地替我解释。”历三十年，苏雪林完成一百八十万言的《屈赋新探》后，深情地说：书成了，兰子没了，“但她当日协助之功实不可没，我对她又安能不感念。”故苏雪林称袁昌英是她“生平第一知己”。

袁昌英在“文革”中郁郁而死。苏雪林扼腕长叹，撰《我的知己袁兰子》以追怀。并在台积极张罗出版袁昌英的遗著两种。出版人张昌华与苏雪林通信时，附寄了为凌叔华、陈源出版的散文集《双佳楼梦影》，她收到后立即向他推荐袁昌英。信云：“《双佳楼梦影》甚好，袁昌英的丈夫杨端六是学经济的，不从事文学，想你编夫妇合集，袁昌英不能中选了，多么可惜！但袁的学问的确深邃，你将来若编各类单行本，则袁的剧本《孔雀东南飞及其他》万不可忘，她的散文《行年四十》、《山居散墨》都在凌叔华之上。”

1984 年，袁昌英的女儿杨静远开始与苏雪林通信。苏雪林便把对袁昌英的一片爱心倾在杨静远的身上，寄钱并资助出书。苏雪林接到杨静远《干校剪影》文稿后，认真阅读为其作序，因年迈便请秦贤次先生代为推荐在台出版。“秦贤次昨来信，云海风答允印行杨静远的干校剪影，但要出版人贴出版费四百美元，秦允由他负担，岂有此理，当然归我！”（《苏雪林日记》，1991 年 9 月 13 日）。

不言而教

袁昌英

大学是培养气节，树植高尚人格的绝好场所。所谓“十年树木，百年树人”的伟大使命，应当是由大学来负担。不过执行的时候，似乎不必采用固定的形式，而尽可以仿效古人所谓“潜移默化”或“不言而教”的暗示方法，以便那些十分讨厌直接训导的青年，能在一种不着痕迹的纯洁氛围里面，接受并继承我国数千年来藉以立国而又实为我们今日所最需要的道德文化。这种文化的要点就是总理指出的“忠孝、仁爱、信义、和平”。

可是风气之养成，并非一朝一夕所能奏效，必得有一部分大学教授，确确实实地承当得起“一代师表”的尊称，以尽毕生之精力以赴之，始克有济。

培养一个国民的道德或学问，正如栽植一枝花木一样，自其发芽以至成长，无时刻不需要人家的尽心与竭力。如果一般的家庭和中小学校都能注意灌溉，注意施肥，注意防止病虫害鸟的摧残，务使他们所培养的幼苗，枝干正直，周身健全，那末，到了大学里面，只要给以适当的阳光，调匀的雨水，便可使它生气蓬勃，欣欣向荣，开出如意的花，结成硕大的果。倘若家庭和中小学校方面，忽略了前一部分的工作，而要大学来下根本的改造工夫，那恐怕是不能达到理想的期望吧！（本文选自作者在1941年12月的一次演讲）

（原载《读书通讯》第33期，1942年1月1日出版）

袁昌英作品精选

行年四十

四十大约是人生过程中最大的一个关键；这个关键的重要性及其特殊刺激性，大概是古今中外的人士同样特别感觉着的。我国古语有，“行年四十而后方知不足”，“四十而不惑”，“四十而无闻焉，斯亦不足畏也矣！”等说法。《水浒传》的作者施耐庵在自序里也把四十的重要写得轰轰烈烈，亦可说是痛哭流涕，中有“四十不成名不必再求名”，“四十不娶不必再娶”等句。就今人而论，胡适之先生过四十那年，写了一篇洋洋数万言的大文，纪念他所经过的一切。最近钱乙藜先生也出版一本珠玉夺目的小诗集，既不命名，也不署名，只是赠送亲友，纪念他的四十生日。

西洋人也把四十看做人生吃紧的关头。英国名剧家卞尼罗专从心理及生理上着眼，描写四十岁左右男女恋爱的难关。他的《中海峡》是一部相当成功而在当时极受欢迎的剧本。所谓人生如旅客，短短七八十年的寿命如同跨过英伦海峡的旅程一般，到了四十岁的时候，正如渡到海峡的中间，旅途虽然已是走道了一半，可是险恶的大风浪，却正当头！

当今社会上活动的人物，多半是在这个困苦艰难，坚忍奋斗的抗战中默然渡过了这四十岁的重要关头，其中当然是有许多可歌可泣，也许是可笑可骂的事故发生了。在太平时候，那些故事也许掀起偌大的风波，使社会人士在讨论的当中，得着某事其所以转变的原委，可是在这大家头上罩着了更重要的难题的现在，大家耳闻目击了这些事，只不过骂一顿或是笑一顿，或是热诚的太息几声，或是冷凄凄的浇上一二句冰冻批语便罢！若是这些事不幸发生在自己的身上，在平时如此，在战时也是如此，多半是讳莫如深，严严密密的将这一切藏在自己灵魂的秘阁里，半个字也不让它透露出去，遇着胆大一点的人，认为自己良心上无愧，就将自己的经验练成玉句金声，披上诗词的艳装丽服，执住诗神的微妙表情，打发在人间，作为一生的永久纪念。当然人生如旅客，每一个旅行人有每个的特殊作风。有的只是走马看花，如美国的游历家在欧洲拜访名胜一样，一群群坐着大卡车，到了那个地点，就算尽了访古的义务，做到了那回首当年，凭吊往古的风雅活动；有的也许感到了诗人所吟咏的一切，只是紧紧的锁在心里，不肯让人家知道罢了；有的却要在那名胜可以下笔或下刀的地方留下几句歪诗，以为可以伴着名胜享受不朽；有的则必要将自己特别敏锐的性灵在名胜面前所感触的反响与活动，写成游记或动情的诗词，留作人类美味的精神食粮。不待言，这每个旅客所独特的作风，在这同是旅途人的自由世界里，应当是绝对自由的。可是我们对于那一部分能为人类出产美味精神粮食的特殊旅伴，不由的不发生感激而表示敬意，因为他们替我们解除旅途的枯寂，又使我们见到而体会到这旅途中我们自己不易见到而体会到的一切；并且他们肯把自己最亲切的感情与思想说给同伴听，这首先就是够朋友的行动了。那末，谁又能拒绝做他们的朋友咧！

我们由旅伴的叙说，数千年以来经过这旅程者的记载，以及耳闻目见或自己经历过的种种，知道四十岁是人生旅程中最大的一个关键，在心理上生理上都有一种特殊的转变，因此影响到一人整个的态度，行动及其毕生的事业。

某女士是学政治出身，对于一生事业的抱负及其人格的修养确实是非凡的。她尝对我说："兰，你是学文学的，你们这班长咏高歌的半诗人，认为罗曼斯是人生中最重要且最不可缺少的经验。我的看法完全两样。我觉得一个人生在这大千宇宙里面，应该如同培养一株特种的名花嘉木一样，昼夜不息的小心谨慎着，一点不苟且的看护着，不让害虫来侵蚀它，狂风暴雨摧残它，使它得着充分的阳光雨露以及地气的精华，等到时候临头，它能尽其所有的本能与个性，开出绝世的鲜花，结出惊人的硕果。像你们这种一天到晚忙着闹罗曼斯，实在是犯着摧残本性的嫌疑，我是极端反对的。"我虽是学文学，却没有一天到晚忙着闹罗曼斯，听了这话，心里不免有些不好受，可是我很明白她的话是指一般文人说的，并没有把我包括在内——真正的好朋友是能这样体会彼此的意思的。况且以她那种生性非常活泼伶俐而模样儿又是长得相当漂亮的人物，对于人生竟真是言行合一的严肃自持，我对之委实只有欣服敬爱的感情，绝对谈不到言语的计较。

她在二十余岁的时候，秉承父母之命，与某君正正经经结了婚。嗣后除了生儿育女经理家务以外，她还继续不断的忙着读书著述，以及其它直接或间接的政治生活。朋友之中常常叹服说："她真是个标准的新式女子"！

十年如一日，她对于人生严肃的态度一点没有改变。可是不久以后，不知在那一个政治的舞台上，她遇见了一个美貌男子，起先二人也不过是泛泛之交而已，我们说：某人长得漂亮！她也说：实在是美。我们说：只可惜他的行为太浪漫，自重的女子不敢相信他。她也跟着叹息而已。

前些时，我在某大都市路过，与她盘桓了数日数夜。第一件事她使我惊讶不置的是她对于服装的讲究，容颜的修饰，比以前更来得注意。从前的她衣饰，和她整个的人一样，只是严肃整洁而已。近来她的一切都添上了妩媚的色彩！她的住室和从前一样舒适，可是镜台上总是供着一瓶异香异色的花，书案上总是摆着一盘清水养着的落英。她同人说话的时候，两只眼睛不息地盯住瓶里的花和盘里的落英，仿佛像整个的神思都由这花与落英捧向另外一个什么地方去了。头一天，我只觉得奇异。这位阔别并不多时的朋友，怎么变得这般两样。我起先疑心她家庭里发生了什么龃龉，可是细心观察之后，只见她的丈夫及儿女对她还是和从前一样体贴，一样温存，即她自己的行动，除了这种失神及心不在焉的神气以外，与从前也没有什么分别。原来是极幸福的家庭,现在仍然是和气一团的生活着。那末,这失神的症结到底是什么呢?

第三天，她的丈夫因事出远门了。在那夜深人静的午夜里，小孩子当然正在做着甘香的好梦，我和她却仍然围着火盆细谈。镜台上的夜兰送来了一阵阵的清香，转眼一看书案上的落英——这时是几朵鹅黄色的蔷薇——映在绿辉的电光下，现得异样的诡秘！她的神思仍然是在这两种花里面彷徨着，泳荡着。迷离着。我若不是神志素来健全的人，一定要疑心她是已被花精迷惑着了。最后我忍无可忍的试探一句：

"钰，你怎么和从前简直有点两样了呢？"

她精神一振，即刻回答我道："我！两样了？那就真有点怪，我这种人还会变到那里去吗？”

我逼上去说：“钰，你有心事，只是不肯告诉我罢了！”

“你这家伙真是鬼，怎么看出了我有心事！老实告诉你，心事我是没有的，只是我的思想和以前有点出入而已。”

“在那方面呢？难道是同自由民主主义向左转，走到共产主义那方面去了，或是向右转，走到独裁主义的旗帜下呢？”

“我的政治思想仍旧没有多大的转变，还是守着我的老营：自由民主主义。就是我的人生哲学完全两样的了。我觉得我的一生，直至现在为止，可说是整个的枉费了……”

在那夜阑人静屋暖花香的氛围里，她的话头正如开放了的都江堰，简直是波涛汹涌，只向外奔。蕴藉在她性灵深处的种种怨艾，种种愤怒和种种不平，如万马脱羁般，只向我驰骋。不是我的神经十分结实的话，简直要被这些马蹄踏得发昏！可是她毕竟是个有修养能自持的读书人，话虽长，却无一句伤及他人，也无一句涉及她那中心的疙瘩。但从那些施了脂粉，穿了时装的零散句子里面，我窥见了她那失神的症结。

“恋爱应当是神圣的……一个人的感情应该是绝对自由的，……人在天地间，自己的生命应该全由自己处置……可是如卢梭所说的，人生出来本是自由的，然而到处受到羁绊”，这样的语句，连篇累牍的夹在她的谈话里面！同时她的两只眼睛不时注射在夜兰与蔷薇上面，仿佛要是可能的话，要是她有自由处置其自己的性命的话，她的生命，她的灵魂，和她的一切都可以醉倒，晕倒，死倒在这花的怀抱里！在此情形之下，我不由得试探一句：

“你现在怎么这样爱花？这些花是你们园里出的吗？”

“这些花是个朋友送的！爱花！我现在简直是如醉如狂的爱花！花就是我的灵魂，我的灵魂就湮没在花里。我这朋友知道我爱花……无论谁送的花，我都一样的爱！”

我心里早巳猜着了那献花的人，可是不敢，也不必道破。连忙又转变话头问道：

“钰，你近来真是变得可以的了！记得你从前怎么骂我们文人爱闹罗曼斯吗？你现在的论调，谁说不比什么都来得更罗曼蒂克！”

“回想从前的一切，我简直懊悔极了！我的家庭教育，以及旧道德观念白白地葬送了我大半世的黄金生命！想起来，那种无意识的，循规蹈矩的生活简直不知如何过下去的！”

她不说，我也不敢说，我只直觉地看得很清楚：我的好友是在一种新的，如醉如狂的恋爱中挣扎她的新生命！我为她愉快，亦为她惶恐。愉快的是她终于尝到了恋爱的滋味，了解人生方面的意义；惶恐的是为恐她将堕入人生悲观的深渊，受到人类恶意的奚落。最后惶恐战胜了愉快的心情，我有意提醒她一句，使她有所解脱有所觉悟：“钰，你今年是不是刚刚四十？”

“还差几个月。”

“你要留神，这是你生命中最重要的关头。你的种种思想上转变，都有它的生理上与心理上的根据。”

“这又奇了！我的思想与我的年龄有什么关系？”

“关系大得很，再过两年，你就明白了。我介绍你几本书去看看吧。你们研究政治的人，太不注意人生的大道理了！”

“好吧！你明儿把书名写给我，我真不相信你的书能解决我的思想的转变！”

“不特解决你的思想，而且要指示你的行为咧！”

我们那夜的谈话就停于此。第二天我就离开了。一别数月，不久以前，她给我来了一封十分恳切而冗长的信，叙述她这几年来感情上，思想上，生理上和心理上的种种变化。她最后对于我的启示及读物的介绍，表示特别感激，是的，她了解了恋爱的滋味，踏入那神秘的境界，可是因为我的暗示，她没有走入恋爱的歧途，演出那连带的悲剧。经过那番剧烈的转变之后，她又恢复了以前那种严肃的健全的生活了。

她的信是不许公开的。可是过了四十的人一定是能体会其中的意味；未过四十的人，姑且等着时间来告诉你就是了。

总之，四十是人生最大的一个关键，在生理上说起来，一个人由出生至四十是如东升的红日，一步步向着午天腾达的，只有越来越发扬，越来越光大，越来越辉煌的，可是过了四十，就如渐向西沉的黄金色的日轮一样，光芒也许特别的锐利，颜色也许异样的灿烂，热力也许特别的炽烈，然而总不免朝着衰败消落的悲哀里进行。四十是生命向上的最后挣扎；尤其是女子，那天生的大生命力要在她的身上逞其最大的压迫，无上的威力，来执行它那创造新生命的使命。所以在四十岁左右的男女，如果婚姻不是特别理想的话，一定受不起那生命力的压迫与威力，而要生种种喜新厌旧的变态行为。如果在四十左右尚未结婚的男女，对于嫁娶的要求，一定是非常厉害的。当然，因为环境殊异的关系，例外总是有的。在四十以前，生命力似乎觉得有的是时间，用不着忙，用不着急，尤其用不着充分使用它的威权。四十一来，它就有点着慌，如果不奋勇直前的来发挥它的力量，用尽它最后的威力，恐怕要受上帝责罚，定它有亏职守的大罪。

因为生理上的关系，心理上也发生了绝大的影响。四十以下的人的心情是如“一江春水向东流”，有的是力量，有的是生机，有的是雪山上直奔上来的源泉，无穷无尽的供给他这力量，这生机。四十以前的生活是一种不受意识支配的向外发展，至少也可说是一种潜意识的动态。有的事，他或她这么做，并不是经过了意识的衡量而才发生的行动，而只是像儿童玩耍一样，身上的生气太旺盛，消耗在正常生活以内而尚有剩余的力量太多了，不得不如此发泄罢了。过了四十岁的人，回想当年种种乱费精力，白费时间的行动，总不免三致太息，就是这个缘故。梁任公的“昨日之我非今日之我”，恐怕多少也有这个道理在里面。

可是四十以上的人，经过生命力最后大挣扎的战争，而得到平衡以后，他的心境就如“一泓秋水”，明静澄澈，一波不兴，幽闲自在的接受天地宇宙间一切事物，而加以淡化的反映，天光云影也好，绿杨飞鸟也好，水榭明山也好，它都给泛上一番清雅的色调，呈现在他清流里。这也许是一种近乎诗人式的心境。可是就大体言之，恐怕只是程度的差异，而不是类别的不同，因而形成雅俗之分罢了。因为心境的平衡，他的判断力就来得比以前特别清晰。一生有意识的生活才真正开始。在以前，他的一大部分生活力都被那创造新生命的意识霸占了去，做它的工作，所以他的行动大半不能自主。现在那生命力的威风渐渐退减了，他的性灵的力量可以出头了，可以充分的发挥了。所以四十岁以上的人，事业心特别浓厚；立德立功立言三种大人物都要在这时候特逞身手，做出他或她性灵中所要求的轰轰烈烈的事业。人与万物之所以不同，恐怕就在这要求不朽上面。说得露骨一点，在四十以前，人与一般生物的悬殊是比较有限的，他的生活大半是被那个创造新生命的盲目意识支配着，实在可以说在“替天行道”！在四十以后，性灵的威力，人格的表现才开始占着上风。在他或她已经执行了替天道的使命以后，这才猛抬头发见一向被冷落了的“自我”，从黑角里奔出来，质问道：“我呢？现在总应该给我一点机会吧！来！让我来干一下子。时间不早了，努力前进，让我来把这‘张三’两个字，或‘李四娘’三个字，在事业上，功德上，或著述上，留下永远的名声，在天地间永久存在着，在人心里享受无穷的爱戴！”

这种四十的大转变，当然以体气性格与环境的种种不同，在个人感觉方面，自有其轻重浓淡深浅的分别：有的人只是恍恍惚惚地感觉一点；有的则在心理与生理上都感觉着狂风暴雨般的大变动；当然一半也还凭本人自身分析力的敏锐或迟钝为转移。

但是有刚才四十岁的人，就自称衰老，遽尔颓丧，那就未免太过自暴自弃了，因为他的一生事业，这时才真正开始咧！

民国三十年三月

爱　美

我生平最爱美，人造美与自然美于我均是同样宝贵。人造美中如小巧玲珑的器皿，特是我所珍惜。偶尔得着一件香色俱古，或摩登得有趣，而形式极佳的瓷器或玉器，我可以饮食俱废，浓情蜜意的把玩几天，然后藏之宝库，不时取出爱抚。若是一旦得到一本装璜美印刷美而内容尤美的书，那我真会乐以忘忧，不知手之舞之足之蹈之也。

自然美中，大者如高山之峻拔，巨川之洪流，常使我的性灵异样震撼：峻拔如给我以纬的提高，洪流如予我以经的扩大。小者如一朵娇艳鹅黄的蔷薇花，可以使我颠倒终日，如醉如梦的狂喜，仿佛宇宙的精华与美梦都结晶在它身上；一只伶俐活泼的翠鸟，相遇于溪畔枝头，可令我雀跃三丈，宛然它那翠得似在动颤的颜色与那再完美也没有的形体拽引了我性灵深处的一线灵机，使我浑然相与为乐，忘乎物我之异了。

可是美的人，才真是我的特好。记得少年时留学英法，每见一个碧眼金发，皮肤红白柔嫩得那样可爱的洋娃娃，一阵阵的热泪会从我的心坎奔放出来，使我觉得一个能够产生这种可爱的生物的地球，实在值得我的敬爱与留恋。至若一个美丽的女郎，或是一个拔萃的美男子，都于我更有不可抵御的魅力。在这种他或她之前，我的性灵的兴奋，有如朝霞之灿烂，我的心身的慰藉，有似晚天的温柔。即或一旦他或她给我识破了人格上的弱点，我虽一定与之疏远，然而这位子都或西施，在我的心底上，总还留下两分缱绻，三分原宥，因为我觉得生得美的人，应该有这末一点特权的。

容貌上的美，对于我的魔力，是如此猛烈而深入。可是天赋特厚，内心优美的人，也是我的崇尚。只要他与她不是拒人于千里外的特别狰狞者，我的相善，总是一往情深，一见如故的。我可说是最爱朋友的一个人。我爱与朋友谈心：在那语言笑诨的交流中，我如晒满秋阳的温暖，浑身是舒适；在那披肝沥胆的论争中，我如吸饱冬风的冷削，性灵上特起一番愤发。我也爱与友朋默然对坐或寂然偕行：在那相互嫣然一笑中，或恬然对视的静默中，我宛若窥见世外的消息，神秘的恩情！朋友之于我，诚如空气之于有肺动物，水之于鱼，不可一日无也。

至于那才，情，貌，均臻极峰的人物，一旦相遇为知已，我必视为人中之圣，理想中之理想，梦寐中之妙境，花卉中之芬芳，晚霞中之金幔，午夜中之星月，萦于心，系于神，顷刻不能相忘；屈子之思念怀王，明皇之哀恋贵妃，想亦不过如此之热烈而缠绵！吾痴乎？吾妄乎？斯亦不过爱美特甚，奉美为宗教的心理上的表征耳。

忆叶圣陶

叶圣陶传略

叶圣陶（1894—1988），原名叶绍钧。作家、编辑家、教育家。

生于江苏苏州。1907年考入草桥中学，毕业后在一个初等小学当教员。1914年被排挤出学校，闭居期间作文言小说发表在《礼拜六》等杂志上。1915年秋到上海商务印书馆附设的尚公学校教国文，并为商务印书馆编小学国文课本。1917年应聘到吴县用直县立第五高等小学任教。1918年在《妇女杂志》第4卷2、3号上发表第一篇白话小说《春宴琐谭》。1919年参加北京大学学生组织的新潮社，并在《新潮》上发表小说和论文。1921年与郑振铎、茅盾等人组织发起文学研究会，并在《小说月报》和《文学旬刊》上发表作品。1922年出版第一本短篇小说集《隔膜》。1923年出版的《稻草人》是我国第一部童话集。1928年创作了优秀长篇小说《倪焕之》。1923—1930年，在上海商务印书馆当编辑。1927年5月开始主编《小说月报》。1930年到开明书店当编辑。抗日战争期间举家内迁，曾在乐山任武汉大学中文系教授。后到成都主持开明书店编务。1946年返回上海。

新中国成立后，曾任出版总署署长，教育部副部长兼人民教育出版社社长、中央文史研究馆馆长，全国政协副主席。

我所见的叶圣陶

朱自清

我第一次与圣陶见面是在民国十年的秋天。那时刘延陵兄介绍我到吴淞炮台中国公学教书。到了那边，他就和我说："叶圣陶也在这儿。"我们都念过圣陶的小说，所以他这样告我。我好奇地问道："怎样一个人？"出乎我的意外，他回答我："一位老先生哩。"但是延陵和我去访问圣陶的时候，我觉得他的年纪并不老，只那朴实的服色和沉默的风度与我们平日所想象的苏州少年文人叶圣陶不甚符合罢了。

记得见面的那一天是一个阴天。我见了生人照例说不出话；圣陶似乎也如此。

我们只谈了几句关于作品的泛泛的意见，便告辞了。延陵告诉我每星期六圣陶总回角直去；他很爱他的家。他在校时常邀延陵出去散步；我因与他不熟，只独自坐在屋里。不久，中国公学忽然起了风潮。我向延陵说起一个强硬的办法；——实在是一个笨而无聊的办法！——我说只怕叶圣陶未必赞成。但是出乎我的意外，他居然赞成了！后来细想他许是有意优容我们吧；这真是老大哥的态度呢。我们的办法天然是失败了，风潮延宕下去；于是大家都住到上海来。我和圣陶差不多天天见面；同时又认识了西谛，予同诸兄。这样经过了一个月；这一个月实在是我的很好的日子。

我看出圣陶始终是个寡言的人。大家聚谈的时候，他总是坐在那里听着。他却并不是喜欢孤独，他似乎老是那么有味地听着。至于与人独对的时候，自然多少要说些话；但辩论是不来的。他觉得辩论要开始了，往往微笑着说："这个弄不大清楚了。"这样就过去了。他又是个极和易的人，轻易看不见他的怒色。

他辛辛苦苦保存着的《晨报》副张，上面有他自己的文字的，特地从家里捎来给我看；让我随便放在一个书架上，给散失了。当他和我同时发见这件事时，他只略露惋惜的颜色，随即说："由他去末哉，由他去末哉！"我是至今惭愧着，因为我知道他作文是不留稿的。他的和易出于天性，并非阅历世故，矫揉造作而成。他对于世间妥协的精神是极厌恨的。在这一月中，我看见他发过一次怒；——始终我只看见他发过这一次怒——那便是对于风潮的妥协论者的蔑视。

风潮结束了，我到杭州教书。那边学校当局要我约圣陶去。圣陶来信说："我们要痛痛快快游西湖，不管这是冬天。"他来了，教我上车站去接。我知道他到了车站这一类地方，是会觉得寂寞的。他的家实在太好了，他的衣着，一向都是家里管。我常想，他好像一个小孩子；像小孩子的天真，也像小孩子的离不开家里人。

必须离开家里人时，他也得找些熟朋友伴着；孤独在他简直是有些可怕的。所以他到校时，本来是独住一屋的，却愿意将那间屋做我们两人的卧室，而将我那间做书室。这样可以常常相伴；我自然也乐意，我们不时到西湖边去；有时下湖，有时只喝喝酒。在校时各据一桌，我只预备功课，他却老是写小说和童话。初到时，学校当局来看过他。第二天，我问他，"要不要去看看他们？"他皱眉道："一定要去么？等一天吧。"后来始终没有去。他是最反对形式主义的。

那时他小说的材料，是旧日的储积；童话的材料有时却是片刻的感兴。如《稻草人》中《大喉咙》一篇便是。那天早上，我们都醒在床上，听见工厂的汽笛；他便说："今天又有一篇了，我已经想好了，来的真快呵。"那篇的艺术很巧，谁想他只是片刻的构思呢！他写文字时，往往拈笔伸纸，便手不停挥地写下去，开始及中间，停笔踌躇时绝少。他的稿子极清楚，每页至多只有三五个涂改的字。他说他从来是这样的。每篇写毕，我自然先睹为快；他往往称述结尾的适宜，他说对于结尾是有些把握的。看完，他立即封寄《小说月报》；照例用平信寄。我总劝他挂号；但他说："我老是这样的。"他在杭州不过两个月，写的真不少，教人羡慕不已。

《火灾》里从《饭》起到《风潮》这七篇，还有《稻草人》中一部分，都是那时我亲眼看他写的。

在杭州待了两个月，放寒假前，他便匆匆地回去了；他实在离不开家，临去时让我告诉学校当局，无论如何不回来了。但他却到北平住了半年，也是朋友拉去的。

我前些日子偶翻十一年的《晨报副刊》，看见他那时途中思家的小诗，重念了两遍，觉得怪有意思。北平回去不久，便入了商务印书馆编译部，家也搬到上海。从此在上海待下去，直到现在——中间又被朋友拉到福州一次，有一篇《将离》抒写那回的别恨，是缠绵悱恻的文字。这些日子，我在浙江乱跑，有时到上海小住，他常请了假和我各处玩儿或喝酒。有一回，我便住在他家，但我到上海，总爱出门，因此他老说没有能畅谈；他写信给我，老说这回来要畅谈几天才行。

十六年一月，我接眷北来，路过上海，许多熟朋友和我饯行，圣陶也在。那晚我们痛快地喝酒，发议论；他是照例地默着。酒喝完了，又去乱走，他也跟着。到了一处，朋友们和他开了个小玩笑；他脸上略露窘意，但仍微笑地默着。圣陶不是个浪漫的人；在一种意义上，他正是延陵所说的“老先生”。但他能了解别人，能谅解别人，他自己也能“作达”，所以仍然——也许格外——是可亲的。那晚快夜半了，走过爱多亚路，他向我诵周美成的词，“酒已都醒，如何消夜永！”我没有说什么；那时的心情，大约也不能说什么的。我们到一品香又消磨了半夜。这一回特别对不起圣陶；他是不能少睡觉的人。他家虽住在上海，而起居还依着乡居的日子；早七点起，晚九点睡。有一回我九点十分去，他家已熄了灯，关好门了。这种自然的，有秩序的生活是对的。那晚上伯祥说：“圣兄明天要不舒服了。”想起来真是不知要怎样感谢才好。

第二天我便上船走了，一眨眼三年半，没有上南方去。信也很少，却全是我的懒。我只能从圣陶的小说里看出他心境的迁变；这个我要留在另一文中说。圣陶这几年里似乎到十字街头走过一趟，但现在怎么样呢？我却不甚了然。他从前晚饭时总喝点酒，“以半醺为度”；近来不大能喝酒了，却学了吹笛——前些日子说已会一出《八阳》，现在该又会了别的了吧。他本来喜欢看看电影，现在又喜欢听听昆曲了。但这些都不是“厌世”，如或人所说的；圣陶是不会厌世的，我知道。又，他虽会喝酒，加上吹笛，却不曾抽什么“上等的纸烟”，也不曾住过什么“小小别墅”，如或人所想的，这个我也知道。

名人之间

叶圣陶与朱自清

叶圣陶与朱自清相识于1921年秋天。当时叶圣陶在上海吴淞中国公学任教。朱自清原在扬州江苏省立第八中学任教，辞职后，由刘延陵介绍也到中国公学教书。去之前，刘延陵告诉他，叶圣陶也在那里。朱自清以前读过叶圣陶的小说，因此带着好奇心问："叶圣陶是怎样一个人。"刘延陵回答："他是一位老先生。"朱自清请刘陪他去拜访叶圣陶，见面后才知叶圣陶年纪并不老，才28岁，只是他朴素的服饰和沉默的风度给人一种老成的感觉。

叶圣陶和朱自清志趣相同，而且都是文学研究会的成员，不久就成了好朋友。他们在中国公学一起参加了学潮。当时叶圣陶的家还安在角直，每星期六总要回家去。后来叶圣陶也搬到上海住，彼此交往更密。叶圣陶经常在《晨报》副刊发表文章，总要捎给朱自清看。有一次，朱自清把一些报纸放在书架上，不慎丢失了，很感不安。因为他知道叶圣陶作文不留底稿，发表的作品总是辛苦地搜集保存起来。然而叶圣陶知道后却只是略显惋惜，随和地说："由它去末哉。"

同年11月，朱自清到杭州第一师范任教，他的好友俞平伯也在那里执教。学校要朱自清邀请叶圣陶也去杭州。叶圣陶接信后欣然允诺，并在回信中说："我们要痛痛快快游西湖，不管这是冬天。"不久叶圣陶成行去杭州。学校本来安排他们各住一间房间，可是叶圣陶嫌寂寞，于是两人合住一屋。他们时常作伴去西湖，或游湖，或饮酒。圣陶除备课外，勤奋地写小说与童话；朱自清则写诗。一天清晨，他们听见窗外传来工厂汽笛的声音，叶圣陶忽然高兴地说："今天又有一篇了。"这就是童话集《稻草人》中的《大喉咙》。叶圣陶在杭州只待了两个月，但却写了不少作品。《火灾》中的《饭》、《风潮》等七篇小说和《稻草人》中的一部分童话都是这段时间写的。他每写完一篇，总是先给朱自清看，征询他的意见。叶圣陶、朱自清、俞平伯等还创办了《诗》月刊。冯雪峰、赵平复、魏金枝等组织晨光文学社，叶圣陶、朱自清被聘为顾问。

后来，叶圣陶应邀到北京大学中文系任教，不久回上海进商务印书馆编译部，家也搬到了上海。这一段时间，朱自清先后在浙江台州、温州、宁波、白马湖等地任教，有时他到上海就住在叶圣陶家中。1924年7月，叶圣陶、朱自清、俞平伯合编出版了丛刊《我们的六月》。同年10月，朱自清写出了著名散文《背影》，就刊登在叶圣陶主编的《文学周报》上。

朱自清1925年任清华大学国文系教授，1927年正式携眷去北京，路过上海时，叶圣陶等挚友为他饯行。那天晚上他们痛快地饮酒、交谈，席散后又结伴上街散步。他们走过爱多亚路时，已近夜半，叶圣陶对朱自清吟诵起北宋大词人周邦彦的词："酒已都醒，如何消夜永。"不无惆怅之慨。第二天，朱自清便登船北上。

1931年至1932年，朱自清去英国留学，回国后仍在清华大学任教授并兼任中文系主任。其后一段时间叶圣陶蛰居上海，朱自清则在北平，一南一北，但鱼雁不绝。1937年2月叶圣陶在开明书店出版的《文章例话》中把朱自清的《背影》与鲁迅的《社戏》、茅盾的《浴池速写》等佳作并列，热情称赞《背影》是篇好文章："这篇文章通体干净，没有多余的话，没有多余的字眼。即使一个'的'字，一个'了'字，也是必须用才用。"抗战爆发后，叶圣陶从上海移居四川，从事教育和编辑工作，曾先后到过重庆、乐山、成都、桂林等地。而朱自清先是到长沙主持由清华、北大、南开联合组成的临时大学中文系的工作，后临时大学改为西南联合大学，他随同迁往昆明。1940年，叶圣陶赴成都四川省教育厅任教育科学馆专门委员，而朱自清正携眷在成都休假，住在东门外宋公桥。两人在成都重逢，并合编了《文史教学》杂志。1942年，二人又合编了《精读指导举隅》、《略读指导举隅》等书，由商务印书馆出版。1945年又合著了《国文教学》一书。抗战胜利后，叶圣陶回到上海，朱自清则回北平，复任清华大学中文系主任。1948年8月12日，朱自清因病不幸逝世。8月30日，叶圣陶、陈望道等与清华同学会联合举行的朱自清追悼会，并在会上致词，对失去一位文坛干将和诚挚知友而痛惜不已。

名人故事

为冰心书写广告

当年叶圣陶在开明书店工作时期为冰心的许多著作写过图书广告，摘录数则如下：

《冰心著作集》 作者以诗人的眼光观看一切，又用诗的技巧驱遣文字。她的作品无论诗、小说，还是散文，广义的说都是诗。二十多年以来，她一直拥有众多的读者。文评家论述我国现代文学，谁也得对她特加注意，作着详尽的叙说，这原是她应享的荣誉。现在她把历年的作品整理一过，定个总名叫做《冰心著作集》，交由本店分册印行。

《冰心小说集》 作者的小说文笔清新流利，词句优美动人，素为读者所称誉，本书包含短篇小说三十篇，每篇都能在平淡的故事里见出深致。卷首有作者的《自序》，书末有巴金的《后记》。

《冰心散文集》 收散文四十五篇。体裁虽是散文，骨子里全是诗，展读一过，是无上的享受。

《寄小读者》 这个集子是作者特地赠与少年们的礼物，换句话说，是为了少年们写的。一般认为世间最不失童心的是诗人，作者以诗人的心情跟少年们谈风景，谈人事，谈人与人的关系，宛如兄弟姐妹间的娓娓清谈，完全没有教训的意味。而又特别富有感染的力量。少年们读了，智慧跟感情自会受到深重的培养。中小学的国文课本常常选用本书中的文章，是很有道理的。现在这集子既是全份，该是少年们课余的良伴。不失童心的成人也会喜欢本书。

《关于女人》 本书是著者用了“男士”这笔名所写的散文。最近又加以增订，视初版已经大不相同。本书自发表以后，曾轰动文坛，莫不称为名著。良以作者观察锐利，文笔隽美，把女人的一切，加意刻画，描绘成一幅幅精细的素描画。著者自己说：“写了十四个女人的事，连带着也显露了我的一生，我这一生只是一片淡薄的云，烘托着这一天的晶莹的月！”凡是爱好文艺的和关心“女人问题”的，都应该一读本书。

叶圣陶作品精选

稻 草 人

田野里白天的风景和情形，有诗人把它写成美妙的诗，有画家把它画成生动的画。

到了夜间，诗人喝了酒，有些醉了；画家呢，正在抱着精致的乐器低低地唱：都没有工夫到田野里来。那么，还有谁把田野里夜间的风景和情形告诉人们呢？有，还有，就是稻草人。

基督教里的人说，人是上帝亲手造的。且不问这句话对不对，咱们可以套一句说，稻草人是农人亲手造的。他的骨架子是竹园里的细竹枝，他的肌肉、皮肤是隔年的黄稻草。破竹篮子、残荷叶都可以做他的帽子；帽子下面的脸平板板的，分不清哪里是鼻子，哪里是眼睛。他的手没有手指，却拿着一把破扇子——其实也不能算拿，不过用线拴住扇柄，挂在手上罢了。他的骨架子长得很，脚底下还有一段，农人把这一段插在田地中间的泥土里，他就整天整夜站在那里了。

稻草人非常尽责任。要是拿牛跟他比，牛比他懒怠多了，有时躺在地上，抬起头看天。要是拿狗跟他比，狗比他顽皮多了，有时到处乱跑，累得主人四处去找寻。他从来不嫌烦，像牛那样躺着看天；也从来不贪玩，像狗那样到处乱跑。他安安静静地看着田地，手里的扇子轻轻摇动，赶走那些飞来的小雀，他们是来吃新结的稻穗的。他不吃饭，也不睡觉，就是坐下歇一歇也不肯，总是直挺挺地站在那里。

这是当然的，田野里夜间的风景和情形，只有稻草人知道得最清楚，也知道得最多。

他知道露水怎么样凝在草叶上，露水的味道怎么样香甜；他知道星星怎么样眨眼，月亮怎么样笑；他知道夜间的田野怎么样沉静，花草树木怎么样酣睡；他知道小虫们怎么样你找我、我找你，蝴蝶们怎么样恋爱，总之，夜间的一切他都知道得清清楚楚。

以下就讲讲稻草人在夜间遇见的几件事儿。

一个满天星斗的夜里，他看守着田地，手里的扇子轻轻摇动。新出的稻穗一个挨一个，星光射在上面，有些发亮，像顶着一层水珠，有一点儿风，就沙拉沙拉地响。稻草人看着，心里很高兴。他想，今年的收成一定可以使他的主人——一位可怜的老太太——笑一笑了。她以前哪里笑过呢？八九年前，她的丈夫死了。她想起来就哭，眼睛到现在还红着；而且成了毛病，动不动就流泪。她只有一个儿子，娘儿两个费苦力种这块田，足足有三年，才勉强把她丈夫的丧葬费还清。没想到儿子紧接着得了白喉，也死了。她当时昏过去了，后来就落了个心痛的毛病，常常犯。这回只剩她一个人了，老了，没有气力，还得用力耕种，又挨了三年，总算把儿子的丧葬费也还清了。可是接着两年闹水，稻子都淹了，不是烂了就是发了芽。她的眼泪流得更多了，眼睛受了伤，看东西模糊，稍微远一点儿就看不见。她的脸上满是皱纹，倒像个风干的桔子，哪里会露出笑容来呢！

可是今年的稻子长得好，很壮实，雨水又不多，像是能丰收似的。所以稻草人替她高兴：想到收割的那一天，她看见收下的稻穗又大又饱满，这都是她自己的，总算没有白受累，脸上的皱纹一定会散开，露出安慰的满意的笑容吧。如果真有这一笑，在稻草人看来，那就比星星月亮的笑更可爱，更可珍贵，因为他爱他的主人。

稻草人正在想的时候，一个小蛾飞来，是灰褐色的小蛾。他立刻认出那小蛾是稻子的仇敌，也就是主人的仇敌。

从他的职务想，从他对主人的感情想，都必须把那小蛾赶跑了才是。于是他手里的扇子摇动起来。可是扇子的风很有限，不能够教小蛾害怕。那小蛾飞了一会儿，落在一片稻叶上，简直像不觉得稻草人在那里驱逐他似的。稻草人见小蛾落下了，心里非常着急。可是他的身子跟树木一样，定在泥土里，想往前移动半步也做不到；扇子尽管摇动，那小蛾却依旧稳稳地歇着。他想到将来田里的情形，想到主人的眼泪和干瘪的脸，又想到主人的命运，心里就像刀割一样。但是那小蛾是歇定了，不管怎么赶，他就是不动。

星星结队归去，一切夜景都隐没的时候，那小蛾才飞走了。稻草人仔细看那片稻叶，果然，叶尖卷起来了，上面留着好些小蛾下的子。这使稻草人感到无限惊恐，心想祸事真个来了，越怕越躲不过。可怜的主人，她有的不过是两只模糊的眼睛；要告诉她，使她及早看见小蛾下的子，才有挽救呢。他这么想着，扇子摇得更勤了。扇子常常碰在身体上，发出啪啪的声音。他不会叫喊，这是唯一的警告主人的法子了。

老妇人到田里来了。她弯着腰，看看田里的水正合适，不必再从河里车水进来。又看看她手种的稻子，全很壮实；摸摸稻穗，沉甸甸的。再看看那稻草人，帽子依旧戴得很正；扇子依旧拿在手里，摇动着，发出啪啪的声音；并且依旧站得很好，直挺挺的，位置没有动，样子也跟以前一模一样。她看一切事情都很好，就走上田岸，预备回家去搓草绳。

稻草人看见主人就要走了，急得不得了，连忙摇动扇子，想靠着这急迫的声音把主人留住。这声音里仿佛说："我的主人，你不要去呀！你不要以为田里的一切事情都很好，天大的祸事已经在田里留下根苗了。一旦发作起来，就要不可收拾，那时候，你就要流干了眼泪，揉碎了心；趁着现在赶早扑灭，还来得及。这儿，就在这一棵上，你看这棵稻子的叶尖呀！"他靠着扇子的声音反覆地警告；可是老妇人哪里懂得，一步一步地走远了。他急得要命，还在使劲摇动扇子，直到主人的背影都望不见了，他才知道警告是无效了。

除了稻草人以外，没有一个人为稻子发愁。他恨不得一下子跳过去，把那灾害的根苗扑灭了；又恨不得托风带个信，叫主人快快来铲除灾害。他的身体本来很瘦弱，现在怀着愁闷，更显得憔悴了，连站直的劲儿也不再有，只是斜着肩，弯着腰，好像害了病似的。

不到几天，在稻田里，蛾下的子变成的肉虫，到处都是了。夜深人静的时候，稻草人听见他们咬嚼稻叶的声音，也看见他们越吃越馋的嘴脸。渐渐地，一大片浓绿的稻全不见了，只剩下光秆儿。他痛心，不忍再看，想到主人今年的辛苦又只能换来眼泪和叹气，禁不住低头哭了。

这时候天气很凉了，又是在夜间的田野里，冷风吹得稻草人直打哆嗦；

只因为他正在哭，没觉得。忽然传来一个女人的声音："我当是谁呢，原来是你。"他吃了一惊，才觉得身上非常冷。但是有什么法子呢？他为了尽责任，而且行动不由自主，虽然冷，也只好站在那里。他看那个女人，原来是一个渔妇。田地的前面是一条河，那渔妇的船就停在河边，舱里露出一丝微弱的火光。她那时正在把撑起的鱼罾放到河底；鱼罾沉下去，她坐在岸上，等过一会儿把它拉起来。

舱里时常传出小孩子咳嗽的声音，又时常传出困乏的、细微的叫妈的声音。这使她很焦心，她用力拉罾，总像很不顺手，并且几乎回回是空的。舱里的孩子还在咳嗽还在喊，她就向舱里说："你好好儿睡吧！等我得着鱼，明天给你煮粥吃。你老是叫我，叫得我心都乱了，怎么能得着鱼呢！"

孩子忍不住，还是喊："妈呀，把我渴坏了！给我点儿茶喝！"接着又是一阵咳嗽。

"这里哪来的茶！你老实一会儿吧，我的祖宗！"

"我渴死了！"孩子竟大声哭起来。在空旷的夜间的田野里，这哭声显得格外凄惨。

渔妇无可奈何，放下拉罾的绳子，上了船，进了舱，拿起一个碗，从河里舀了一碗水，转身给孩子喝。孩子一口气把水喝下去，他实在渴极了。可是碗刚放下，他又咳嗽起来；而且更厉害了，后来就只剩下喘气。

渔妇不能多管孩子，又上岸去拉她的罾。好久好久，舱里没有声音了，她的罾也不知又空了几回，才得着一条鲫鱼，有七八寸长，这是头一次收获，她很小心地把鱼从罾里取出来，放在一个木桶里，接着又把罾放下去。这个盛鱼的木桶就在稻草人的脚旁边。

这时候稻草人更加伤心了。他可怜那个病孩子，渴到那样，想一口茶喝都办不到；病到那样，还不能跟母亲一起睡觉。他又可怜那个渔妇，在这寒冷的深夜里打算明天的粥，所以不得不硬着心肠把生病的孩子扔下不管。他恨不得自己去作柴，给孩子煮茶喝；恨不得自己去作被褥，给孩子一些温暖；又恨不得夺下小肉虫的赃物，给渔妇煮粥吃。如果他能走，他一定立刻照着他的心愿做；但是不幸，他的身体跟树木一个样，长在泥土里，连半步也不能动。他没有法子，越想越伤心，哭得更痛心了。忽然啪的一声，他吓了一跳，停住哭，看出了什么事情，原来是鲫鱼被扔在木桶里。

木桶里的水很少，鲫鱼躺在桶底上，只有靠下的一面能够沾一些潮润。鲫鱼很难受，想逃开，就用力向上跳。跳了好几回，都被高高的桶框挡住，依旧掉在桶底上，身体摔得很疼。鲫鱼的向上的一只眼睛看见稻草人，就哀求说："我的朋友，你暂且放下手里的扇子，救救我吧！我离开我的水里的家，就只有死了。好心的朋友，救救我吧！"

听见鲫鱼这样恳切的哀求，稻草人非常心酸；但是他只能用力摇动自己的头。他的意思是说："请你原谅我，我是个柔弱无能的人哪！我的心不但愿意救你，并且愿意救那个捕你的妇人和她的孩子，除了你、渔妇和孩子，还有一切受苦受难的。可是我跟树木一样，定在泥土里，连半步也不能自由移动，我怎么能照我的心愿去做呢！请你原谅我，我是个柔弱无能的人哪！"

鲫鱼不懂稻草人的意思，只看见他连连摇头，愤怒就像火一般地烧起来了。"这又是什么难事！你竟没有一点儿人心，只是摇头！原来我错了，自己的困难，为什么求别人呢！我应该自己干，想法子，不成，也不过一死罢了，这又算得了什么！"鲫鱼大声喊着，又用力向上跳，这回用了十二分力，连尾巴和胸鳍的尖端都挺了起来。

稻草人见鲫鱼误解了他的意思，又没有方法向鲫鱼说明，心里很悲痛，就一面叹气一面哭。过了一会儿，他抬头看看，渔妇睡着了，一只手还拿着拉罾的绳；这是因为她太累了，虽然想着明天的粥，也终于支持不住了。桶里的鲫鱼呢？跳跃的声音听不见了，尾巴好像还在断断续续地拨动。稻草人想，这一夜是许多痛心的事都凑在一块儿了，真是个悲哀的夜！可是看那些吃稻叶的小强盗，他们高兴得很，吃饱了，正在光秆儿上跳舞呢。稻子的收成算完了，主人的衰老的力量又白费了，世界上还有比这更可怜的吗！

夜更暗了，连星星都显得无光。稻草人忽然觉得由侧面田岸上走来一个黑影，近了，仔细一看，原来是个女人，穿着肥大的短袄，头发很乱。她站住，望望停在河边的渔船；一转身，向着河岸走去；不多几步，又直挺挺地站在那里。稻草人觉得很奇怪，就留心看着她。

一种非常悲伤的声音从她的嘴里发出来，微弱，断断续续，只有听惯了夜间一切细小声音的稻草人才听得出。那声音说："我不是一条牛，也不是一口猪，怎么能让你随便卖给人家！我要跑，不能等着明天真个被你卖给人家。你有一点儿钱，不是赌两场输了就是喝几天黄汤花了，管什么用！你为什么一定要逼我？……只有死，除了死没有别的路！死了，到地下找我的孩子去吧！”这些话又哪里成话呢，哭得抽抽嗒嗒的，声音都被搅乱了。

稻草人非常心惊，又是一件惨痛的事情让他遇见了。她要寻死呢！他着急，想救她，自己也不知道为什么。他又摇起扇子来，想叫醒那个沉睡的渔妇。但是办不到，那渔妇睡得跟死了似的，一动也不动。他恨自己，不该像树木一样定在泥土里，连半步也不能动。见死不救不是罪恶吗？自己就正在犯着这种罪恶。这真是比死还难受的痛苦哇！“天哪，快亮吧！农人们快起来吧！鸟儿快飞去报信吧！风快吹散她寻死的念头吧！”他这样默默地祈祷；可是四围还是黑洞洞的，也没有一丝儿声音。他心碎了，怕看又不能不看，就胆怯地死盯着站在河边的黑影。

那女人沉默着站了一会儿，身子往前探了几探。稻草人知道可怕的时候到了，手里的扇子拍得更响。可是她并没跳，又直挺挺地站在那里。

又过了好大一会儿，她忽然举起胳膊，身体像倒下一样，向河里窜去。稻草人看见这样，没等到听见她掉在水里的声音，就昏过去了。

第二天早晨，农人从河岸经过，发现河里有死尸，消息立刻传出去。左近的男男女女都跑来看。嘈杂的人声惊醒了酣睡的渔妇，她看那木桶里的鲫鱼，已经僵僵地死了。

她提了木桶走回船舱；生病的孩子醒了，脸显得更瘦了，咳嗽也更加厉害。那老农妇也随着大家到河边来看；走过自己的稻田，顺便看了一眼。没想到才几天工夫，完了，稻叶稻穗都没有了，只留下直僵僵的光秆儿。她急得跺脚，捶胸，放声大哭。大家跑过来问她劝她，看见稻草人倒在田地中间。

1922 年 6 月 7 日写毕

没有秋虫的地方

阶前看不见一茎绿草，窗外望不见一只蝴蝶，谁说是鹁鸽箱里的生活，鹁鸽未必这样枯燥无味呢。秋天来了，记忆就轻轻提示道：“凄凄切切的秋虫又要响起来了。”可是一点影响也没有，邻舍儿啼人闹弦歌杂作的深夜，街上轮震石响邪许并起的清晨，无论你靠着枕头听，凭着窗沿听，甚至贴着墙角听，总听不到一丝秋虫的声息。并不是被那些欢乐的劳困的宏大的清亮的声音淹没了，以致听不出来，乃是这里根本没有秋虫。啊，不容留秋虫的地方！秋虫所不屑居留的地方！

若是在鄙野的乡间，这时候满耳朵是虫声了。白天与夜间一样地安闲；一切人物或动或静，都有自得之趣；嫩暖的阳光和轻淡的云影覆盖在场上。到夜呢，明耀的星月和轻微的凉风看守着整夜，在这境界这时间里唯一足以感动心情的就是秋虫的合奏。它们高低宏细疾徐作歇，仿佛经过乐师的精心训练，所以这样地无可批评，踌躇满志。其实它们每一个都是神妙的乐师；众妙毕集，各抒灵趣，哪有不成人间绝响的呢。

虽然这些虫声会引起劳人的感叹，秋士的伤怀，独客的微喟，思妇的低泣；但是这正是无上的美的境界，绝好的自然诗篇，不独是旁人最欢喜吟味的，就是当境者也感受一种酸酸的麻麻的味道，这种味道在另一方面是非常隽永的。

大概我们所蕲求的不在于某种味道，只要时时有点儿味道尝尝，就自诩为生活不空虚了。假若这味道是甜美的，我们固然含着笑来体味它；若是酸苦的，我们也要皱着眉头来辨尝它：这总比淡漠无味胜过百倍。我们以为最难堪而极欲逃避的，惟有这个淡漠无味！

所以心如槁木不如工愁多感，迷蒙的醒不如热烈的梦，一口苦水胜于一盏白汤，一场痛哭胜于哀乐两忘。这里并不是说愉快乐观是要不得的，清健的醒是不必求的，甜汤是罪恶的，狂笑是魔道的；这里只是说有味远胜于淡漠罢了。

所以虫声终于是足系恋念的东西。何况劳人、秋士、独客、思妇以外还有无量数的人，他们当然也是酷嗜趣味的，当这凉意微逗的时候，谁能不忆起那美妙的秋之音乐？

可是没有，绝对没有！井底似的庭院，铅色的水门汀地，秋虫早已避去惟恐不速了。而我们没有它们的翅膀与大腿，不能飞又不能跳，还是死守在这里。想到“井底”与“铅色”，觉得象征的意味丰富极了。

1923 年 8 月 31 日作，刊于《文学》86 期

忆郁达夫

郁达夫传略

郁达夫（1895—1945），现代作家。原名郁文，浙江富阳人。7岁入私塾受启蒙教育。后到嘉兴、杭州等地中学求学。由于聪颖好学，少时已有中国古典文学的深厚基础。1911年起开始创作旧体诗，并向报刊投稿。1912年考入浙江大学预科，因参加学潮被校方开除。1913年赴日本留学，广泛涉猎了中外文学和哲学著作。饱受屈辱和歧视的异国生活，激发了他的爱国热忱，也使他忧伤、愤世。他从研究经济学转而走上文学创作的道路，1921年参与发起成立创造社，出版了新文学最早的白话短篇小说集《沉沦》，以其“惊人的取材、大胆的描写”而震动了文坛。1922年毕业于东京帝国大学经济部。回国后参加编辑《创造》季刊、《创造周报》等刊物。1923年起在北京大学、武昌师范大学等校任教。1927年8月退出创造社。1928年与鲁迅合编《奔流》月刊，并主编《大众文艺》。1930年中国自由运动大同盟成立，为发起人之一，并参加中国左翼作家联盟。1933年初加入中国民权保障同盟。在白色恐怖威慑下由上海移居杭州，徜徉于浙、皖等地的山水之间，写有不少文笔优美的游记。

随着抗日救亡运动的高涨，他的爱国热情又被唤起，投入抗战的时代洪流，参加国民政府军委政治部第三厅的抗日宣传工作，奔赴前线慰劳抗日将士，任中华全国文艺界抗敌协会理事。1938年底赴新加坡，从事报刊编辑和抗日救亡工作。1942年流亡到苏门答腊，化名赵廉隐居下来。不久，当地日本宪兵部强迫他去当翻译，他借机暗中保护和营救了不少当地志士和华侨，并获悉了日本宪兵部许多秘密罪行。1945年日本投降后被日本宪兵秘密杀害。1952年，中央人民政府追认为“为民族解放殉难的烈士”，并在他的家乡建亭纪念。

郁达夫一生著述宏富。1928年起，他陆续自编《达夫全集》出版，其后还有《达夫自选集》、《屐痕处处》、《达夫日记》、《达夫游记》、《闲书》、《郁达夫诗词抄》、《郁达夫文集》，以及《达夫所译短篇集》等。郁达夫的创作风格独特，成就卓著，尤以小说和散文最为著称，影响广泛。其中以短篇小说《沉沦》、《采石矶》、《春风沉醉的晚上》、《薄奠》、《迟桂花》，中篇小说《迷羊》、《她是一个弱女子》和《出奔》等最为著名。小说多以失意落魄的青年知识分子作为描写对象，往往大胆地进行自我暴露，富于浪漫主义的感伤气息，笔调洒脱自然，语言清新优美，具有强烈的主观抒情色彩。他的散文直抒胸臆，毫无隐饰地表现了一个富有才情的知识分子在动乱社会里的苦闷心情，写得清新秀丽，富有气势和神韵，与他的小说一样，具有真率、热情、明丽、酣畅的风格。

论郁达夫

郭沫若

我这篇小文不应该叫作“论”，只因杂志的预告已经定名为“论”，不好更改，但我是只想叙述我关于达夫的尽可能的追忆的。

我和郁达夫相交远在1914年。那时候我们都在日本，而且是同学同班。

那时候的中国政府和日本有五校官费的协定，五校是东京第一高等学校、东京高等师范学校、东京高等工业学校、千叶医学校、山口高等商业学校。凡是考上了这五个学校的留学生都成为官费生。日本的高等学校等于我们今天的高中，它是大学的预备门。高等学校在当时有八座，东京的是第一座，在这儿有为中国留学生特设的一年预备班，一年修满之后便分发到八个高等学校去，和日本人同班，三年毕业，再进大学。我和达夫同学而且同班的，便是在东京一高的预备班的那一个时期。

日本高等学校的课程在当时分为三个部门，文哲经政等科为第一部，理工科为第二部，医学为第三部。预备班也是这样分部教授的，但因人数关系，一三两部是合班教授。达夫开始是一部，后来又转到我们三部来。分发之后，他是被配在名古屋的第八高等，我是冈山的第六高等，但他在高等学校肄业中，又回到一部去了。后来他是从东京帝国大学的政治经济学部毕业，我是由九州帝国大学医学部毕业的。

达夫很聪明，他的英文、德文都很好，中国文学的根底也很深，在预备班时代他已经会做一手很好的旧诗。我们感觉着他是一位才士。他也喜欢读欧美的文学书，特别是小说，在我们的朋友中没有谁比他更读得丰富的。

在高等学校和大学的期间，因为不同校，关于他的生活情形，我不十分清楚。我们的友谊重加亲密了起来的是在1918年以后。

1918年的下半年我已被分发到九州帝国大学，住在九州岛的福冈市。适逢第六高等学校的同学成仿吾，陪着他的一位同乡陈老先生到福冈治疗眼疾，我们同住过一个时期。我们在那时有了一个计划，打算邀集一些爱好文学的朋友来出一种同人杂志。当时被算在同人里面的便有东京帝大的郁达夫、东京高师的田汉、熊本五高的张资平、京都三高的郑伯奇等。这就是后来的创造社的胎动时期。创造社的实际形成还是在两年之后的。

那是1920年的春天，成仿吾在东京帝国大学造兵科研究了三年，该毕业了，他懒得参加毕业考试，在四月一号要提前回国。我自己也因为听觉的缺陷，搞医学搞得不耐烦，也决心和仿吾同路。目的自然是想把我们的创造梦实现出来。那时候达夫曾经很感伤地写过信来给我送行，他规戒我回到上海去要不为流俗所污，而且不要忘记我抛别在海外的妻子。这信给我的铭感很深，许多人都以为达夫有点“颓唐”，其实是皮相的见解。记得是李初梨说过这样的话：“达夫是模拟的颓唐派，本质的清教徒”。这话最能够表达了达夫的实际。

在创造社的初期达夫是起了很大的作用的。他的清新的笔调，在中国的枯槁的社会里面好像吹来了一股春风，立刻吹醒了当时的无数青年的心。他那大胆的自我暴露，对于深藏在千年万年的背甲里面的士大夫的虚伪，完全是一种暴风雨式的闪击，把一些假道学、假才子们震惊得至于狂怒了。为什么？就因为有这样露骨的直率，使他们感受着作假的困难。于是徐志摩“诗哲”们便开始痛骂了。他说：创造社的人就和街头的乞丐一样，故意在自己身上造些血脓糜烂的创伤来吸引过路人的同情。这主要就是在攻击达夫。

达夫在暴露自我这一方面虽然非常勇敢，但他在迎接外来的攻击上却非常脆弱。他的神经是太纤细了。在初期创造社他是受攻击的一个主要对象。他很感觉着孤独，有时甚至伤心。记得是1921年的夏天，我们在上海同住。有一天晚上我们同到四马路的泰东书局去，顺便问了一下在五月一号出版的《创造季刊》创刊号的销路怎样。书局经理很冷淡地答应我们：“二千本书只销掉一千五。”我们那时共同生出了无限的伤感，立即由书局退出，在四马路上接连饮了三家酒店，在最后一家，酒瓶摆满了一个方桌。但也并没有醉到泥烂的程度。在月光下边，两人手牵着手走回哈同路的民厚南里。在那平滑如砥的静安寺路上，时有兜风汽车飞驰而过。达夫曾突然跑向街心，向着一辆飞来的汽车，以手指比成手枪的形式，大呼着："我要枪毙你们这些资本家！"

当时在我，我是感觉着："我们是孤竹君之二子。"

胡适攻击达夫的一次，使达夫最感着沉痛。那是因为达夫指责了余家菊的误译，胡适帮忙误译者对于我们放了一次冷箭。当时我们对于胡适倒并没有什么恶感。我们是"异军苍头突起"，对于当时旧社会毫不妥协，而对于新起的不负责任的人们也不惜严厉的批评，我们万没有想到以"开路先锋"自命的胡适竟然出以最不公平的态度而向我们侧击。这事在胡适自己似乎也在后悔，他自认为轻易地树下了一批敌人。（他后来曾经写过一封信来，向我缓和，似道歉而又非道歉的。——沫若注。）但经他这一刺激，倒也值得感谢，使达夫产生了一篇名贵一时的历史小说，即以黄仲则为题材的《采石矶》。这篇东西的出现，使得那位轻敌的"开路先锋"也确切地感觉到自己的冒昧了。

胡适在启蒙时期有过些作用，我们并不否认。但因出名过早，而膺誉过隆，使得他生出了一种过分的自负心，这也是无可否认的实情。他在文献的考证上下过一些工夫，但要说到文学创作上来，他始终是门外汉。然而他的门户之见却是很森严的，他对创造社从来不曾有过好感。对于达夫，他们后来虽然也成为了"朋友"，但在我们第三者看来，也不像有过什么深切的友谊。

我在1920年一度回到上海之后，感觉着自己的力薄，文学创作的时机并未成熟，便把达夫拉回来代替了我，而我又各自去搞医学去了。医学毕业是1923年春，回到上海和达夫、仿吾同住。仿吾是从湖南东下，达夫是从安庆的法政学校解了职回来。当时我们都是无业的人，集中在上海倒也热烈地干了一个时期。《创造季刊》之后，继以《创造周报》、《创造日》，还出了些丛书，情形和两年前大不相同了。但生活却是窘到万分。

1923年秋天北大的陈豹隐教授要往苏联，有两小时的统计学打算请达夫去担任，名分是讲师。达夫困于生活也只得应允，便和我们分手到了北平。他到北平以后的交游不大清楚，但我相信"朋友"一定很多。然以达夫之才，在北平住了几年，却始终是一位讲师，足见得那些"朋友"对于他是怎样的重视了。

达夫的为人坦率到可以惊人，他被人利用也满不在乎，但事后不免也要发些牢骚。《创造周报》出了一年，当时销路很好，因为人手分散了，而我自己的意识已开始转换，不愿继续下去，达夫却把这让渡给别人作过一次桥梁，因而有所谓创造社和太平洋社合编的《现代评论》出现。但用达夫自己的话来说，他不过是被人用来点缀的“小丑”而已。

达夫一生可以说是不得志的一个人，在北大没有当到教授，后来（1925年初）同太平洋社的石瑛到武大去曾经担任过教授，但因别人的政治倾向不受欢迎而自己受了连累，不久又离开了武汉。这时候我往日本去跑了一趟又回到了上海来。上海有了“五卅”惨案发生，留在上海的创造社的朋友们不甘寂寞，又搞起《洪水半月刊》来，达夫也写过一些文章。逐渐又见到创造社的复活。直到1926年3月我接受了广州大学文学院长的聘，又才邀约久在失业中的达夫和刚从法国回国的王独清同往广州。

达夫应该是有政治才能的，假如让他做外交官，我觉得很适当。但他没有得到这样的机会。他的缺点是身体太弱，似乎在二十几岁的时候便有了肺结核，这使他不能胜任艰巨工作。还有一个或许也是缺点，是他自谦的心理发展到自我作践的地步。爱喝酒，爱吸香烟，生活没有秩序，愈不得志愈想伪装颓唐，到后来志气也就日见消磨，遇着什么棘手的事情，便萌退志。这些怕是他有政治上的才能，而始终未能表现其活动力的主要原因吧。

到广州之后只有三个月工夫，我便参加了北伐。那时达夫回到北平去了。我的院长职务便只好交给王独清代理。假使达夫是在广州的话，我毫无疑问是要交给他的。这以后我一直在前方，广州的情形我不知道。达夫是怎样早离开了广州回到上海主持创造社，又怎样和朋友们生出意见闹到脱离创造社，详细的情形我都不知道。在他宣告脱离创造社以后，我们事实上是断绝了交往。他有时甚至骂过我是“官僚”。但我这个“官僚”没有好久便成了亡命客，我相信到后来达夫对于我是恢复了他的谅解的。

1928年2月到日本去亡命，这之后一年光景，创造社被封锁。亡命足足十年，达夫和我没有通过消息。在这期间他的生活情形我也是不大清楚的。我只知道他和王映霞女士结了婚，创作似乎并不多，生活上似乎也不甚得意。记得有一次在日本报上看见过一段消息，说暨南大学打算聘达夫任教授，而为当时的教育部长王世杰（这人是太平洋社的一位头子，利用过达夫和创造社的招牌来办《现代评论》的。——沫若注。）所批驳，认为达夫的生活浪漫，不足为人师。我感受着异常的惊讶。

就在卢沟桥事变前一年（1936年）的岁暮，达夫忽然到了日本东京，而且到我的寓所来访问。我们又把当年的友情完全恢复了。他那时候是在福建省政府做事情，是负了什么使命到东京的，我已经不记忆了。他那时也还有一股勃勃的雄心，打算到美国去游历。就因为他来，我还叨陪着和东京的文人学士们周旋了几天。

次年的5月，达夫有电报给我，说当局有意召我回国，但以后也没有下文。7月卢沟桥事变爆发了，我得到大使馆方面的谅解和暗助，冒险回国。行前曾有电通知达夫，在7月17日到上海的一天，达夫还从福建赶来，在码头上迎接着我。他那时对于当局的意态也不甚明了，而我也没有恢复政治生活的意思，因此我个人留在上海，达夫又回福建去了。

1938年，政治部在武汉成立，我又参加了工作。我推荐了达夫为设计委员，达夫挈眷来武汉。他这时是很积极的，曾经到过台儿庄和其他前线劳军。不幸的是他和王映霞发生了家庭纠葛，我们也居中调解过。达夫始终是挚爱着王映霞的，但他不知怎的，一举动起来便不免不顾前后，弄得王映霞十分难堪。这也是他的自卑心理在作祟吧？后来他们到过常德，又回到福州，再远赴南洋，何以终至于乖离，详细的情形我依然不知道。只是达夫把他们的纠纷做了一些诗词，发表在香港的某杂志上。那一些诗词有好些可以称为绝唱，但我们设身处地替王映霞作想，那实在是令人难堪的事。自我暴露，在达夫仿佛是成为一种病态了。别人是“家丑不可外扬”而他偏偏要外扬，说不定还要发挥他的文学的想象力，构造出一些莫须有的“家丑”。公平地说，他实在是超越了限度。暴露自己是可以的，为什么要暴露自己的爱人？这爱人假使是旧式的无知的女性，或许可无问题，然而不是，故所以他的问题弄得不可收拾了。

达夫到了南洋以后，他在星岛编报，许多青年在文学上受着他的熏陶，都很感激他。南太平洋战事发生后，新加坡沦陷，达夫的消息便失掉了。有的人说他已经牺牲，有的人说他依然健在，直到最近才得到确实可靠的消息，他已经不在人世了。

十天前，达夫的一位公子郁飞来访问我，他把沈兹九写给他的回信给我看，并抄了一份给我，他允许我把它公布出来。凡是达夫的朋友，都是关心着达夫的生死的，一代的文艺战士假使只落得一个惨淡的结局，谁也会感觉着悲愤的吧？……

看到这个"凶多吉少"的消息，达夫无疑是不在人世了。这也是生为中国人的一种凄惨，假使是在别的国家，不要说像达夫这样在文学史上不能磨灭的人物，就是普通一个公民，国家都要发动她的威力来清查一个水落石出的。我现在只好一个人在这儿作些安慰自己的狂想。假使达夫确实是遭受了苏门答腊的日本宪兵的屠杀，单只这一点我们就可以要求把日本的昭和天皇拿来上绞刑台！英国的加莱尔说过"英国宁肯失掉印度，不愿失掉莎士比亚"；我们今天失掉了郁达夫，我们应该要日本的全部法西斯头子偿命！……

实在的，在这几年中日本人所给予我们的损失，实在是太大了。但就我们所知道的范围内，在我们的朋辈中，怕应该以达夫的牺牲为最惨酷的吧。达夫的母亲，在往年富春失守时，她不肯逃亡，便在故乡饿死了。达夫的胞兄郁华（曼陀）先生，名画家郁风的父亲，在上海为伪组织所暗杀。夫人王映霞离了婚，已经和别的先生结合。儿子呢？听说小的两个在家乡，大的一个郁飞是靠着父执的资助，前几天飞往上海去了。自己呢？准定是遭了毒手。这真真是不折不扣的"妻离子散，家破人亡"！达夫的遭遇为什么竟要有这样的酷烈！

我要哭，但我没有眼泪。我要控诉，向着谁呢？遍地都是圣贤豪杰，谁能了解这样不惜自我卑贱以身饲虎的人呢？不愿再多说话了。达夫，假使你真是死了，那也好，免得你看见这愈来愈神圣化了的世界，增加你的悲哀。

1946年3月6日

郁达夫与沈从文

沈从文是湖南凤凰县人，从小就聪明顽皮，当年父亲在外当兵，他的顽皮给母亲带来不少的烦恼。小学毕业后，14岁的沈从文就被母亲送到当地的军队当了兵。不久，五四新文化运动的浪潮波及他所在的湘西，受到五四精神的洗礼，他决定离开军队，到北京寻求升学深造。

当时的北大吸收不注册的旁听生，沈从文到北大听课。可是没有文凭找不到工作，他便报考燕京大学二年制国文系，但因成绩太差没能如愿。为了生计，他只得在前门外杨梅竹斜街的酉西会馆里，学习写作，决心闯入文坛，实现自己的抱负。然而，对于一个初学写作的青年来说，练笔之作往往是不被重视的。他非常苦恼，就在1924年的11月给在京的几位知名作家分别写信，表述自己的苦恼和艰难处境。当时正在北大任教的创造社作家郁达夫读到他的来信。就于11月13日午后冒着漫天飞舞的鹅毛大雪，到酉西会馆看望了他。屋子里没有生火，寒气刺骨，沈从文正在屋里裹着棉被写作。郁达夫见他冷得瑟瑟发抖，就将自己的毛围巾披在沈从文的肩上。郁达夫又问他吃过饭没有？沈从文很羞怯地告诉他，连早饭还没有吃。于是郁达夫带他到餐馆吃了一顿饭，结账时将剩余的三块多钱还给了沈从文。

在郁达夫的鼓励下，沈从文勤奋写作，于1924年12月22日出版的《晨报·副刊》上，发表了《一封未曾付邮的信》，这篇散文诉说了一个文学青年的穷困和苦闷，写得十分动情，受到媒体的重视。这是沈从文的处女作。接着他又相继在《晨报·副刊》和《现代评论》上发表作品，逐渐被文坛所接受，同时也改变了他的艰难处境。到1926年和1927年他已经将自己的作品结集为《鸭子》和《蜜柑》，由北新书局和新月书店出版。

郁达夫与刘海粟

艺术大师刘海粟于1939年12月到达印尼搞了一年画展，义卖收入超过30万盾，全部寄回贵州红十字会转给前方抗日将士。

在印尼画展期间，刘海粟接到星洲南桥筹赈总会副主席陈正谦先生邀请他去新加坡开画展的信，刘海粟的好友郁达夫当时在新加坡编辑《星洲日报》“晨星”副刊，也写信请他去，并告诉他，新加坡抗日气氛很浓，很适合搞赈灾画展。于是，刘海粟于1940年12月21日赴新加坡。

在郁达夫眼里，刘海粟是一位爱国艺术家。1941年1月中旬的一个晚上，郁达夫告诉刘海粟说，上海已完全沦陷了，刘海粟非常震惊。刘海粟对郁达夫说，他真想扛上枪同日本鬼子拼个你死我活。郁达夫安慰他说：“艺术家以艺术报国，不扛枪也是抗日，你在南洋为抗日奔走筹赈，这和扛枪没有两样。”刘海粟的筹赈画展定于2月23日在中华总商会开幕，为了促使刘海粟画展成功，郁达夫先是在《星洲日报》上发表刘海粟学生叶泰华写的评价刘氏印尼画展的文章，高度评价了刘海粟“把力量贡献给国家”的精神。

接着郁达夫撰写了《刘海粟大师星华双赈画展目录序》，发表在2月6日的《星洲日报》上，郁达夫说：“在此地值得提出来一说的，倒是艺术家当处到像目下这样的国族危机严重的关头，是不是应丢去了本行的艺术，而去握手榴弹，执枪杆，直接和敌人死拼，才能说对得起祖国与同胞这问题。爱国两字的具体化，是否是要出于直接行动的一条路？……我们只要有决心，有技艺，则无论何人，在无论何地，做无论什么事情，只要这事情有一点效力发生，能间接地推动抗战，增强国家民族的元气与声誉，都可以说是已尽了他报国的义务……从这样的观点来着眼，则艺术大师刘海粟氏，此次南来，游荷属一年，为国家筹得赈款达数百万元，是实实在在，已经很有效地，尽了他报国的责任了。”

刘海粟新加坡画展就是以爱国报国这种基调进行的。画展于2月23日在新加坡中华总商会开幕，爱国侨领陈嘉庚主持开幕式，郁达夫、胡坤载等出席。原定半个月的展期后来又延长了5天，义卖收入两万多元。刘海粟在一次讲演中大声疾呼：“吾人论人格，不以人为标准，以气节为标准。不论何人，凡背叛民族，不爱国家者，必须反对。气节乃中国人之传统精神！唯有气节，始能临大节而不可夺……有伟大之人格，然后有伟大之艺术。一个国家或民族，其人民如有不屈之人格与丰富之智慧，必能创造一切，必能强盛。”郁达夫非常赞赏刘海粟的坚强个性和民族气节。

郁达夫是1938年12月28日从香港乘船抵达新加坡的，他赴南洋也是为了宣传抗日，爱国的热情和洋溢的才华使他很快成为南洋文坛领袖。

郁达夫到新加坡后接编《星洲日报》副刊，经常发表一些宣传抗日的文章，他还常接待中国南来的文化人，如1939年徐悲鸿赴新加坡举办抗日赈筹画展，郁达夫在“晨星”上出版一个专号；刻印家张斯仁、诗人杨骚南来，他均积极为他们宣传。

刘海粟在新加坡开画展后，郁达夫常领有气节的侨领和青年与之会面，他还在《星洲日报》、《星洲晚报》上连续刊发自己写的题刘海粟画的诗，肯定刘海粟的爱国热忱。在刘海粟画展前一天，郁达夫又写一篇题为《刘海粟教授》的文章，对刘海粟的艺术生涯作了简略的评介。郁达夫对刘海粟在艺术上的成就高度赞扬，以他和刘海粟20多年的交往，对刘海粟的艺术历程作了精炼的梳理，由衷赞扬刘海粟“为我国家民族所争得的光荣，尤其是国际的荣誉”，并且以“永久的生命”五字“奉献刘教授，作为祝教授这次画展开幕的礼品”。1941年12月8日傍晚，也就是日军偷袭珍珠港的当天，太平洋战争爆发，郁达夫赶来找刘海粟，告诉他战局紧张，英国人在太平洋区域飞机损失严重，他们不会尽力保卫新加坡的，要刘海粟赶快离开。临别时写了一首诗赠刘海粟：“生同小草思酬国，志切旺夫敢忆家。张禄有心逃魏辱，文姬无奈咽胡笳。”郁达夫此后到了印尼，这次郁达夫与刘海粟告别成了他们的诀别——郁达夫后来被日本人杀害于南洋，终于未能回到祖国。

郁达夫作品精选

钓台的春昼

因为近在咫尺，以为什么时候要去就可以去，我们对于本乡本土的名区胜景，反而往往没有机会去玩，或不容易下一个决心去玩的。正唯其是如此，我对于富春江上的严陵，二十年来，心里虽每在记着，但脚却没有向这一方面走过。一九三一，岁在辛未，暮春三月，春服未成，而中央党帝，似乎又想玩一个秦始皇所玩过的把戏了，我接到了警告，就仓皇离去了寓居。先在江浙附近的穷乡里，游息了几天，偶而看见了一家扫墓的行舟，乡愁一动，就定下了归计。绕了一个大弯，赶到故乡，却正好还在清明寒食的节前。和家人等去上了几处坟，与许久不曾见过面的亲戚朋友，来往热闹了几天，一种乡居的倦怠，忽而袭上心来了，于是乎我就决心上钓台访一访严子陵的幽居。

钓台去桐庐县城二十余里，桐庐去富阳县治九十里不足，自富阳溯江而上，坐小火轮三小时可达桐庐，再上则须坐帆船了。

我去的那一天，记得是阴晴欲雨的养花天，并且系坐晚班轮去的，船到桐庐，已经是灯火微明的黄昏时候了，不得已就只得在码头近边的一家旅馆的楼上借了一宵宿。

桐庐县城，大约有三里路长，三千多烟灶，一二万居民，地在富春江西北岸，从前是皖浙交通的要道，现在杭江铁路一开，似乎没有一二十年前的繁华热闹了。尤其要使旅客感到萧条的，却是桐君山脚下的那一队花船的失去了踪影。说起桐君山，却是桐庐县的一个接近城市的灵山胜地，山虽不高，但因有仙，自然是灵了。以形势来论，这桐君山，也的确是可以产生出许多口音生硬，别具风韵的桐严嫂来的生龙活脉。地处在桐溪东岸，正当桐溪和富春江合流之所，依依一水，西岸便瞰视着桐庐县市的人家烟树。南面对江，便是十里长洲；唐诗人方干的故居，就在这十里桐洲九里花的花圈深处。向西越过桐庐县城，更遥遥对着一排高低不定的青峦，这就是富春山的山子山孙了。东北面山下，是一片桑麻沃地，有一条长蛇似的官道，隐而复现，出没盘曲在桃花杨柳洋槐榆树的中间，绕过一支小岭，便是富阳县的境界，大约去程明道的墓地程坟，总也不过一二十里地的间隔。我的去拜谒桐君，瞻仰道观，就在那一天到桐庐的晚上，是淡云微月，正在作雨的时候。

鱼梁渡头，因为夜渡无人，渡船停在东岸的桐君山下。我从旅馆踱了出来，先在离轮埠不远的渡口停立了几分钟。后来向一位来渡口洗夜饭米的年轻少妇，弓身请问了一回，才得到了渡江的秘诀。她说："你只须高喊两三声，船自会来的。"先谢了她教我的好意，然后以两手围成了播音的喇叭，"喂，喂，渡船请摇过来！"地纵声一喊，果然在半江的黑影当中，船身摇动了。渐摇渐近，五分钟后。我在渡口，却终于听出了咿呀柔橹的声音。时间似乎已经入了酉时的下刻，小市里的群动，这时候都已经静息，自从渡口的那位少妇，在微茫的夜色里，藏去了她那张白团团的面影之后，我独立在江边，不知不觉心里头却兀自感到了一种他乡日暮的悲哀。渡船到岸，船头上起了几声微微的水浪清音，又铜东的一响，我早已跳上了船，渡船也已经掉过头来了。坐在黑影沈沈的舱里，我起先只在静听着柔橹划水的声音，然后却在黑影里看出了一星船家在吸着的长烟管头上的烟火，最后因为被沈默压迫不过，我只好开口说话了："船家！你这样的渡我过去，该给你几个船钱？"我问。"随你先生把几个就是。"船家的说话冗慢幽长，似乎已经带着些睡意了，我就向袋里摸出了两角钱来。"这两角钱，就算是我的渡船钱，请你候我一会，上山去烧一次夜香，我是依旧要渡过江来的。"船家的回答，只是恩恩乌乌，幽幽同牛叫似的一种鼻音，然而从继这鼻音而起的两三声轻快的咳声听来，他却似已经在感到满足了，因为我也知道，乡间的义渡，船钱最多也不过是两三枚铜子而已。

到了桐君山下，在山影和树影交掩着的崎岖道上，我上岸走不上几步，就被一块乱石绊倒，滑跌了一次。船家似乎也动了恻隐之心了，一句话也不发，跑将上来，他却突然交给了我一盒火柴。我于感谢了一番他的盛意之后，重整步武，再摸上山去，先是必须点一枝火柴走三五步路的，但到得半山，路既就了规律，而微云堆里的半规月色，也朦胧地现出一痕银线来了，所以手里还存着的半盒火柴，就被我藏入了袋里。路是从山的西北，盘曲而上，渐走渐高，半山一到，天也开朗了一点，桐庐县市上的灯火，也星星可数了。更纵目向江心望去，富春江两岸的船上和桐溪合流口停泊着的船尾船头，也看得出一点一点的火来。走过半山，桐君观里的晚祷钟鼓，似乎还没有息尽，耳朵里仿佛听见了几丝木鱼钲钹的残声。走上山顶，先在半途遇着了一道道观外围的女墙，这女墙的栅门，却已经掩上了。在栅门外徘徊了一刻，觉得已经到了此门而不进去，终于是不能满足我这一次暗夜冒险的好奇怪僻的。所以细想了几次，还是决心进去，非进去不可，轻轻用手往里面一推，栅门却呀的一声，早已退向了后方开开了，这门原来是虚掩在那里的。进了栅门，踏着为淡月所映照的石砌平路，向东向南的前走了五六十步，居然走到了道观的大门之外，这两扇朱红漆的大门，不消说是紧闭在那里的。到了此地，我却不想再破门进去了，因为这大门是朝南向着大江开的，门外头是一条一丈来宽的石砌步道，步道的一旁是道观的墙，一旁便是山坡，靠山坡的一面，并且还有一道二尺来高的石墙筑在那里，大约是代替栏杆，防人倾跌下山去的用意，石墙之上，铺的是二三尺宽的青石，在这似石栏又似石凳的墙上，尽可以坐卧游息，饱看桐江和对岸的风景，就是在这里坐它一晚，也很可以，我又何必去打开门来，惊起那些老道的恶梦呢！

空旷的天空里，流涨着的只是些灰白的云，云层缺处，原也看得出半角的天，和一点两点的星，但看起来最饶风趣的，却仍是欲藏还露，将见仍无的那半规月影。这时候江面上似乎起了风，云脚的迁移，更来得迅速了。而低头向江心一看，几多散乱着的船里的灯光，也忽阴忽灭地变换了一变换位置。

这道观大门外的景色，真神奇极了。我当十几年前，在放浪的游程里，曾向瓜州京口一带，消磨过不少的时日。那时觉得果然名不虚传的，确是甘露寺外的江山，而现在到了桐庐，昏夜上这桐君山来一看，又觉得这江山之秀而且静，风景的整而不散，却非那天下第一江山的北固山所可与比拟的了。真也难怪得严子陵，难怪得戴征士，倘使我若能在这样的地方结屋读书，以养天年，那还要什么的高官厚禄，还要什么的浮名虚誉哩？一个人在这桐君观前的石凳上，看看山。看看水，看看城中的灯火和天上的星云，更做做浩无边际的无聊的幻梦，我竟忘记了时刻，忘记了自身，直等到隔江的击声传来，向西一看，忽而觉得城中的灯影微茫地减了，才跑也似地走下了山来，渡江奔回了客舍。

第二日侵晨，觉得昨天在桐君观前做过的残梦正还没有续完的时候，窗外面忽而传来了一阵吹角的声音。好梦虽被打破，但因这同吹筚篥似的商音哀咽，却很含着些荒凉的古意，并且晓风残月，杨柳岸边，也正好候船待发，上严陵去；所以心里虽怀着了些儿怨恨，但脸上却只观出了一痕微笑，起来梳洗更衣，叫茶房去雇船去。雇好了一只双桨的渔舟，买就了些酒菜鱼米，就在旅馆前面的码头上上了船，轻轻向江心摇出去的时候，东方的云幕中间，已现出了几丝红晕，有八点多钟了。舟师急得厉害，只在埋怨旅馆的茶房，为什么昨晚上不预先告诉，好早一点出发。因为此去就是七里滩头，无风七里，有风七十里，上钓台去玩一趟回来，路程虽则有限，但这几日风雨无常，说不定要走夜路，才回来得了的。

过了桐庐，江心狭窄，浅滩果然多起来了。路上遇着的来往的行舟，数目也是很少，因为早晨吹的角，就是往建德去的快班船的信号，快班船一开，来往于两岸之间的船就不十分多了。两岸全是青青的山，中间是一条清浅的水，有时候过一个沙洲，洲上的桃花菜花，还有许多不晓得名字的白色的花，正在喧闹着春暮，吸引着蜂蝶。我在船头上一口一口的喝着严东关的药酒，指东话西地问着船家，这是什么山，那是什么港，惊叹了半天，称颂了半天，人也觉得倦了，不晓得什么时候，身子却走上了一家水边的酒楼，在和数年不见的几位已经做了党官的朋友高谈阔论。谈论之余，还背诵了一首两三年前曾在同一的情形之下做成的歪诗：

不是尊前爱惜身，
佯狂难免假成真，
曾因酒醉鞭名马，
生怕情多累美人。
劫数东南天作孽，
鸡鸣风雨海扬尘，

悲歌痛哭终何补，

义士纷纷说帝秦。

直到盛筵将散，我酒也不想再喝了，和几位朋友闹得心里各自难堪，连对旁边坐着的两位陪酒的名花都不愿意开口。正在这上下不得的苦闷关头，船家却大声的叫了起来说：

“先生，罗芷过了，钓台就在前面，你醒醒罢，好上山去烧饭吃去。”

擦擦眼睛，整了一整衣服，抬起头来一看，四面的水光山色又忽而变了样子了。清清的一条浅水，比前又窄了几分，四围的山包得格外的紧了，仿佛是前无去路的样子。并且山容峻削，看去觉得格外的瘦格外的高。向天上地下四围看看，只寂寂的看不见一个人类。双桨的摇响，到此似乎也不敢放肆了，钩的一声过后，要好半天才来一个幽幽的回响，静，静，静，身边水上，山下岩头，只沉浸着太古的静，死灭的静，山峡里连飞鸟的影子也看不见半只。前面的所谓钓台山上，只看得见两大个石垒，一间歪斜的亭子，许多纵横芜杂的草木。山腰里的那座祠堂，也只露着些废垣残瓦，屋上面连炊烟都没有一丝半缕，象是好久好久没有人住了的样子。并且天气又来得阴森，早晨曾经露一露脸过的太阳，这时候早已深藏在云堆里了，余下来的只是时有时无从侧面吹来的阴飕飕的半箭儿山风。船靠了山脚，跟着前面背着酒菜鱼米的船夫走上严先生祠堂的时候，我心里真有点害怕，怕在这荒山里要遇见一个干枯苍老得同丝瓜筋似的严先生的鬼魂。

在祠堂西院的客厅里坐定，和严先生的不知第几代的裔孙谈了几句关于年岁水旱的话后，我的心跳也渐渐儿的镇静下去了，嘱托了他以煮饭烧菜的杂务，我和船家就从断碑乱石中间爬上了钓台。

东西两石垒，高各有二三百尺，离江面约两里来远，东西台相去只有一二百步，但其间却夹着一条深谷。立在东台，可以看得出罗芷的人家，回头展望来路，风景似乎散漫一点，而一上谢氏的西台，向西望去，则幽谷里的清景，却绝对的不像是在人间了。我虽则没有到过瑞士，但到了西台，朝西一看，立时就想起了曾在照片上看见过的威廉退儿的祠堂。这四山的幽静，这江水的青蓝，简直同在画片上的珂罗版色彩，一色也没有两样，所不同的就是在这儿的变化更多一点，周围的环境更芜杂不整齐一点而已，但这却是好处，达正是足以代表东方民族性的颓废荒凉的美。

从钓台下来，回到严先生的祠堂——记得这是洪杨以后严州知府戴槃重建的祠堂——西院里饱啖了一顿酒肉，我觉得有点酩酊微醉了。手拿着以火柴柄制成的牙签，走到东面供着严先生神像的龛前，向四面的破壁上一看，翠墨淋漓，题在那里的，竟多是些俗而不雅的过路高官的手笔。最后到了南面的一块白墙头上，在离屋檐不远的一角高处，却看到了我们的一位新近去世的同乡夏灵峰先生的四句似邵尧夫而又略带感慨的诗句。夏灵峰先生虽则只知崇古，不善处今，但是五十年来，象他那样的顽固内容的亡清遗老，也的确是没有第二个人。比较起现在的那些官迷的南满尚书和东洋宦婢来，他的经术言行，姑且不必去论它，就是以骨头来称称，我想也要比什么罗三郎郑太郎辈，重到好几百倍。慕贤的心一动，熏人臭技自然是难熬了，堆起了几张桌椅，借得了一枝破笔，我也向高墙上在夏灵峰先生的脚后放上了一个陈屁，就是在船舱的梦里，也曾微吟过的那一首歪诗。

从墙头上跳将下来，又向龛前天井去走了一圈，觉得酒后的干喉，有点渴痒了，所以就又走回到了西院，静坐着喝了两碗清茶。在这四大无声，只听见我自己的啾啾喝水的舌音冲击到那座破院的败壁上去的寂静中间，同惊雷似地一响，院后的竹园里却忽而飞出了一声闲长而又有节奏似的鸡啼的声来。同时在门外面歇着的船家，也走进了院门，高声的对我说：

“先生，我们回去罢，已经是吃点心的时候了，你不听见那只鸡在后山啼么？我们回去罢！”

一九三二年八月在上海写

我的梦，我的青春！

——自传之二

不晓得是在哪一本俄国作家的作品里，曾经看到过一段写一个小村落的文字，他说：“譬如有许多纸折起来的房子，摆在一段高的地方，被大风一吹，这些房子就歪歪斜斜地飞落到了谷里，紧挤在一道了。”前面有一条富春江绕着，东西北的三面尽是些小山包住的富阳县城，也的确可以借了这一段文字来形容。

虽则是一个行政中心的县城，可是人家不满三千，商店不过百数；一般居民，全不晓得做什么手工业，或其他新式的生产事业，所靠以度日的，有几家自然是祖遗的一点田产，有几家则专以小房子出租，在吃两元三元一月的租金；而大多数的百姓，却还是既无恒产，又无恒业，没有目的，没有计划，只同蟑螂似地在那里出生，死亡，繁殖下去。

这些蟑螂的密集之区，总不外乎两处地方；一处是三个铜子一碗的茶店，一处是六个铜子一碗的小酒馆。他们在那里从早晨坐起，一直可以坐到晚上上排门的时候；讨论柴米油盐的价格，传播东邻西舍的新闻，为了一点不相干的细事，譬如说罢，甲以为李德泰的煤油只卖三个铜子一提，乙以为是五个铜子两提的话，双方就会争论起来；此外的人，也马上分成甲党或乙党提出证据，互相论辩；弄到后来，也许相打起来，打得头破血流，还不能够解决。

因此，在这么小的一个县城里，茶店酒馆，竟也有五六十家之多；于是大部分的蟑螂，就家里可以不备面盆手巾，桌椅板凳，饭锅碗筷等日常用具，而悠悠地生活过去了。离我们家里不远的大江边上，就有这样的两处蟑螂之窗。

在我们的左面，住有一家砍砍柴，卖卖菜，人家死人或娶亲，去帮帮忙跑跑腿的人家。他们的一族，男女老小的人数很多很多，而住的那一间屋，却只比牛栏马槽大了一点。他们家里的顶小的一位苗裔年纪比我大一岁，名字叫阿千，冬天穿的是同伞似的一堆破絮，夏天，大半身是光光地裸着的；因而皮肤黝黑，臂膀粗大，脸上也像是生落地之后，只洗了一次的样子。他虽只比我大了一岁，但是跟了他们屋里的大人，茶店酒馆日日去上，婚丧的人家，也老在进出；打起架吵起嘴来，尤其勇猛。我每天见他从我们的门口走过，心里老在羡慕，以为他又上茶店酒馆去了，我要到什么时候，才可以同他一样的和大人去夹在一道呢！而他的出去和回来，不管是在清早或深夜，我总没有一次不注意到的，因为他的喉音很大，有时候一边走着，一边在喊叫着和大人谈天，若只他一个人的时候哩，总在噜苏地唱戏。

当一天的工作完了，他跟了他们家里的大人，一道上酒店去的时候，看见我欣羡地立在门口，他原也曾邀约过我；但一则怕母亲要骂，二则胆子终于太小，经不起那些大人的盘问笑说，我总是微笑着摇摇头，就跑进屋里去躲开了，为的是上茶酒店去的诱感性，实在强不过。

有一天春天的早晨，母亲上父亲的坟头去扫墓去了，祖母也一侵早上了一座远在三四里路外的庙里去念佛。翠花在灶下收拾早餐的碗筷，我只一个人立在门口，看有淡云浮着的青天。忽而阿千唱着戏，背着钩刀和小扁担绳索之类，从他的家里出来，看了我的那种没精打采的神气，他就立了下来和我谈天，并且说：

"鹳山后面的盘龙山上，映山红开得多着哩；并且还有乌米饭（是一种小黑果子），彤管子（也是一种刺果），刺莓等等，你跟了我来罢，我可以采一大堆给你。你们奶奶，不也在北面山脚下的真觉寺里念佛么？等我砍好了柴，我就可以送你上寺里去吃饭去。"

阿千本来是我所崇拜的英雄，而这一回又只有他一个人去砍柴，天气那么的好，今天侵早祖母出去念佛的时候，我本是嚷着要同去的，但她因为怕我走不动，就把我留下了。现在一听到了这一个提议，自然是心里急跳了起来，两只脚便也很轻松地跟他出发了，并且还只怕翠花要出来阻挠，跑路跑得比平时只有得快些。出了弄堂，向东沿着江，一口气跑出了县城之后，天地宽广起来了，我的对于这一次冒险的惊惧之心就马上被大自然的威力所压倒。这样问问，那样谈谈，阿千真像是一部小小的自然界的百科大辞典，而到盘龙山脚去的一段野路，便成了我最初学自然科学的模范小课本。

麦已经长得有好几尺高了，麦田里的桑树，也都发出了绒样的叶芽。晴天里舒叔叔的一声飞鸣过去的，是老鹰在觅食；树枝头吱吱喳喳，似在打架又像是在谈天的，大半是麻雀之类：远处的竹林丛里，既有抑扬，又带余韵，在那里歌唱的，才是深山的画眉。

上山的路旁，一拳一拳像小孩子的拳头似的小草，长得很多；拳的左右上下，满长着了些绎黄的绒毛，仿佛是野生的虫类，我起初看了，只在害怕，走路的时候，若遇到一丛，总要绕一个弯，让开它们，但阿千却笑起来了，他说：

"这是薇蕨，摘了去，把下面的粗干切了，炒起来吃，味道是很好的哩！"

渐走渐高了，山上的青红杂色，迷乱了我的眼目。日光直射在山坡上，从草木泥土里蒸发出来的一种气息，使我呼吸感到了困难；阿千也走得热起来了，把他的一件破夹袄一脱，丢向了地下。教我在一块大石上坐下息着，他一个人穿了一件小衫唱着戏去砍柴采野果去了；我回身立在石上，向大江一看，又深深地深深地得到了一种新的惊异。

这世界真大呀！那宽广的水面！那澄碧的天空！那些上下的船只，究竟是从哪里来，上哪里去的呢？

我一个人立在半山的大石上，近看看有一层阳炎在颤动着的绿野桑田，远看看天和水以及淡淡的青山，渐听得阿千的唱戏声音幽下去远下去了，心里就莫名其妙的起了一种渴望与愁思。我要到什么时候才能大起来呢？我要到什么时候才可以到这像在天边似的远处去呢？到了天边，那么我的家呢？我的家里的人呢？同时感到了对远处的遥念与对乡井的离愁，眼角里便自然而然地涌出了热泪。到后来，脑子也昏乱了，眼睛也模糊了，我只呆呆的立在那块大石上的太阳里做幻梦。我梦见有一只揩擦得很洁净的船，船上面张着了一面很大很饱满的白帆，我和祖母母亲翠花阿千等都在船上，吃着东西，唱着戏，顺流下去，到了一处不相识的地方。我又梦见城里的茶店酒馆，都搬上山来了，我和阿千便在这山上的酒馆里大喝大嚷，旁边的许多大人，都在那里惊奇仰视。

这一种接连不断的白日之梦，不知做了多少时候，阿千却背了一捆小小的草柴，和一包刺莓映山红乌米饭之类的野果，回到我立在那里的大石边来了；他脱下了小衫，光着了脊肋，那些野果就系包在他的小衫里面的。

他提议说，时候不早了，他还要砍一捆柴，且让我们吃着野果，先从山腰走向后山去罢，因为前山的草柴，已经被人砍完，第二捆不容易采刮拢来了。

慢慢地走到了山后，山下的那个真觉寺的钟鼓声音，早就从春空里传送到了我们的耳边，并且一条青烟，也刚从寺后的厨房里透出了屋顶。向寺里看了一眼，阿千就放下了那捆柴，对我说："他们在烧中饭了，大约离吃饭的时候也不很远，我还是先送你到寺里去罢！"

我们到了寺里，祖母和许多同伴者的念佛婆婆，都张大了眼睛，惊异了起来。阿千走后，她们就开始问我这一次冒险的经过，我也感到了一种得意，将如何出城，如何和阿千上山采集野果的情形，说得格外的详细。后来坐上桌去吃饭的时候，有一位老婆婆问我："你大了，打算去做些什么？"我就毫不迟疑地回答她说："我愿意去砍柴！"

故乡的茶店酒馆，到现在还在风行热闹，而这一位茶店酒馆里的小英雄，初次带我上山去冒险的阿千，却在一年涨大水的时候，喝醉了酒，淹死了。

他们的家族，也一个个地死的死，散的散，现在没有生存者了；他们的那一座牛栏似的房屋，已经换过了两三个主人。时间是不饶人的，盛衰起灭也绝对地无常的：阿千之死，同时也带去了我的梦，我的青春！

严子陵钓台

忆 茅 盾

茅盾传略

茅盾（1896—1981），作家，政治活动家。原名沈德鸿，字雁冰。笔名有玄珠、方璧、郎损等。浙江桐乡人。1913 年考入北京大学预科。1916 年毕业后进上海商务印书馆编译所任职，从此开始他的文学生涯。1920 年任《小说月报》主编。同年 12 月底，与郑振铎等发起成立文学研究会。第一次国内革命战争时期，积极从事政治活动，任国民党中央宣传部秘书，武汉的中央军事政治学校教官，《民国日报》主编。大革命失败后，东渡日本。1930 年春回到上海，加入中国左翼作家联盟。1937 年后，到武汉任中华全国文艺界抗敌协会理事，主编《文艺阵地》。1938 年冬，赴新疆任教，任新疆各族文化协会联合会主席。1940 年 5 月到延安。1940 年底到重庆。后又到桂林、香港，担任《大众生活》编委。1946 年底，应邀赴苏联访问。1949 年后任中国文联副主席，中国作家协会主席，文化部长，第一至第五届全国人大代表、全国政协常务委员，第四、五届全国政协副主席等职。

茅盾一生创作了大量的文学作品，具有很高的艺术成就。主要作品有：长篇小说《蚀》、《虹》、《子夜》、《第一阶段的故事》、《腐蚀》、《霜叶红似二月花》；中篇小说《路》、《三人行》；短篇小说《春蚕》、《秋收》、

《残冬》、《林家铺子》等。其代表作《子夜》，是中国现代现实主义文学发展的里程碑，显示了现代文学在长篇小说创作方面的实绩。此外，还有大量文学评论、神话研究、散文、杂文、历史故事等。文学论文集《鼓吹集》、《鼓吹续集》、《夜读偶记》、《关于历史和历史剧》、《杂谈短篇小说》、《反映社会主义时代，推动社会主义时代的跃进》。还翻译了几十种外国文学著作。文化大革命后写成的回忆录《我走过的道路》，具有珍贵的史料价值。茅盾生前为团结广大作家，培养青年作者，促进文学理论建设，增进国际文化交流，作出了不懈的努力和突出的贡献。其作品歌颂人民、歌颂革命，鞭挞旧中国黑暗势力，表现了中国民主革命的艰苦历程，绘制了规模宏大的现实主义历史画卷，在中国现代文学史上占有重要地位。

雁冰先生印象记

吴组缃

直到去年春间，才和雁冰先生识面。

那是文艺协会的年会上，我到得很迟，远远看见台上坐着的，左边一排是几位官儿；右边，有一位穿咖啡色西服的。这人我不认识。请问了别人，别人诧异的说："你们没有见过面吗？是老茅。"台上光线照例较弱，那些座椅又堂皇得很，坐在那里的人们被这背景衬着，多少都显出些"庄严法相"的味儿。这时候的老茅即雁冰先生，也有点这类神圣不可接近的样子。我不喜欢听这种例会上的演讲，只好傻瞪瞪的端详那些台上的"法相"，望来望去，眼睛还是落到这咖啡色西服身上。我潜意识里给雁冰先生摄下一张照片；一个架子不小，神气十足，体格很魁梧，道貌很尊严的影子。

过了一会，雁冰先生也许是坐得不安起来了，他偷偷从台上的侧门溜了出来，溜到台下人群中，找了个旁边的空位子坐下了。这时候咖啡色身影骤然小了许多，那端严法相也不见了，现出一个清癯的柔弱的脸，是个"江浙型"的脸，戴一副小眼镜，唇上留着一点秀气的短髭。他连连眨动着那似乎有点砂眼病的眼睛，并且习惯地耸了耸肩，而后从衣袋里摸出烟卷，点了火，轻松地，舒适地，但几乎是敛缩地，依在那位子角落里，吸着。我心里想，一个人在台上，和在台下，有这样的不同！但也并不太吃惊。

这天会散，我们只在聚餐的席间握了握手，因为人多，场面乱，彼此都没有说甚么话，连寒暄也没有。第二天为舍予兄祝贺创作二十年，白天的茶会人太多，我没有看见雁冰先生。晚上在郭先生家里吃饭，雁冰先生也在场。这次人少些，可是也有两桌多。大说大笑大唱，一直闹了两三个钟头。雁冰先生始终敛缩地坐在一边，微笑着。我不记得他说了甚么，或是做了甚么。散了席，以群邀我到会里去住宿，说雁冰先生也住在那里，可以谈谈天，同路的大约有四五位，一路走。一路七嘴八舌的谈笑。有谁忽然想起来，说："阿哈！我们早就该给沈先生做纪念了！他比老舍还早呢。岁数怕也要大些？"于是许多人应和着闹起来，有的查问他的年纪，有的计算他从事文艺工作和开始写作小说的年数。雁冰先生现出着急的神气，笑着连说"没有，没有。"像一位小姐听到人家提及他的花烛佳期似的，简直是害羞的、快步抢到前面，躲开了。

当夜连我只有三个人在房里。雁冰先生把靠桌一张藤椅让给我坐，他自己坐在桌子侧面的小方凳上。我们随便谈着。已经不记得谈了些甚么——对，我曾傻里瓜气的问了他一些关于某某文化现况和对于自由主义者的态度之类问题。他只告诉了我几件他所目见的事实，谈了几个故事。没讲一句理论和空泛评语，也没有要"勉励"我或企图"说服"我的意思。随口我们又扯到别的题目上，渐渐的，我的潜意识里把原先所摄取的印象都重新添改过来了：他的谈锋很健，是一种抽丝似的，"娓娓"的谈法，不是那种高谈阔论；声音文静柔和，不是那种慷慨激昂的。他老是眼睛含着仁慈的柔软的光，亲切的笑着，只是一点似有若无的笑，从没笑出声来过，他是这样的随和，任你谈到甚么问题，他都流露出浓厚的兴趣，要接过去说几句；决不是一开口就是严肃的道理，否则不搭腔，他没有一点架子，也毫无甚么锋芒和尊严，你和他在一起，只觉得自由自在，你想说甚么，就说甚么；你要怎么说，就怎么说。你要躺下来尽管躺下来，要把脚架到桌上去就架上去。总之，你无须一点矜持，一点戒备，他不会给你心里添一点负担的。他的身体很单弱，面色也不很健康；我知道他常患失眠，并且最近生过肠胃病。而且，他那套咖啡色西服毫不庄严堂皇，虽然并不破，也很洁净，可是看去至少也是十年以上的旧物了。

这是雁冰先生给我的最初的印象。这印象我以为是正确的，大致没有甚么走样。因为今年文艺节后，我们同在一间房子里住了三四天，每天至少有七八十来个钟头是在一起的，现在回想起来，这最初的印象不须再加甚么修改；甚至那身咖啡色西服。当然，有些方面加深了一些，并且添了些新的。他把原是属于他的床位让给我睡，自己在书架下面另搭了张临时的。我睡的被子也有一部分是他的。这不是说明他对人客气，讲礼，因为他原非这里的主人；而是说明他和易近人，以及没有乖僻的脾气。他睡觉也叫同房的人欢喜，因为醒着时是静静的躺着，决不东翻西覆，烦躁的叹气，或是勉强找人说话，有些爱失眠的人总是这样的；睡着了，也不扯呼，或是锯牙齿，在房里和客厅里，他不但健谈，而且喜欢谈，甚至贪谈。京戏、相声，黑幕小说，托尔斯泰，医药，吃食，等等，等等，都是接过话头，随口说出来，那么自然，那么恬适，没有一点套头，没有一点成见。哪里人多，哪里谈得热闹，他就往哪里走拢，不管哪里有些什么人，正在谈什么天。晚上到了房里，他总说："我们谈谈再睡。"常是海阔天空的谈到一二点钟，使人担心他的不很强健的身体。这个我了解，在乡间住久了，好容易遇见许多朋友，总想尽量过过谈瘾的。雁冰先生正是这样不甘寂寞的人。有一次谈到某位作家，大家都颇有微词。我平常自以为很宽大，持着我的"无所不容，有所不为"的信念，但对这位所谈的老兄的做法却不能不有些嫌厌。然而雁冰先生竟出来说好话了，可是并不曾替他掩饰，相反，先生承认了这些要不得，但说，他有很好的才能，只要慢慢规劝规劝他，他就可以好起来的。若是大家都鄙视，岂不是会把一个难得的人才糟蹋了。先生只轻言静语的说了这几句，有几位不能同意，于是两下还继续议论着。这时我骤然觉得鼻头有点发痒，眼泪几乎冒出来。我是不大轻易动情的，但这次我受了很深的感动。我常常在友人中觉到一些褊狭和琐屑的看法，而引以为憾，觉得痛苦，这回我可发觉自己是褊狭琐屑的了。我走到旁边和天翼说："沈先生这个人崇高得很。唉，真不容易。"

回乡下的头天晚上，又谈起雁冰先生祝贺纪念的事来了。他还是讳莫如深，誓不肯认。睡到床上，我慢慢回忆着，最先，我记起他发表三部曲和《子夜》，轰动了全国的时候。那时我也是为他的观点新颖气魄雄大的作品所动，而对他倾心钦慕的青年之一，那已经是十多年前的事了。再往前想，记得当我十三四岁刚进中学的时候，《小说月报》革新，接恽铁樵先生的手作主编的，岂不就是雁冰先生？那至少也有二十四五年了。如此一算，我吃惊的想，先生至少也应该有五十岁了。我很想马上从床上跳起来，把这话告诉大家。但是人都睡静了，我只好暗自兴会着，继续的想。

《小说月报》革新的时候，国内怕还没有第二本新的纯文学杂志，它一上来就是提倡现实主义的文学，介绍世界写实名著，选刊写实的创作。其后由郑振铎先生接编了，可是我知道雁冰先生还是在里面负责的。“一·二八”之役后，《小说月报》停了，傅东华先生主编了《文学》，另外在北平又有《文学季刊》出世，那都是《小说月报》的后身，精神是一贯的，不过随着时代的进展，显得更新颖了。抗战发生后，先生编刊《文艺阵地》，以至最近以群负责的《青年文艺》和《文哨》，都是一脉相承的，但是先生所培植的现实主义文学，早就大大的繁茂起来了。看吧，现在各地风起云涌的文艺刊物，哪种不是现实主义的面目？谁能否认现实主义文学不是全国以至于全世界文学的主流？于是乎我又想到，文协的众多朋友们，无论所谓“老作家”，或是“新作家”，他们优秀作品的刊登和推荐，没有经过先生之手的，恐怕还是占少数罢？直到现在，他还是一方面努力自己的创作与翻译，一方面热切的关注着创作方面的收获，从他的谈话里，我知道那些随时出刊的作品，很少他没有仔细读过的；而且，以一种似饥若渴的心情，甚至有点宽纵与溺爱的选拔着新人们的作品。

我要老实说，当我和先生在一起的时候，我从来没有想起过他的这一番不能算“小”的历史和行迹。这不能怪我，是他的那种忘了自己的为人和态度，使我想不起这些来。我也要承认，我有时是有点拘谨讲礼的，但他在我面前，我从来没有想过他是个老前辈，我应当把我那套规规矩矩的家数拿出来。这也不能怪我，他老是那么不拿身份，不顾尊严，甚至三番四次的替你擦火柴点烟，替你茶碗里冲开水，你怎么能够想起那些来呢？我想，他若老是保持着像那天文协年会时给我的坐在台上的那个印象，那么，我恐怕就不会这样的对他随便，而只好远远的对他恭而敬之到底了吧？人们是有这种根性的。然而他觉得坐在上面不惯，要走到人众之中，把他的“原形”现出来，这怪得谁呢？

夜已经很深了，外面下着雨。我竖起耳朵听听侧面临时搭的竹板床上，雁冰先生没有声音的躺着，也不知道他醒着还是睡着。我想对他说点什么，但是到底没敢惊动。我深深叹息了一下，心里说：

“他不是那庙堂之器，他也不要作那种俨然人师和泥胎偶像。他只是个辛勤劳苦的，仁慈宽和的，中国新文学的老长年和老保姆啊！”

一九四五年六月十八日莲花滩

【作者简介】

吴组缃（1908—1994），原名吴祖襄，字仲华，安徽泾县人。1921 年起先后在宣城安徽省立八中、芜湖省立五中和上海求学。在芜湖五中念书时曾编辑学生会创办的文艺周刊《赭山》，并开始在《皖江日报》副刊发表诗文。

1929 年秋进入清华大学经济系，一年后转入中文系。1932 年创作小说《官官的补品》，获得成功。1934 年创作《一千八百担》。作品结集为《西柳集》、《饭余集》。

1935 年中断学习，应聘担任了冯玉祥的家庭教师及秘书。1938 年发起并参加中华全国文艺界抗敌协会，担任协会理事。抗战时期创作长篇小说《鸭咀涝》。1946 年至 1947 年间随冯玉祥访美，此后任金陵女子文理学院教授、清华大学教授和中文系主任，1952 年任北京大学教授，潜心于古典文学尤其是明清小说的研究，任《红楼梦》研究会会长。

名人之间

茅盾与鲁迅

1920 年年底，商务印书馆为了适应五四运动的新文化潮流，决定改组《小说月报》，责成编译所所长高梦旦来做这件事。他就交给该刊“小说新潮”的编辑茅盾来完成，并要求 1921 年 1 月出版该办的第一期。茅盾立即着手组稿。他早就读过鲁迅和周作人的文章，可是与他们素不相识，苦于无法与他们取得联系。于是他想到了王统照，他曾经给王统照在《小说月报》上发表过作品，就写信给王统照，请他帮忙组稿。

几天后，茅盾突然收到一个叫郑振铎的人的来信。他们也是素昧生平，郑振铎自我介绍说他是王统照的好朋友。他们由周作人牵头正在组织文学社团“文学研究会”，希望他能参加。这样，茅盾就与周作人、鲁迅取得了联系，彼此间的往来也越来越多。鲁迅多次为《小说月报》提供稿件，支持茅盾的工作。像他的小说《端午节》、《社戏》、《酒楼上》等都是在《小说月报》上发表的。茅盾曾就《小说月报》的革新和编辑问题，多次与鲁迅磋商。特别是在反击“礼拜六派”的斗争中，鲁迅、郑振铎、周作人都发表文章，给予茅盾很大支持，使得原本是鸳鸯蝴蝶派的《小说月报》，改革为文学研究会作家的创作阵地。这是一次文学革命，对近代新文学史具有划时代的开导作用。

鲁迅与茅盾的第一次见面，是在1926年，鲁迅去厦门大学任教时，路过上海，郑振铎在“消闲别墅”为鲁迅接风，邀请茅盾作陪。因为鲁迅来去匆匆，他们没有来得及深入交谈，第二天鲁迅就离开了上海。第二次见面是在1927年10月12日。此前的一天傍晚，茅盾夫人孔德沚告诉他，鲁迅搬到景云里23号，我们家的前门正对着他家的后门。茅盾本想去拜会鲁迅，可是当时大革命失败后，他秘密来到上海创作小说，生怕暴露身份，也担心为鲁迅招来麻烦，就没敢贸然拜会他。不料，几天后，鲁迅在周建人的陪同下，来登门看望茅盾。茅盾感到喜出望外，鲁迅是知道他通缉令在身，行动不便，特来拜会的。这次见面，他们交流了很多时政消息，还彼此介绍了自己的创作打算。鲁迅表示要在上海定居下来，专事写作。此次会见之后，茅盾写了篇《鲁迅论》，以“方璧”为笔名发表在11月号的《小说月报》上，并以此表示对鲁迅来上海的欢迎。这是中国文坛上第一篇全面评论鲁迅的长文，反映出茅盾是鲁迅的最早的知音。

1930年4月，茅盾从日本回到上海。不久，加入中国左翼作家联盟，并一度担任“左联”的执行书记。从此，茅盾和鲁迅的联系更为密切，他们并肩战斗，从事革命文艺活动和社会斗争。1931年，抗议国民党反动派的血腥屠杀政策，鲁迅和茅盾等发表了《为国民党屠杀大批革命作家宣言》；1932年2月，发表《上海文艺界告世界书》和《为日军进攻上海屠杀民众宣言》；同年5月，日本革命作家小林多喜二被害的消息传来，鲁迅和茅盾等8名作家联名发起为小林遗族募捐。

1934年9月，茅盾协助鲁迅创办《译文》杂志，为进步文学的翻译事业开拓了新路。1936年2月的一天，茅盾到鲁迅家去谈别的事，临告别时，鲁迅说史沫特莱昨天来访时告知，红军胜利到达陕北了，并建议拍一个电报到陕北表示祝贺。鲁迅征得茅盾的同意，委托史沫特莱给陕北拍了一封祝贺胜利的电报：“在你们身上，寄托着人类和中国的将来。”

鲁迅逝世时，茅盾正好回乡看望母亲。接到电报时，正值他的痔疮发作，不能乘车或乘船。等到出血略止，回到上海时，丧事已完毕。他的妻子孔德沚参加了鲁迅治丧委员会的工作，鲁迅用的西式棺材就是孔德沚陪着宋庆龄选购的。

名人故事

“茅盾”由来

1927 年大革命失败后，武汉的汪精卫和南京的蒋介石实行了臭名昭著的宁汉合流，对革命人士大肆屠杀，国内形势急转直下，非常险恶。沈雁冰由于参加革命活动，不得不离开武汉，最后到了上海，住在景云里。恰好，这时鲁迅和叶圣陶也住在这里。沈雁冰不便出门，又没有工作，生活上便出现了问题，于是就动手写起小说来。可有许多的报社都不登他的文章，于是他写文章的时候内心十分矛盾，所以他在手稿上署的笔名是“矛盾”。后来，他把写好的小说手稿给叶圣陶看，叶圣陶看后非常高兴，就决定在《小说月报》上发表。可叶圣陶认为“矛盾”是个哲学名词，不像一个人的名字，且“矛”不像是姓氏，就自作主张在“矛”字上加了一个草字头，改作“茅盾”。沈雁冰对这一改动也很满意，以后就一直以此为笔名了。

茅盾作品精选

谈 月 亮

不知道什么原因，我跟月亮的感情很不好。我也在月亮底下走过，我只觉得那月亮的冷森森的白光，反而把凹凸不平的地面幻化为一片模糊虚伪的光滑，引人去上当；我只觉得那月亮的好像温情似的淡光，反而把黑暗潜藏着的一切丑相幻化为神秘的美，叫人忘记了提防。

月亮是一个大骗子，我这样想。

我也曾对着弯弯的新月仔细看望。我从没觉得这残缺的一钩儿有什么美；我也照着“诗人”们的说法，把这弯弯的月牙儿比作美人的眉毛，可是愈比愈不像，我倒看出来，这一钩的冷光正好像是一把磨的锋快的杀人的钢刀。

我又常常望着一轮满月。我见过她装腔作势地往浮云中间躲，我也见过她像一个白痴人的脸孔，只管冷冷地呆木地朝着我瞧；什么“广寒宫”，什么“嫦娥”，——这一类缥缈的神话，我永远联想不起来，可只觉得她是一个死了的东西，然而她偏不肯安分，她偏要“借光”来欺骗漫漫长夜中的人们，使他们沉醉于空虚的满足，神秘的幻想。

月亮是温情主义的假光明！我这么想。

呵呵，我记起来了；曾经有过这么一回事，使得我第一次不信任这月亮。那时我不过六七岁，那时我对于月亮无爱亦无憎，有一次月夜，我同邻舍的老头子在街上玩。先是我们走，看月亮也跟着走；随后我们就各人说出他所见的月亮有多么大。“像饭碗口”，是我说的。然而邻家老头子却说“不对”，他看来是有洗脸盆那样子。

“不会差得那么多的！”我不相信，定住了眼睛看，愈看愈觉得至多不过是“饭碗口”。

“你比我矮，自然看去小了呢。”老头子笑嘻嘻说。

于是我立刻去搬一个凳子来，站上去，一比，跟老头子差不多高了，然而我头顶的月亮还只有“饭碗口”的大小。我要求老头子抱我起来，我骑在他的肩头，我比他高了，再看看月亮，还是原来那样的“饭碗口”。

“你骗人哪！”我作势要揪老头儿的小辫子。

“嗯嗯，那是——你爬高了不中用的。年纪大一岁，月亮也大一些，你活到我的年纪，包你看去有洗脸盆那样大。”老头子还是笑嘻嘻。

我觉得失败了，跑回家去问我的祖父。仰起头来望着月亮，我的祖父摸着胡子笑着说：“哦哦，就跟我的脸盆差不多。”在我家里，祖父的洗脸盆是顶大的。于是我相信我自己是完全失败了。在许多事情上都被家里人用一句“你还小哩！”来剥夺了权利的我，于是就感到月亮也那么“欺小”，真正岂有此理。月亮在那时就跟我有了仇。

呵呵，我又记起来了；曾经看见过这么一件事，使得我知道月亮虽则未必“欺小”，却很能使人变得脆弱了似的，这件事，离开我同邻舍老头子比月亮大小的时候也总有十多年了。那时我跟月亮又回到了无恩无仇的光景。那时也正是中秋快近，忽然有从“狭的笼”里逃出来的一对儿，到了我的寓处。[①]大家都是卯角之交，我得尽东道之谊。而且我还得居间办理“善后”。我依着他们俩铁硬的口气，用我自己出名，写了信给双方的父母，——我的世交前辈，表示了这件事恐怕已经不能够照“老辈”的意思挽回。信发出的下一天就是所谓“中秋”，早起还落雨，偏偏晚上是好月亮，一片云也没有。我们正谈着“善后”事情，忽然发现了那个“她”不在我们一块儿。自然是最关心“她”的那个“他”先上楼去看去。等过好半晌，两个都不下来，我也只好上楼看一看到底为了什么。一看可把我弄糊涂了！男的躺在床上叹气，女的坐在窗前，仰起了脸，一边望着天空，一边抹眼泪。

“哎，怎么了？两口儿斗气？说给我来听听。”我不会想到另有别的问题。

“不是呀！——”男的回答，却又不说下去。

我于是走到女的面前，看定了她，——凭着我们小时也是捉迷藏的伙伴，我这样面对面朝她看是不算莽撞的。

“我想——昨天那封信太激烈了一点。”女的开口了，依旧望着那冷清清的月亮，眼角还噙着泪珠。“还是，我想，还是我回家去当面跟爸爸妈妈办交涉，——慢慢儿解决，将来他跟我爸爸妈妈也有见面之余地。”

我耳朵里轰的响了一声。我不知道什么东西使得这个昨天还是嘴巴铁硬的女人现在忽又变计。但是男的此时从床上说过一句来道：

“她已经写信告诉家里，说明天就回去呢！”

这可把我骇了一跳。糟糕！我昨天全权代表似的写出两封信，今天却就取消了我的资格；那不是应着家乡人们一句话：什么都是我好管闲事闹出来的。那时我的脸色一定难看得很，女的也一定看到我心里，她很抱歉似的亲热地叫道：“× 哥，我会对他们说，昨天那封信是我的意思叫你那样写的！”

“那个，只好随它去；反正我的多事是早已出名的。”我苦笑着说，盯住了女的面孔。月亮光照在她脸上，这脸现在有几分“放心了”的神气；忽然她低了头，手捂住了脸，就像闷在瓮里似的声音说：“我岂不下妈妈。今天是中秋，往常在家里妈给我……”

我不愿意再听下去。我全都明白了，是这月亮，水样的猫一样的月光勾起了这位女人的想家的心，把她变得脆弱些。

从那一次以后，我仿佛懂得一点关于月亮的“哲理”。我觉得我们向来有的一些关于月亮的文学好像几乎全是幽怨的，恬退隐逸的，或者缥缈游仙的。跟月亮特别有感情的，好像就是高山里的隐士，深闺里的怨妇，求仙的道士。他们借月亮发了牢骚，又从月亮得到了自欺的安慰，又从月亮想象出“广寒宫”的缥缈神秘。读几句书的人，平时不知不觉间熏染了这种月亮的“教育”，临到紧要关头，就会发生影响。

原始人也曾在月亮身上做“文章”，——就是关于月亮的神话。然而原始人的月亮文学只限于月亮本身的变动；月何以东升西没，何以有缺有圆有蚀，原始人都给了非科学的解释。至多亦不过想象月亮是太阳的老婆，或者是姊妹，或者是人间的“英雄”逃上天去罢了。而且他们从不把月亮看成幽怨闲适缥缈的对象。不，现代澳洲的土人反而从月亮的圆缺创造了奋斗的故事。这跟我们以前的文人在月亮有圆缺上头悟出恬淡知足的处世哲学相比起来，差得多么远呀！

把月亮的“哲理”发挥得淋漓尽致的，也许只有我们中国罢？不但骚人雅士美女见了月亮，便会感发出许多的幽思离愁，扭捏缠绵到不成话；便是喑呜叱咤的马上英雄也被写成了在月亮的魔光下只有悲凉，只有感伤。这一种“完备”的月亮“教育”会使“狭的笼”里逃出来的人也触景生情地想到再回去，并且我很怀疑那个邻舍老头子所谓“年纪大一岁，月亮也大一些”的说头未必竟是他的信口开河，而也许有什么深厚的月亮的“哲理”根据罢！

从那一次以后，我渐渐觉得月亮可怕。

我每每想：也许我们中国古来文人发挥的月亮“文化”，并不是全然主观的；月亮确是那么一个会迷人会麻醉人的家伙。

星夜使你恐怖，但也激发了你的勇气。只有月夜，说是没有光明么？明明有的。然而这冷凄凄的光既不能使五谷生长，甚至不能晒干衣裳；然而这光够使你看见五个指头却不够辨别稍远一点的地面的坎坷。你朝远处看，你只见白茫茫的一片，消弭了一切轮廓。你变做“短视”了。你的心上会遮起了一层神秘的迷迷糊糊的苟安的雾。

人在暴风雨中也许要战栗，但人的精神，不会松懈，只有紧张；人撑着破伞，或者破伞也没有，那就挺起胸膛，大踏步，咬紧了牙关，冲那风雨的阵，人在这里，磨炼他的奋斗力量。然而清淡的月光像一杯安神的药，一粒微甜的糖，你在她的魔术下，脚步会自然而然放松了，你嘴角上会闪出似笑非笑的影子，你说不定会向青草地下一躺，眯着眼睛望天空，乱麻麻地不知想到哪里去了。

自然界现象对于人的情绪有种种不同的感应，我以为月亮引起的感应多半是消极。而把这一点畸形发挥得“透彻”的，恐怕就是我们中国的月亮文学。当然也有并不借月亮发牢骚，并不从月亮得了自欺的安慰，并不从月亮想象出神秘缥缈的仙境，但这只限于未尝受过我们的月亮文学影响的“粗人”罢！

我们需要“粗人”眼中的月亮；我又每每这么想。

1934年中秋后

【注释】

①“狭的笼”原为俄国盲诗人爱罗先所作童话的篇名，这里借指封建家庭的樊笼。

白杨礼赞

白杨树实在不是平凡的，我赞美白杨树！

当汽车在望不到边际的高原上奔驰，扑入你的视野的，是黄绿错综的一条大毯子；黄的，那是土，未开垦的处女土，几十万年前由伟大的自然力所堆积成功的黄土高原的外壳；绿的呢，是人类劳力战胜自然的成果，是麦田。和风吹送，翻起了一轮一轮的绿波，——这时你会真心佩服昔人所造的两个字“麦浪”，若不是妙手偶得，便确是经过锤炼的语言的精华。黄与绿主宰着，无边无垠，坦荡如砥，这时如果不是宛若并肩的远山的连峰提醒了你（这些山峰凭你的肉眼来判断，就知道是在你脚底下的），你会忘记了汽车是在高原上行驶，这时你涌起来的感想也许是“雄壮”，也许是“伟大”，诸如此类的形容词，然而同时你的眼睛也许觉得有点倦怠，你对当前的“雄壮”或“伟大”闭了眼，，而另一种味儿在你心头潜滋暗长了——“单调”。可不是？单调，有一点儿吧。

然而刹那间，要是你猛抬眼看见了前面远远地有一排，——不，或者甚至只是三五株，一株，傲然地耸立，像哨兵似的树木的话，那你的恹恹欲睡的情绪又将如何？我那时是惊奇地叫了一声的！

那就是白杨树，西北极普通的一种树，然而实在不是平凡的一种树！

那是力争上游的一种树，笔直的干，笔直的枝。它的干呢，通常是丈把高，像是加以人工似的，一丈以内，绝无旁枝；它所有的丫枝呢，一律向上，而且紧紧靠拢，也像是加以人工似的，成为一束，绝无横斜逸出；它的宽大的叶子也是片片向上，几乎没有斜生的，更不用说倒垂了；它的皮，光滑而有银色的晕圈，微微泛出淡青色。这是虽在北方的风雪的压迫下却保持着倔强挺立的一种树！哪怕只有碗来粗细罢，它却努力向上发展，高到丈许，二丈，参天耸立，不折不挠，对抗着西北风。

这就是白杨树，西北极普通的一种树，然而决不是平凡的树！

它没有婆娑的姿态，没有屈曲盘旋的虬枝，也许你要说它不美丽，——如果美是专指“婆娑”或“横斜逸出”之类而言，那么白杨树算不得树中的好女子；但是它却是伟岸，正直，朴质，严肃，也不缺乏温和，更不用提它的坚强不屈与挺拔，它是树中的伟丈夫！当你在积雪初融的高原上走过，看见平坦的大地上傲然挺立这么一株或一排白杨树，难道你觉得树只是树，难道你就不想到它的朴质，严肃，坚强不屈，至少也象征了北方的农民；难道你竟一点也不联想到，在敌后的广大土地上，到处有坚强不屈，就像这白杨树一样傲然挺立的守卫他们家乡的哨兵！难道你又不更远一点想到这样枝枝叶叶靠紧团结，力求上进的白杨树，宛然象征了今天在华北平原纵横激荡用血写出新中国历史的那种精神和意志。

白杨不是平凡的树。它在西北极普遍，不被人重视，就跟北方农民相似；它有极强的生命力，磨折不了，压迫不倒，也跟北方的农民相似。我赞美白杨树，就因为它不但象征了北方的农民，尤其象征了今天我们民族解放斗争中所不可缺的朴质，坚强，以及力求上进的精神。

让那些看不起民众，贱视民众，顽固的倒退的人们去赞美那贵族化的楠木（那也是直干秀颀的），去鄙视这极常见，极易生长的白杨罢，但是我要高声赞美白杨树！

载《文艺阵地》月刊（1941 年）第 6 卷第 3 期

忆徐志摩

徐志摩传略

徐志摩（1896—1931），现代诗人、散文家。浙江海宁县硖石镇人。名章垿，字志摩，小字又申。曾经用过的笔名：南湖、云中鹤。

徐志摩是新月派代表诗人，新月诗社成员。1915年毕业于杭州一中，先后就读于上海沪江大学、天津北洋大学和北京大学。1918年赴美国学习银行学。1921年赴英国留学，入伦敦剑桥大学当特别生，研究政治经济学。在剑桥两年深受西方教育的熏陶及欧美浪漫主义和唯美派诗人的影响。

1921年开始创作新诗。

1922年返国后在报刊上发表大量诗文。

1923年，参与发起成立新月社，加入文学研究会。

1924年与胡适、陈西滢等创办《现代诗评》周刊，任北京大学教授。印度大诗人泰戈尔访华时任翻译。

1925年赴欧洲，游历苏、德、意、法等国。

1926年在北京主编《晨报》副刊《诗镌》，与闻一多、朱湘等人开展新诗格律化运动，影响到新诗艺术的发展。同年移居上海，任光华大学、大夏大学和南京中央大学教授。

1927 年参加创办新月书店。次年《新月》月刊创刊后任主编。并出国游历英、美、日、印等国。

1930 年任中华文化基金委员会委员，被选为英国诗社社员。同年冬到北京大学与北京女子大学任教。

1931 年初，与陈梦家、方玮德创办《诗刊》季刊，被推选为笔会中国分会理事。同年 11 月 19 日，由南京乘飞机到北平，因遇大雾在济南附近触山，故飞机失事，因而遇难。蔡元培为其写挽联：

> 谈话是诗，举动是诗，毕生行迳都
> 是诗，诗的意味渗透了，随遇自有东土；
> 乘船可死，驱车可死，斗室生卧也
> 可死，死于飞机偶然者，不必视为畏途。

诗集著有：《志摩的诗》、《翡冷翠的一夜》、《猛虎集》、《云游》；
散文集有：《落叶》、《巴黎的鳞爪》、《自剖》、《秋》、《轮盘》；
小说：《春痕》；
戏剧：《卞昆冈》（与陆小曼合写）；日记《爱眉小札》、《志摩日记》；
译著：《曼殊斐尔小说集》等。

他的作品已编为《徐志摩文集》出版。

徐诗字句清新，韵律谐和，比喻新奇，想象丰富，意境优美，神思飘逸，富于变化，并追求艺术形式的整饬、华美，具有鲜明的艺术个性，写于 1928 年的《再别康桥》是其诗歌代表作。他的散文也自成一格，取得了不亚于诗歌的成就，其中《自剖》、《想飞》、《我所知道的康桥》、《翡冷翠山居闲话》等都是传世的名篇。

纪念志摩去世四周年

林徽因

今天是你走脱这世界的四周年！朋友，我们这次拿什么来纪念你？前两次的用香花感伤的围上你的照片，抑住嗓子底下叹息和悲哽，朋友和朋友无聊的对望着，完成一种纪念的形式，俨然是愚蠢的失败。因为那时那种近于伤感，而又不够宗教庄严的举动，除却点明了你和我们中间的距离，生和死的间隔外，实在没有别的成效；几乎完全不能达到任何真实纪念的意义。

去年今日我意外的由浙南路过你的家乡，在昏沉的夜色里我独立火车门外，凝望着那幽黯的站台，默默的回忆许多不相连续的过往残片，直到生和死间居然幻成一片模糊，人生和火车似的蜿蜒一串疑问在苍茫间奔驰。我想起你的：

火车擒住轨，在黑夜里奔
过山，过水，过……

如果那时候我的眼泪曾不自主的溢出睫外，我知道你定会原谅我的。你应当相信我不会向悲哀投降，什么时候我都相信倔强的忠于生的，即使人生如你底下所说：

就凭那精窄的两道，算是轨，
驮着这份重，梦一般的累赘！

就在那时候我记得火车慢慢的由站台拖出一程一程的前进，我也随着酸怆的诗意，那“车的呻吟”，“过荒野，过池塘，……过噤口的村庄”。到了第二站——我的一半家乡。

今年又轮到今天这一个日子！世界仍旧一团糟，多少地方是黑云布满粗着筋络望理想的反面猛进，我并不在瞎说，当我写：

> 信仰只一细炷香，
> 那点子亮再经不起西风
> 沙沙的隔着梧桐树吹

朋友，你自己说，如果是你现在坐在我这位子上，迎着这一窗太阳：眼看着菊花影在墙上描画作态；手臂下倚着两叠今早的报纸；耳朵里不时隐隐的听着朝阳门外“打靶”的枪弹声；意识的，潜意识的，要明白这生和死的谜，你又该写成怎样一首诗来，纪念一个死别的朋友？

此时，我却是完全的一个糊涂！习惯上我说，每桩事都像是造物的意旨，归根都是运命，但我明知道每桩事都像有我们自己的影子在里面烙印着！我也知道每一个日子是多少机缘巧合凑拢来拼成的图案，但我也疑问其间的排布谁是主宰。据我看来：死是悲剧的一章，生则更是一场悲剧的主干！我们这一群剧中的角色自身性格与性格矛盾；理智与情感两不相容；理想与现实当面冲突，侧面或反面激成悲哀。日子一天一天向前转，昨日和昨日堆垒起来混成一片不可避脱的背景，做成我们周遭的墙壁或气氲，那么结实又那么飘缈，使我们每一个人站在每一天的每一个时候里都是那么主要，又是那么渺小无能为！

此刻我几乎找不出一句话来说，因为，真的，我只是个完全的糊涂；感到生和死一样的不可解，不可懂。

但是我却要告诉你，虽然四年了你脱离去我们这共同活动的世界，本身停掉参加牵引事体变迁的主力，可是谁也不能否认，你仍立在我们烟涛渺茫的背景里，间接的是一种力量，尤其是在文艺创造的努力和信仰方面。间接的你任凭自然的音韵，颜色，不时的风轻月白，人的无定律的一切情感，悠断悠续的仍然在我们中间继续着生，仍然与我们共同交织着这生的纠纷，继续着生的理想。你并不离我们太远。你的身影永远挂在这里那里，同你生前一样的心旋转。

说到您的诗，朋友，我正要正经的同你再说一些话。你不要不耐烦，这话迟早我们总要说清的。人说盖棺定论，前者早已成了事实，这后者在这四年中，说来叫人难受，我还未曾谈到一篇中肯或诚实的论评，虽然对你的赞美和攻讦由你去世后一两周间，就纷纷开始了。但是他们每人手里拿的都不像纯文艺的天秤；有的喜欢你的为人；有的疑问你私人的道德；有的单单尊崇你诗中所表现的思想哲学，有的仅喜爱那些软弱的细致的句子，有的每发议论必须牵涉到你的个人生活之合乎规矩方圆，或断言你是轻薄，或引证你是浮奢豪侈！朋友，我知道你从不介意过这些，许多人的浅陋老实或刻薄处你早就领略过一堆，你不止未曾生过气，并且常常表示怜悯同原谅；你的心情永远是那么洁净；头老抬得那么高；胸中老是那么完整的诚挚；臂上老有那么许多不折不挠的勇气。但是现在的情形与以前却稍稍不同，你自己既已不在这里，做你朋友的，眼看着你被误解，曲解，乃至于谩骂，有时真忍不住替你不平。

但你可别误会我心眼儿窄，把不相干的看成重要，我也知道误解曲解谩骂，都是不相干的，但是朋友，我们谁都需要有人了解我们的时候，真了解了我们，即使是痛下针砭，骂着了我们的弱处错处，那整个的我们却因而更增添了意义，一个作家文艺的总成绩更需要一种就文论文，就艺术论艺术的和平判断。

你在《猛虎集》序中说“世界上再没有比写诗更惨的事”，你却并未说明为什么写诗是一桩惨事，现在让我来个注脚好不好？我看一个人一生为着一个愚诚的倾向，把所感受到的复杂的情绪尝味到的生活，放到自己的理想和信仰的锅炉里烧炼成几句悠扬铿锵的语言，（那怕是几声小唱），来满足他自己本能的艺术的冲动，这本来是个极寻常的事，那一个地方那一个时代，都不断有这种人。轮着做这种人的多半是为着他情感来的比寻常人浓富敏锐，而为着这情感而发生的冲动更是非实际的——或不全是实际的——追求。而需要那种艺术的满足而已。说起来写诗的人的动机多么简单可怜，正是如你序里所说“我们都是受支配的善良的生灵”！虽然有些诗人因为他们的成绩特别高厚旷阔包括了多数人，或整个时代的艺术和思想的冲动，从此便在人中间披上神秘的光圈，使“诗人”两字无形中挂着崇高的色彩。这样使一般努力于用韵文表现或描画人在自然万物相交错的情绪思想的，便被人的成见看作夸大狂的旗帜需要同时代人的极冷酷的讥讪和不信任来扑灭它，以挽救人类的尊严和健康。

我承认写诗是惨淡经营，孤立在人中挣扎的勾当，但是因为我知道太清楚了。你在这上面单纯的信仰和诚恳的尝试，为同业者奋斗，卫护他们情感的愚诚，称扬他们艺术的创造自己从未曾求过虚荣，我觉得你始终是很逍遥舒畅的。如你自己所说“满头血水”你“仍不曾低头”，你自己相信“一点性灵还在那里挣扎”，“还想在实际生活的重重压迫下透出一些声响来”。

简单的说，朋友，你这写诗的动机是坦白不由自主的，你写诗的态度是诚实，勇敢，而倔强的。这在讨论你诗的时候，谁都先得明了的。

至于你诗的技巧问题，艺术上的造诣，在几乎没有一定的定义时代，转入这讨论外形内容，以至于音节韵脚章句意象组织等艺术技巧问题的时期，即是根据着对这方面努力尝试过的那一些诗，你的头两个诗集子就是供给这些讨论见解最多材料的根据。外国的土话说“马总得放在马车的前面”，不是？没有一些尝试的成绩放在那里，理论家是不能老在那里发一堆空头支票的，不是？

你自己一向不止在那里倔强的尝试用功，你还曾用尽你所有活泼的热心鼓励别人尝试，鼓励“时代”起来尝试，——这种工作是最犯风头嫌疑的，也只有你胆子大头皮硬顶得下来！我还记得你要印诗集子时我替你捏一把汗，老实说还替你在有文采的老前辈中间难为情过，我也记得我初听到人家找你办晨副时我的焦急，但你居然板起个脸抓起两把鼓锤子为文艺吹打开路乃至于扫地，铺鲜花，不顾旧势力的非难，新势力的怀疑，你干你的事“事在人为，做了再说”那股子劲，以后别处也还很少见。

现在你走了这些事渐渐在人的记忆中模糊下来，你的诗和文也散漫在各小本集子里压在有极新鲜的封皮的新书后面，谁说起你来，不是麻麻糊糊的承认你是过去中一个势力，就是拿能够挑剔看轻你的诗为本事（散文人家很少提到，或许“散文家”没有诗人那么光荣不值得注意）。朋友，这是没法子的事，我却一点不为此灰心，因为我有我的信仰。

我认为我们这写诗的动机既如前边所说那么简单愚诚；因在某一时，或某一刻敏锐的接触到生活上的锋芒，或偶然的触遇到理想峰巅上云彩星霞，不由得不在我们所习惯的语言中，编缀出一两串近于音乐的句子来，慰藉自己，解放自己，去追求超实际的真美，读诗者的反应一定有一大半也和我们这写诗的一样诚实天真，仅想在我们句子中间由音乐性的愉悦，接触到一些生活的底蕴渗合着美丽的憧憬；把我们的情绪给他们的情绪搭起一座浮桥，把我们的灵感，给他们生活添些新鲜；把我们的痛苦伤心再揉成他们自己忧郁的安慰！

我们的作品会不会长存下去，也就看它们会不会活在那一些我们从不认识的人，我们作品的读者，散在各时，各处互相不认识的孤单的人的心里的，这种事它自己有自己的定律，并不需要我们的关心的。你的诗据我所知道的，它们仍旧在这里浮沉流落，你的影子也就浓淡参差的系在那些诗句中，另一端印在许多不相识人的心里。朋友，你不要过于看轻这种间接的生存，许多热情的人他们会为着你的存在，而加增了生的意识的。伤心的仅是那些你最亲热的朋友们和同兴趣的努力者，你不在他们中间的事实，将要永远是个不能填补的空虚。

你走后大家就提议要为你设立一个“志摩奖金”来继续你鼓励人家努力诗文的素志，勉强象征你那种对于文艺创造拥护的热心，使不及认得你的青年人永远对你保存着亲热。如果这事你不觉到太寒伧不够热气，我希望你原谅你这些朋友们的苦心，在冥冥之中笑着给我们勇气来做这一蠢诚的事吧。

二十四年十一月十九日，北平。

志摩在回忆里

郁达夫

新诗传宇宙，竟尔乘风归去，同学同庚，老友如君先宿草。
华表托精灵，何当化鹤重来，一生一死，深闺有妇赋招魂。

这是我托杭州陈紫荷先生代作代写的一副挽志摩的挽联。陈先生当时问我和志摩的关系，我只说他是我自小的同学，又是同年，此外便是他这一回的很适合他身份的死。

做挽联我是不会做的，尤其是文言的对句。而陈先生也想了许多成句，如“高处不胜寒”，“犹是深闺梦里人”之类，但似乎都寻不出适当的上下对，所以只成了上举的一联。这挽联的好坏如何，我也不晓得，不过我觉得文句做得太好，对仗对得太工，是不大适合于哀挽的本意的。悲哀的最大表示，是自然的目瞪口呆，僵若木鸡的那一种样子，这我在小曼夫人当初次接到志摩的凶耗的时候曾经亲眼见到过。其次是抚棺的一哭，这我在万国殡仪馆中，当日来吊的许多志摩的亲友之间曾经看到过。至于哀挽诗词的工与不工，那却是次而又次的问题了；我不想说志摩是如何如何的伟大，我不想说他是如何如何的可爱，我也不想说我因他之死而感到怎么怎么的悲哀，我只想把在记忆里的志摩来重描一遍，因而再可以想见一次他那副凡见过他一面的人谁都不容易忘去的面貌与音容。

大约是在宣统二年（一九一〇）的春季，我离开故乡的小市，去转入当时的杭府中学读书，——上一期似乎是在嘉兴府中读的，终因路远之故而转入了杭府——那时候府中的监督，记得是邵伯炯先生，寄宿舍是大方伯的图书馆对面。

当时的我，是初出茅庐的一个十四岁未满的乡下少年，突然间闯入了省府的中心，周围万事看起来都觉得新异怕人。所以在宿舍里，在课堂上，我只是诚惶诚恐，战战兢兢，同蜗牛似地蜷伏着，连头都不敢伸一伸出壳来。但是同我的这一种畏缩态度正相反的，在同一级同一宿舍里，却有两位奇人在跳跃活动。

一个是身体生得很小，而脸面却是很长，头也生得特别大的小孩子。我当时自己当然总也还是一个小孩子，然而看见了他，心里却老是在想："这顽皮小孩，样子真生得奇怪。"仿佛我自己已经是一个大孩似的。还有一个日夜和他在一块，最爱做种种淘气的把戏，为同学中间的爱戴集中点的，是一个身材长得相当的高大，面上也已经满示着成年的男子的表情，由我那时候的心里猜来，仿佛是年纪总该在三十岁以上的大人，——其实呢，他也不过和我们上下年纪而已。

他们俩，无论在课堂上或在宿舍里，总在交头接耳的密谈着，高笑着，跳来跳去，和这个那个闹闹，结果却终于会出其不意地做出一件很轻快很可笑很奇特的事情来吸收大家的注意的。

而尤其使我惊异的，是那个头大尾巴小，戴着金边近视眼镜的顽皮小孩，平时那样的不用功，那样的爱看小说——他平时拿在手里的总是一卷有光纸上印着石印细字的小本子——而考起来或作起文来却总是分数得得最多的一个。

像这样的和他们同住了半年宿舍，除了有一次两次也上了他们一点小当之外，我和他们终究没有发生什么密切一点的关系；后来似乎我的宿舍也换了，除了在课堂上相聚在一块之外，见面的机会更加少了。年假之后第二年的春天，我不晓为了什么，突然离去了府中，改入了一个现在似乎也还没有关门的教会学校。从此之后，一别十余年，我和这两位奇人——一个小孩，一个大人——终于没有遇到的机会。虽则在异乡飘泊的途中，也时常想起当日的旧事，但是终因为周围环境的迁移激变，对这微风似的少年时候的回忆，也没有多大的留恋。

民国十三四年——一九二三、四年——之交，我混迹在北京的软红尘里；有一天风定日斜的午后，我忽而在石虎胡同的松坡图书馆里遇见了志摩。仔细一看，他的头，他的脸，还是同中学时候一样发育得分外的大，而那矮小的身材却不同了，非常之长大了，和他并立起来，简直要比我高一二寸的样子。

他的那种轻快磊落的态度，还是和孩时一样，不过因为历尽了欧美的游程之故，无形中已经锻练成了一个长于社交的人了。笑起来的时候，可还是同十几年前的那个顽皮小孩一色无二。

从这年后，和他就时时往来，差不多每礼拜要见好几次面。他的善于座谈，敏于交际，长于吟诗的种种美德，自然而然地使他成了一个社交的中心。当时的文人学者，达官丽姝，以及中学时候的倒霉同学，不论长幼，不分贵贱，都在他的客座上可以看得到。不管你是如何心神不快的时候，只教经他用了他那种浊中带清的洪亮的声音，“喂，老 ×，今天怎么样？什么什么怎么样了？”的一问，你就自然会把一切的心事丢开，被他的那种快乐的光耀同化了过去。

正在这前后，和他一次谈起了中学时候的事情，他却突然的呆了一呆，张大了眼睛惊问我说：

“老李你还记得起记不起？他是死了哩！”

这所谓老李者，就是我在头上写过的那位顽皮大人，和他一道进中学的他的表哥哥。

其后他又去欧洲，去印度，交游之广，从中国的社交中心扩大而成为国际的。于是美丽宏博的诗句和清新绝俗的散文，也一年年的积多了起来。一九二七年的革命之后，北京变了北平，当时的许多中间阶级者就四散成了秋后的落叶。有些飞上了天去，成了要人，再也没有见到的机会了，有些也竟安然地在牖下到了黄泉；更有些，不死不生，仍复在歧路上徘徊着，苦闷着，而终于寻不到出路。是在这一种状态之下，有一天在上海的街头，我又忽而遇见志摩，“喂，这几年来你躲在什么地方？”

兜头的一喝，听起来仍旧是他那一种洪亮快活的声气。在路上略谈了片刻，一同到了他的寓里坐了一会，他就拉我一道到了大赉公司的轮船码头。因为午前他刚接到了无线电报，诗人太果尔回印度的船系定在午后五时左右靠岸，他是要上船去看看这老诗人的病状的。

当船还没有靠岸，岸上的人和船上的人还不能够交谈的时候，他在码头上的寒风里立着——这时候似乎已经是秋季了——静静地呆呆地对我说：

“诗人老去，又遭了新时代的摈斥，他老人家的悲哀，正是孔子的悲哀。”

因为太果尔这一回是新从美国日本去讲演回来，在日本在美国都受了一部分新人的排斥，所以心里是不十分快活的；并且又因年老之故，在路上更染了一场重病。志摩对我说这几句话的时候，双眼呆看着远处，脸色变得青灰，声音也特别的低。我和志摩来往了这许多年，在他脸上看出悲哀的表情来的事情，这实在是最初也便是最后的一次。

从这一回之后，两人又同在北京的时候一样，时时来往了。可是一则因为我的疏懒无聊，二则因为他跑来跑去的教书忙，这一两年间，和他聚谈时候也并不多。今年的暑假后，他于去北平之先曾大宴了三日客。头一天喝酒的时候，我和董任坚先生都在那里。董先生也是当时杭府中学的旧同学之一，席间我们也曾谈到了当时的杭州。在他遇难之前，从北平飞回来的第二天晚上，我也偶然的，真真是偶然的，闯到了他的寓里。

那一天晚上，因为有许多朋友会聚在那里的缘故，谈谈说说，竟说到了十二点过。临走的时候，还约好了第二天晚上的后会才兹分散。但第二天我没有去，于是就永久失去了见他的机会了，因为他的灵柩到上海的时候是已经验好了来的。

男人之中，有两种人最可以羡慕。一种是像高尔基一样，活到了六七十岁，而能写许多有声有色的回忆文的老寿星，其他的一种是如叶赛宁一样的光芒还没有吐尽的天才夭折者。前者可以写许多文学史上所不载的文坛起伏的经历，他个人就是一部纵的文学史。后者则可以要求每个同时代的文人都写一篇吊他哀他或评他骂他的文字，而成一部横的放大的文苑传。

现在志摩是死了，但是他的诗文是不死的，他的音容状貌可也是不死的，除非要等到认识他的人老老少少一个个都死完的时候为止。

一九三一年十二月十一日

［附记］上面的一篇回忆写完之后，我想想，想想，又在陈先生代做的挽联里加入了一点事实，缀成了下面的四十二字：

三卷新诗，廿年旧友，与君同是天涯，只为佳人难再得。

一声河满，九点齐烟，化鹤重归华表，应愁高处不胜寒。

一九三一年十二月十九日

名人之间

徐志摩与林徽因

1920年秋天，24岁的徐志摩在一次偶然的机会邂逅了16岁的林徽因。徐志摩为林徽因的美貌所倾倒，开始追求他最理想的爱情。

林徽因是北洋军阀段祺瑞政府司法部长林长民的独生女儿。福建闽侯人，是一位多才多艺的才女。这次她到英国来，是因为父亲应邀来英国出席会议，她顺便来此游历的。

徐志摩在国内就与林长民相识。听说林长民来到伦敦，要在伦敦国际联盟协会演讲，徐志摩起大早赶往会场。在电车上他见到了十分景仰的著名作家狄更斯，但没敢冒昧地上前联络。林长民的讲演结束后，徐志摩找到林长民，请求他帮助拜会狄更斯。林长民让他第二天到林的住处去，仔细谈谈，以便引荐。

第二天徐志摩去林长民的住处时，恰巧林长民临时有事外出，给他开门的却是一个如花似玉的少女。她那颀长秀挺的身材、俊逸潇洒的气质，以及那纯真谦和的微笑，给徐志摩一种天仙下凡的感觉。通过交谈，徐志摩才感觉到，自己喜欢的女子就在眼前。

情窦初开的林徽因爱好文学，读过徐志摩的诗作，也为徐志摩的聪颖的才气、渊博的知识、风雅的谈吐和英俊的外貌所吸引。自此，徐志摩作为林氏父女的朋友，几乎是每隔一两天在饮下午茶的时间就到林家来。徐志摩到林家虽说有林徽因作陪，但是徐志摩总觉得有些话没法当着林长民跟徽因讲，于是他就在未造访的那一两天给林徽因写信。他的信写得热烈、火辣，让豆蔻年华的林徽因激动不已。他们彼此都有相见恨晚的感觉，她给徐志摩的回信也让徐志摩读得神魂颠倒。有一天，徐志摩给林徽因写了一封热烈的求爱信，林徽因读了心怦怦然，但冷静下来一想，又觉得答应了徐志摩的求爱，就会给他的妻子张幼仪带来伤害。在一次与徐志摩见面时，她劝徐志摩不要想入非非："徐兄，我不是您的另一半灵魂。我们是太一致了，就不能相互补充。我们只能平行，不可能相交。我们只能有友谊，不能有爱情。"说完就哭泣着跑开了。

此时的张幼仪早已从徐志摩在家里总是心不在焉的样子，估计他是心有所属。特别是她见到林徽因之后，更是看出了她与徐志摩的暧昧关系。于是她决定离开沙士顿到德国去。她与徐志摩谈了自己的想法，竟然很快地得到徐志摩的认可，徐志摩没有听她说去德国的理由，就在三个星期后，送她到了德国。临行前，张幼仪还让徐志摩陪同她与林徽因辞行。

徐志摩从德国回来之后，就去找林徽因。不料，林氏父女已经回国了！房东的守房人问清他就是徐志摩后，就将林徽因留给她的一封信交给他。信中林徽因写道："我走了，带着记忆如锦金，里面藏着我们的情，我们的谊，已经说出和还没有说出的所有的话走了。"又说："上次您和幼仪去德国，我，爸爸、西滢兄在送别你们时，火车启动的那一瞬间，您和幼仪把头伸出窗外，在您的面孔旁边，她张着一双哀怨、绝望、祈求和嫉意的眼睛定定地望着我。我颤抖了。那目光直进我心灵的底蕴，那里藏着我的无人知晓的秘密。她全看见了。其实，在您陪着她来向我们辞行时，听说她要单身离你去德国，我就明白你们两人的关系起了变故。起因是什么我不明白，但不会和我无关。"徐志摩读完信颓然地坐在沙发里，心里一片空白，从此他成了一个"鸡飞蛋打"的单身汉。

徐志摩与邵洵美

徐志摩与邵洵美曾被并称为诗坛双壁。他们在诗歌创作上都取得了令人瞩目的成就。其实，邵洵美的诗，在郭沫若、徐志摩、闻一多诸大家之间，并不出色。但他代表着中国"颓废派"的诗歌创作水平，在新诗中别树一帜。

徐志摩与邵洵美都是浙江人，徐志摩的家乡海宁与邵洵美的原籍余姚，隔杭州湾而相望。他们都出身于当地的望族，从小就受到了很充实的文化熏陶。

他们于1925年在伦敦相识。1924年2月邵洵美到英国剑桥大学的伊曼纽学院攻读经济学。1925年的暑假，他与同住在导师家的刘纪文去巴黎游玩。在那里他们结识了中国留学生张道藩、徐悲鸿和他的夫人蒋碧薇。他们一见面徐悲鸿就说邵洵美与徐志摩的面庞很相像。恰巧在这段时间徐志摩来到巴黎，徐悲鸿就将邵洵美与他长得相像的事告诉给他。没过几天，徐志摩在巴黎街头遇见了邵洵美，马上上前握住他的手说："弟弟，你让我找得好苦。"从此这两个面庞相像的乡党，就成了至交。

1927年邵洵美因家里失火，中断学业回国。他到上海后的第一件事，就是到上海的大西路去看望徐志摩。他们爱好相同，有共同语言，很谈得来。在邵洵美与盛佩玉举行婚礼时，徐志摩和陆小曼等许多文友、画家前来祝贺。大家表示要以画志喜，刘海粟首先命笔，其他书画家相继点染，最后由徐志摩题款。这幅集体创作的画作，邵洵美视为珍宝，遗憾的是在战乱中遗失了。

1928年3月的一天，徐志摩的小舅子张禹九来找邵洵美，说是新月书店要招股，希望他能入股。本来邵洵美正经营着一个金屋书店，为了支持新月书店，他关闭了金屋书店。徐志摩与邵洵美合伙经营书店，更加密切了他们的关系。有一次，徐志摩家乡有事，可是他在光华大学有课，就让邵洵美去给他代课。还有一次徐志摩让邵洵美写些东西刊登，邵洵美就随手画了一个茶壶和一个茶杯，其题款是："一只茶壶，一只茶杯；你是茶壶，我是茶杯。"这幅画的画外音是说，他们的友谊如同茶壶与茶杯一样，彼此不可分离。

徐志摩去世后，上海新月书店出版了徐志摩的遗诗集《云游》，署名陆小曼编，并作序，实际上是邵洵美为了悼念亡友，嘱托陈梦家搜集出版的。

解放后，徐志摩的遗孀陆小曼来上海看望邵洵美。因邵洵美在30年代与鲁迅有过论争，被打成"反动御用文人"，致使他无职无业，囊中羞涩。他为了招待好这位故友的妻子，不得不把一枚吴昌硕亲刻的"姚江邵氏图书珍藏"白色寿山石印章低价出售，换来了十元的酒菜钱。这也反映出他与徐志摩的友情是相当深厚的。

徐志摩作品精选

翡冷翠[1]山居闲话

在这里出门散步去，上山或是下山，在一个晴好的五月的向晚，正像是去赴一个美的宴会，比如去一果子园，那边每株树上都是满挂着诗情最秀逸的果实，假如你单是站着看还不满意时，只要你一伸手就可以采取，可以恣尝鲜味，足够你性灵的迷醉。阳光正好暖和，决不过暖；风息是温驯的，而且往往因为他是从繁花的山林里吹度过来他带来一股幽远的淡香，连着一息滋润的水气，摩挲着你的颜面，轻绕着你的肩腰，就这单纯的呼吸已是无穷的愉快；空气总是明净的，近谷内不生烟，远山上不起霭，那美秀风景的全部正像画片似的展露在你的眼前，供你闲暇的鉴赏。作客山中的妙处，尤在你永不须踌躇你的服色与体态；你不妨摇曳着一头的蓬草，不妨纵容你满腮的苔藓；你爱穿什么就穿什么；扮一个牧童，扮一个渔翁，装一个农夫，装一个走江湖的桀卜闪[2]，装一个猎户；你再不必提心整理你的领结，你尽可以不用领结，给你的颈根与胸膛一半日的自由，你可以拿一条这边颜色的长巾包在你的头上，学一个太平军的头目，或是拜伦那埃及装的姿态；但最要紧的是穿上你最旧的旧鞋，别管他模样不佳，他们是顶可爱的好友，他们承着你的体重却不叫你记起你还有一双脚在你的底下。

这样的玩顶好是不要约伴，我竟想严格的取缔，只许你独身；因为有了伴多少总得叫你分心，尤其是年轻的女伴，那是最危险最专制不过的旅伴，你应得躲避她像你躲避青草里一条美丽的花蛇！平常我们从自己家里走到朋友的家里，或是我们执事的地方，那无非是在同一个大牢里从一间狱室移到另一间狱室去，拘束永远跟着我们，自由永远寻不到我们；但在这春夏间美秀的山中或乡间你要是有机会独身闲逛时，那才是你福星高照的时候，那才是你实际领受，亲口尝味，自由与自在的时候，那才是你肉体与灵魂行动一致的时候；朋友们，我们多长一岁年纪往往只是加重我们头上的枷，加紧我们脚胫上的链，我们见小孩子在草里在沙堆里在浅水里打滚作乐，或是看见小猫追他自己的尾巴，何尝没有羡慕的时候，但我们的枷，我们的链永远是制定我们行动的上司！所以只有你单身奔赴大自然的怀抱时，像一个裸体的小孩扑入他母亲的怀抱时，你才知道灵魂的愉快是怎样的，单是活着的快乐是怎样的，单就呼吸单就走道单就张眼看耸耳听的幸福是怎样的。因此你得严格的为己，极端的自私，只许你，体魄与性灵，与自然同在一个脉搏里跳动，同在一个音波里起伏，同在一个神奇的宇宙里自得。我们浑朴的天真是像含羞草似的娇柔，一经同伴的抵触，他就卷了起来，但在澄静的日光下，和风中，他的恣态是自然的，他的生活是无阻碍的。你一个人漫游的时候，你就会在青草里坐地仰卧，甚至有时打滚，因为草的和暖的颜色自然的唤起你童稚的活泼；在静僻的道上你就会不自主的狂舞，看着你自己的身影幻出种种诡异的变相，因为道旁树木的阴影在他们纡徐的婆娑里暗示你舞蹈的快乐；你也会得信口的歌唱，偶尔记起断片的音调，与你自己随口的小曲，因为树林中的莺燕告诉你春光是应得赞美的；更不必说你的胸襟自然会跟着曼长的山径开拓，你的心地会看着澄蓝的天空静定，你的思想和着山壑间的水声，山罅里的泉响，有时一澄到底的清澈，有时激起成章的波动，流，流，流入凉爽的橄榄林中，流入妩媚的阿诺河[3]去……并且你不但不须应伴，每逢这样的游行，你也不必带书。书是理想的伴侣，但你应得带书，是在火车上，在你住处的客室里，不是在你独身漫步的时候。什么伟大的深沉的鼓舞的清明的优美的思想的根源不是可以在风籁中，云彩里，山势与地形的起伏里，花草的颜色与香息里寻得？自然是最伟大的一部书，葛德[4]说，在他每一页的字句里我们读得最深奥的消息。并且这书上的文字是人人懂得的；阿尔帕斯[5]与五老峰，雪西里[6]与普陀山，来因河[7]与扬子江，梨梦湖[8]与西子湖，建兰与琼花，杭州西溪的芦雪与威尼市[9]夕照的红潮，百灵与夜莺，更不提一般黄的黄麦，一般紫的紫藤，一般青的青草同在大地上生长，同在和风中波动——他们应用的符号是永远一致的，他们的意义是永远明显的，只要你自己心灵上不长疮瘢，眼不盲，耳不塞，这无形迹的最高等教育便永远是你的名分，这不取费的最珍贵的补剂便永远供你的受用；只要你认识了这一部书，你在这世界上寂寞时便不寂寞，穷困时不穷困，苦恼时有安慰，挫折时有鼓励，软弱时有督责，迷失时有南针[10]。

十四年七月

【注释】

①翡冷翠，通译佛罗伦萨，意大利中部城市，文艺复兴时期欧洲最著名的艺术中心。

②粜卜闪，通译吉卜赛人，以过游荡生活为特点的一个民族。原居印度西北部，公元十世纪前后开始到处流浪，几乎遍布全球。

③阿诺河，流经佛罗伦萨的一条河流。

④葛德，通译歌德，德国诗人。

⑤阿尔帕斯，通译阿尔卑斯，欧洲南部的山脉，景色迷人，为著名旅游胜地。

⑥雪西里，通译西西里，地中海最大的岛屿，属意大利。

⑦来因河，通译莱茵河，欧洲的一条大河，源出瑞士境内的阿尔卑斯山，流经列支敦士登、奥地利、法国、西德、荷兰等国，注入北海。

⑧梨梦湖，通译莱蒙湖，也即日内瓦湖，在瑞士西南与法国东部边境，是著名的风景区和疗养地。

⑨威尼市，通译威尼斯，意大利东北部城市。

⑩南针，即指南针。

再别康桥

轻轻的我走了，
正如我轻轻的来；
我轻轻的招手，
作别西天的云彩。

那河畔的金柳
是夕阳中的新娘
波光里的艳影，
在我的心头荡漾。

软泥上的青荇，
油油的在水底招摇；
在康河的柔波里，
我甘心做一条水草！

那树荫下的一潭，
不是清泉，是天上虹
揉碎在浮藻间，
沉淀着彩虹似的梦。

寻梦？撑一支长篙，
向青草更青处漫溯，
满载一船星辉，
在星辉斑斓里放歌。

但我不能放歌，
悄悄是别离的笙箫；
夏虫也为我沉默，
沉默是今晚的康桥！

悄悄的我走了，
正如我悄悄的来；
我挥一挥衣袖，
不带走一片云彩。

十一月六日

忆王统照

王统照传略

王统照（1897—1957），1918 年考入北京中国大学英文系，同年在《妇女杂志》上发表第一篇白话小说《纪念》。1921 年初，与沈雁冰、郑振铎等在北京发起成立文学研究会，1922 年大学毕业，曾担任大学讲师和中学教员。1922 年发表五四以来最早的白话长篇小说《一叶》，次年又写出《黄昏》。这两部小说均以反封建为主旨。此后长期在上海、青岛等地从事文学活动。

1933 年长篇小说《山雨》问世。这部标志着现实主义新发展的代表作，反映了北方农村的帝国主义、封建势力、军阀重重压榨下经济急剧崩溃的现实。因作品暴露了社会黑暗，次年被当局查禁。作者也被迫离沪，自费赴欧洲考察古代文学和艺术，期间写了长诗《九月风》和《欧游散记》等。1935 年回国后，曾担任《文学》月刊主编辑。抗日战争爆发后，在上海音专、暨南大学教授中国文学，在开明书店作编辑。1945 年返青岛，翌年执教于山东大学。1947 年为抗议国民党当局暗杀闻一多和镇压学生运动，愤然辞职。解放后，历任山东省文联主席，山东大学中文系主任，省文化局局长，民盟济南委员会主任等。出版了文艺随笔集《炉边文谈》，诗歌《鹊华小集》和《王统照短篇小说选》等。1957 年病逝于济南。

怀王统照

李健吾

上海还没有完全沦陷的时候，能够在一起谈天的朋友已经不多了，形势也一天比一天紧张，心里全不很安定。在这有限的几位可以无所不谈的朋友之中，王统照年事最高，和我的相识也最早，掐指算来，二十多个年头了。我那时还在厂甸附属中学读书，班上有几位同学如蹇先艾，朱大丹等等，很早就都喜欢舞文弄墨，办了一个《爝火》周刊，附在景爸的《国风日报》出版，后来似乎还单独发刊了几期，那时候正是鲁迅如日之晌午，徐志摩方从英伦回来。我们请鲁迅到学校演说过一次，记得那次是在大礼堂，同学全来听了，我们几个人正忙着做笔记。鲁迅因为在师范大学教书，所以我们拜托先生们（大都是师范大学毕业生）去请，也还不太困难。

因为我们各自童心很重，又都始终走着正轨上学的路子，以后就再也没有和这位流浪四方（我们当时不懂什么叫做政治的把戏）的大文豪发生实际因缘。徐志摩和我们就比较往还多了，他住在石虎胡同松坡图书馆，蹇先艾的叔父是馆长，所以不似蹇先艾和他那样熟，朱大丹和我却也分了一些拜识的光荣。徐志摩到我们教室讲演过，是他回国第一次讲演，事后他埋怨蹇先艾，连一杯开水也不知道倒给他这位诗人留学生喝。

但是他很喜欢我们这几个没有礼貌的冒失鬼，后来他在《晨报》办副刊和诗刊，就常常约我们这几个不成熟的小朋友投稿子骗钱。我说骗钱，并不是说以后卖文章就不叫骗钱，我就一直没有长进，活到四十岁，还得仗着写文章过日子。可是钱呀，在我们几个中学生看起来，真有了不起的重要呵。蹇先艾住在大门道一间小小门房，和师陀在沦陷期间住的那间白俄房子不相上下，父亲早已去世，生母的身份不高，是我最敬佩的一个勤慎的苦同学。我在高小念书的时候，父亲在遥远的地方遇刺，家里穷得不可收拾，和母亲姐姐住在靠近南下洼子一家会馆，一个月仰仗二十块钱利钱过活，本钱是父亲的朋友捐的。朱大丹比我们两个人家境优些，所以也就写得不多，而且天分高，英文好，不等毕业就考进了交大。蹇先艾和我能够骗到一点文章钱，回到家里觉得分外体面，好像这就是一种表白："妈！你看！我会赚钱了！"

让我赶快收住野马。我这个人不大喜欢流眼泪，因为写到前面那一句话，我觉得我要流眼泪了。那是神圣的，我不要丢人。让我掉转笔头来说王统照。大概是徐志摩回南边去了，《晨报》的《文学旬刊》就交给王统照接编。他那时候似乎在中国大学读书，写长篇小说，也翻译东西，后来胡适还因为他翻译错了写文章骂他，话很刻薄。我相信胡适如今一定很后悔，因为他有时候感情旺盛，专爱骂不属他那一体系的年轻人，并不公平，譬如说，他捧伍光建的翻译，捧上了九十九天，可是天晓得伍光建后来造了多少冤孽。商务印书馆是卖名子的书店，还一直当食粮送给中学生做英文课外书读，真是害死了人。

尽管胡适骂王统照，我们这几个穷中学生爱他，他自己是大学生，没有架子，人老实，却又极其诚恳，他写得最坏的东西也永远不违背他的良心，他永远表里如一。他没有浮光，可是向山东人要浮光，应当埋怨自己不懂土地性。找一个现代人和他相似的，或者文字，或者为人，我想到的也就是叶圣陶，奇怪的是，叶圣陶是江南人，我前面说的那个"土地性"失了依据。在文学里面追寻科学，真是一件困人的事。对了，朱自清也相似，然而朱自清又是山明水秀的江南人。不过，相似不就是相同；请看王统照的文字藏着怎样一股拙劲儿。他们三位或者是我的老师，或者是我的相知，全是前辈，全是没有言语可以形容的天下第一大好人。

《文学旬刊》常常刊登我的小把戏，似乎这位山东佬看中了我这个山西醋坛子，叫我心里只有感激。我那时候常常跟着陈大悲演戏，也学着写剧本，有一回写了一出两幕剧，完全不成东西，我斗胆寄给他看。忽然有一天黄昏，会馆里来了一位不高不低不胖不瘦的先生，开口就问这里有没有我这么一个学生。原来就是如雷灌耳的王统照。他坐在我那间大房子，和我谈戏，谈文学，鼓励我，说我有一天会有出息，戏不好，可也不要灰心，寄给《东方杂志》

试试看。天黑了，妈端了两碟子菜出来，叫我陪王先生吃饭。妈新蒸出来的热馒头，又香又甜，妈的馒头是有名的。

王统照吃饱了。我真担心他吃不饱。我多感激这个可亲可敬的人物啊。

一转眼十年过去了，唉，过去了十年。我们久已失却音信，忽然又在上海重逢。

他还记得那年在会馆吃妈做的馒头……原谅我，眼泪又流下来了。我这个人好似铁石心肠，一提到死了的妈眼泪就止不住流下来，我不写了，那是很可怜的，一个没有了妈的四十岁的中年人。

王统照在沦陷之前，短时期编过《七月》，我大约也投过稿子，后来上海沦陷了，他隐姓埋名，把家搬到吕班路一个白俄人家，名字改成了王恂如，除去我们几位知交，简直没有人会想到他在上海。我们从来不向外人谈起这位隐君子。到了三十三年冬，他觉得上海的生活太高了，敌伪之下更难做人了，他决定把书存到朋友各处，搭船回到了青岛做乡下人。直到胜利之后，接到他的信，才晓得他在青岛康强如恒，最是使朋友们所慰的事。

……剑潜踪北方，并未径到青市，在他邑戚家隐住两月方至青，极少外出。时日人炸山筑堡，备作市战，所幸八月中旬，忽焉降服，剑在此亦如拳石落地，不系心头，欢然旬日，而交通全断，各地方纷如乱丝，青市真成孤岛，除收听广播外，函件亦被阻塞……故里抢攘，黎民痛苦，冷眼旁观，殊无佳怀……

【作者简介】

李健吾（1906—1982），山西运城县（今运城市）西曲马村人。著名作家、戏剧家、文学翻译家。

在北京师大附小、附中上学时期酷爱话剧，自编自演，也常常写些诗文和小说在报刊上发表。1925年，考入清华大学中文系，又改读西洋文学。期间，写有《一个兵和他的老婆》、《西山之云》、《心病》、《母亲的梦》、《坛子》、《使命》、《中条山的传说》等小说和剧本。1931年留学法国。“九一八”事变后，他写了以反对内战为主题的《中秋节》，后又写了以团结为主题的《老王和他的一伙》。1933年回国，从事教学、写作和翻译工作，出版《这不过是春天》、《福禄拜评传》，参加《委屈求全》、《说谎记》、《爱与死的搏斗》等剧的演出。1941年在参加《金小玉》一剧演出中，被上海日本宪兵司令部拘捕。出狱后，继续用历史故事编写剧本。日本投降后，他改编《和平颂》为剧本，揭发国民党统治区官僚的残酷剥削，还写了《青春》、《山河怨》剧本和不少书评。

新中国成立后，他先后出版《司汤达研究》、《莫里哀的喜剧》、《巴尔扎克的世界观问题》等著述。1954年到文学研究所工作，1964年到外国文学研究所工作，翻译了《包法利夫人》、《圣·安东的诱惑》等。先后任国务院学位委员会评议组成员、全国文联委员、北京市政协委员、外国文学会理事、戏剧家协会理事、法国文学研究会名誉会长。1982年10月病逝。

名人之间

王统照与陈毅

青年时代的陈毅与王统照，因文学与人生的共同志趣结成的纯真友谊历经三十余年的风风雨雨，而益显其真挚感人，至今传为文坛佳话。

1923年10月，22岁的陈毅从故乡四川来到古都北京，进入中法大学陆谟克学院读书。他在这里有了充裕的时间和环境重温旧梦，一心“向往着做一个文学家”。一个偶然的机会，陈毅初识京城著名作家王统照，在文学道路上有了一位不可多得的挚友和引路人。1924年初秋的一天早晨，同学、文友金满城匆匆地找到陈毅，不容分说地拖着他就走，陈毅急着问：“干啥子去？”金满城只报以诡谲的微笑，闭口不答。两人进城后，来到晨报报社门前，金满城掏出一封信，对报馆门房说：“贵报王统照先生托鄙人引见这位陈先生。”陈毅愣了，王统照是当代知名作家、“文学研究会”发起人之一，陈毅读过他不少作品。这样一位文坛名将，会约见无名之辈？陈毅满怀疑问：“你金满城搞的啥子名堂？”原来，王统照当时任《晨报·文学旬刊》编辑，金满城翻译的法国小说《阿佰衣女》（法郎士著）投寄该刊后，得到王统照的赏识。一星期前，他曾约见金满城。见面时，金满城向他推荐了陈毅，说陈毅1920年就开始新文学创作，发表过白话诗、文章，为人怎么怎么好。金满城没有想到，很快接到王统照来信，信中要他得便邀请陈毅进城一见。金满城熟知陈毅有不肯攀附名人的脾气，怕陈毅不肯来，所以才事先不露一丝口风。其实，当时王统照只是一个比陈毅长4岁的山东青年，质朴、和善，没有一点名作家的架子，一见面，他对陈毅说："听金君介绍，陈毅君有志于新文学，咱们彼此同怀此心，交个朋友吧。"交谈之间，王统照诚恳地希望他俩写稿，支持《晨报·文学旬刊》。中午，王统照特意请陈毅、金满城到一家饭馆小酌。临分手，他一再向陈毅约稿："我的铺子一切都要的。"此后，陈毅有时带稿子登门请教，王统照偶尔也到香山来相聚，你来我往，两人成了知心好友。

有一次，陈毅当面评说王统照的作品有雕琢的缺点，王统照不仅不见怪，反而更加喜欢他快人快语的豪放性格。1924年冬天，王统照先后介绍金满城、陈毅加入文学研究会。文学研究会是"五四"运动以后我国现代文学史上第一个文学社团，由沈雁冰、郑振铎、叶圣陶、王统照等十二人发起，于1921年1月成立的。入会以后，陈毅结识了文学界更多的新朋友，但他始终把王统照作为自己文学上的良师益友。他那时创作颇丰，其中不少作品如短篇小说《报仇》、《十年的升沉》以及白话诗《春光》、《游云》等等，都是经王统照的手，发表在《晨报》副刊上的。可惜，陈毅在文艺土地上耕耘的时间太短了。1925年初秋，党组织需要他以主要精力从事实际的革命斗争，从此，他的生命之舟便驶离了文学的港湾。1926年8月，陈毅奉命回到四川，不久就开始了他戎马倥偬的军旅生涯，数十年驰骋疆场，南征北战。王统照则于1927年3月回山东诸城为母奔丧，随之，举家又迁居青岛，之后又去东北、上海，一直艰难地战斗在文学这个阵地上。陈毅、王统照两位文坛挚友长期天各一方。

1954年夏天，两位老友在泉城重逢。时年53岁的陈毅已是赫赫有名的坐镇华东的统帅，而文坛宿将王统照时任山东省文化局长、省文联主席。30年的离情别绪，使两人分外激动。王统照含泪紧握着陈毅的双手，一时说不出话来。陈毅说："剑三，今天咱们重逢泉城，我请你一同观赏这个古城的风光吧？"两人同乘一车。陈毅兴致盎然地吟诵："东藩驻皂盖，北渚凌清河。海内此亭古，济南名士多。"王统照同样也用历代文人描绘济南的名句和道："四面荷花三面柳，一城山色半城湖。"……两人时而高声谈论诗词，时而又沉浸在对当年友谊的深深回忆之中。他们走马观花地观赏了名山美湖之后，乘车驶向济南市区东南方十五公里的龙洞。两人穿过芳草如茵、茂树环合的山路，走进“势如垂天云、清芬无限意”的龙洞时，兴致勃发，共读那棵古老银杏树下的宋代元丰碑。陈毅深情地对王统照说：“山东古典文物很丰富，齐鲁大地还是历史上有名的古战场。这里出过许多名人，孔子、孟子、管仲、晏婴、刘勰、李清照、辛弃疾、孔尚任、蒲松龄……还有东汉末年的教育家郑玄……你们要发扬这历史传统，在这块培育古代英才的土地上，继续为社会主义培育英才呵！”他鼓励年近花甲的王统照，在祖国的大好春光里，再拿出新的著述回报人民。这次泉城重逢令王统照感慨万千，回来以后，他意犹未尽，拿起毛笔，饱蘸浓墨，写下了《赠陈毅同志》诗四首：**海岱功成战绩陈，妇孺一例识将军。谁知胜算指挥者，曾是当年文会人。卅年重见鬓苍然，锻炼羡君似铁坚。踏遍齐鲁淮海土，为民驱荡靖尘烟。藤荫水榭袅茶烟，忧国深谈俱少年。愧我别来虚岁月，有何著述报人间。明湖柳影望毵毵，半日山游兴味酣。好摅胸怀同努力，饮君佳语胜醇甘。**可惜的是，这四首诗一直放在作者的案头，生前没有寄送陈毅。1957年王统照先生逝世之后，他的家人将先生遗物三件赠给诗人臧克家作为永久纪念，其中之一就是用彩笺楷体字写的《赠陈毅同志》诗四首。那时，臧克家在《诗刊》工作，于是在1958年2月号的《诗刊》上发表了这四首诗，并把王的彩笺题诗手稿送给了陈毅。陈毅对王统照先生的逝世，不胜悼惜。他在1958年4月12日写了《剑三今何在？》一诗，倾诉他们之间的情谊和交往，高度评价了挚友王统照的人品和文品。**剑三今何在？墓木将拱草深盖。四十年来风云急，书生本色能自爱。剑三今何在？忆昔北京共文会。君说文艺为人生，我说革命无例外。剑三今何在？爱国篇章寄深慨。一叶童心我喜读，评君雕琢君不怪。剑三今何在？济南重逢喜望外。龙洞共读元丰碑，越南大捷祝酒再。剑三今何在？文学史上占席位。只以点滴献人民，莫言全能永不坏。**

王统照与臧克家

臧克家常说：“王统照先生是我的乡亲，是我文学创作的领路人、提携者。每每回想起种种往事，心里便十分激动，哀思难禁。”

他清楚地记得第一次见到王统照的心情，他说，王统照英语基础颇深，译作不少。1924年4月，印度著名大诗人泰戈尔在济南讲演，王先生做他的翻译。那时他是济南省立第一师范一年级的学生，聆听了这次讲演，当时王先生穿一身纺绸长衫，言谈举止，潇洒从容，特别是那热情的诗人风度，引起了他的景仰和美慕。

1930年臧克家考入国立青岛大学，在他学习期间，王统照在青岛工作，住在观海二路49号。1928年臧克家与王深汀（慧兰）结婚，与王先生又多了一层较近的亲戚关系，随着妻子称王先生为二叔。王深汀有时就住在这位叔叔家里。他和好友吴伯萧经常一道去拜望王先生，请教文艺问题。他说，王先生为人忠厚，谦逊，朴实，有若无，实若虚，口传身教，他们每次亲切交谈之后，收获极多。久而久之，王先生不仅成为他们的导师，同时也成为他们亲密的朋友了。有时，谈话忘了时间，就在王先生家共进家乡风味的午餐。他们认为那是他们一生中最舒心、最值得回忆的生活。臧克家满怀深情地说："当年，我们在青岛以文会友，情感纯真诚恳，无帮派气味，无互相吹捧，或拔高个人压抑别人的私心杂念。那时，在反动政权统治之下，我们志同道合，以文发愤，以诗呼喊。我与伯萧过不多日，就带上自己的新作，登上观海二路49号剑三（剑三是王统照的字）的寓所。他，一听到客来的通报，立刻身轻如燕，从长长的阶梯上一溜而下，如是，在那间小小的会客室里，一杯清茶，展开了对作品的讨论，态度严肃，认真坦诚。有时情感激动，争论不休。两个小时，在快乐而又紧张的气氛中飞逝。然后，各有所获，满意而归。"

臧克家每次谈到他的第一本诗集《烙印》出版的时候，除了感念闻一多先生和一些帮助过他的人之外，说得最多的就是王统照。虽说上世纪30年代初，臧克家就在各种报刊上开始发表诗作，但是要出一本诗集，还是很困难的。他说："无名青年的作品，出版社不收，自费，更是千难万难。但，事出意外，喜在心头。闻一多先生为之作序，并加资助；王统照先生用王剑三的名字作为出版人，在经济上也给予支持。我的处女作——《烙印》就这样呱呱出世了。出版后立即受到茅盾、老舍、梁实秋、韩侍珩诸位的评论，使我成了1933年'文坛上的新人'。如果没有王先生的指导和大力促成，就不会有《烙印》的诞生。"

王统照能团结文友，奖掖后进。1936年他主编在全国影响很大的《文学》杂志，名家之作如林，有些无名青年，受到他的赏识，无名变有名。臧克家受到王统照的教益和帮助很大。王统照看他那么痴迷于诗，又有才华，就悉心地不厌其烦地帮助他。王深汀看在眼里，十分感动，有时忍不住说："二叔，你不要太宠克家了！"

《运河》是臧克家1936年出版的一本诗集，臧克家特别请王统照为此书写序。王先生的这篇序，写得情真意切。序中虽然没有具体分析《运河》中的诗作，却见证了他学诗、写诗的情况，和他对诗的痴迷，以及他所以成功的原因。可以说是臧克家的诗歌发展到一个阶段的小结。既指出了不足之处，又指引了发展的方向。对此，臧克家十分珍惜和感激。

王统照在这篇《运河》序中，没有具体地谈到诗集中的诗，而是着重地写了臧克家"作诗的经过"，特别是"他的诗是怎样写的"。他简要地写了臧克家的家庭情况和他特有的经历。指出诗人要具有诗人的气氛，要有生活和对人生的明确的认识，要能锲而不舍地苦心锻炼自己的文字，才能写出好诗。即："一个心声是无量数心声的回响；一条飞弦是普通的人生交响乐的和音。虽然诗歌中自有不同的流派，但如果达到这个境界，他的诗才伟大，丰富，不是几个人的鉴赏品。"他指出，臧克家有不简单的青年经历与思潮的冲击，生活给他奠定了明确认识人生的根基，生活是他能够深一层认识人生的明镜，纵有飞落的尘埃遮不住照到真实人生时的反映。在大时代的浮沉中，他抱了一颗苦跃的心安置在有韵律有节奏的文字中间，——这就是说，他用诗来掏摸着自己的情感，抚摸着自己的伤痕，然而那情感，那伤痕，是他一个人所独有的么？他明确指出："克家至少的具有诗人的气氛，而且有两年以上的工夫，专心读诗，写诗，改诗，我们不是说每个诗人都须有这样的经验，但那么认真的严肃的态度——也是对一件事的根本态度吧？"他说，臧克家的诗总有诚挚的"具体的感情"，但有时也不免趋向尖巧。同时指出他"需要更深进，更远大，更朴厚"，希望他"向更伟大更丰富处走。不要被目前的诗格限制住了自己；更不要以为自己的诗到某种境界便难有变化与进一步的创成"。因为"更新的时代一定得有更新的诗人"。王先生的这些话，臧克家一直铭记在心。

王统照作品精选

青 纱 帐

稍稍熟习北方情形的人，当然知道这三个字——青纱帐，帐字上加青纱二字，很容易令人想到那幽幽地，沉沉地，如烟如雾的趣味。其中大约是小簟轻衾吧？有个诗人在帐中低吟着“手倦抛书午梦凉”的句子；或者更宜于有个雪肤花貌的“玉人”，从淡淡地灯光下透露出横陈的丰腴的肉体美来，可是煞风景得很！现在在北方一提起青纱帐这个暗喻格的字眼，汗喘，气力，光着身子的农夫，横飞的子弹，枪，杀，劫掳，火光，这一大串的人物与光景，便即刻联想得出来。

北方有的是遍野的高粱，亦即所谓秫秫，每到夏季，正是它们茂生的时季。身个儿高，叶子长大，不到晒米的日子，早已在其中可以藏住人，不比麦子豆类隐蔽不住东西。这些年来，北方，凡是有乡村的地方，这个严重的青纱帐季，便是一年中顶难过而要戒严的时候。

当初给遍野的高粱赠予这个美妙的别号的，够得上是位“幽雅”的诗人吧？本来如刀的长叶，连接起来恰像一个大的帐幔，微风过处，杆叶摇拂，用青纱的色彩作比，谁能说是不对？然而高粱在北方的农产植物中是具有雄伟壮丽的姿态的。它不像黄云般的麦穗那么轻袅，也不是谷子穗垂头委琐的神气，高高独立，昂首在毒日的灼热之下，周身碧绿，满布着新鲜的生机。高粱米在东北几省中是一般家庭的普通食物，东北人在别的地方住久了，仍然还很欢喜吃高粱米煮饭。除那几省之外，在北方也是农民的主要食物，可以糊成饼子，摊作煎饼，而最大的用处是制造白干酒的原料，所以白干酒也叫做高粱酒。中国的酒类性烈易醉的莫过于高粱酒。可见这类农产物中所含精液之纯，与北方的土壤气候都有关系，但高粱的特性也由此可以看出。

为甚么北方农家有地不全种能产小米的谷类，非种高粱不可？据农人讲起来自有他们的理由。不错，高粱的价值不要说不及麦，豆，连小米也不如。然而每亩的产量多，而尤其需要的是燃料。我们的都会地方现在是用煤，也有用电与瓦斯的，可是在北方的乡间因为交通不便与价值高贵的关系，主要的燃料是高粱秸。如果一年地里不种高粱，那末农民的燃料便自然发生恐慌。除去为作粗糙的食品外，这便是在北方夏季到处能看见一片片高杆红穗的高粱地的缘故。

高粱的收获期约在夏末秋初。从前有我的一位族侄，——他死去十几年了，一位旧典型的诗人，——他曾有过一首旧诗，是极好的一段高粱赞："高粱高似竹，遍地参差绿。粒粒珊瑚珠，节节琅玕玉。"

农人对于高粱的红米与长杆子的爱惜，的确也与珊瑚，琅玕相等。或者因为这等农产物品格过于低下的缘故，自来少见诸诗人的歌咏，不如稻、麦、豆类常在中国的田园诗人的句子中读得到。

但这若干年来，高粱地是特别的为人所憎恶畏惧！常常可以听见说："青纱帐起来，如何，如何？……""今年的青纱帐季怎么过法？"因为每年的这个时季，乡村中到处遍布着恐怖，隐藏着杀机。通常在黄河以北的土匪头目，叫做"杆子头"，望文思义，便可知道与青纱帐是有关系的。高粱杆子在热天中既遍地皆是，容易藏身，比起"占山为王"还要便利。

青纱帐，现今不复是诗人，色情狂者所想象的清幽与挑拨肉感的所在，而变成乡村间所恐怖的"魔帐"了！

多少年来帝国主义的迫压，与连年内战，捐税重重，官吏，地主的剥削，现在的农村已经成了一个待爆发的空壳。许多人想着回到纯洁的乡村，以及想尽方法要改造乡村，不能不说他们的"用心良苦"，然而事实告诉我们，这样枝枝节节，一手一足的办法，何时才有成效！

青纱帐季的恐怖不过是一点表面上的情形，其所以有散布恐惶的原因多得很呢。

"青纱帐"这三个字徒然留下了淡漠的，如烟如雾的一个表象在人人的心中，而内里面却藏有炸药的引子！

一九三三，六月四日

芦沟晓月

“苍凉自是长安日，呜咽原非陇头水。”

这是清代诗人咏芦沟桥的佳句，也许，长安日与陇头水六字有过分的古典气息，读去有点碍口？但，如果你们明了这六个字的来源，用联想与想象的力量凑合起，提示起这地方的环境，风物，以及历代的变化，你自然感到像这样“古典”的应用确能增加芦沟桥的伟大与美丽。

打开一本详明的地图，从现在的河北省、清代的京兆区域里你可找得那条历史上著名的桑干河。在外古的战史上，在多少吊古伤今的诗人的笔下，桑干河三字并不生疏。但，说到治水，隰水，漯水这三个专名似乎就不是一般人所知了。还有，凡到过北平的人，谁不记得北平城外的永定河；——即不记得永定河，而外城的正南门，永定门，大概可说是“无人不晓”罢。我虽不来与大家谈考证，讲水经，因为要叙叙芦沟桥，却不能不谈到桥下的水流。

治水，隰水，漯水，以及俗名的永定河，其实都是那一道河流，——桑干。

还有，河名不甚生疏，而在普通地理书上不大注意的是另外一道大流，——浑河。浑河源出浑源，距离著名的恒山不远，水色浑浊，所以又有小黄河之称。在山西境内已经混入桑干河，经怀仁，大同，委弯曲折，至河北的怀来县。向东南流入长城，在昌平县境的大山中如黄龙似地转入宛平县境，二百多里，才到这条巨大雄壮的古桥下。

原非陇头水，是不错的，这桥下的汤汤流水，原是桑干与浑河的合流；也就是所谓治水，隰水，漯水，永定与浑河，小黄河，黑水河（浑河的俗名）的合流。

桥工的建造既不在北宋时代，也不开始于蒙古人的占据北平。金人与南宋南北相争时，于大定二十九年六月方将这河上的木桥换了，用石料造成。这是见之于金代的诏书，据说：“明昌二年三月桥成，敕命名广利，并建东西廊以便旅客。”

马哥孛罗来游中国，服官于元代的初年时，他已看见这雄伟的工程，曾在他的游记里赞美过。

经过元明两代都有重修，但以正统九年的加工比较伟大，桥上的石栏，石狮，大约都是这一次重修的成绩。清代对此桥的大工役也有数次，乾隆十七年与五十年两次的动工，确为此桥增色不少。

“东西长六十六丈，南北宽二丈四尺，两栏宽二尺四寸，石栏一百四十，桥孔十有一，第六孔适当河之中流。”

按清乾隆五十年重修的统计，对此桥的长短大小有此说明，使人（没有到过的）可以想象它的雄壮。

从前以北平左近的县分属顺天府，也就是所谓京兆区。经过名人题咏的，京兆区内有八种胜景：例如西山雾雪，居庸叠翠，玉泉垂虹等，都是很幽美的山川风物。芦沟不过有一道大桥，却居然也与西山居庸关一样刊入八景之一，便是极富诗意的“芦沟晓月”。

本来，“杨柳岸晓风残月”是最易引动从前旅人的感喟与欣赏的凌晨早发的光景；何况在远来的巨流上有这一道雄伟壮丽的石桥；又是出入京都的孔道，多少官吏，士人，商贾，农，工，为了事业，为了生活，为了游览，他们不能不到这名利所萃的京城，也不能不在夕阳返照，或东方未明时打从这古代的桥上经过。你想：在交通工具还没有如今迅速便利的时候，车马，担簦，来往奔驰，再加上每个行人谁没有忧、喜、欣、戚的真感横在心头，谁不为“生之活动”在精神上负一份重担？盛景当前，把一片壮美的感觉移入渗化于自己的忧喜欣戚之中，无论他是有怎样的观照，由于时间与空间的变化错综，面对着这个具有崇高美的压迫力的建筑物，行人如非白痴，自然以其鉴赏力的差别，与环境的相异，生发出种种的触感。于是留在他们的心中，或留在借文字绘画表达出的作品中，对于芦沟桥三字真有很多的酬报。

不过，单以“晓月”形容芦沟桥之美，据传说是另有原因：每当旧历的月尽头（晦日），天快晓时，下弦的钩月在别处还看不分明，如有人到此桥上，他偏先得清光。这俗传的道理是否可靠，不能不令人疑惑。其实，芦沟桥也不过高起一些，难道同一时间在西山山顶，或北平城内的白塔（北海山上）上，看那晦晓的月亮，会比芦沟桥上不如？不过，话还是不这么拘板说为妙，用“晓月”陪衬芦沟桥的实是一位善于想象而又身经的艺术家的妙语，本来不预备后人去作科学的测验。你想：“一日之计在于晨”，何况是行人的早发。朝气清蒙，烘托出那钩人思感的月亮，——上浮青天，下嵌白石的巨桥。京城的雉堞若隐若现，西山的云翳似近似远，大野无边，黄流激奔，……这样光，这样色彩，这样地点与建筑，不管是料峭的春晨，凄冷的秋晓，景物虽然随时有变，但若无雨雪的降临，每月末五更头的月亮，白石桥，大野，黄流，总可凑成一幅佳画，渲染飘浮于行旅者的心灵深处，发生出多少样反射的美感。

你说：偏以“晓月”陪衬这“碧草芦沟”（清刘履芬的《鸥梦词》中有《长亭怨》一阕，起语是：叹销春间关轮铁，碧草芦沟，短长程接。），不是最相称的“妙境”么？

无论你是否身经其地，现在，你对于这名标历史的胜迹，大约不止于“发思古之幽情”罢？其实，即以思古而论也尽够你深思，咏叹，有无穷的兴感！何况血痕染过那些石狮的鬈鬣，白骨在桥上的轮迹里腐化，漠漠风沙，呜咽河流，自然会造成一篇悲壮的史诗。就是万古长存的“晓月”也必定对你惨笑，对你冷觑，不是昔日的温柔，幽丽，只引动你的“清念”。

桥下的黄流，日夜呜咽，泛挹着青空的灏气，伴守着沉默的郊原……

他们都等待着有明光大来与洪涛冲荡的一日——那一日的清晓。

芦沟桥

忆 庐 隐

庐隐传略

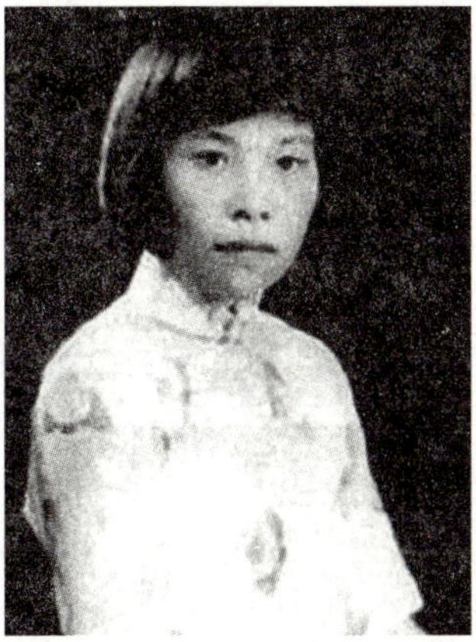

庐隐（1898—1934），五四时期著名作家。原名黄淑仪，又名黄英，福建省闽侯县南屿乡人。其笔名庐隐，有隐去庐山真面目的意思。1903年父亲去世，到北京舅舅家居住。年入教会办的慕贞书院小学部。信仰基督教。1912年考入女子师范学校，1917年毕业后任教于北平公立女子中学、安徽安庆小学及河南女子师范学校，1919年考入北京高等女子师范国文系。1921年加入文学研究会。1922年大学毕业后到安徽宣城中学任教，半年后回北平师范大学附属中学教国文。1925年出版第一本小说集《海滨故人》。1926年到上海大夏大学教书，1927年任北京市立女子第一中学校长半年，几年间，母亲、丈夫、哥哥和挚友石评梅先后逝世，悲哀情绪浸透在这个时期出版的作品集《灵海潮汐》和《曼丽》之中。1930年与李唯建结婚，1931年出版了二人的通信集《云鸥情书集》。婚后她们一度在东京居住，出版过《东京小品》。1931年起担任上海工部局女子中学国文教师。36岁时因临盆难产子宫破裂，死于上海大华医院。

在美国哥伦比亚大学2003年出版的《女作家在现代中国》一书中，将其与萧红、苏雪林和石评梅等人并列为18个重要的现代中国女作家之一。

关于庐隐的回忆

苏雪林

本年5月16日，袁昌英女士在电话里用感伤的音调报告我说庐隐死了。问她消息从何得来，则说得自《武汉日报》专电。死的原因是难产，详细情形她也不能知道。我当时虽很为惊讶，但还不相信，因为数年前也曾一度谣传冰心女士难产亡故，害得我的侄女大掉其泪；后来才知冰心虽然添了一个麒儿，自己依然健在，我们才把心放下，也许女人与生产原不能脱离关系，所以人们谣传女作家的死，也喜欢用难产这类题目吧。不过谣言自谣言，事实自事实，庐隐的死究竟在几天以后确实证明了。这几年以来，新文学作家得了不幸遭遇的很有几个，以我所认识的而论，则徐志摩死于飞机，朱湘死于江；闻名而尚未见面者而论，则丁玲失踪，梁遇春、彭家煌病死。现在谁想到生龙活虎般的庐隐也舍弃我们而去呢？我与庐隐曾同事半年，同学二年，虽然没有何等亲切的友谊，却很爱重她的为人。所以现在除了分担文学界一份公共损失之外，私人情感上，我的凄凉惋惜的情绪，也不是一时所能消释的。

我与庐隐的认识远在民国六七年间。那时候我正在母校服务，同事舒畹苏女士（即《海滨故人》中之兰馨）被委为安庆实验小学校长，约我去她校教一两点钟的功课。她有一天介绍一个姓黄名英的体操教员与我相见，说是北京女子师范的旧同学，这就是后来蜚声文坛的庐隐第一次给我的印象，似乎不怎样动人，身材短小，脸孔瘦而且黄，而且身在客中，常有抑郁无欢之色，与我们谈话时态度也很拘束。我们钟点不同，同事半年，相见不过两三次，所以我们并不如何亲热。

民国8年秋季，我升学北京女子高等师范，庐隐与我同为错过考期的旁听生，不过经过学期考试以后，我们便都升为正班生了。庐隐到了北京以后好像换了一个人，走路时跳跳蹦蹦永远带着孩子的高兴。谈笑时气高声朗，隔了几间房子，还可以听见。进出时身边总围绕着一群福建同乡，咭咭呱呱，讲着我所听不懂的福建话。她对于同学常戏谑狎侮。于我们古书读得略多的人更视为冬烘先生，不愿亲近。她同舒畹荪一样，说话时总要夹几句骂人的话，“屁”字整天挂在口边。这个极不雅驯的字由她说出来竟变得很有趣。五四运动后与社会运动关系最密切的男学校以北京大学为代表，女学校以女高师为代表。庐隐“骛外”的天性这时候好像得了正当的发展，每日看见她忙出忙进，预备什么会的章程，什么演讲的草稿，坐下来用功的时候很少。说也奇怪，我平生最瞧不起锋芒外露或浮而不实的人，对于庐隐不仅不讨厌，竟反十分欢喜。这中间有两种原因：一则佩服她敏捷的天才。我本来有爱慕与自己性格相反的人的癖性，自己口才涩讷，便爱人家词锋的锐利，自己举动沾滞，见了豪放洒脱的人物，愈觉其不可及。庐隐虽然不大用功，功课成绩却常列优等。她的坐位恰在我前面，每遇作文时，先生发下题目，我们咿唔苦吟，或终日不能成一字。庐隐坐椅子上低着头，按着纸，笔不停挥地写下去，顷刻一篇脱稿。她的笔记从不誊录第二遍，反比我们的齐整完全。她又写得一笔颜体大字，虽然无甚功夫，却也劲拔可爱。她爱演说，每次登台侃侃而谈，旁若无人，本来操得一口极其漂亮流利的京话，加之口才敏捷，若有开会的事，她十次有九次被公推为主席或代表。二则庐隐外表虽然飞扬跋扈，不可一世，甚或骄傲得难以教人亲近，其实是一个胸无城府，光明磊落的人。她虽然有许多行动不检点处，始终能得朋友们原谅与爱护，也无非为了这一点。她在同班中结识了三个人，号为“四公子”。一个是王世瑛，一个是陈定秀，一个是程俊英。她的《海滨故人》露沙系自指，云青、玲玉、宗莹似乎是分指他们三人。我当时曾有“戏赠本级诸同学”长歌一首，将同级30余人，中国文学成绩较为优异的十余人写入。说到她们四人时有这样几句话：子昂翩翩号才子，目光点漆容颜美，圆如明珠走玉盘，清似芙蓉出秋水（陈定秀）。亚洲侠少气更雄，巨刃直欲摩苍穹。夜雨春雷茁新笋，霜天秋准抟长风（黄英君自号亚洲侠少）。横渠（张雪聪）肃静伊川少（程俊英），晦庵（朱学静）从容阳明峭（王世瑛），闽水湘烟聚一堂，怪底文章尽清妙。

这首诗既是游戏之作，所以每个人的好处都加了百倍的渲染，百倍的夸张。“夜雨”、“霜天”两句形容庐隐文章也觉溢美，不过她那一股纵横挥斥，一往无前的才气如何使我倾心，也可以想见了。

我们进女高师的时候正当五四运动发生的那一年。时势所趋，我们都抛开了之乎也者，做起白话文来。庐隐与新文学发生关系比较我早。她先在《京报副刊》投稿，后来上海《小说月报》也有她的文字。“庐隐”的笔名便在这时候采用的。她做小说也像窗课一般从不起草，一支自来水笔在纸上飕飕写去，两小时内可以写二三千字。但她的小说虽然气机流畅，笔致爽利，而结构不甚曲折，意境也不甚深沉。我论文本有眼高手低之病，读过她的小说，口里虽不能说什么，心里总有些不大满意。记得她第一篇小说《一个著作家》写好后，她的朋友郭梦良邀集一班爱好文艺的朋友在中央公园来今雨轩开讨论的茶会，我也在被邀之列。我看过稿子后默默不作一语。郭君征求我的意见，我只好说“游夏不能赞一辞！”座中王品青忍不住一笑，庐隐怫然变色，好像受了什么打击似的，这情景我记得很清楚，好像是昨天才发生的一样。现在我还很懊悔，觉得不应当拿这句轻薄话，伤了她的自尊心。10年春我和易家钺、罗敦伟诸君打了一场很无聊的笔墨官司。罗、易原与郭梦良君相厚，庐隐也就左袒着他们，与我颇生了些意见。从此在班上不大说话。那年的秋天我跑到国外去，庐隐的大文虽然常在报纸杂志露面，我已不大有机缘拜读。回国以后，听说庐隐小说已出了好几本单行集，接着又听说她爱人郭梦良已病死，她带着一个女孩子到处漂流，身世很是悲惨。后来又读到她编辑的《华严半月刊》，和小说集《归雁》等，我才知道从前意气凌云的庐隐于今正在感伤颓废的道路上徘徊。读到她那些饮酒抽烟，高歌痛哭的记述，我心里也很不好过。想写封信去安慰她一下，只为了不知她确实通信地址没有实行。前几年听见她和李唯建先生恋爱，同渡扶桑，不久有结婚之说。又听说李君比她年轻，一时“庐隐的小情人”传为佳话。民国19年我到安庆安徽大学教书，会见舒畹荪女士和吴婉贞女士（《海滨故人》中之朱心悟），谈到庐隐近况。二人异口同声地批评她太浪漫，并说她从前与使君有妇的郭君结婚已是大错特错；现在又与年龄相差甚远的李君恋爱，更不应该了。我也知道她两人的批评是善意的，便是我也觉得庐隐这种行为太出奇。不过我当时竟替她着实辩护了一场。怪她们不应当拿平凡的尺，衡量一个不平凡的文学家。十年前庐隐给我的一点吸引力，好像这时候还没有消失呢。

21年暑假返上海，友人周莲溪告诉我庐隐已与李君结婚，现与中华书局总编辑舒新城夫妇同住英租界愚园路某寓。我听这话不胜快乐，便与周君同去拜访。记得庐隐那一天穿一件淡绿色撒花印度绸旗袍，淡黄色高跟皮鞋，脸庞虽比十年前消瘦，还不如我想象中的老苍，只觉得气质比从前沉潜了些，谈吐也不如从前的爽快罢了。李唯建先生那天也见着了，一个口角常含微笑的忠厚青年，庐隐饱经忧患的寂寞心灵，是应当有这样个人给她以温柔安慰的。我听他们曾发表一本《云鸥情书集》，想讨取做纪念。庐隐随手取了一本签了几个字赠送给我。那天我们在她们家吃了午饭。我们谈了十年来别后一切，谈到现代文坛的种种问题；又谈到政治上见解，庐隐对于某种正为青年所欢迎，认为中国唯一出路的政治主张似乎不大赞成。我问她自己有什么主张，她却不肯说了。她那时正写一本淞沪血战故事，布满蝇头细字的原稿，一张张摆在写字台上，为了匆忙未及细阅。后在武汉大学遇见她夫兄李唯果先生谈到这本书，说拟译为英文表扬中国民族的光荣，但不知为什么缘故，至今尚未见出版。我辞别她夫妇回家时忘记携带《云鸥情书集》，写信去讨，杳无复音，大约是我将她们门牌号数写错的缘故。假满赴鄂，接到她一封信，要我替中华书局中学教科书撰一篇《云》的教材。我既懒于做文章，也就懒于复她的信，本来打算今年暑假返沪时，再去拜访她们夫妇，作整日之谈，谁知她已辞别这污浊人寰，还归清净了。说起来我真抱憾无穷呵！

关于庐隐的死，大家同声叹息。有人说庐隐若不再嫁，何致有生产的事，没有生产的事，何至于死亡。萧伯纳《人与超人》曾说男女恋爱是受“生命力”的压迫，无论你什么英雄豪杰逃不出这一关。我们在社会上本来可以做出一番轰轰烈烈的事业，不过排斥不了生命力的牵掣，许多志大心雄的人物都化为碌碌庸夫了。像庐隐在文坛上已算有了相当地位，生活也可以自己维持，实在没有再行结婚的必要，而她竟非结婚不可，岂非生命力的作祟么？这话也未尝说得不是。不过我们若了解庐隐的性格和平生便不忍如此说了，庐隐性格极其热烈，而据她自传，少时既失父母之爱，长大后又常受命运的播弄，一个热情人处于这样冷酷环境，好像一株玫瑰花种在冰天雪窖，叫它怎样可以蓓蕾？她创痛的心灵要求爱情的慰藉，正等于花之需要阳光的温煦呢。在庐隐一切作品中尤其是《象牙戒指》，我们可以看出她矛盾的性格。《象牙戒指》主人公沁珠说：“在我心底有凄美静穆的幻梦，这是由先天而带来的根性。但同时我又听见人群的呼喊，催促我走上时代的道路，绝大的眩惑，我将怎样解决呢？”又说：“从前我是决意把自己变成一股静波一直向死的渊里流去。而现在我觉得这是太愚笨的勾当，这一池死水，我要把它变活，兴风作浪。”最后她说：“事实上我是生于矛盾，死于矛盾，我的痛苦永不能免除。”生在20世纪写实的时代却憬憧于中世纪浪漫时代幻梦的美丽，很少不痛苦的，更很少不失败。庐隐的苦闷，现代有几个人不曾感觉到？经验过？但别人讳莫如深，唯恐人知，庐隐却很坦白地暴露出来，又能从世俗非笑中毅然决然找寻她苦闷的出路。这就是她的天真可爱和伟大处。

对于庐隐的创作小说，我还改不了那“眼高手低”的老毛病，不敢故作违心之论的夸奖。至于她的小品文则颇为我所爱读。《地上的乐园》更可算一首哀感顽艳的散文诗，文笔进步之速，很值得教人惊异。我本来更爱童话和神话体的小说，这篇文字竟使我接连读了三遍。她若能像她自传里所说再活二三十年，她的前途是不可限量的。西洋哲学家说，自然的惰力是天才的阻碍，我们很有希望的女作家竟在这样一个无端灾祸里夭折了。咳！我们还有什么话可说。

载《文学》1934年8月1日第3卷2号

名人婚恋

庐隐与郭梦良

1918年，庐隐考入北京女子高等师范学校后，经常参加福建旅京学生同乡会的活动。在一次同乡会的活动中，她结识了北大法律系的高材生郭梦良，两人都有怦然心动的感觉。可是郭梦良使君有妇，并非自由身。按当时新女性的说法，必须先行铰断旧式的婚姻关系，拍净身上的“老灰”，才可以给伟大的爱神焚上第一柱香（重获爱的权利）。正是由于这种心理障碍，庐隐有意疏远了对方。

嗣后，庐隐欲罢还休，假期与郭梦良同游西湖，月朗风清，情怀舒卷，他终于道出心愿：彼此结为连理枝、比翼鸟，做永守鸥盟的情侣和夫妻。庐隐的心中充满了喜悦，也充满了矛盾。她不愿为着幸福，自私到逼迫所爱的人捐弃妻儿，使那异乡苦守孤枕的不幸女子更加不幸。顶多顶多，她也只能以精神恋爱相许：

我们相知相谅，到这步田地，我今后的岁月，当为你而生；不过，我历来主张，人以精神生活为重，你我虽无形式的结合，只要两心相印，已可得到安慰了。

这不是郭梦良想听到的最圆满的答复，但这个答复仍留有很大的回旋余地，也算不错了。女性很难把握精神恋爱，她们一旦以心相许，以身相许便只是早晚的事情。没过多长时间，庐隐便被郭梦良抓了俘虏，她甚至都没有强求一个堂堂正正的名分。此举自然招致了亲友的非议，旧女性骂她不守妇道，新女性则骂她放弃原则。庐隐之为庐隐，除非不做，做了就不畏缩。她与郭梦良离开京城，在上海的一品香旅舍举行了婚礼。他们的结合是快乐与忧患交织的，庐隐出任教职，照顾家务，还写小说，郭梦良除了打理教务，研究人生哲学，也勤于编著。男耕女织，夫唱妇随，按说，这样的生活虽苦犹甜，但她仍感到有些失望。她将这种情绪巧妙地隐匿在小说《前尘》中，故事是：一个女人有心爱的情人，且与他结为夫妇，归宿不算糟糕，可她总觉得不满足，结婚后第三天就一个劲地抹泪，原因竟是“觉得想望结婚的乐趣，实在要比结婚实现的高得多”。

有一次，庐隐仿佛得着了什么灵界的秘密消息，竟口出戏言，“自料不能长寿”。郭梦良听了，赶紧去掩她的嘴巴，又气又急地说：

“讲这样的话，你不知道我听了是如何的难受！如果你不能长寿，我愿与你一齐死去。有后悔者，不是脚色！”

谁曾想到，郭梦良体质不佳，积劳成疾，倒是他先期撒手人间，踏上黄泉路，给庐隐留下一个年幼（不足十个月）的女儿和咀嚼不尽的伤恸。他们的结合满打满算只有两年。尤为伤心的是，庐隐护送丈夫的灵柩回福州安葬，遭到郭家的鄙薄，处境之艰难，心情之悲苦，用她的话说，便是“在这半年中，我所过的生活，可谓极人世之黯淡”。庐隐写作熬夜，未能得到婆婆的体谅，后者嫌她灯盏点得太久，耗油太多，庐隐的郁闷终于大爆发，带着女儿怒气冲冲地离开了福建，回到北平。

稍堪自慰的惟有一点，她手中的笔将满腔情愫化为了沥血泣泪的文字：《郭梦良行状》、《寄天涯一孤鸿》、《灵海潮汐致梅姊》、《寄燕北故人》、《寄梅窠旧主人》。她与挚友石评梅同病相怜，她失去了郭梦良，石评梅失去了高君宇。在陶然亭，她们多次抱头恸哭，怀念逝去的爱侣。但她们在人前却又常常把自己粉饰得如同快乐女神，她们狂歌，她们笑谑，她们游戏人间。为了纾解极度的精神苦痛，庐隐开始抽烟喝酒，那股子狠劲，简直像跟谁拼命。“最是恼人拼酒，欲浇愁偏惹愁！同看血泪相和流！”

名人自述

我对于恋爱的主张

庐 隐

……我既是个描写男女恋爱的专家，当然我是总有我自己的恋爱主张了。

有许多高之又高的人，主张恋爱是神圣的，无条件的，他们这个出发点是千对万对的，不过还有唱高调的嫌疑。我自然不会主张恋爱要以金钱地位年貌为条件，可是也有不相信是绝对无条件的。

如果恋爱是绝对无条件的，那么芸芸众生之中，为什么某人，就算是直觉的吧，但你既觉得她或他可爱，那被你爱上的那几点，便是条件了。比如说你觉得某某态度好，性情纯真，见解深湛，所以你爱上了他或她，那么态度好，性情纯真，见解深湛，便是你的恋爱的条件了，你怎能说恋爱无条件呢？至于一般浅薄的人所说的条件，那是表面的认识，而不是刻骨的了解，所以一旦结了婚，这些表面的东西有所变动时，那么感情也同时破裂了。这种条件是要不得的，而由你直觉所鉴定的条件，你却不能否认呢！所以我的主张恋爱是有条件的——精神上的条件。

庐隐作品精选

吹牛的妙用

吹牛是一种夸大狂，在道德家看来，也许认为是缺点，可是在处事接物上却是一种刮刮叫的妙用。假使你这一生缺少了吹牛的本领，别说好饭碗找不到，便连黄包车夫也不放你在眼里的。

西洋人究竟近乎白痴，什么事都只讲究脚踏实地去做，这样费力气的勾当，我们聪明的中国人，简直连牙齿都要笑掉了。西洋人什么事都讲究按部就班的慢慢来，从来没有平地登天的捷径，而我们中国人专门走捷径，而走捷径的第一个法门，就是善吹牛。

吹牛是一件不可轻看的艺术，就如《修辞学》上不可缺少“张喻”一类的东西一样，像李白什么“黄河之水天上来”，又是什么“白发三千丈”，这在《修辞学》上就叫作‘张喻”，而在不懂《修辞学》的人看来就觉得李太白在吹牛了。

而且实际上说来，吹牛对于一个人的确有极大的妙用。人类这个东西，就有这么奇怪，无论什么事，你若老老实实的把实话告诉他，不但不能激起他共鸣的情绪，而且还要轻蔑你冷笑你，假使你见了那摸不清你根底的人，你不管你家里早饭的米是当了被褥换来的，你只要大言不惭的说“某部长是我父亲的好朋友，某政客是我拜把子的叔公，我认得某某某巨商，我的太太同某军阀的第五位太太是干姊妹”吹起这一套法螺来，那摸不清你的人，便帖帖服服的向你合十顶礼，说不定碰得巧还恭而且敬的请你大吃一顿燕菜席呢！

吹牛有了如许的好处，于是无论哪一类的人，都各尽其力的大吹其牛了。但是且慢！吹牛也要认清对方的，不然的话，必难打动他或她的心弦，那么就失掉吹牛的功效了。比如说你见了一个仰慕文人的无名作家或学生时，而你自己要自充老前辈时，你不用说别的，只要说胡适是我极熟的朋友，郁达夫是我最好的知己，最好你再转弯抹角的去探听一些关于胡适、郁达夫琐碎的轶事。比如说胡适最喜听什么，郁达夫最讨厌什么，于是便可以亲亲切切的叫着“适之怎样怎样，达夫怎样怎样”，这样一来，你便也就成了胡适、郁达夫同等的人物，而被人所尊敬了。

如果你遇见一个好虚荣的女子呢，你就可以说你周游过列国，到过土耳其、南非洲！并且还是自费去的，这样一来就可以证明你不但学识、阅历丰富，而且还是个资产阶级。于是乎你的恋爱便立刻成功了。

你如遇见商贾、官僚、政客、军阀，都不妨察颜观色，投其所好，大吹而特吹之。总而言之，好色者以色吹之，好利者以利吹之，好名者以名吹之，好权势者以权势吹之，此所谓以毒攻毒之法，无往而不利。

或曰吹牛妙用虽大，但也要善吹，否则揭穿西洋镜，便没有戏可唱了。

这当然是实话，并且吹牛也要有相当的训练，第一要不红脸，你虽从来没有著过一本半本的书，但不妨咬紧牙根说：“我的著作等身，只可恨被一把野火烧掉了！”你家里因为要请几个漂亮的客人吃饭，现买了一副碗碟，你便可以说：“这些东西十年前就有了”，以表示你并不因为请客受窘。假如你荷包里只剩下一块大洋，朋友要邀你坐下来八圈，你就可以说：“我的钱都放在银行里，今天竟匀不出工夫去取！”假如哪天你的太太感觉你没多大出息时，你就可以说张家大小姐说我的诗作的好，王家少奶奶说我脸子漂亮而有丈夫气，这样一来太太便立刻加倍的爱你了。

这一些吹牛经，说不胜说，但神而明之，存乎其人！

秋光中的西湖

我像是负重的骆驼般，终日不知所谓的向前奔走着。突然心血来潮，觉得这种不能喘气的生涯，不容再继续了，因此便决定到西湖去，略事休息。

在匆忙中上了沪杭甬的火车，同行的有朱、王二女士和建，我们相对默然的坐着。不久车身蠕蠕而动了，我不禁叹了一口气道："居然离开了上海。"

"这有什么奇怪，想去便去了！"建似乎不以我多感慨的态度为然。

查票的人来了，建从洋服的小袋里掏出了四张来回票，同时还带出一张小纸头来，我捡起来，看见上面写着："到杭州：第一大吃而特吃，大玩而特玩……"

真滑稽，这种大计划也值得大书而特书，我这样说着递给朱、王二女士看，她们也不禁哈哈大笑了。

来到嘉兴时，天已大黑。我们肚子都有些饿了，但火车上的大菜既贵又不好吃，我便提议吃茶叶蛋，便想叫茶房去买，他好像觉得我们太吝啬，坐二等车至少应当吃一碗火腿炒饭，所以他冷笑道："要到三等车里才买得到。"说着他便一溜烟跑了。

"这家伙真可恶！"建愤怒的说着，最后他只得自己跑到三等车去买了来。吃茶叶蛋我是拿手，一口气吃了四个半，还觉得肚子里空无所在，不过当我伸手拿第五个蛋时，被建一把夺了去，一面埋怨道："你这个人真不懂事，吃那么许多，等些时又要闹胃痛了。"

这一来只好咽一口唾沫算了。王女士却向我笑道；"看你个子很瘦小，吃起东西来倒很凶！"其实我只能吃茶叶蛋，别的东西倒不可一概而论呢！——我很想这样辩护，但一转念，到底觉得无谓，所以也只有淡淡的一笑，算是我默认了。

车子进杭州城站时，已经十一点半了，街上的店铺多半都关了门，几盏黯淡的电灯，放出微弱的黄光，但从火车上下来的人，却吵成一片，挤成一堆，此外还有那些客栈的招揽生意的茶房，把我们围得水泄不通，不知花了多少力气，才打出重围叫了黄包车到湖滨去。

车子走过那石砌的马路时，一些熟习的记忆浮上我的观念里来。一年前我同建曾在这幽秀的湖山中作过寓公，转眼之间早又是一年多了，人事只管不停的变化，而湖山呢，依然如故，清澈的湖波，和笼雾的峰峦似笑我奔波无谓吧！

我们本决意住清泰第二旅馆，但是到那里一问，已经没有房间了，只好到湖滨旅馆去。

深夜时我独自凭着望湖的碧栏，看夜幕沉沉中的西湖。天上堆叠着不少的雨云，星点像怕羞的女郎，踯躅于流云间，其光隐约可辨。十二点敲过许久了，我才回到房里睡下。

晨光从白色的窗幔中射进来，我连忙叫醒建，同时我披了大衣开了房门。一阵沁肌透骨的秋风，从桐叶梢头穿过，飒飒的响声中落下了几片枯叶，天空高旷清碧，昨夜的雨云早已躲得无影无踪了。秋光中的西湖，是那样冷静，幽默，湖上的青山，如同深纽的玉色，桂花的残香，充溢于清晨的气流中。这时我忘记我是一只骆驼，我身上负有人生的重担。我这时是一只紫燕，我翱翔在清隆的天空中，我听见神祇的赞美歌，我觉到灵魂的所在地，……这样的，被释放不知多少时候，总之我觉得被释放的那一霎那，我是从灵宫的深处流出最惊喜的泪滴了。

建悄悄的走到我的身后，低声说道："快些洗了脸，去访我们的故居吧！"

多怅惘呵，他惊破了我的幻梦，但同时又被他引起了怀旧的情绪，连忙洗了脸，等不得吃早点便向湖滨路崇仁里的故居走去。到了弄堂门口，看见新建的一间白木的汽车房，这是我们走后唯一的新鲜东西。此外一切都不曾改变，墙上贴着一张招租的帖子，一看是四号吉房招租……"呀！这正是我们的故居，刚好又空起来了，喂，隐！我们再搬回来住吧！"

"事实办不到……除非我们发了一笔财……"我说。

这时我们已到那半开着的门前了，建轻轻推门进去。小小的院落，依然是石缝里长着几根青草，几扇红色的木门半掩着。我们在客厅里站了些时，便又到楼上去看了一遍，这虽然只是最后几间空房，但那里面的气氛，引起我们既往的种种情绪，最使我们觉到怅然的是陈君的死。那时他每星期六多半来找我们玩，有时也打小牌，他总是摸着光头懊恼的说道："又打错了！"这一切影像仍逼真地现在目前，但是陈君已作了古人，我们在这空洞的房子里，沉默了约有三分钟，才怅然的离去。走到弄堂门的时候，正遇到一个面熟的娘姨——那正是我们邻居刘君的女仆，她很殷勤的要我们到刘家坐坐。我们难却她的盛意，随她进去。刘君才起床，他的夫人替小孩子穿衣服。我们这两个不速之客够使她们惊诧了。谈了一些别后的事情，抽过一支烟后，我们告辞出来。到了旅馆里，吃过鸡丝面，王、朱两位女士已在湖滨叫小划子，我们讲定今天一天玩水，所以和船夫讲定到夜给他一块钱，他居然很高兴的答应了。我们买了一些菱角和瓜子带到划子上去吃。船夫是一个五十多岁的忠厚老头子，他洒然的划着。温和的秋阳照着我——使全身的筋肉都变成松缓，懒洋洋的靠在长方形有藤椅背上。看着划桨所激起的波纹，好像万道银蛇蜿蜒不息。这时船已在三潭印月前面，白云庵那里停住了。我们上了岸，走进那座香烟阒然的古庙，一个老和尚坐在那里向阳。菩萨案前摆了一个签筒，我先抱起来摇了一阵，得了一个上上签，于是朱、王二女士同建也都每人摇出一根来。我们大家拿了签条嘻嘻哈哈笑了一阵，便拜别了那四个怒目咧嘴的大金刚，仍旧坐上船向前泛去。

船身微微的撼动，仿佛睡在儿时的摇篮里，而我们的同伴朱女士，她不住的叫头疼。建像是天真般的同情地道："对了，我也最喜欢头疼，随便到那里去，一吃力就头疼，尤其是昨夜太劳碌了不曾睡好。"

"就是这话了，"朱女士说："并且，我会晕车！"

"晕车真难过……真的呢！"建故作正经的同情她，我同王女士禁不住大笑，建只低着头，强忍住他的笑容，这使我更要大笑。船泛到湖心亭，我们在那里站了些时，有些感到疲倦了，王女士提议去吃饭。建讲："到了实行我'大吃而特吃'的计划的时候了。"

我说："如要大吃特吃，就到'楼外楼'去吧，那是这西湖上有名的饭馆，去年我们曾在这里遇到宋美龄呢！"

"哦，原来如此，那我们就去吧！"王女士说。

果然名不虚传，门外停了不少辆的汽车，还有几个丘八先生点缀这永不带有战争气氛的湖边。幸喜我们运气好，仅有唯一的一张空桌，我们四个人各霸一方，但是我们为了大家吃得痛快，互不牵掣起见，各人叫各人的菜，同时也各人出各人的钱，结果我同建叫了五只湖蟹，一尾湖鱼，一碗鸭掌汤，一盘虾子冬笋；她们二位女士所叫的菜也和我们大同小异。但其中要推王女士是个吃喝能手，她吃起湖蟹来，起码四五只，而且吃得又快又干净。再衬着她那位最不会吃湖蟹的朋友朱女士，才吃到一个的时候，便叫起头疼来。

"那么你不要吃了，让我包办吧！"王女士笑嘻嘻的说。

"好吗！你就包办，……我想吃些辣椒，不然我简直吃不下饭去。"朱女士说。

“对了，我也这样，我们两人真是事事相同，可以说百分之九九一样，只有一分不一样……”建一本正经的说。

“究竟不同是哪一分呢！”王女士问。

“你真笨伯，这点都不知道，一个是男人，一个是女人呵！”建说。

这时朱女士正捧着一碗饭待吃，听了这话笑得几乎把饭碗摔到地上去。

“简直是一群疯子。”我心里悄悄的想着，但是我很骄傲，我们到现在还有疯的兴趣。于是把我们久已抛置的童年心情，从坟墓里重新复活，这不能说这不是奇迹罢！

黄昏的时候，我们的船荡到艺术学院的门口，我同建去找一个朋友，但是他已到上海去了。我们嗅了一阵桂花的香风后，依然上船。这时凉风阵阵的拂着我们的肌肤，朱女士最怕冷，裹紧大衣，仍然不觉得暖，同时东方的天边已变成灰黯的色彩，虽然西方还漾着几道火色的红霞，而落日已堕到山边，只在我们一霎眼的工夫，已经滚下山去了。远山被烟雾整个的掩蔽着，一望苍茫。小划子轻泛着平静的秋波，我们好像驾着云雾，冉冉的已来到湖滨。上岸时，湖滨已是灯火明耀，我们的灵魂跳出模糊的梦境。虽说这马路上依然是可以漫步无碍，但心情却已变了。回到旅馆吃了晚饭后，我们便商量玩山的计划：上山一定要坐山兜，所以叫了轿班的头老，说定游玩的地点和价目。这本是小问题，但是我们却充分讨论了很久：第一因为山兜的价钱太贵，我同朱女士有些犹疑；可是建同王女士坚持要坐，结果是我们失败了，只得让他们得意扬扬的吩咐轿班第二天早晨七点钟来。

今日是十月九日——正是阴历重九后一日，所以登高的人很多，我们上了山兜，出涌金门，先到净慈观去看浮木井——那是济颠和尚的灵迹。但是在我看来不过一口平凡的井而已，所闻木头浮在当中的话，始终是半信半疑。

出了净慈观又往前走，路渐荒芜，虽然满地不少黄色的野花，半红的枫叶，但那透骨的秋风，唱出飒飒瑟瑟的悲调，不禁使我又悲又喜。像我这样劳碌的生命，居然能够抽出空闲的时间来听秋蝉最后的哀调，看枫叶鲜艳的色彩，领略丹桂清绝的残香，——灵魂绝对的解放，这真是万千之喜。但是再一深念，国家危难，人生如寄，此景此色只是增加人们的哀痛，又不禁悲从中来了……我尽管思绪如麻，而那抬山兜的伕子，不断的向前进行，渐渐的已来到半山之中。这时我从兜子后面往下一看，但见层崖叠壁，山径崎岖，不敢胡思乱想了。捏着一把汗，好容易来到山顶，才吁了一口长气，在一座古庙里歇下了。

同时有一队小学生也兴致勃勃的奔上山来，他们每人手里拿了一包水果一点吃的东西，都在庙堂前面院子里的雕栏上坐着边唱边吃。我们上了楼，坐在回廊上的藤椅上，和尚泡了上好的龙井茶来，又端了一碟瓜子。我们坐在藤椅上，东望西湖，漾着滟滟光波；南望钱塘，孤帆飞逝，激起白沫般的银浪。把四围无限的景色，都收罗眼底。我们正在默然出神的时候，忽听朱女士说道；“适才上山我真吓死了，若果摔下去简直骨头都要碎的，等会儿我情愿走下去。”

“对了，我也是害怕，回头我们两人走下去罢，让她们俩坐轿！”建说。

“好的。”朱女士欣然的说。

我知道建又在使捉狭，我不禁望着他好笑。他格外装得活像说道：“真的，我越想越可怕，那样陡削的石级，而且又很滑，万一伕子脚一软那还了得，……”建补充的话和他那种强装正经的神气，只惹得我同王女士笑得流泪。一个四十多岁的和尚，他悄然坐在大殿里，看见我们这一群疯子，不知他作何感想，但见他默默无言只光着眼睛望着前面的山景。也许他也正忍俊不禁，所以只好用他那眼观鼻，鼻观心的苦功罢！我们笑了一阵，喝了两遍茶才又乘山兜下山。朱女士果然实行她步行的计划，但是和她表同情的建，却趁朱女士回头看山景的一刹那，悄悄躲在轿子里去了。

“喂！你怎么又坐上去了？”朱女士说。

“呀！我这时忽然想开了，所以就不怕摔，……并且我还有一首诗奉劝朱女士不要怕，也坐上去罢！”

“到底是诗人，……快些念来我们听听罢！”我打趣他。

“当然，当然，”他说着便高声念道：“坐轿上高山，头后脚在先。请君莫要怕，不会成神仙。”

这首诗又使得我们哄然大笑。但是朱女士却因此一劝，她才不怕摔，又坐上山兜了。中午的时候我们在龙井的前面斋堂里吃了一顿素菜。那个和尚说得一口漂亮的北京话，我因问他是不是北方人。他说：“是的，才从北方游方驻扎此地。”这和尚似乎还文雅，他的庙堂里挂了不少名人的字画，同时他还问我在什么地方读书，我对他说家里蹲大学，他似解似不解的诺诺连声的应着，而建的一口茶已喷了一地。这简直是太大煞风景，我连忙给了他三块钱的香火资，跑下楼去。这时日影已经西斜了，不能再流连风景。不过黄昏的山色特别富丽，彩霞如垂幔般的垂在西方的天际，青翠的岗峦笼罩着一层干绡似的烟雾，新月已从东山冉冉上升，远远如弓形的白堤和明净的西湖都笼在沉沉暮霭中。我们的心灵浸醉于自然的美景里，永远不想回到热闹的城市去。但是轿夫们不懂得我们的心事，只顾奔他们的归程。"唷咿"一声山兜停了下来，我们翱翔着的灵魂，重新被摔到满是陷阱的人间。于是疲乏无聊，一切的情感围困了我们。

晚饭后草草收拾了行装，预备第二天回上海。这秋光中的西湖又成了灵魂上的一点印痕，生命的一页残史了。

可怜被解放的灵魂眼看着它垂头丧气的又进了牢囚。

十一，八日上海

载1932年11月13日《申江日报》副刊《海潮》第9号

西湖

忆朱自清

朱自清传略

朱自清（1898—1948），原名自华，号秋实，后改名自清，字佩弦，现代著名作家。原籍浙江绍兴，生于江苏东海，后随祖父、父亲定居扬州。幼年在私塾读书，受中国传统文化的熏陶。1912年入高等小学，1916年中学毕业后考入北京大学预科。1919年2月写的《睡罢，小小的人》是他的新诗处女作。他是五四爱国运动的参加者，受五四浪潮的影响走上文学道路。

1920年北京大学哲学系毕业后，在江苏、浙江一带教中学，积极参加新文学运动。1922年和俞平伯等人创办《诗》月刊，是新诗诞生时期最早的诗刊。他是早期文学研究会会员。1923年发表的长诗《毁灭》，这时还写过《桨声灯影里的秦淮河》等优美散文。

1925年8月到清华大学任教，开始研究中国古典文学；创作则以散文为主。1927年写的《背影》、《荷塘月色》都是脍炙人口的名篇。1931年留学英国，漫游欧洲，回国后写成《欧游杂记》。1932年9月任清华大学中文系主任。1937年抗日战争爆发，随校南迁至昆明，任西南联大教授，讲授《宋诗》、《文辞研究》等课程。1946年由昆明返回北京，任清华大学中文系主任。

朱自清的散文主要是叙事性和抒情性的小品文。其作品的题材可分为三个系列：一是以写社会生活抨击黑暗现实为主要内容的一组散文，代表作品有《生命价格——七毛钱》、《白种人——上帝的骄子》和《执政府大屠杀记》。二是以《背影》、《儿女》、《悼亡妇》为代表的一组散文，主要描写个人和家庭生活，表现父子、夫妻、朋友间的人伦之情，具有浓厚的人情味。第三，以写自然景物为主的一组借景抒情的小品，《绿》、《春》、《桨声灯影里的秦淮河》、《荷塘月色》等，是其代表佳作。后两类散文，是朱自清写得最出色的，其中《背影》、《荷塘月色》更是脍炙人口的名篇。其散文素朴缜密、清隽沉郁，以语言洗炼，文笔清丽著称，极富有真情实感。

朱自清晚年身患严重的胃病，他每月的薪水仅够买 3 袋面粉，全家 12 口人吃都不够，更无钱治病。当时，国民党勾结美国，发动内战，美国又执行扶助日本的政策。一天，吴晗请朱自清在“抗议美国扶日政策并拒绝领美援面粉”的宣言书上签字，他毅然签了名并说：“宁可贫病而死，也不接受这种侮辱性的施舍。”1948 年 8 月 12 日，朱自清贫困交加，在北京逝世。

哭佩弦

郑振铎

从抗战以来，接连的有好几位少年时候的朋友去世了。哭地山、哭六逸、哭济之，想不到如今又哭佩弦了。在朋友们中，佩弦的身体算是很结实的。矮矮的个子，方而微圆的脸，不怎么肥胖，但也决不瘦。一眼望过去，便是结结实实的一位学者。说话的声音，徐缓而有力。不多说废话，从不开玩笑，纯然是忠厚而笃实的君子。写信也往往是寥寥的几句，意尽而止。但遇到讨论什么问题的时候，却滔滔不绝。他的文章，也是那么的不蔓不枝，恰到好处，增加不了一句，也删节不掉一句。

他做什么事都负责到底。他的《背影》，就可作为他自己的一个描写。他的家庭负担不轻，但他全力的负担着，不叹一句苦。他教了三十多年的书，在南方各地教，在北平教；在中学里教，在大学里教。他从来不肯马马虎虎的教过去。每上一堂课，在他是一件大事。尽管教得很熟的教材，但他在上课之前，还须仔细的预备着。一边走上课堂，一边还是十分的紧张。记得在清华大学的时候，有一次我在他办公室里坐着，见他紧张的在翻书。我问道：

“下一点钟有课吗？”

“有的，”他说道，“总得要看看。”

像这样负责的教员，恐怕是不多见的。他写文章时，也是以这样的态度来写。写得很慢，改了又改，决不肯草率的拿出去发表。我上半年为《文艺复兴》的《中国文学研究》号向他要稿子，他寄了一篇《好与巧》来，这是一篇结实而用力之作。但过了几天，他又来了一封快信，说，还要修改一下，要我把原稿寄回给他。我寄了回去。不久，修改的稿子来了，增加了不少有力的例证。他就是那么不肯马马虎虎地过下去的！

他的主张，向来是老成持重的。

将近二十年了，我们同在北平。有一天，在燕京大学南大地一位友人处晚餐。我们热烈地辩论着“中国字”是不是艺术的问题。向来总是“书画”同称。我却反对这个传统的观念。大家提出了许多意见。有的说，艺术是有个性的；中国字有个性，所以是艺术。又有的说，中国字有组织，有变化，极富于美术的标准。我却极力的反对着他们的主张。我说，中国字有个性，难道别国的字就表现不出个性了吗？要说写得美，那么，梵文和蒙古文写得也是十分匀美的。这样的辩论，当然是不会有结果的。

临走的时候，有一位朋友还说，他要编一部《中国艺术史》，一定要把中国书法的一部门放进去。我说，如果把“书”也和“画”同样的并列在艺术史里，那末，这部艺术史一定不成其为艺术史的。

当时，有十二个人在座。九个人都反对我的意见。只有冯芝生和我意见全同。佩弦一声也不言语。我问道：

“佩弦，你的主张怎么样呢？”

他郑重的说道：“我算是半个赞成的吧。说起来，字的确是不应该成为美术。不过，中国的书法，也有他长久的传统的历史。所以，我只赞成一半。”

这场辩论，我至今还鲜明的在眼前。但老成持重，一半和我同调的佩弦却已不在人间，不能再参加那么热烈的争论了。

这样的一位结结实实的人，怎么会刚过五十便去世了呢，——我说“结结实实”，这是我十多年前的印象。在抗战中，我们便没有见过。在抗战中，他从北平随了学校撤退到后方。他跟着学生徒步跑，跑到长沙，又跑到昆明。还照料着学校图书馆里搬出来的几千箱的书籍。这一次的长征，也许使他结结实实的身体开始受了伤。

在昆明联大的时候，他的生活很苦。他的夫人和孩子们都不能在身边，为了经济的拮据，只能让他们住在成都。听说，食米的恶劣，使他开始有了胃病。他是一位有名的衣履不周的教授之一。冬天，没有大衣，把马伕用的毡子裹在身上，就作为大衣；而在夜里，这一条毡子便又作为棉被用。

有人来说，佩弦瘦了，头上也有了白发。我没有想像到佩弦瘦到什么样子，我的印象中，他始终是一位结结实实的矮个子。胜利以后，大家都复员了，应该可以见到。但他为了经济的关系，迳从内地到北平去，并没有经过南方。我始终没有见到瘦了后的佩弦。

在北平，他还是过得很苦。他并没有松下一口气来。

暑假后，是他应该休息的一年。我们都盼望他能够到南边来游一趟，谁知道在假期里他便一瞑不视了呢？我永远不会再有机会见到瘦了后的佩弦了！

佩弦虽然在胜利三年后去世，其实他是为抗战而牺牲者之一。那末结结实实的身体，如果不经过抗战的这一个阶段的至窘极苦的生活，他怎么会瘦弱了下去而死了呢？他的致死的病是胃溃疡与肾脏炎。积年的吃了多沙粒与稗子的配给米，是主要的原因。积年的缺乏营养与过度的工作，使他一病便不起。尽管有许多人发了国难财，胜利财，乃至汉奸们也发了财而逍遥法外，许多瘦子都变成了肥头大脸的胖子，但像佩弦那样的文人、学者与教授，却只是天天的瘦下去，以至于病倒而死。就在胜利后，他们过的还是那么苦难的日子，与可悲愤的生活。

在这个悲愤苦难的时代，连老成持重的佩弦，也会是充满了悲愤的。在报纸上，见到有佩弦签名的有意义的宣言不少。他曾经对他的学生们说："给我以时间，我要慢慢的学。"他在走上一条新的路上来了。可惜的是，他正在走着，他的旧伤痕却使他倒了下去。

他花了整整的一年工夫，编成《闻一多全集》。他既担任着这一个工作，他便勤勤恳恳的专心一志的负责到底的做着。《闻一多全集》的能够出版，他的力量是最大的；他所费的时间也最多。我们读到他的《闻一多全集》的序，对于他的"不负死友"的精神，该怎样的感动。

一多刚刚走上一条新的路，便死了；如今佩弦又是这样。过了中年的人要蜕变是不容易的。而过了中年的人经过了这十多年的折磨之后，又是多末脆弱啊！佩弦的死，不仅是朋友们该失声痛哭，哭这位忠厚笃实的好友的损失，而且也是中国的一个重大的损失，损失了那么一位认真而诚恳的教师、学者与文人！

卅七年八月十七日写于上海

名人故事

改名自策

新文学家朱自清，原名朱自华，号实秋。他居长，名自华，弟物华、国华，妹玉华，以“华”字排行。

自清先生在《诗多义一例》一文中说：“又譬如我本名‘自华’，家里给我起个号叫‘实秋’，一面是‘春华秋实’的意思，一面也因算命的说我五行缺火，所以取个半边‘火’的‘秋’字。”后来于1917年投考北京大学，录取进了哲学系，遂改名“自清”，字“佩弦”。

这次改名，乃为了策励自己在困境中不丧志，不灰心，保持清白，便取《楚辞·卜居》“宁廉洁正直以自清严”中“自清”二字改名朱自清。编辑《朱自清全集》的朱自清的儿子朱乔森对此作了解释：“父亲本名自华，号实秋。1917年跳班报考北京大学本科的时候，因为已经预感到即将降临的‘败家的凶惨’和‘两肩上人生的担子’，就改名自清，字佩弦。”这所谓“败家的凶惨”，我们只要重读名篇《背影》中这么一段：“那年冬天，祖母死了，父亲的差使也交卸了，正是祸不单行的日子，我从北京到徐州，打算跟着父亲奔丧回家，到徐州见着父亲，看见满院狼藉的东西，又想起祖母，不禁簌簌地流下眼泪……回家变卖典质，父亲还了亏空，又借钱办了丧事，这些日子，家中光景很是惨淡……”读了这段朴实无华的文字，也就能够理解自清先生所预感的“两肩上人生的担子”的涵义了。

至于改字“佩弦”，朱乔森解释曰：“佩弦，是借用了《韩非子·观行》中‘西门豹之性急，故佩韦以自缓；董安于之性缓，故佩弦以自急”的典故，来警策自己。改名自清，同样是为了自警，警策自己在家境衰败，经济困难，乃至被生活的重担‘压到不能喘气’的时候，也决不与社会上的各种腐败现象同流合污。”

说其“性缓”，孙伏园回忆在新潮社里与朱自清共同讨论《新潮》稿件和一般思想学术的时候，说：“佩弦有一个和平中正的性格，他从来不用猛烈刺激的言词，也从来没有感情冲动的语调……他的这种性格近乎少年老成，但有他在，对于事业的成功有实际的裨益，对于分歧的意见有调解的作用……”（孙伏园《悼佩弦》）然而我们看到，晚期的自清先生却是爱憎分明，嫉恶如仇：闻一多被刺，他义愤填膺，冒险参加追悼会，作演说，写挽诗；又签字于抗议北平当局任意逮捕人民的宣言，签名呼吁和平宣言；与学生一起扭秧歌，否定“中间路线”；宁可饿死也不领美国的救济粮：一直保持了改名的初衷。

典当买书

1920年，是朱自清在大学的最后一年。一次，他到琉璃厂去逛书店，在华洋书庄见到一部新版的《韦伯斯特大字典》，定价要14元。这钱对这部大书说来虽不算太贵，可对一个念书的学生却实在不是个小数目。自己手头没这么多钱，可书又实在舍不得，思来想去，就自己的一件皮大氅还值点钱了。

这件大氅，是父亲在朱自清结婚时为他做的，水獭领，紫貂皮。大氅虽是布面，样式有点土气，领子还是用两副“马蹄袖”拼凑起来，可毕竟是皮衣，在制作的时候，父亲还很费了些心力。可当时实在舍不得那本“大字典”，又想到将来准能将大氅赎出，便在踌躇许久后，毅然将它拿到了当铺。

拿上钱，朱自清马上去把那本《韦伯斯特大字典》抱了回来。不料那件费了父亲许多心力的大氅，却终于没有赎回来。

大学毕业后，朱自清在江浙一带中学教书，后来被聘为清华大学中文系教授。有一年冬天特别冷，朱自清没有力量缝制棉袍，便到街上去买了一件马夫用的毡披风。这种披风有两种，一种式样较好且细毛柔软，但价贵，朱自清买不起，便买了一种粗糙但便宜点的。

这件毡披风由于太过显眼，成了教授生活清苦生活的象征。

朱自清作品精选

桨声灯影里的秦淮河

一九二三年八月的一晚，我和平伯同游秦淮河；平伯是初泛，我是重来了。我们雇了一只“七板子”，在夕阳已去，皎月方来的时候，便下了船。于是桨声汩——汩，我们开始领略那晃荡着蔷薇色的历史的秦淮河的滋味了。

秦淮河里的船，比北京万甡园，颐和园的船好，比西湖的船好，比扬州瘦西湖的船也好。这几处的船不是觉着笨，就是觉着简陋、局促；都不能引起乘客们的情韵，如秦淮河的船一样。秦淮河的船约略可分为两种：一是大船；一是小船，就是所谓“七板子”。大船舱口阔大，可容二三十人。里面陈设着字画和光洁的红木家具，桌上一律嵌着冰凉的大理石面。窗格雕镂颇细，使人起柔腻之感。窗格里映着红色蓝色的玻璃；玻璃上有精致的花纹，也颇悦人目。“七板子”规模虽不及大船，但那淡蓝色的栏干，空敞的舱，也足系人情思。

而最出色处却在它的舱前。舱前是甲板上的一部。上面有弧形的顶，两边用疏疏的栏干支着。里面通常放着两张藤的躺椅。躺下，可以谈天，可以望远，可以顾盼两岸的河房。大船上也有这个，便在小船上更觉清隽罢了。舱前的顶下，一律悬着灯彩；灯的多少，明暗，彩苏的精粗，艳晦，是不一的。但好歹总还你一个灯彩。这灯彩实在是最能钩人的东西。夜幕垂垂地下来时，大小船上都点起灯火。从两重玻璃里映出那辐射着的黄黄的散光，反晕出一片朦胧的烟霭；透过这烟霭，在黯黯的水波里，又逗起缕缕的明漪。在这薄霭和微漪里，听着那悠然的间歇的桨声，谁能不被引入他的美梦去呢？只愁梦太多了，这些大小船儿如何载得起呀？我们这时模模糊糊的谈着明末的秦淮河的艳迹，如《桃花扇》及《板桥杂记》里所载的。我们真神往了。我们仿佛亲见那时华灯映水，画舫凌波的光景了。于是我们的船便成了历史的重载了。我们终于恍然秦淮河的船所以雅丽过于他处，而又有奇异的吸引力的，实在是许多历史的影象使然了。

秦淮河的水是碧阴阴的；看起来厚而不腻，或者是六朝金粉所凝么？我们初上船的时候，天色还未断黑，那漾漾的柔波是这样的恬静，委婉，使我们一面有水阔天空之想，一面又憧憬着纸醉金迷之境了。等到灯火明时，阴阴的变为沉沉了：黯淡的水光，像梦一般；那偶然闪烁着的光芒，就是梦的眼睛了。我们坐在舱前，因了那隆起的顶棚，仿佛总是昂着首向前走着似的；于是飘飘然如御风而行的我们，看着那些自在的湾泊着的船，船里走马灯般的人物，便像是下界一般，迢迢的远了，又像在雾里看花，尽朦朦胧胧的。这时我们已过了利涉桥，望见东关头了。沿路听见断续的歌声：有从沿河的妓楼飘来的，有从河上船里度来的。我们明知那些歌声，只是些因袭的言词，从生涩的歌喉里机械的发出来的；但它们经了夏夜的微风的吹漾和水波的摇拂，袅娜着到我们耳边的时候，已经不单是她们的歌声，而混着微风和河水的密语了。于是我们不得不被牵惹着，震撼着，相与浮沉于这歌声里了。从东关头转湾，不久就到大中桥。大中桥共有三个桥拱，都很阔大，俨然是三座门儿；使我们觉得我们的船和船里的我们，在桥下过去时，真是太无颜色了。桥砖是深褐色，表明它的历史的长久；但都完好无缺，令人太息于古昔工程的坚美。桥上两旁都是木壁的房子，中间应该有街路？这些房子都破旧了，多年烟熏的迹，遮没了当年的美丽。我想象秦淮河的极盛时，在这样宏阔的桥上，特地盖了房子，必然是髹漆得富富丽丽的；晚间必然是灯火通明的。现在却只剩下一片黑沉沉！但是桥上造着房子，毕竟使我们多少可以想见往日的繁华；这也慰情聊胜无了。过了大中桥，便到了灯月交辉，笙歌彻夜的秦淮河；这才是秦淮河的真面目哩。

大中桥外，顿然空阔，和桥内两岸排着密密的人家的大异了。一眼望去，疏疏的林，淡淡的月，衬着蓝蔚的天，颇像荒江野渡光景；那边呢，郁丛丛的，阴森森的，又似乎藏着无边的黑暗：令人几乎不信那是繁华的秦淮河了。但是河中眩晕着的灯光，纵横着的画舫，悠扬着的笛韵，夹着那吱吱的胡琴声，终于使我们认识绿如茵陈酒的秦淮水了。此地天裸露着的多些，故觉夜来的独迟些；从清清的水影里，我们感到的只是薄薄的夜——这正是秦淮河的夜。大中桥外，本来还有一座复成桥，是船夫口中的我们的游踪尽处，或也是秦淮河繁华的尽处了。我的脚曾踏过复成桥的脊，在十三四岁的时候。但是两次游秦淮河，却都不曾见着复成桥的面；明知总在前途的，却常觉得有些虚无缥缈似的。我想，不见倒也好。这时正是盛夏。我们下船后，借着新生的晚凉和河上的微风，暑气已渐渐销散；到了此地，豁然开朗，身子顿然轻了——习习的清风荏苒在面上，手上，衣上，这便又感到了一缕新凉了。南京的日光，大概没有杭州猛烈；西湖的夏夜老是热蓬蓬的，水像沸着一般，秦淮河的水却尽是这样冷冷地绿着。任你人影的憧憧，歌声的扰扰，总像隔着一层薄薄的绿纱面幂似的；它尽是这样静静的，冷冷的绿着。我们出了大中桥，走不上半里路，船夫便将船划到一旁，停了桨由它宕着。他以为那里正是繁华的极点，再过去就是荒凉了；所以让我们多多赏鉴一会儿。他自己却静静的蹲着。他是看惯这光景的了，大约只是一个无可无不可。这无可无不可，无论是升的沉的，总之，都比我们高了。

那时河里闹热极了；船大半泊着，小半在水上穿梭似的来往。停泊着的都在近市的那一边，我们的船自然也夹在其中。因为这边略略的挤，便觉得那边十分的疏了。在每一只船从那边过去时，我们能画出它的轻轻的影和曲曲的波，在我们的心上；这显着是空，且显着是静了。那时处处都是歌声和凄厉的胡琴声，圆润的喉咙，确乎是很少的。但那生涩的，尖脆的调子能使人有少年的，粗率不拘的感觉，也正可快我们的意。况且多少隔开些儿听着，因为想象与渴慕的做美，总觉更有滋味；而竞发的喧嚣，抑扬的不齐，远近的杂沓，和乐器的嘈嘈切切，合成另一意味的谐音，也使我们无所适从，如随着大风而走。这实在因为我们的心枯涩久了，变为脆弱；故偶然润泽一下，便疯狂似的不能自主了。但秦淮河确也腻人。即如船里的人面，无论是和我们一堆儿泊着的，无论是从我们眼前过去的，总是模模糊糊的，甚至渺渺茫茫的；任你张圆了眼睛，揩净了眦垢，也是枉然。这真够人想呢。在我们停泊的地方，灯光原是纷然的；不过这些灯光都是黄而有晕的。黄已经不能明了，再加上了晕，便更不成了。灯愈多，晕就愈甚；在繁星般的黄的交错里，秦淮河仿佛笼上了一团光雾。光芒与雾气腾腾的晕着，什么都只剩了轮廓了；所以人面的详细的曲线，便消失于我们的眼底了。但灯光究竟夺不了那边的月色；灯光是浑的，月色是清的，在浑沌的灯光里，渗入了一派清辉，却真是奇迹！那晚月儿已瘦削了两三分。她晚妆才罢，盈盈的上了柳梢头。天是蓝得可爱，仿佛一汪水似的；月儿便更出落得精神了。岸上原有三株两株的垂杨树，淡淡的影子，在水里摇曳着。它们那柔细的枝条浴着月光，就像一支支美人的臂膊，交互的缠着，挽着；又像是月儿披着的发。而月儿偶然也从它们的交叉处偷偷窥看我们，大有小姑娘怕羞的样子。岸上另有几株不知名的老树，光光的立着；在月光里照起来。却又俨然是精神矍铄的老人。远处——快到天际线了，才有一两片白云，亮得现出异彩，像美丽的贝壳一般。白云下便是黑黑的一带轮廓；是一条随意画的不规则的曲线。这一段光景，和河中的风味大异了。但灯与月竟能并存着，交融着，使月成了缠绵的月，灯射着渺渺的灵辉；这正是天之所以厚秦淮河，也正是天之所以厚我们了。

这时却遇着了难解的纠纷。秦淮河上原有一种歌妓，是以歌为业的。从前都在茶舫上，唱些大曲之类。每日午后一时起；什么时候止，却忘记了。晚上照样也有一回。也在黄晕的灯光里。我从前过南京时，曾随着朋友去听过两次。因为茶舫里的人脸太多了，觉得不大适意，终于听不出所以然。前年听说歌妓被取缔了，不知怎的，颇涉想了几次——却想不出什么。这次到南京，先到茶舫上去看看，觉得颇是寂寥，令我无端的怅怅了。不料她们却仍在秦淮河里挣扎着，不料她们竟会纠缠到我们，我于是很张皇了。她们也乘着“七板子”，她们总是坐在舱前的。舱前点着石油汽灯，光亮眩人眼目：坐在下面的，自然是纤毫毕见了——引诱客人们的力量，也便在此了。舱里躲着乐工等人，映着汽灯的余辉蠕动着；他们是永远不被注意的。每船的歌妓大约都是二人；天色一黑。她们的船就在大中桥外往来不息的兜生意。无论行着的船，泊着的船，都要来兜揽的。这都是我后来推想出来的。那晚不知怎样，忽然轮着我们的船了。我们的船好好的停着，一只歌舫划向我们来的；渐渐和我们的船并着了。铄铄的灯光逼得我们皱起了眉头；我们的风尘色全给它托出来了，这使我踧踖不安了。那时一个伙计跨过船来，拿着摊开的歌折，就近塞向我的手里，说，“点几出吧”！他跨过来的时候，我们船上似乎有许多眼光跟着。同时相近的别的船上也似乎有许多眼睛炯炯的向我们船上看着。我真窘了！我也装出大方的样子，向歌妓们瞥了一眼，但究竟是不成的！我勉强将那歌折翻了一翻，却不曾看清了几个字；便赶紧递还那伙计，一面不好意思地说，“不要，我们……不要。”他便塞给平伯。平伯掉转头去，摇手说，“不要！”那人还腻着不走。平伯又回过脸来，摇着头道，“不要！”于是那人重到我处。我窘着再拒绝了他。他这才有所不屑似的走了。我的心立刻放下，如释了重负一般。我们就开始自白了。

我说我受了道德律的压迫，拒绝了她们；心里似乎很抱歉的。这所谓抱歉，一面对于她们，一面对于我自己。她们于我们虽然没有很奢的希望；但总有些希望的。我们拒绝了她们，无论理由如何充足，却使她们的希望受了伤；这总有几分不做美了。这是我觉得很怅怅的。至于我自己，更有一种不足之感。我这时被四面的歌声诱惑了，降服了；但是远远的，远远的歌声总仿佛隔着重衣搔痒似的，越搔越搔不着痒处。我于是憧憬着贴耳的妙音了。在歌舫划来时，我的憧憬，变为盼望；我固执的盼望着，有如饥渴。虽然从浅薄的经验里，也能够推知，那贴耳的歌声，将剥去了一切的美妙；但一个平常的人像我的，谁愿凭了理性之力去丑化未来呢？我宁愿自己骗着了。不过我的社会感性是很敏锐的；我的思力能拆穿道德律的西洋镜，而我的感情却终于被它压服着，我于是有所顾忌了，尤其是在众目昭彰的时候。道德律的力，本来是民众赋予的；在民众的面前，自然更显出它的威严了。我这时一面盼望，一面却感到了两重的禁制：一，在通俗的意义上，接近妓者总算一种不正当的行为；二，妓是一种不健全的职业，我们对于她们，应有哀矜勿喜之心，不应赏玩的去听她们的歌。在众目睽睽之下，这两种思想在我心里最为旺盛。她们暂时压倒了我的听歌的盼望，这便成就了我的灰色的拒绝。那时的心实在异常状态中，觉得颇是昏乱。歌舫去了，暂时宁静之后，我的思绪又如潮涌了。两个相反的意思在我心头往复：卖歌和卖淫不同，听歌和狎妓不同，又干道德甚事？——但是，但是，她们既被逼的以歌为业，她们的歌必无艺术味的；况她们的身世，我们究竟该同情的。所以拒绝倒也是正办。但这些意思终于不曾撇开我的听歌的盼望。它力量异常坚强；它总想将别的思绪踏在脚下。从这重重的争斗里，我感到了浓厚的不足之感。这不足之感使我的心盘旋不安，起坐都不安宁了。唉！我承认我是一个自私的人！平伯呢，却与我不同。他引周启明先生的诗，“因为我有妻子，所以我爱一切的女人，因为我有子女，所以我爱一切的孩子。”①

他的意思可以见了。他因为推及的同情，爱着那些歌妓，并且尊重着她们，所以拒绝了她们。在这种情形下，他自然以为听歌是对于她们的一种侮辱。但他也是想听歌的，虽然不和我一样，所以在他的心中，当然也有一番小小的争斗；争斗的结果，是同情胜了。至于道德律，在他是没有什么的；因为他很有蔑视一切的倾向，民众的力量在他是不大觉着的。这时他的心意的活动比较简单，又比较松弱，故事后还怡然自若；我却不能了。这里平伯又比我高了。

在我们谈话中间，又来了两只歌舫。伙计照前一样的请我们点戏，我们照前一样的拒绝了。我受了三次窘，心里的不安更甚了。清艳的夜景也为之减色。船夫大约因为要赶第二趟生意，催着我们回去；我们无可无不可的答应了。我们渐渐和那些晕黄的灯光远了，只有些月色冷清清的随着我们的归舟。我们的船竟没个伴儿，秦淮河的夜正长哩！到大中桥近处，才遇着一只来船。这是一只载妓的板船，黑漆漆的没有一点光。船头上坐着一个妓女；暗里看出，白地小花的衫子，黑的下衣。她手里拉着胡琴，口里唱着青衫的调子。她唱得响亮而圆转；当她的船箭一般驶过去时，余音还袅袅的在我们耳际，使我们倾听而向往。想不到在弩末的游踪里，还能领略到这样的清歌！这时船过大中桥了，森森的水影，如黑暗张着巨口，要将我们的船吞了下去，我们回顾那渺渺的黄光，不胜依恋之情；我们感到了寂寞了！

这一段地方夜色甚浓，又有两头的灯火招邀着；桥外的灯火不用说了，过了桥另有东关头疏疏的灯火。我们忽然仰头看见依人的素月，不觉深悔归来之早了！走过东关头，有一两只大船湾泊着，又有几只船向我们来着。嚣嚣的一阵歌声人语，仿佛笑我们无伴的孤舟哩。东关头转湾，河上的夜色更浓了；临水的妓楼上，时时从帘缝里射出一线一线的灯光；仿佛黑暗从酣睡里眨了一眨眼。我们默然的对着，静听那汩——汩的桨声，几乎要入睡了；朦胧里却温寻着适才的繁华的余味。我那不安的心在静里愈显活跃了！这时我们都有了不足之感，而我的更其浓厚。我们却只不愿回去，于是只能由懊悔而怅惘了。船里便满载着怅惘了。直到利涉桥下，微微嘈杂的人声，才使我豁然一惊；那光景却又不同。右岸的河房里，都大开了窗户，里面亮着晃晃的电灯，电灯的光射到水上，蜿蜒曲折，闪闪不息，正如跳舞着的仙女的臂膊。我们的船已在她的臂膊里了；如睡在摇篮里一样，倦了的我们便又入梦了。那电灯下的人物，只觉像蚂蚁一般，更不去萦念。这是最后的梦；可惜是最短的梦！黑暗重复落在我们面前，我们看见傍岸的空船上一星两星的，枯燥无力又摇摇不定的灯光。我们的梦醒了，我们知道就要上岸了；我们心里充满了幻灭的情思。

1923 年 10 月 11 日作完，于温州。

载 1924 年 1 月 25 日《东方杂志》第 21 卷第 2 号 20 周年纪念号

【注释】

①原诗是，“我为了自己的儿女才爱小孩子，为了自己的妻才爱女人”。

背　　影

我与父亲不相见已二年余了，我最不能忘记的是他的背影。那年冬天，祖母死了，父亲的差使也交卸了，正是祸不单行的日子，我从北京到徐州，打算跟着父亲奔丧回家。到徐州见着父亲，看见满院狼藉的东西，又想起祖母，不禁簌簌地流下眼泪。父亲说，“事已如此，不必难过，好在天无绝人之路！”

回家变卖典质，父亲还了亏空；又借钱办了丧事。这些日子，家中光景很是惨淡，一半为了丧事，一半为了父亲赋闲。丧事完毕，父亲要到南京谋事，我也要回北京念书，我们便同行。

到南京时，有朋友约去游逛，勾留了一日；第二日上午便须渡江到浦口，下午上车北去。父亲因为事忙，本已说定不送我，叫旅馆里一个熟识的茶房陪我同去。他再三嘱咐茶房，甚是仔细。但他终于不放心，怕茶房不妥帖；颇踌躇了一会。其实我那年已二十岁，北京已来往过两三次，是没有甚么要紧的了。他踌躇了一会，终于决定还是自己送我去。我两三回劝他不必去；他只说，“不要紧，他们去不好！”

我们过了江，进了车站。我买票，他忙着照看行李。行李太多了，得向脚夫行些小费，才可过去。他便又忙着和他们讲价钱。我那时真是聪明过分，总觉他说话不大漂亮，非自己插嘴不可。但他终于讲定了价钱；就送我上车。他给我拣定了靠车门的一张椅子；我将他给我做的紫毛大衣铺好坐位。他嘱我路上小心，夜里警醒些，不要受凉。又嘱托茶房好好照应我。我心里暗笑他的迂；他们只认得钱，托他们直是白托！而且我这样大年纪的人，难道还不能料理自己么？唉，我现在想想，那时真是太聪明了！

我说道，“爸爸，你走吧。”他望车外看了看，说，“我买几个橘子去。你就在此地，不要走动。”我看那边月台的栅栏外有几个卖东西的等着顾客。走到那边月台，须穿过铁道，须跳下去又爬上去。父亲是一个胖子，走过去自然要费事些。我本来要去的，他不肯，只好让他去。我看见他戴着黑布小帽，穿着黑布大马褂，深青布棉袍，蹒跚地走到铁道边，慢慢探身下去，尚不大难。可是他穿过铁道，要爬上那边月台，就不容易了。他用两手攀着上面，两脚再向上缩；他肥胖的身子向左微倾，显出努力的样子。这时我看见他的背影，我的泪很快地流下来了。我赶紧拭干了泪，怕他看见，也怕别人看见。我再向外看时，他已抱了朱红的橘子往回走了。过铁道时，他先将橘子散放在地上，自己慢慢爬下，再抱起橘子走。到这边时，我赶紧去搀他。他和我走到车上，将橘子一股脑儿放在我的皮大衣上。于是扑扑衣上的泥土，心里很轻松似的，过一会说，“我走了；到那边来信！”我望着他走出去。他走了几步，回过头看见我，说，“进去吧，里边没人。”等他的背影混入来来往往的人里，再找不着了，我便进来坐下，我的眼泪又来了。

近几年来，父亲和我都是东奔西走，家中光景是一日不如一日。他少年出外谋生，独力支持，做了许多大事。那知老境却如此颓唐！他触目伤怀，自然情不能自已。情郁于中，自然要发之于外；家庭琐屑便往往触他之怒。他待我渐渐不同往日。但最近两年的不见，他终于忘却我的不好，只是惦记着我，惦记着我的儿子。我北来后，他写了一信给我，信中说道，“我身体平安，惟膀子疼痛利害，举箸提笔，诸多不便，大约大去之期不远矣。”我读到此处，在晶莹的泪光中，又看见那肥胖的，青布棉袍，黑布马褂的背影。唉！我不知何时再能与他相见！

1925年10月在北京

忆郑振铎

郑振铎传略

郑振铎（1989—1958），现代作家、文学史家、著名学者，新文化运动的积极倡导者之一。他出生于贫苦的家庭，1917年，靠亲友帮助入北京铁路管理学校读书，毕业后曾在上海商务印书馆编译所任职。1920年11月，和茅盾、叶圣陶等人共同发起成立文学研究会，并主编文学研究会的机关刊物《文学周刊》。1923年后，长期主编《小说月报》，积极倡导写实主义文学和为人生的血泪文学，并致力于翻译介绍苏联及各弱小民族的文学作品。

郑振铎在30年代出版的70万字的巨著《插图本中国文学史》是解放前国内篇幅最多、影响最大的中国文学史专著。同时出版的《中国俗文学史》也是我国第一本民间文学史，而且迄今尚无可以替代之书。

郑振铎在文学以外的文化领域所作出的贡献，也是令人钦佩的。40年代主编的《中国历史参考图谱》、《玄览堂丛书》、《明季史料丛书》、《中国古明器陶俑图录》等都是对我国文化领域的巨大贡献。

解放后，郑振铎历任全国政协委员、中国科学院文学研究所所长、文化部副部长等职。1958年10月17日，在率领我国文化代表团出国访问途中，不幸因飞机失事逝世。

湖畔夜饮

丰子恺

前天晚上，四位来西湖游春的朋友，在我的湖畔小屋里饮酒。酒阑人散，皓月当空。湖水如镜，花影满堤。我送客出门，舍不得这湖上的春月，也向湖畔散步去了。柳荫下一条石凳，空着等我去坐，我就坐了，想起小时在学校里唱的春月歌："春夜有明月，都作欢喜相。每当灯火中，团团清辉上。人月交相庆，花月并生光。有酒不得饮，举杯献高堂。"觉得这歌词温柔敦厚，可爱得很！又念现在的小学生，唱的歌粗浅俚鄙，没有福分唱这样的好歌，可惜得很！回味那歌的最后两句，觉得我高堂俱亡，虽有美酒，无处可献，又感伤得很！三个"得很"逼得我立起身来，缓步回家。不然，恐怕把老泪掉在湖堤上，要被月魄花灵所笑了。

回进家门，家中人说，我送客出门之后，有一上海客人来访，其人名叫CT[①]，住在葛岭饭店。家中人告诉他，我在湖畔看月，他就向湖畔去找我了。这是半小时以前的事，此刻时钟已指十时半。我想，CT找我不到，一定已经回旅馆去歇息了。当夜我就不去找他，管自睡觉了。第二天早晨，我到葛岭饭店去找他，他已经出门，茶役正在打扫他的房间。我留了一片，请他正午或晚上来我家共饮。正午，他没有来。晚上，他又没有来。料想他这上海人难得到杭州来，一见西湖，就整日寻花问柳，不回旅馆，没有看见我留在旅馆里的名片。我就独酌，照例倾尽一斤。

黄昏八点钟，我正在酩酊之余，CT来了。阔别十年，身经浩劫，他反而胖了，反而年轻了。他说我也还是老样子，不过头发白些。"十年离乱后，长大一相逢，问姓惊初见，称名忆旧容。"这诗句虽好，我们可以不唱。略略几句寒暄之后，我问他吃夜饭没有。他说，他是在湖滨吃了夜饭，——也饮一斤酒，——不回旅馆，一直来看我的。我留在他旅馆里的名片，他根本没有看到。我肚里的一斤酒，在这位青年时代共我在上海豪饮的老朋友面前，立刻消解得干干净净，清清醒醒。我说："我们再吃酒！"他说："好，不要什么菜蔬。"窗外有些微雨，月色朦胧。西湖不像昨夜的开颜发艳，却有另一种轻颦浅笑，温润静穆的姿态。昨夜宜于到湖边步月，今夜宜于在灯前和老友共饮。"夜雨剪春韭"，多么动人的诗句！可惜我没有家园，不曾种韭。即使我有园种韭，这晚上也不想去剪来和 CT 下酒。因为实际的韭菜，远不及诗中的韭菜的好吃。照诗句实行，是多么愚笨的事呀！

女仆端了一壶酒和四只盆子出来，酱鸭，酱肉，皮蛋和花生米，放在收音机旁的方桌上。我和 CT 就对坐饮酒。收音机上面的墙上，正好贴着一首我写的，数学家苏步青的诗："草草杯盘共一欢，莫因柴米话辛酸。春风已绿门前草，且耐余寒放眼看。"有了这诗，酒味特别的好。我觉得世间最好的酒肴，莫如诗句。而数学家的诗句，滋味尤为纯正。因为我又觉得，别的事都可有专家，而诗不可有专家。因为做诗就是做人。人做得好的，诗也做得好。倘说做诗有专家，非专家不能做诗，就好比说做人有专家，非专家不能做人，岂不可笑？因此，有些"专家"的诗，我不爱读。因为他们往往爱用古典，蹈袭传统；咬文嚼字，卖弄玄虚；扭扭捏捏，装腔做势；甚至神经过敏，出神见鬼。而非专家的诗，倒是直直落落，明明白白，天真自然，纯正朴茂，可爱得很。樽前有了苏步青的诗，桌上酱鸭，酱肉，皮蛋和花生米，味同嚼蜡；唾弃不足惜了！

我和 CT 共饮，另外还有一种美味的酒肴！就是话旧。阔别十年，身经浩劫。他沦陷在孤岛上，我奔走于万山中。可惊可喜，可歌可泣的话，越谈越多。谈到酒酣耳热的时候，话声都变了呼号叫啸，把睡在隔壁房间里的人都惊醒。谈到二十余年前他在宝山路商务印书馆当编辑，我在江湾立达学园教课时的事，他要看看我的子女阿宝，软软和瞻瞻——《子恺漫画》里的三个主角，幼时他都见过的。瞻瞻现在叫做丰华瞻，正在北平北大研究院，我叫不到；阿宝和软软现在叫丰陈宝和丰宁馨，已经大学毕业而在中学教课了，此刻正在厢房里和她们的弟妹们练习平剧！我就喊她们来"参见"。CT 用手在桌子旁边的地上比比，说："我在江湾看见你们时，只有这么高。"她们笑了，我们也笑了。这种笑的滋味，半甜半苦，半喜半悲。所谓“人生的滋味”，在这里可以浓烈地尝到。CT叫阿宝“大小姐”，叫软软“三小姐”。我说：“《花生米不满足》、《瞻瞻新官人，软软新娘子，宝姐姐做媒人》、《阿宝两只脚，凳子四只脚》等画，都是你从我的墙壁上揭去，制了锌板在《文学周报》上发表的，你这老前辈对她们小孩子又有什么客气？依旧叫‘阿宝’、‘软软’好了。”大家都笑。人生的滋味，在这里又浓烈地尝到了。我们就默默地干了两杯。我见CT的豪饮，不减二十余年前。我回忆起了二十余年前的一件旧事，有一天，我在日升楼前，遇见CT。他拉住我的手说：“子恺，我们吃西菜去。”我说“好的”。他就同我向西走，走到新世界对面的晋隆西菜馆楼上，点了两客公司菜。外加一瓶白兰地。吃完之后，欧仆送帐单来。CT对我说：“你身上有钱吗？”我说“有！”摸出一张五元钞票来，把帐付了。于是一同下楼，各自回家——他回到闸北，我回到江湾。过了一天，CT到江湾来看我，摸出一张拾元钞票来，说：“前天要你付帐，今天我还你。”

我惊奇而又发笑，说：“帐回过算了，何必还我？更何必加倍还我呢？”我定要把拾元钞票塞进他的西装袋里去，他定要拒绝。坐在旁边的立达同事刘薰宇，就过来抢了这张钞票去，说：“不要客气，拿到新江湾小店里去吃酒吧！”大家赞成。于是号召了七八个人，夏丏尊先生，匡互生，方光焘都在内，到新江湾的小酒店里去吃酒。吃完这张拾元钞票时，大家都已烂醉了。此情此景，憬然在目。如今夏先生和匡互生均已作古，刘薰宇远在贵阳，方光焘不知又在何处。只有CT仍旧在这里和我共饮。这岂非人世难得之事！我们又浮两大白。

夜阑饮散，春雨绵绵。我留CT宿在我家，他一定要回旅馆。我给他一把伞，看他的高大的身子在湖畔柳荫下的细雨中渐渐地消失了。我想：“他明天不要拿两把伞来还我！”

三十七年（1948年）三月廿八日夜于湖畔小屋

【注释】

①CT，指郑振铎。

追念振铎

冰　心

说来已是二十年前的事了！

一九五八年十月下旬的一个晚上，在莫斯科的欢迎亚非作家的一个群众大会上，来宾台上坐在我旁边的巴金同志，忽然低下头来轻轻地对我说："告诉你一个不幸的消息，你不要难过！振铎同志的飞机出事，十八号在喀山遇难了。"又惊又痛之中，我说不出话来——但是，但是我怎能不难过呢？

就是在那一年——一九五八年——的国庆节的观礼台上，振铎和我还站在一起，扶着栏杆，兴高采烈地，一面观看着雄壮整齐的游行队伍，一面谈着话。他说他要带一个文化代表团到尼泊尔去。我说我也要参加一个代表团到苏联去。

他笑说："你不是喜欢我母亲做的福建菜吗？等我们都从外国回来时，我一定约你们到我家去饱餐一顿。"当时，我哪里知道这就是他对我说的，最后一次的充满了热情和诙谐的谈话呢？

在我所认识的许多文艺界朋友之中（除了我的同学以外），振铎同志恐怕是最早的一个了。那就是在五四时代，"福建省抗日学生联合会"里。那时我还是协和女子大学预科的一年级学生，只跟在本校和北京大学、女子师范学校和其他大学的大学生之后，一同开会，写些宣传文字和募捐等工作。因为自己的年纪较小，开会的时候，静听的时候多，发言的时候少，许多人我都不认识，别人也不认识我。但我却从振铎的慷慨激昂的发言里，以及振铎给几个女师大的大同学写的长信里；看到他纵情地谈到国事，谈到哲学、文学、艺术等，都是大字纵横、热情洋溢。因此，我虽然没有同他直接谈过话，对于他的诚恳、刚正、率真的性格，却知道得很清楚，使我对他很有好感。

这以后，他到了上海，参加了《小说月报》的编辑工作。

我自己也不断地为《小说月报》写稿，但是我们还是没有直接通过信。

我们真正地熟悉了起来，还是在一九三一年秋季他到北京燕京大学任教以后，我们的来往就很密切了。他的交游十分广泛，常给我介绍一些朋友，比如说老舍先生。振铎的藏书极多，那几年我身体不好，常常卧病，他就借书给我看，在病榻上我就看了他所收集的百十来部的章回小说。我现在所能记起的，就有《醒世姻缘》、《野叟曝言》、《绿野仙踪》等，都是我所从未看过的。在我"因病得闲"之中，振铎在中国旧小说的阅读方面，是我的一位良师益友，这一点是我永远不会忘怀的。那几年他还在收集北京的名笺，和鲁迅先生共同编印《十竹斋笺谱》。他把收集来的笺纸，都分给我一份，笺谱印成之后，他还签名送给我一部，说"这笺谱的第一部是鲁迅先生的，第二部我自己留下了，第三部就送给你了"。

这一部可贵的纪念品，和那些零散的名贵的北京信笺，在抗战期间，都丢失了！

振铎在燕京大学教学，极受进步学生的欢迎，到我家探病的同学，都十分兴奋地讲述郑先生的引人入胜的讲学和诲人不倦的进步的谈话。当他们说到郑先生的谈话很有幽默感的时候，使我忆起在一九三四年，我们应平绥铁路局之邀，到平绥沿线旅行时，在大同有一位接待的人员名叫"屈龙伸"，振铎笑说："这名字很有意思。"他忽然又大笑说："这个名字对张凤举。"（当时的北大教授）我们都大笑了起来，于是纷纷地都把我们自己的名字和当时人或古人的名，对了起来，"郑振铎"对"李鸣钟"（当时西北军的一个军官），我们旅行团中的陈其田先生，就对了"张之洞"，雷洁琼女士就对了"左良玉"，"傅作义"就对了"李宗仁"等。这些花絮，我们当然都没有写进《平绥沿线旅行记》里，但当时这一路旅行，因为有振铎先生在内，大家都感到很愉快。

振铎在燕大教学，因为受到进步派的欢迎，当然也就受到顽固派的排挤，因此，当我们在一九三六年秋，再度赴美的时候，他已经回到上海了。他特别邀请朋友给我们饯行。据我的回忆，我是在那次席上，初次会到茅盾同志的。胡愈之同志也告诉过我，他是在那次饯别宴上，和我们初次会面的。

也就是在那次席上我初次尝到郑老太太亲手烹调的福建菜。

我在太平洋舟中，给振铎写了一封信，信上说：“感谢你给我们的‘盛大’的饯行，使我们得以会见到许多闻名而未见面的朋友……更请你多多替我们谢谢老太太，她的手艺真是高明！那夜我们谈话时多，对着满桌的佳肴，竟没有吃好。面对这两星期在船上的顿顿无味的西餐，我总在后悔，为什么那天晚上不低下头去尽量地饱餐一顿。”

抗战胜利后，我从重庆先回到上海，又到他家去拜访，看见他的书架上仍是堆着满满的书，桌子上，窗台上都摆着满满的大大小小的陶俑。我笑说：“我们几经迁徙，都是‘身无余物’了，你还在保存收集这许多东西，真是使人羡慕。”他笑了一笑说：“这是我的脾气，一辈子也改不了！”

一九五一年我从日本回国，他又是第一批来看我的朋友中之一。我觉得新中国的成立，使他的精力更充沛了，勇气更大了，想象力也更丰富了。他手舞足蹈地讲说他正在毛主席和共产党的领导下，为他解放前多年来所想做而不能做的促进中国文学艺术的发展，贡献出他的全部力量。

他就是这么一个精力充沛热情横溢的人。虽然那天晚上巴金劝我不要难过（其实我知道他心里也是难过的），我能不难过吗？我难过的不只是因为我失去了一个良师益友，我难过的是我们中国文艺界少了一个勇敢直前的战士！

在四害横行，道路侧目的时期，我常常想到振铎，还为他的早逝而庆幸！我想，像他这么一个十分熟悉三十年代上海文艺界情形，而又刚正耿直的人，必然会遇到像老舍或巴金那样的可悲的命运。现在“四人帮”打倒了，满天春气，老树生花，假使他今天还健在，我准知道他还会写出许多好文章，做出许多有益的事！我记得我们敬爱的周总理，曾在我们大家面前说过，他和老舍，振铎，王统照四个人，都是戊戌政变（一八九八年）那年生的。算起来都比我大两岁。我现在还活了下来！我本来就远远、远远地落在他们的后面，但是一想起他们，就深深感到生命的可贵，为了悼念我所尊敬的朋友，我必须尽上我的全部力量，去做人民希望我做而我还能够做的一切的事。

一九七八年十一月十七日

郑振铎与王任叔

郑振铎与王任叔是在编辑《文学旬刊》时认识的，他可称得上是王任叔的启蒙导师和挚友。

王任叔（1901—1972），常用笔名巴人，浙江奉化人。1920 年从宁波第四师范学校毕业后，在小学任教。在五四新文化运动浪潮的推动下，萌生了对新文学的兴趣，特别是刚刚成立的文学研究会的文学主张，更是激起他立志献身新文化运动的决心。1922 年 5 月，王任叔撰写了一篇评论作家徐玉诺诗作的文章《对于一个散文诗作者表一些敬意》，投给上海的《文学旬刊》。当时主编这个刊物的郑振铎读了王任叔的文章，非常赞赏，立即就签发在同月 11 日出版的《文学旬刊》第三十七期上。并且还在文末以编辑附记的形式，予以推荐。几天后，王任叔将自己的新诗草编成集，取名《恶魔》，寄给郑振铎，又得到了郑的赞许。郑振铎在《文学旬刊》第四十期上选发了《恶魔》中的短诗《遣闷》，并在给王任叔的回信中表示："此集我必尽力为谋出版，现在且先在旬刊上选登出来。"

这一年的 7 月，郑振铎与沈雁冰应宁波教育界的邀请赴甬讲学。在这次讲学活动中，郑振铎与王任叔第一次会面，由此更加深了他们间的友谊。1922 年底，经郑振铎介绍，王任叔加入文学研究会，成为该会早期作家之一。

在王任叔与郑振铎的交往中，郑振铎在思想上和文学创作上给予王任叔以极大的影响，王任叔发奋写作，到 20 世纪 20 年代后期，他就相继出版了《监狱》、《破屋》、《殉》、《阿贵流浪记》等多部作品，成为文学研究会中有成就的作家。

名人故事

无私抢救国宝

抗战爆发后，日寇不仅夺我国土，烧杀抢掠，而且还毁灭我文化财富。商务印书馆就遭到野蛮轰炸，郑振铎寄在开明书店的藏书也遭受重大损失。更令他心焦的是，这时江南民间藏书大量流散，部分精品善本很可能被敌伪及美国人买走。他认为如果不及时抢救，将来史在他邦，文归海外，奇耻大辱，百世莫涤。于是他先是用自己的积蓄购书；不久钱用完了，就再向朋友借，或向书贾欠账；有时候还把自己的不太重要的藏书拿出去卖，然后再用这钱来还账，他自己戏称为挖肉补疮。

这样几个月下来，能想的办法都想了，钱还是远远不够，其妻却已多次向他严重抗议了，而市面上流散出来的珍本有增无减，特别是他还打听到有好几家著名的私人藏书楼都将有整批的善本要抛售。问题非常严重！他意识到以个人或少数人的力量，是扭转不了这一危急情势的。这时，他想出了一个了不起的主意。原来，先是在 1938 年 5 月，他在书市发现了一部绝对是国宝级的海内孤本《脉望馆抄校本古今杂剧》，可是他又绝对拿不出那么一大笔钱来购下，眼看它可能流失海外，情急之下他给北京图书馆、国家教育部等处写信打电报，希望他们设法抢救，结果是由当时的教育部长陈立夫拍板购下的。这时，他又想到了向政府当局求援。1939 年底，他联合了上海几位有名望的爱国老学者张元济、何炳松（暨南大学校长）、张咏霓（光华大学校长）等人，数次联合向重庆当局发去紧急电报和长信，要求以国家的力量抢救江南文献。这些信、电都是由他起草的。

他们的慷慨陈辞和详尽分析，打动了有关当局，意识到问题的严重性。在陈立夫、朱家骅的支持下，决定从中英庚款中拨出巨款，请他们在沪秘密抢救珍本图书，书归国立中央图书馆所有。于是，郑振铎与这几位老先生秘密组织了一个文献保存同志会。这个会名也是他取的，他还亲自起草了该会的办事细则十条。从此，艰苦卓绝、可歌可泣的民国史上最大的一次购书活动，就在他主持下开始秘密进行。

如今，在宝岛台湾的图书馆里，仍珍藏着一些珍贵的当年来往秘信，可以看出郑先生当年经手大笔巨款，而他自己非但分文不取，反而垫出不少活动经费。如 1941 年 1 月 20 日，徐森玉在上海致信重庆蒋复璁，提到郑振铎等人网罗遗佚，心专志一，手足胼胝，日无瑕晷，确为人所不能。且操守坚正，一丝不苟，凡车船及联络等费，从未动用公款一钱。重庆方面大为感动，主动向郑先生提出应该支付一点劳务费，郑先生即去信谢绝，说：“书生报国，仅能收拾残余，已有惭于前方人士之喋血杀敌者矣。若竟复以此自诩，而贸然居功取酬，尚能自称为‘人’乎？望吾公以‘人’视我，不提报酬之事，实为私幸！”近年彼岸人士披露这些信时，均肃然起敬，赞为高风亮节！

郑振铎作品精选

宴之趣

虽然是冬天，天气却并不怎么冷，雨点淅淅沥沥的滴个不已，灰色云是弥漫着；火炉的火是熄下了，在这样的秋天似的天气中，生了火炉未免是过于燠暖了。家里一个人也没有，他们都出外“应酬”去了。独自在这样的房里坐着，读书的兴趣也引不起，偶然的把早晨的日报翻着，翻着，看看它的广告，忽然想起去看《Merry Widow》吧。于是独自的上了电车，到派克路跳下了。

在黑漆的影戏院中，乐队悠扬的奏着乐，白幕上的黑影，坐着，立着，追着，哭着，笑着，愁着，怒着，恋着，失望着，决斗着，那还不是那一套，他们写了又写，演了又演的那一套故事。

但至少，我是把一句话记住在心上了：

“有多少次，我是饿着肚子从晚餐席上跑开了。”

这是一句隽妙无比的名句，借来形容我们宴会无虚日的交际社会，真是很确切的。

每一个商人、每一个官僚、每一个略略交际广了些的人，差不多他们的每一个黄昏，都是消磨在酒楼菜馆之中的。有的时候，一个黄昏要赶着去赴三四处的宴会；这些忙碌的交际者真是妓女一样，在这里坐一坐；就走开了，又赶到另一个地方去了，在那一个地方又只略坐一坐，又赶到再一个地方去了。他们的肚子定是不会饱的，我想。有几个这样的交际者，当酒阑灯榭，应酬完毕之后，定是回到家中，叫底下人烧了稀饭来堆补空肠的。

我们在广漠繁华的上海，简直是一个村气十足的“乡下人”；我们住的是乡下，到“上海”去一趟是不容易的，我们过的是乡间的生活，一月中难得有几个黄昏是在“应酬”场中度过的。有许多人也许要说我们是“孤介”，那是很清高的一个名辞。但我们实在不是如此，我们不过是不惯征逐于酒肉之场，始终保持着不大见世面的“乡下人”的色彩而已。

偶然的有几次，承一二个朋友的好意，邀请我们去赴宴。在座的至多只有三四个熟人，那一半生客，还要主人介绍或自己去请教尊姓大名，或交换名片，把应有的初见面的应酬的话讷讷的说完了之后，便默默的相对无言了。说的话都不是有着落，都不是从心里发出的；泛泛的，是几个音声，由喉咙头溜到口外的而已。过后自己想起那样的敷衍的对话，未免要为之失笑。如此的，说是一个黄昏在繁灯絮语之宴席上度过了，然而那是如何没有生趣的一个黄昏呀？

有几次，席上的生客太多了，除了主人之外，没有一个是认识的；请教了姓名之后，也随即忘记了。除了和主人说几句话之外，简直的无从和他们谈起。不晓得他们是什么行业，不晓得他们是什么性质的人，有话在口头也不敢随意的高谈起来。那一席宴，真是如坐针毡；精美的羹菜，一碗碗的捧上来，也不知是什么味儿。终于忍不住了，只好向主人撒一个谎，说身体不大好过，或说是还有应酬，一定要去的。——如果在谣言很多的这几天当然是更好托辞了，说我怕戒严提早，要被留在华界之外——虽然这是礼貌的，不大应该的，虽然主人是照例的殷勤的留着，然而我却不顾一切的不得不走了。这个黄昏实在是太难挨得过去了！回到家里以后，买了一碗稀饭，即使只有一小盏萝卜干下稀饭，反而觉得舒畅，有意味。

如果有什么友人做喜事，或寿事，在某某花园，某某旅社的大厅里，大张旗鼓的宴客，不幸我们是被邀请了，更不幸我们是太熟的友人，不能不到，也不能道完了喜或拜完了寿，立刻就托辞溜走的，于是这又是一个可怕的黄昏。常常的张大了两眼，在寻找熟人，好容易找到了，一定要紧紧的和他们挤在一起，不敢失散。到了坐席时，便至少有两三人在一块儿可以谈谈了，不至于一个人独自的局促在一群生面孔的人当中，惶恐而且空虚。当我们两三个人在津津的谈着自己的事时，偶然抬起眼来看着对面的一个坐客，他是凄然无侣的坐着；大家酒杯举了，他也举着；菜来了，一个人说：“请，请。”同时把牙箸伸到盘边，他也说，“请，请。”也同样的把牙箸伸出。除了吃菜之外，他没有目的，菜完了，他便局促的独坐着。我们见了他，总要代他难过，然而他终于能够终了席方才起身离座。

宴会之趣味如果仅是这样的，那末，我们将咒诅那第一个发明请客的人；喝酒的趣味如果仅是这样的，那末，我们也将打倒杜康与狄奥尼修士了。

然而又有的宴会却幸而并不是这样的；我们也还有别的可以引起喝酒的趣味的环境。

独酌，据说，那是很有意思的。我少时，常见祖父一个人执了一把锡的酒壶，把黄色的酒倒在白磁小杯里，举了杯独酌着；喝了一小口，真正一小口，便放下了，又拿起筷子来夹菜。因此，他食得很慢，大家的饭碗和碗都已放下了，且已离座了，而他却还在举着酒杯，不匆不忙的喝着。他的吃饭，尚在再一个半点钟之后呢。而他喝着酒，颜微酡着，常常叫道：“孩子，来。”而我们便到了他的跟前。他夹了一块只有他独享着的菜蔬放在我们口中，问道“好吃么？”我们往往以点点头答之，在孙男与孙女中，他特别的喜欢我，叫我前去的时候尤多。常常的，他把有了短髻的嘴吻着我的面颊，微微有些刺痛，而他的酒气从他的口鼻中直喷出来。这是使我很难受的。

这样的，他消磨过了一个中午和一个黄昏。天天都是如此。我没有享受过这样的乐趣。然而回想起来，似乎他那时是非常的高兴，他是陶醉着，为快乐的雾所围着，似乎他的沉重的忧郁都从心上移开了，这里便是他的全个世界，而全个世界也便是他的。

别一个宴之趣，是我们近几年所常常领略到的，那就是集合了好几个无所不谈的朋友，全座没有一个生面孔，在随意的喝着酒，吃着菜，上天下地的谈着。有时说着很轻妙的话，说着很可发笑的话，有时是如火如剑的激动的话，有时是深切的论学谈艺的话，有时是随意的取笑着，有时是面红耳热的争辩着，有时是高妙的理想在我们的谈锋上触着，有时是恋爱的遇合与家庭的与个人的身世使我们谈个不休。每个人都把他的心胸赤裸裸的袒开了，每个人都把他的向来不肯给人看的面孔显露出来了；每个人都谈着，谈着，谈着，只有更兴奋的谈着，毫不觉得“疲倦”是怎么一个样子。酒是喝得干了，菜是已经没有了，而他们却还是谈着，谈着，谈着。那个地方，即使是很喧闹的，很湫狭的，向来所不愿意多坐的，而这时大家却都忘记了这些事，只是谈着，谈着，谈着，没有一个人愿意先说起告别的话。要不是为了戒严或家庭的命令，竟不会有人想走开的。虽然这些闲谈都是琐屑之至的，都是无意味的，而我们却已在其间得到宴之趣了；——其实在这些闲谈中，我们是时时可发现许多珠宝的；大家都互相的受着影响，大家都更进一步了解他的同伴，大家都可以从那里得到些教益与利益。

“再喝一杯，只要一杯，一杯。”

“不，不能喝了，实在的。”

不会喝酒的人每每这样的被强迫着而喝了过量的酒。面部红红的，映在灯光之下，是向来所未有的壮美的丰采。

“圣陶，干一杯，干一杯。”我往往的举起杯来对着他说，我是很喜欢一口一杯的喝酒的。

“慢慢的，不要这样快，喝酒的趣味，在于一小口一小口的喝，不在于‘干杯’。”圣陶反抗似的说，然而终于他是一口干了，一杯又是一杯。

连不会喝酒的愈之、雁冰，有时，竟也被我们强迫的干了一杯。于是大家哄然的大笑，是发出于心之绝底的笑。

再有，佳年好节，合家团团的坐在一桌上，放了十几双的红漆筷子，连不在家中的人也都放着一双筷子，都排着一个座位。小孩子笑孜孜的闹着吵着，母亲和祖母温和的笑着，妻子忙碌着，指挥着厨房中厅堂中仆人们的做菜，端菜，那也是特有一种融融泄泄的乐趣，为孤独者所妒羡不止的，虽然并没有和同伴们同在时那样的宴之趣。

还有，一对恋人独自在酒店的密室中晚餐；还有，从戏院中偕了妻子出来，同登酒楼喝一二杯酒；还有，伴着祖母或母亲在熊熊的炉火旁边，放了几盏小菜，闲吃着宵夜的酒，那都是使身临其境的人心醉神怡的。

宴之趣是如此的不同呀！

海　燕

乌黑的一身羽毛，光滑漂亮，积伶积俐，加上一双剪刀似的尾巴，一对劲俊轻快的翅膀，凑成了那样可爱的活泼的一只小燕子。当春间二三月，轻飏轻微微的吹拂着，如毛的细雨无因的由天上洒落着，千条万条的柔柳，齐舒了它们的黄绿的眼，红的白的黄的花，绿的草，绿的树叶，皆如赶赴市集者似的奔聚而来，形成了烂熳无比的春天时，那些小燕子，那末伶俐可爱的小燕子，便也由南方飞来。加入了这个隽妙无比的春景的图画中，为春光平添了许多的生趣。小燕子带了它的双剪似的尾，在微风细雨中，或在阳光满地时，斜飞于旷亮无比的天空之上，唧的一声，已由这里稻田上，飞到了那边的高柳之下了。同几只却隽逸的在粼粼如縠纹的湖面横掠着，小燕子的剪尾或翼尖，偶沾了水面一下，那小圆晕便一圈一圈的荡漾了开去。那边还有飞倦了的几对，闲散的憩息于纤细的电线上，——嫩蓝的春天，几支木杆，几痕细线连于杆与杆间，线上是停着几个粗而有致的小黑点，那便是燕子，是多么有趣的一幅图画呀！还有一家家的快乐家庭，他们还特为我们的小燕子备了一个两个小巢，放在厅梁的最高处，假如这家有了一个匾额，那匾后便是小燕子最好的安巢之所。第一年，小燕子来往了，第二年，我们的小燕子，就是去年的一对，它们还要来住。

“燕子归来寻旧垒。”

还是去年的主，还是去年的宾，他们宾主间是如何的融融泄泄呀！偶然的有几家，小燕子却不来光顾，那便很使主人忧戚，他们邀召不到那么隽逸的嘉宾，每以为自己运命的蹇劣呢。

这便是我们故乡的小燕子，可爱的活泼的小燕子，曾使几多的孩子们欢呼着，注意着，沉醉着，曾使几多的农人们市民们忧戚着，或舒怀的指点着，且曾平添了几多的春色，几多的生趣于我们的春天的小燕子！

如今，离家是几千里！离国是几千里！托身于浮宅之上，奔驰于万顷海涛之间，不料却见着我们的小燕子。

这小燕子，便是我们故乡的那一对，两对么？便是我们今春在故乡所见的那一对，两对么？

见了它们，游子们能不引起了，至少是轻烟似的，一缕两缕的乡愁么？

海水是皎洁无比的蔚蓝色，海波是平稳得如春晨的西湖一样，偶有微风，只吹起了绝细绝细的千万个翻翻的小皱纹，这更使照晒于初夏之太阳光之下的、金光烂灿的水面显得温秀可喜。我没有见过那末美的海！天上也是皎洁无比的蔚蓝色，只有几片薄纱似的轻云，平贴于空中，就如一个女郎，穿了绝美的蓝色夏衣，而颈间却围绕了一段绝细绝轻的白纱巾。我没有见过那么美的天空！我们倚在青色的船栏上，默默的望着这绝美的海天；我们一点杂念也没有，我们是被沉醉了，我们是被带入晶天中了。

就在这时，我们的小燕子，二只，三只，四只，在海上出现了。它们仍是隽逸的从容的在海面上斜掠着，如在小湖面上一样；海水被它的似剪的尾与翼尖一打，也仍是连漾了好几圈圆晕。小小的燕子，浩莽的大海，飞着飞着，不会觉得倦么？不会遇着暴风疾雨么？我们真替它们担心呢！

小燕子却从容的憩着了。它们展开了双翼，身子一落，落在海面上了，双翼如浮圈似的支持着体重，活是一只乌黑的小水禽，在随波上下的浮着，又安闲，又舒适。海是它们那么安好的家，我们真是想不到。

在故乡，我们还会想象得到我们的小燕子是这样的一个海上英雄么？

海水仍是平贴无波，许多绝小绝小的海鱼，为我们的船所惊动，群向远处窜去；随了它们飞窜着，水面起了一条条的长痕，正如我们当孩子时之用瓦片打水漂在水面所划起的长痕。这小鱼是我们小燕子的粮食么？

小燕子在海面上斜掠着，浮憩着。它们果是我们故乡的小燕子么？

啊，乡愁呀，如轻烟似的乡愁呀！

忆丰子恺

丰子恺传略

丰子恺（1898—1975），原名丰润，又名丰仁，浙江桐乡石门镇人，名仁，又名婴行。我国现代著名画家、文学家、美术和音乐教育家，是一位多方面卓有成就的文艺大师。

丰子恺自幼爱好美术，1914 年入省立第一师范学校，从李叔同学习绘画和音乐。1918 年秋，李叔同在杭州虎跑寺出家，对他的思想影响甚大。1917 年与同学组织桐荫画会。1919 年师范学校毕业后，与同学数人在上海创办上海专科师范学校，并任图画教师。1921 年东渡日本短期考察，学习绘画、音乐和外语。1922 年回国到浙江上虞春辉中学教授图画和音乐，与朱自清、朱光潜等人结为好友。回国后从事美术、音乐教学，曾任上海开明书店编辑、上海大学、复旦大学、浙江大学美术教授。同时进行绘画、文学创作和文学、艺术方面的编译工作。1924 年 4 月，文艺刊物《我们的七月》首次发表了他的画作《人散后，一钩新月天如水》。其后，他的画在《文学周报》上陆续发表，并冠以“漫画”的题头。自此中国才开始有“漫画”这一名称。1925 年成立立达学会，参加者有茅盾、陈望道、叶圣陶、郑振铎、胡愈之等人。1926 年，任教职于上海艺术大学。1929 年被开明书店聘为编辑。1931 年，他的第一本散文集《缘缘堂随笔》由开明书店出版。七七事变后，率全家逃难。1937 年编成《漫画日本侵华史》出版。1939 年任浙江大学讲师、副教授。1942 年任重庆国立艺专教授兼教务主任。1943 年起结束教学生涯，专门从事绘画和写作。陆续译著出版《音乐的常识》、《音乐入门》、《近世十大音乐家》、《孩子们的音乐》等面向中小学生和普通音乐爱好者的通俗读物，为现代音乐知识的普及作了许多有益的工作。1946 年返上海。出版画册《子恺漫画选》。中华人民共和国成立后任上海中国画院院长、中国美术家协会上海分会主席，上海文学艺术界联合会副主席等职。

丰子恺的散文，在我国新文学史上也有较大的影响。主要作品有《缘缘堂随笔》、《缘缘堂再笔》、《随笔二十篇》、《甘美的回忆》、《艺术趣味》、《率真集》等。这些作品除一部分艺术评论以外，大都是叙述他自己亲身经历的生活和日常接触的人事，表现浓厚的生活情趣。

丰 子 恺

赵景深

好几年不曾看见子恺了，偶然看见《人间世》和《良友》上他的照片，不禁为之莞然；他竟留了很长的胡子，像一个庄严而又和蔼的释家。

记得我与他相识，是一九二五年，那时我在充满了艺术空气的立达学园里教书，他就是这个学园的创办人。当时的同事，如朱光潜、白采、方光焘、夏丏尊、刘薰宇……都是在这个时候认识的。不过当时我与白采来往还最多，子恺和别的同事们，都很少拜访和聚首。

一直到一九二八年，我才为了我自己的《中国文学小史》、《童话概要》和《童话论集》请他画封画，专程去拜访了他几次。我知道他是最喜欢田园和小孩的，便买了一本描写田园和小孩最多而作风也最平和的米勒（Millet）的画集送他，还送了一盒巧克力糖给他的孩子们；这盒糖也经过我的选择，挑了一盒玻璃纸映着有一个美丽女孩的肖像的。当时我与他谈了些什么，现在已经不能回忆；但知他的态度潇洒，好像随意舒展的秋云。

后来有一次，子恺到开明书店来玩，使我很诧异的，竟完全变过一个子恺了。他坐在藤椅上，腰身笔一样的直，不像以前那样的衔着纸烟随意斜坐；两手也垂直的俯在膝上，不像以前那样的用手指拍椅子如拍音乐的节奏；眼睛则俯下眼皮，仿佛入定的老僧，不像以前那样用含情的眸子望看来客；说起话来，也有问必答，不问不答，答时声音极低，不像以前那样的声音之有高下疾徐。是的，我也常听丏尊说："这一向子恺被李叔同迷住了！"照子恺的说法，以上的叙列就是我与他的"缘"。

李叔同是丰子恺的老师，无论在艺术上或是思想上，都是影响他最深的人。

他的《缘》和《佛法因缘》都是专写李叔同的。李叔同在杭州第一师范学校教过他的木炭画，后来出家；子恺曾特地替他绘过护生画集。《两个‘？’》更明白地承认他“被它们引诱入佛教中”。我们一听说佛教或基督教，就会联想到迷信上去；其实，倘若除去了那不科学的成分，这对于人世间的悲悯，恐怕是任何社会主义者思想的发动力和种子吧？

我觉得子恺的随笔，好多地方都可以与叶绍钧的《隔膜》作比较观。在描写人间的隔膜和儿童的天真这两点上，这两个作家是一样的可爱。其实这两点也只是一物的两面，愈是觉得人间的隔膜，便愈觉得儿童的天真。卢骚曾喊过“返于自然”，子恺恐怕要喊一声“返于儿童”。

子恺是怎样的写人间的隔膜呢？试看《东京某晚的事》，老太婆要求一个陌生人替她搬东西，陌生人不愿意，接连回报她两声“不高兴”，因为他是带了轻松愉快的心情出来散步的。子恺见了这事，心里就想：“假如真有这样的一个世界，天下如一家，人们如家族，互相爱，互相助，共乐其生活，那时候陌路都变成家人。像某晚这老太婆的态度，并不唐突了。这是何等可憧憬的世界！”再看《楼板》，楼上的房东与楼下的房客只有授受房租的关系，此处都可以老死不通往来，真是所谓“隔重楼板隔重山”。而这“楼板”，也就是《邻人》篇中那“把很大的铁条制的扇骨”。像“肯与邻翁相对饮，隔篱呼取尽余杯”那样的诗意，是久矣夫不可复见的了。《随笔五则》里的第四则写人们用下棋法谈话，最为警辟：“人们谈话的时候，往往言来语去，顾虑周至，防卫严密，用意深刻，同下棋一样。我觉得太紧张，太可怕了，只得默默不语。安得几个朋友，不用下棋法来谈话，而各舒展其心灵相示，像开在太阳光中的花一样！”

或者人都是互相隔着一堵墙，如叶绍钧所说。把墙撤去的，只有儿童。子恺在《随笔五则》之三里也说：“我似乎看见，人的心都有包皮。这包皮的质料与重数，依各人而不同。有的人的心似乎是用单层的纱布包的，略略遮蔽一点，然而真而赤的心的玲珑的姿态，隐约可见。有的人的心用纸包，骤见虽看不到，细细摸起来也可以摸得出，且有时还要破，露出绯红的一点来。有的人的心用铁皮包，甚至用到八重九重，那是无论如何摸不出，不会破，而真的心的姿态便无论如何不会显露了。我家的三岁的瞻瞻的心，连一层纱布都不包，我看见常是赤裸裸而鲜红的。”

子恺是怎样的写儿童的天真呢？你瞧，元草要买鸡，他就哭着要；不像大人那样明明是想买，却假装着不想买的样子。《作父亲》中阿宝和软软都说他们自己好；不像大人那样，明明是想说自己好，也假装着谦让不说出来。（《从孩子得到的启示》）

子恺又因为思想近于佛教，所以有无常、世网、护生等观念。

他觉得人世是无常的，短暂的；所以人一天天走近死亡国而毫未觉得者，只是由于把生活岁月精细的划分，年分为日，日分为时，时分为分，分分为秒，便觉得生活是一条无穷而且有趣的路了。这意见，后来屡次提到。《阿难》中云："在浩劫中，人生原只是一跳。"《大账簿》云："宇宙之大，世界之广，物类之繁，事业之多，我所经验的真不啻恒河中的一粒粒细沙。"《新年》与《渐》同意，也讲到时间划分愈细，则人也愈感到快乐。

他又觉得金钱常限制了兴趣，这或者可以说是世网。第一本随笔集的第一篇，就是《翦网》，大意说大娘舅觉得大世界样样有趣，唯一想到金钱就无趣。《从孩子得到的启示》则赞美孩子"能撤去世界事物的因果关系的网，看见事物的本身的真相"。《华瞻的日记》说华瞻看见先施公司的小汽车就一定要买，他不知道爸爸不会带钱或钱不够就不能买。

他又最爱生物，尤其是渺小的生物，可见他的仁爱之心是无微不至的。《蝌蚪》写孩子们用清水养蝌蚪，子恺恐怕蝌蚪营养不足而死，便叫孩子们倒许多泥土到水盆里去，后来还叫他们掘一个小池。《随感十三则》中有两则是怜悯被屠杀的牛和羊马。《忆儿时》对于蟹和苍蝇的残杀也认为不应该做，尤其是文人所咏叹的"秋深蟹正肥"，他们以为风雅，"倘质诸初心，杀蟹而持其螯，见蟹肥而起杀心，有什么美而值得在诗文中赞咏呢？"

照这样说来，子恺的小品里既是包含着人间隔膜和儿童天真的对照，又常有佛教的观念，似乎，他的小品文都是抽象的、枯燥的哲理了。然而不然，我想这许就是他的小品的长处。他哪怕是极端的说理，讲"多样"和"统一"这一类的美学原理，也带着抒情的意味，使人读来不觉其头痛。他不把文字故意写得很艰深，以掩饰他那实际内容的空虚。他只是平易的写去，自然就有一种美，文字的干净流利和漂亮，怕只有朱自清可以和他媲美。以前我对于朱自清的小品非常喜爱，现在我的偏嗜又加上丰子恺。聊记数页，以表示我的喜悦。

【作者简介】

赵景深（1902—1985），祖籍四川宜宾，生于浙江丽水。少年时在安徽芜湖读书。1920年考入天津棉业专门学校。1922年秋任新民意报社文学副刊编辑，并任文学团体绿波社社长，同焦菊隐、万曼等编《微波》、《蚊纹》、《绿波周报》等刊物，并向郑振铎编的《儿童世界》、《文学旬刊》投稿。1923年加入文学研究会。1924年秋到湖南第一师范任教，同田汉、叶鼎洛等编辑《潇湘绿波》杂志。1925年回上海，任上海大学教授。1927年任开明书店编辑，并主编《文学周报》。1930年开始任北新书局总编辑，直至1951年。1930年还曾主编《现代文学》，并任复旦大学教授。1942年曾主编《戏曲》。解放后一直在复旦大学任教。1924年翻译了安徒生的童话《皇帝的新衣》、《火绒匣》、《白鹄》等，在商务的《少年杂志》上发表，是较早把安徒生小说诗歌文学作品介绍给中国读者的翻译家。以后还翻译了俄国作家契诃夫、屠格涅夫等人的小说诗歌文学作品。

主要作品有：诗集《荷花》（1928），散文集《小妹》（1933）、《琐忆集》（1936）、《文人剪影》（1936）、《文人印象》（1946）、《海上集》（1946）、《文坛忆旧》（1948），短篇小说集《失恋的故事》（1934）。

名人故事

丰子恺放生

丰子恺是笃信佛教的，他是一位虔诚的居士，一生都苦口婆心地劝人们护生戒杀。他也因放生而闹出了一则趣闻。

抗日战争之前，在苏州缘缘堂期间，有一次，丰子恺先生从石门湾携带一只鸡，要到杭州云栖放生。但是他对鸡也起了恻隐之心，不忍心像常人一般在鸡脚的部位捆缚起来把鸡倒提着，于是撩起自己的长袍把鸡放在里面，外面用手兜着。由石门湾乘船经崇德，到长安镇转乘火车。因为他用手兜着的布长袍里面鼓起了一团东西，看过去这个怪模样很可疑，因此在长安镇火车站引起了一个便衣侦探的怀疑，便一直追踪着，同车到达杭州，一出站门便衣侦探便把他捉住，恰巧站外早有人迎候丰子恺，于是彼此说明原委，侦探才知跟错了人。丰子恺捧着要放生的母鸡，引得在场众人大笑不已。

丰子恺在作为佛教居士之后，更加爱好放生。他绘有《护生画集》六集，流传于世。每年农历四月初八相传是释迦牟尼诞生日，佛教徒习惯在这一天放生。丰子恺在每年这一天，买来螺蛳蚬蚌鱼虾，带领子女一同去放生，就是平日，也不时亲自放生。

丰子恺与牙医的情缘

上世纪40年代初，易昭雪在杭州性存路10号开了一家易昭雪牙科诊所，吸引了一大批社会名流前来诊治牙病。一个偶然的机会，当时在杭高教书的鲁迅的学生许钦文先生对易昭雪医师说起，他有位朋友叫丰子恺的，也患有牙病，想到诊所来看一看。

易昭雪结识许多社会名流，对艺术兴趣浓厚，还珍藏了不少名人字画。提到丰子恺，他久仰其名。早在30年代，易昭雪还在读中学时，就在中学生杂志上经常读到丰子恺的文章，以后又在当时开明书店出版的英语课本上，不断看到丰子恺的漫画，对丰先生独树一帜的散文风格和雅俗共赏的漫画作品更是钦慕不已，当下他就对许钦文表示，只要丰先生方便，不妨到诊所来检查一下。

1947年12月初的一天下午，一位身着中式长衫，留着美髯的中年男人推门进了易昭雪的诊所，递上了许钦文的纸条。易昭雪不由眼前一亮：来者正是他久已仰慕的丰子恺先生。

年已五旬的丰子恺先生患的是牙周病及残冠，易昭雪发现这17颗龋齿已无法修补，建议拔除。丰子恺先生对拔牙有顾虑，神色紧张，毕竟有17颗之多，担心牙床创伤流血不止。易昭雪反复向他讲述牙齿与身体健康的关系，好一番解释，直说得丰子恺先生频频点头。这之前，丰子恺先生一直怕治牙病，一则怕拔牙之痛，一则也是顺乎年老体弱而齿落的自然规律，以为拔牙有违天意。不得已求诸牙医，铤而走险，想不到还要将满口剩牙“一网打尽”，不过他很快听从了易医师的劝告。

易昭雪一面与丰先生谈漫画，一面已将麻药注射完毕，不知不觉中只听得手中托盘里“哐啷”一声响，一颗牙齿已经落在盘子里，丰先生竟丝毫没有拔牙的感觉，连连称赞易医师高明。就这样，这以后的11天里，易医师先后为丰先生拔掉了17颗残牙。

3个月后，待牙龈创口痊愈，假牙也做好了，戴上假牙的丰先生一照镜子，感觉仿佛年轻了10岁。一个月后，满口的假牙已能运用自如，十分妥贴舒服，可以嚼花生，剥湖蟹，咬核桃肉，有滋有味，丰先生十分欣慰，遂以诙谐犀利的笔调，写下了世纪名篇《口中剿匪记》，他说：“把我的17颗牙齿，比方一群匪，再像没有了。不过这匪不是普通所谓‘匪’，而是官匪，即贪官污吏。……官是政府任命的，人民推戴的，但他们竟不尽责任，而贪赃枉法，作恶为非，以危害国家，蹂躏人民。……我忍气吞声，敢怒而不敢言。……我茹苦含辛，已经隐忍了近10年了……这一次革命，顺利进行，迅速成功。”时值蒋家王朝覆灭的前夜，贪官污吏横行，民不聊生。丰先生《口中剿匪记》的寓意也就更为深刻。

丰先生亲自将《口中剿匪记》一文书成横幅，用金绫裱后送到易昭雪诊所。易昭雪医师如获珍宝，挂在诊所最显眼处。

从此，易昭雪与丰先生结成了忘年交。每逢周末，易昭雪就关闭诊所，到里西湖丰先生寓所小聚，每每与丰先生一起饮酒聊天，谈漫画，谈艺术，谈人生。1948年花朝日，丰子恺夫妇银婚纪念日，全家到西湖上的“楼外楼”餐馆祝贺。不请别的外客，单请易昭雪一人。

解放后，50年代及60年代初，易昭雪每每出差到上海，总要去丰先生府上拜访。

“十年浩劫”，他们一度中断了音信，《口中剿匪记》横幅不幸“遇难”。直到粉碎“四人帮”，易昭雪才得以与丰先生的儿女们恢复了联系。

丰子恺作品精选

蝌　蚪

一

每度放笔，凭在楼窗上小憩的时候，望下去看见庭中的花台的边上，许多花盆的旁边，并放着一只印着蓝色图案模样的洋磁面盆。我起初看见的时候，以为是洗衣物的人偶然寄存着的。在灰色而简素的花台的边上，许多形式朴陋的瓦质的花盆的旁边，配置一个机械制造而施着近代图案的精巧的洋磁面盆，绘画地看来，很不调和，假如眼底展开着的是一张画纸，我颇想找块橡皮来揩去它。

一天、二天、三天，洋磁面盆尽管放在花台的边上。这表示不是它偶然寄存，而负着一种使命。晚快凭窗欲眺的时候，看见放学出来的孩子们聚在墙下拍皮球。我欲知道洋磁面盆的意义，便提出来问他们。才知道这面盆里养着蝌蚪，是春假中他们向田里捉来的。我久不来庭中细看，全然没有知道我家新近养着这些小动物；又因面盆中那些蓝色的图案，细碎而繁多，蝌蚪混迹于其间，我从楼窗上望下去，全然看不出来。蝌蚪是我儿时爱玩的东西，又是学童时代在教科书里最感兴味的东西，说起了可以牵惹种种的回想，我便专诚下楼来看它们。

洋磁面盆里盛着大半盆清水，瓜子大小的蝌蚪十数个，抖着尾巴，急急忙忙地游来游去，好像在找寻甚么东西。孩子们看见我来欣赏他们的作品，大家围集拢来，得意地把关于这作品的种种话告诉我：“这是从大井头的田里捉来的。”

“是清明那一天捉来的。”

“我们用手捧了来的。”

“我们天天换清水的呀。”

“这好像黑色的金鱼。”

“这比金鱼更可爱！”

“他们为甚么不绝地游来游去？”

“他们为甚么还不变青蛙？”

他们的疑问把我提醒，我看见眼前这盆玲珑活泼的小动物，忽然变成一种苦闷的象征。

我见这洋磁面盆仿佛是蝌蚪的沙漠。它们不绝地游来游去，是为了找寻食物。它们的久不变成青蛙，是为了不得其生活之所。这几天晚上，附近田里蛙鼓的合奏之声，早已传达到我的床里了。这些蝌蚪倘有耳，一定也会听见它们的同类的歌声。听到了一定悲伤，每晚在这洋磁面盆里哭泣，亦未可知！它们身上有着泥土水草一般的保护色，它们只合在有滋润的泥土、丰肥的青苔的水田里生活滋长。在那里有它们的营养物，有它们的安息所，有它们的游乐处，还有它们的大群的伴侣。现在被这些孩子们捉了来，关在这洋磁面盆里，四周围着坚硬的洋铁，全身浸着淡薄的白水，所接触的不是同运命的受难者，便是冷酷的珐琅质。任凭它们镇日急急忙忙地游来游去，终于找不到一种保护它们、慰安它们、生息它们的东西。

这在它们是一片渡不尽的大沙漠。它们将以幼虫之身，默默地夭死在这洋磁面盆里，没有成长变化，而在青草池塘中唱歌跳舞的欢乐的希望了。

这是苦闷的象征，这是象征着某种生活之下的人的灵魂！

二

我劝告孩子们：“你们只管把蝌蚪养在洋磁面盆中的清水里，它们不得充分的养料和成长的地方，永远不能变成青蛙，将来统统饿死在这洋磁面盆里！你们不要当它们金鱼看待！金鱼原是鱼类，可以一辈子长在水里；蝌蚪是两栖类动物的幼虫，它们盼望长大，长大了要上陆，不能长居水里。你看它们急急忙忙的游来游去，找寻食物和泥土，无论如何也找不到，样子多么可怜！”

孩子们被我这话感动了，颦蹙地向洋磁面盆里看。有几人便问我：“那么，怎么好呢？”

我说：“最好是送它们回家——拿去倒在田里。过几天你们去探访，它们都已变成青蛙，‘哥哥，哥哥’地叫你们了。”

孩子们都欢喜赞成，就有两人抬着洋磁面盆，立刻要送它们回家。

我说：“天将晚了，我们再留它们一夜明天送回去罢。现在走到花台里拿些它们所欢喜的泥来，放在面盆里，可以让它们吃吃，玩玩。也可让它们知道，我们不再虐待它们，我们先当作客人款待它们一下，明天就护送它们回家。”

孩子们立刻去捧泥，纷纷地把泥投进面盆里去。有的人叫着：“轻轻地，轻轻地！看压伤了它们！”

不久，洋磁面盆底里的蓝色的图案都被泥土遮掩。那些蝌蚪统统钻进泥里，一只都看不见了。一个孩子寻了好久，锁着眉头说：“不要都压死了？”便伸手到水里拿开一块泥来看。但见四个蝌蚪密集在面盆底上的泥的凹洞里，四个头凑在一起，尾巴向外放射，好像在那里共食甚么东西，或者共谈甚么话。忽然一个蝌蚪摇动尾巴，急急忙忙地游了开去。游到别的一个泥洞里去一转，带了别的一个蝌蚪出来，回到原处。五个人聚在一起，五根尾巴一齐抖动起来，成为五条放射形的曲线，样子非常美丽。孩子们呀呀地叫将起来。我也暂时忘记了自己的年龄，附和着他们的声音呀呀地叫了几声。随后就有几人异口同声地要求：“我们不要送它们回家，我们要养在这里！”我在当时的感情上也有这样的要求；但觉左右为难，一时没有话回答他们，踌躇地微笑着。一个孩子恍然大悟地叫道：“好！我们在墙角里掘一个小池塘倒满了水同田里一样，就把它们养在那里。它们大起来变成青蛙，就在墙角里的地上跳来跳去。”大家拍手说“好！”我也附和着说“好！”大的孩子立刻找到种花用的小锄头，向墙角的泥地上去垦。不久，垦成了面盆大的一个池塘。大家说：“够大了，够大了！”“拿水来，拿水来！”就有两个孩子扛开水缸的盖，用浇花壶提了一壶水来，倾在新开的小池塘里。起初水满满的，后来被泥土吸收，渐渐地浅起来。大家说：“水不够，水不够。”小的孩子要再去提水，大的孩子说：“不必了，不必了，我们只要把洋磁面盆里的水连泥和蝌蚪倒进塘里，就正好了。”大家赞成。蝌蚪的迁居就这样地完成了。夜色朦胧，屋内已经上灯。许多孩子每人带了一双泥手，欢喜地回进屋里去，回头叫着：“蝌蚪，再会！”“蝌蚪，再会！”“明天再来看你们！”“明天再来看你们！”一个小的孩子接着说：“它们明天也许变成青蛙了。”

三

洋磁面盆里的蝌蚪，由孩子们给迁居在墙角里新开的池塘里了。孩子们满怀的希望，等候着它们的变成青蛙。我便怅然地想起了前几天遗弃在上海的旅馆里的四只小蝌蚪。

今年的清明节，我在旅中度送。乡居太久了，有些儿厌倦，想调节一下。就在这清明的时节，做了路上的行人。时值春假，一孩子便跟了我走。清明的次日，我们来到上海。十里洋场一看就生厌，还是到城隍庙里去坐坐茶店，买买零星玩意，倒有趣味。孩子在市场的一角看中了养在玻璃瓶里的蝌蚪，指着了要买。出十个铜板买了。后来我用拇指按住了瓶上的小孔，坐在黄包车里带它回旅馆去。

回到旅馆，放在电灯底下的桌子上观赏这瓶蝌蚪，觉得很是别致：这真像一瓶金鱼，共有四只。颜色虽不及金鱼的漂亮，但是游泳的姿势比金鱼更为活泼可爱。当它们潜在瓶边上时，我们可以察知它们的实际的大小只及半粒瓜子。但当它们游到瓶中央时，玻璃瓶与水的凸镜的作用把它们的形体放大，变化参差地映入我们的眼中，样子很是好看。而在这都会的旅馆的楼上的五十支光电灯底下看这东西愈加觉得稀奇。这是春日田中很多的东西。要是在乡间，随你要多少，不妨用斗来量。但在这不见自然面影的都会里，不及半粒瓜子大的四只，便已可贵，要装在玻璃瓶内当作金鱼欣赏了，真有些儿可怜。而我们，原是常住在乡间田畔的人，在这清明节离去了乡间而到红尘万丈的中心的洋楼上来鉴赏玻璃瓶里的四只小蝌蚪，自己觉得可笑。这好比富翁舍弃了家里的酒池肉林而加入贫民队里来吃大饼油条；又好比帝王舍弃了上苑三千而到民间来钻穴窥墙。

一天晚上，我正在床上休息的时候，孩子在桌上玩弄这玻璃瓶，一个失手，把它打破了。水泛滥在桌子上，里面带着大大小小的玻璃碎片，蝌蚪躺在桌上的水痕中蠕动，好似涸辙之鱼，演成不可收拾的光景归我来办善后。善后之法，第一要救命。我先拿一只茶杯，去茶房那里要些冷水来，把桌上的四个蝌蚪轻轻地掇进茶杯中，供在镜台上了。然后一一拾去玻璃的碎片，揩干桌子。约费了半小时的扰攘，好容易把善后办完了。去镜台上看看茶杯里的四只蝌蚪，身体都无恙，依然是不绝地游来游去，但形体好像小了些，似乎不是原来的蝌蚪了。以前养在玻璃瓶中的时候，因有凸镜的作用，其形状忽大忽小，变化百出，好看得多。现在倒在茶杯里一看，觉得就只是寻常乡间田里的四只蝌蚪，全不足观。都会真是枪花繁多的地方，寻常之物，一到都会里就了不起。这十里洋场的繁华世界，恐怕也全靠着玻璃瓶的凸镜的作用映成如此光怪陆离。一旦失手把玻璃瓶打破了，恐怕也只是寻常乡间田里的四只蝌蚪罢了。

过了几天，家里又有人来玩上海。我们的房间嫌小了，就改赁大房间。大人、孩子，加以茶房，七手八脚地把衣物搬迁。搬好之后立刻出去看上海。为经济时间计，一天到晚跑在外面，乘车、买物、访友、游玩，少有在旅馆里坐的时候，竟把小房间里镜台上的茶杯里的四只小蝌蚪完全忘却了；直到回家后数天，看到花台边上洋磁面盆里的蝌蚪的时候，方然忆及。现在孩子们给洋磁面盆里的蝌蚪迁居在墙角里新开的小池塘里，满怀的希望，等候着它们的变成青蛙。我更怅然地想起了遗弃在上海的旅馆里的四只蝌蚪。不知它们的结果如何?

大约它们已被茶房妙生倒在痰盂里，枯死在垃圾桶里了？妙生欢喜金铃子，去年曾经想把两对金铃子养过冬，我每次到这旅馆时，他总拿出他的牛筋盒子来给我看，为我谈种种关于金铃子的话。也许他能把对金铃子的爱推移到这四只蝌蚪身上，代我们养着，现在世间还有这四只蝌蚪的小性命的存在，亦未可知。

然而我希望它们不存在。倘还存在，想起了越是可哀！它们不是金鱼，不愿住在玻璃瓶里供人观赏。它们指望着生长、发展，变成了青蛙而在大自然的怀中唱歌跳舞。它们所憧憬的故乡，是水草丰足，春泥粘润的田畴间，是映着天光云影的青草池塘。如今把它们关在这商业大都市的中央，石路的旁边，铁筋建筑的楼上，水门汀砌的房笼内，磁制的小茶杯里，除了从自来水龙头上放出来的一勺之水以外，周围都是磁、砖、石、铁、钢、玻璃、电线、和煤烟，都是不适于它们的生活而足以致它们死命的东西。世间的凄凉、残酷、和悲惨，无过于此。这是苦闷的象征，这象征着某种生活之下的人的灵魂！假如有谁来报告我这四只蝌蚪的确还存在于那旅馆中，为了象征的意义，我准拟立刻动身，专赴那旅馆中去救它们出来，放乎青草池塘之中。

口中剿匪记

口中剿匪，就是把牙齿拔光，为什么要这样说法呢？因为我口中所剩十七颗牙齿，不但毫无用处，而且常常作祟，使我受苦不浅。现在索性把它们拔光，犹如把盘踞要害的群匪剿尽，肃清，从此可以天下太平，安居乐业。这比喻非常确切，所以我要这样说。

把我的十七颗牙齿，比方一群匪，再像没有了。不过这匪不是普通所谓“匪”，而是官匪，即贪官污吏。何以言之？

因为普通所谓“匪”，是当局明令通缉的，或地方合力严防的，直称为“匪”。而我的牙齿则不然：它们虽然向我作祟，而我非但不通缉它们，严防它们，反而袒护它们。我天天洗刷它们；我留心保养它们；吃食物的时候我让它们先尝；说话的时候我委屈地迁就它们；我决心不敢冒犯它们。我如此爱护它们，所以我口中这群匪，不是普通所谓“匪”。

怎见得像官匪，即贪官污吏呢？官是政府任命的，人民推戴的。但他们竟不尽责任，而贪赃枉法，作恶为非，以危害国家，蹂躏人民。我的十七颗牙齿，正同这批人物一样。它们原是我亲生的，从小在我口中长大起来的。它们是我身体的一部分，与我痛痒相关的。它们是我吸取营养的第一道关口。它们替我研磨食物，送到我的胃里去营养我全身。它们站在我的言论机关的要路上，帮助我发表意见。它们真是我的忠仆，我的护卫。讵料它们居心不良，渐渐变坏。起初，有时还替我服务，为我造福，而有时对我虐害，使我苦痛。到后来它们作恶太多，个个变坏，歪斜偏侧，吊儿郎当，根本没有替我服务、为我造福的能力，而一味对我戕害，使我奇痒，使我大痛，使我不能吸烟，使我不得喝酒，使我不能作画，使我不能作文，使我不得说话，使我不得安眠。这种苦头是谁给我吃的？便是我亲生的，本当替我服务、为我造福的牙齿！因此，我忍气吞声，敢怒而不敢言。在这班贪官污吏的苛政之下，我茹苦含辛，已经隐忍了近十年了！不但隐忍，还要不断地买黑人牙膏、消治龙牙膏来孝敬它们呢！

我以前反对拔牙，一则怕痛，二则我认为此事违背天命，不近人情。现在回想，我那时真有文王之至德，宁可让商纣方命虐民，而不肯加以诛戮。直到最近，我受了易昭雪牙医师的一次劝告，文王忽然变了武王，毅然决然地兴兵伐纣，代天行道了。而且这一次革命，顺利进行，迅速成功。武王伐纣要“血流飘杵”，而我的口中剿匪，不见血光，不觉苦痛，比武王高明得多呢。

饮水思源，我得感谢许钦文先生。秋初有一天，他来看我，他满口金牙，欣然地对我说：“我认识一位牙医生，就是易昭雪。我劝你也去请教一下。”那时我还有文王之德，不忍诛暴。便反问他：“装了究竟有什么好处呢？”他说：“夫妻从此不讨相骂了。”我不胜赞叹。并非羡慕夫妻不相骂，却是佩服许先生说话的幽默。幽默的功用真伟大，后来有一天，我居然自动地走进易医师的诊所里去，躺在他的椅子上了。经过他的检查和忠告之后，我恍然大悟，原来我口中的国土内，养了一大批官匪，若不把这批人物杀光，国家永远不得太平，民生永远不得幸福。我就下决心，马上任命易医师为口中剿匪总司令，次日立即向口中进攻。攻了11天，连根拔起，满门抄斩，全部贪官，从此肃清。我方不伤一兵一卒，全无苦痛，顺利成功。于是我再托易医师另行物色一批人才来，要个个方正，个个干炼，个个为国效劳，为民服务。我口中的国土，从此可以天下太平了。

1947年冬于杭州

忆闻一多

闻一多传略

闻一多(1899—1946),原名闻家骅,又名亦多,字益善,号友山,亦号友三,后改名闻多、闻一多。湖北浠水县巴河闻家铺人。著名诗人、学者。

1909年入武昌两湖师范附小,1913年考入清华留美预备学校。在校期间,担任《清华月刊》、《清华月报》的编辑工作,积极参加学生运动和文学创作活动。

1922年赴美,先后入芝加哥美术学院、丹佛阿罗拉多大学、纽约艺术学院学画,同时致力于诗歌的研究和创作,写了不少爱国思乡的作品。1925年回国,任职、任教于北京艺术专科学校和北京大学。1926年任《晨报》副刊《诗镌》编辑。

1927年应邓演达之邀回汉,在北伐军总政治部负责宣传工作。同年秋到上海办新月书店,并任《新月》编辑。次年任武汉大学文学院院长兼国文系主任。1930年转任青岛大学文学院院长兼国文系主任。1932年应聘清华大学,任中国文学系教授。1935年,"一二·九"运动爆发,他积极参加,发表演说,支持学生爱国抗日运动。

抗战开始,清华和北大、南开等大学组成西南联合大学,他随校迁往昆明。

在西南联合大学期间，加入中国民主同盟，并当选为民盟中央执委、《民主周刊》社社长等职务。抗战胜利后，他更加积极参加和支持学生爱国运动。1945 年 12 月 1 日，昆明发生镇压学生爱国运动的“一二·一”惨案，他亲自为死难烈士书写挽词：“民不畏死，奈何以死惧之”。出殡时，他拄着手杖走在游行队伍前列；同时撰写了《“一二·一”运动始末记》，将惨案的真相大白于天下。1946 年 7 月 15 日，昆明各界为遭国民党特务杀害的爱国进步人士李公朴先生举行追悼大会。在会上，他慷慨激昂地痛斥国民党蒋介石发动内战；会后遭国民党特务杀害。

闻一多早年参加新月社，主张新诗格律化，发表了许多有影响的新诗，后主要从事《楚辞》、《诗经》、《周易》等学术研究，成为著名学者。其主要著作有诗集《红烛》、《死水》，学术著作有《楚辞校补》、《怎样读〈九歌〉》、《乐府诗》等。

他的诗歌感情激烈，形式精美。内容上抒写了强烈的爱国主义情感，朱自清称他是“诗歌爱国主义诗人，而且几乎可以说是唯一的爱国诗人。”（《中国新文学大系·诗集导言》）艺术上追求“三美”，开创了新格律诗派。后期杂文创作，充满了战斗精神，是他为民主而斗争的有力武器。闻一多一生，历经诗人、学者、斗士三个阶段，最后以自己的鲜血和生命谱写了一曲最壮丽的诗篇。

中国学术界的大损失

——悼闻一多先生

朱自清

一

闻一多先生在昆明惨遭暗杀，激起全国的悲愤。这是民主运动的大损失，又是中国学术的大损失。关于后一方面，作者知道的比较多，现在且说个大概，来追悼这一位多年敬佩的老朋友。

大家都知道闻先生是一位诗人。他的《红烛》，尤其他的《死水》，读过的人很多。这些集子的特色之一，是那些爱国诗。在抗战以前他也许是唯一的爱国新诗人。这里可以看出他对文学的态度。新文学运动以来，许多作者都认识了文学的政治性和社会性而有所表现，可是闻先生认识得特别亲切，表现得特别强调。他在过去的诗人中最敬爱杜甫，就因为杜诗政治性和社会性最浓厚。后来他更进一步，注意原始人的歌舞：这是集团的艺术，也是与生活打成一片的艺术。他要的是热情，是力量，是火一样的生命。

但是他并不忽略语言的技巧，大家都记得他是提倡诗的新格律的人，也是创造诗的新格律的人。他创造自己的诗的语言，并且创造自己的散文的语言。诗大家都知道，不必细说；散文如《唐诗杂论》，可惜只有五篇，那经济的字句，那完密而短小的篇幅，简直是诗。我听他近来的演说，有两三回也是这么精悍，字字句句好似称量而出，却又那么自然流畅。他因此也特别能够体会古代语言的曲折处。当然，以上这些都得靠学力，但是更得靠才气，也就是想象。单就读古书而论，固然得先通文字声韵之学；可是还不够，要没有活泼的想象力，就只能做出点滴的饾饤的工作，决不能融会贯通的。这里需要细心，更需要大胆。闻先生能够体会到古代语言的表现方式，他的校勘古书，有些地方胆大得吓人，但却得细心吟味所得；平心静气读下去，不由人不信。校书本有死校活校之分；他自然是活校，而因为知识和技术的一般进步，他的成就骎骎乎驾活校的高邮王氏父子而上之。

他研究中国古代，可是他要使局部化了石的古代复活在现代人的心目中。因为这古代与现代究竟属于一个社会，一个国家，而历史是联贯的。我们要客观的认识古代；可是，是“我们”在客观的认识古代，现代的我们要能够在心目中想象古代的生活，要能够在心目中分享古代的生活，才能认识那活的古代，也许才是那真的古代——这也才是客观的认识古代。闻先生研究伏羲的故事或神话，是将这神话跟人们的生活打成一片；神话不是空想，不是娱乐，而是人民的生命欲和生活力的表现。这是死活存亡的消息，是人与自然斗争的纪录，非同小可。他研究《楚辞》的神话，也是一样的态度。他看屈原，也将他放在整个时代整个社会里看。他承认屈原是伟大的天才；但天才是活人，不是偶像，只有这么看，屈原的真面目也许才能再现在我们心中。他研究《周易》里的故事，也是先有一整个社会的影像在心里。研究《诗经》也如此，他看出那些情诗里不少歌咏性生活的句子；他常说笑话，说他研究《诗经》，越来越“形而下”了——其实这正表现着生命的力量。

他是有幽默感的人；他的认识古代，有时也靠着这种幽默感。看《匡斋尺牍》里《狼跋》一篇，便知道他能够体会到别人从不曾体会到的古人的幽默感。而所谓“匡斋”本于匡衡说诗解人颐那句话，正是幽默的意思。他的《死水》里《闻一多先生的书桌》，也是一首难得的幽默的诗。他有着强大的生命力，常跟我们说要活到八十岁，现在还不满四十八岁，竟惨死在那卑鄙恶毒的枪下！有个学生曾瞻仰他的遗体，见他“遍身血迹，双手抱头，全身痉挛”。唉！他是不甘心的，我们也是不甘心的！

二

闻先生的惨死尤其是中国文学方面一个不容易补偿的损失。

闻先生的专门研究是《周易》、《诗经》、《庄子》、《楚辞》、唐诗，许多人都知道。他的研究工作至少有了二十年，发表的文字虽然不算太多，但积存的稿子却很多。这些并非零散的稿子，大都是成篇的，而且他亲手抄写得很工整。只是他总觉得还不够完密，要再加些工夫才愿意编篇成书。这可见他对于学术忠实而谨慎的态度。

他最初在唐诗上多用力量。那时已见出他是个考据家，并已见出他的考据的本领。他注重诗人的年代和诗的年代。关于唐诗的许多错误的解释与错误的批评，都由于错误的年代。

他曾将唐代一部分诗人生卒年代可考者制成一幅图表，谁看了都会一目了然。他是学过图案画的，这帮助他在考据上发现了一种新技术；这技术是值得发展的。但如一般所知，他又是个诗人，并且是个在领导地位的新诗人，他亲自经过创作的甘苦，所以更能欣赏诗人与诗。

他的《唐诗杂论》虽然只有五篇，但都是精彩逼人之作。这些不但将欣赏和考据融化得恰到好处，并且创造了一种诗样精粹的风格，读起来句句耐人寻味。

后来他在《诗经》、《楚辞》上多用力量。我们知道要了解古代文学，必须从语言下手，就是从文字声韵下手。但必须能够活用文字声韵的种种条例，才能有所创获。闻先生最佩服王念孙父子，常将《读书杂志》、《经义述闻》当作消闲的书读着。他在古书通读上有许多惊人而确切的发明。对于甲骨文和金文，也往往有独到之见。他研究《诗经》，注重那时代的风俗和信仰等等；这几年更利用弗洛依德以及人类学的理论得到一些深入的解释。他对《楚辞》的兴趣似乎更大，而尤集中于其中的神话。他的研究神话，实在给我们学术界开辟了一条新的大路。关于伏羲的故事，他曾将许多神话综合起来，头头是道，创见最多，关系极大。曾听他谈过大概，可惜写出来的还只是一小部分。他研究《周易》，是爱其中的片段的故事，注重的是社会生活经济生活的表现。近三四年他又专力研究《庄子》，探求原始道教的面目，并发见庄子一派政治上不合作的态度。以上种种都跟传统的研究不同：眼光扩大了，深入了，技术也更进步了，更周密了。所以贡献特别多，特别大。近年他又注意整个的中国文学史，打算根据经济史观去研究一番，可惜还没有动手就殉了道。

这真是我们一个不容易补偿的损失啊!

1946年7月20日作

名人家庭

闻一多与闻立鹤

闻立鹤是闻一多的大儿子，生于1927年。在他很小的时候，闻一多就教他学习陆游的《示儿》、岳飞的《满江红》、文天祥的《正气歌》和《过零丁洋》等诗篇，教育他学习这些忠贞报国的先贤的伟大精神。闻立鹤于1945年考入西南联大。这一年的12月初，闻一多父子都参加了震惊中外的昆明“一二·一”学生运动。闻立鹤和同学们参加了学生罢课、游行活动。他们在街头发表演讲，演出活报剧与合唱，宣传反对内战。昆明国民党当局出动军警、特务，殴打罢课师生。闻立鹤的腿被军警打伤，当他拖着一瘸一拐的腿回到家时，母亲让他好好在家休息几天，再到学校去。可是他却说：“妈，我是闻一多的儿子，这个时候哪能休息呢！”

1946年暑假期间，闻一多接到美国加利福尼亚大学讲学的邀请，还可以带家属同行。但闻一多面对百孔千疮的祖国，不想离开，决定放弃这次讲学的机会，留下来坚持斗争。7月11日，李公朴被特务暗杀，闻一多也被列入黑名单。闻一多没有因此而退缩，他冲破了特务的监视，和同志们一起为李公朴料理了后事。在这危急时刻，闻立鹤始终陪伴着父亲。有个特务装扮成女疯子，经常到闻一多家骚扰。每次这个女疯子来闻家，闻立鹤都出面与她周旋，不让这个女特务见到父亲。

1946年7月15日，昆明的进步人士在云南大学举行悼念李公朴大会，闻一多在会上发表了即席演说，慷慨激昂地宣告“民主是杀不死的”！在会场上赢得了雷鸣般的掌声。下午，他又参加了在《民主周刊》社举办的李公朴被害记者招待会。闻立鹤很担心父亲的安全，他到会场几次观察动向。在闻一多离开《民主周刊》社回家途中，闻立鹤在父亲身后为父亲瞭望。当他们走到离家仅有几十步的地方，突然从后面闪出两个暴徒，对着闻一多连开两枪，其中一枪打在闻一多的后脑勺，他立即倒地。闻立鹤连忙扑到父亲身上，大喊：“凶手杀人了！”此时又有两个暴徒对准闻立鹤开了两枪，打断了他的小腿。此时闻一多的夫人高真一直担心着闻一多的安全，听到枪声飞一般冲出家门，发现他们父子都倒在血泊之中，当场就昏了过去。幸好“联大”附中的庄任秋经过这里，找了辆人力车，将闻氏父子送到医院。闻一多当场去世，闻立鹤伤势很重，经过治疗终于转危为安。只是留下残疾，走路时右腿有些跛。

闻立鹤出院后，回到北平，在清华大学复学。残酷斗争的锻炼，使得闻立鹤更加嫉恶如仇，他通过学生社团活动和学生会组织，积极开展地下工作，扩大党的影响。1948 年夏天，奉党组织之命，他辗转来到解放区接受培训。1949 年初，天津解放后的第二天，闻立鹤参加铁路接收组，进驻天津铁路部门。1957 年被错划为右派，从此沉沦到底层。历经磨难，屡遭打击，直到 1979 年才得以平反。不过，他的身体已经垮了下来。他计划把闻一多的诗歌译成英文，然而由于疾病的缠绕，未能如愿，却在 1981 年 54 岁时，永远地离开了他久久期盼的政治清明的春天。

名人故事

闻一多在青岛大学

1930 年 8 月，闻一多应杨振声校长之聘出任国立青岛大学文学院院长兼国文系主任，陈梦家随来作他的助教。闻一多以自己的诚恳与影响，广聘知名学者来校任教，先后有游国恩、方令孺、丁山、姜忠奎、张煦、沈从文等，担任各门功课主讲，可谓名家云集，阵容强大，在当时国内文坛颇有影响。

闻一多在中文系讲授《名著选读》、《文学史》、《唐诗》、《英国诗歌》等课程。教学中备课充分，考证翔实，不囿旧规，富有创见，很受欢迎。

在教课之外，他研究杜甫，又认为要研究杜诗就要研究唐诗，他积累资料，写了唐代诗人列传，并进一步研究《诗经》。他在青岛的研究成果，收在了《匡斋尺牍》中。

来青以前，闻一多已停止了新诗的写作，在青岛期间，由于徐志摩一再催他写诗，他终于为《诗刊》写了《奇迹》一诗。徐志摩认为“闻一多三年不鸣，一鸣惊人，出了‘奇迹’”。

闻一多十分爱才，对学生独创性意见十分重视。著名诗人臧克家就是一多先生独具慧眼，招至门下的学生，在闻一多先生的帮助下，臧克家在学生时代就以诗集《烙印》、《罪恶的黑手》而一跃登上中国文坛。他从前的学生陈梦家，在他的培养下已在《新月》等报刊上发表了一些诗。陈梦家在青岛编了一本《新月诗选》，是新文学史上“新月派”的代表性诗集。

1932年爆发了学生罢课斗争，作为文学院院长，闻一多是被攻击的对象之一。教育部要求处理罢课中为首的学生，在校务委员会上闻一多以“挥泪斩马谡”的心境同意开除学生，引起学生的不满。1932年夏，他离开了青岛。

1950年山东大学将校内的闻一多故居命名为“一多楼”，1984年，海洋大学又在楼前建了花坛，中间立碑，上有闻一多塑像。碑文由他当年的学生、诗人臧克家撰书，写道：“杰出的诗人、学者、人民英烈闻一多先生，1930年受聘于国立青岛大学。……瞻望旧居，回忆先生当年居于斯工作于斯，怀念之情曷可遏止？立庭院以石，以为永念。俾来瞻仰之中外人士，缅怀先生高风亮节而又所取法焉。”

从武汉大学时研究杜甫到青岛大学时全面展开唐诗和《诗经》的研究，短短几年，闻一多既奠定了自己扎实的学术基础，又取得了相当可观的学术成就。期间，他完成了《唐诗大系》、《全唐诗汇补》、《全唐诗续补》、《全唐诗辨证》、《全唐诗校勘记》、《唐文学年表》、《全唐诗人小传》、《唐诗要略》、《唐风楼捃录》以及《诗经新义》、《诗经通义》、《风诗类钞》、《风诗辩体》、《诗经词类》等各类著作近20部。并开始了《楚辞》的研究。

闻一多作品精选

五四断想

旧的悠悠死去，新的悠悠生出，不慌不忙，一个跟一个，——这是演化。

新的已经来到，旧的还不肯去，新的急了，把旧的挤掉，——这是革命。

挤是发展受到阻碍时必然的现象，而新的必然是发展的，能发展的必然是新的，所以青年永远是革命的，革命永远是青年的。

新的日日壮健着（量的增长），旧的日日衰老着（量的减耗），壮健的挤着衰老的，没有挤不掉的。所以革命永远是成功的。

革命成功了，新的变成旧的，又一批新的上来了。旧的停下来拦住去路，说："我是赶过路程来的，我的血汗不能白流，我该歇下来舒服舒服。"新的说："你的舒服就是我的痛苦，你耽误了我的路程，"又把它挤掉，……如此，武戏接二连三的演下去，于是革命似乎永远"尚未成功"。

让曾经新过来的旧的，不要只珍惜自己的过去，多多体念别人的将来，自己腰酸腿痛，拖不动了，就赶紧让。"功成身退"，不正是光荣吗？"后生可畏焉知来者之不如今也！"这也是古训啊！

其实青年并非永远是革命的，"青年永远是革命的"这定理，只在"老年永远是不肯让路的"这前提下才能成立。

革命也不能永远"尚未成功'。几时旧的知趣了，到时就功成身退，不致阻碍了新的发展，革命便成功了。

旧的悠悠退去，新的悠悠上来，一个跟一个，不慌不忙，那天历史走上了演化的常轨，就不再需要变态的革命了。

但目前，我们还要用“挤”来争取“悠悠’，用革命来争取演化。“悠悠”是目的，“挤”是达到目的的手段。

于是又想到变与乱的问题。变是悠悠的演化，乱是挤来挤去的革命。若要不乱挤，就只得悠悠的变。若是该变而不变，那只有挤得你变了。

子在川上，曰：“逝者如斯夫，不舍昼夜！”古训也发挥了变的原理。

红　　烛

“蜡炬成灰泪始干”——李商隐

红烛啊！这样红的烛！
诗人啊吐出你的心来比比，
可是一般颜色？红烛啊！
是谁制的蜡——给你躯体？是谁点的火——点着灵魂？
为何更须烧蜡成灰，然后才放光出？
一误再误；矛盾！冲突！

红烛啊！不误，不误！
原是要“烧”出你的光来——这正是自然的方法。

红烛啊！既制了，便烧着！
烧吧！烧吧！烧破世人的梦，烧沸世人的血——
也救出他们的灵魂，也捣破他们的监狱！

红烛啊！
你心火发光之期，正是泪流开始之日。

红烛啊！
匠人造了你，原是为烧的。

既已烧着，又何苦伤心流泪？
哦！我知道了！是残风来侵你的光芒，
你烧得不稳时，才着急得流泪！

红烛啊！
流罢！你怎能不流呢？请将你的脂膏，
不息地流向人间，培出慰藉的花儿，结成快乐的果子！

红烛啊！
你流一滴泪，灰一分心。灰心流泪你的果，创造光明你的因。

红烛啊！
“莫问收获，但问耕耘。”

忆 老 舍

老舍传略

老舍（1899—1966），现代著名作家。原名舒庆春，字舍予。老舍是他最常用的笔名。满族。北京人。

1918 年毕业于北京师范学校，担任过小学校长、郊外北区劝学员等职。

1924 年，赴英国伦敦大学东方学院讲授汉语和中国文学。自 1925 年起，陆续写了 3 部长篇小说:《老张的哲学》、《赵子曰》、《二马》，3 部作品陆续在《小说月报》上连载后，引起文坛的注目。

1929 年夏，绕道欧、亚回国。在新加坡逗留期间，为当地高涨的民族解放要求所鼓舞，创作反映被压迫民族觉醒的中篇童话《小坡的生日》。1930 年 7 月起，在济南齐鲁大学任教。1934 年秋，改任青岛山东大学教授。期间创作长篇小说《离婚》和《牛天赐传》等，都写得富有生活情趣和喜剧效果。

面对愈来愈严酷的社会现实，此时期他的创作倾重反映两方面内容：一是日益关切国家大事，由此触发写作的灵感，如受到日本侵略者制造的五三惨案的刺激，写了《大明湖》，九一八事变引起他“对国事的失望”，遂有寓言小说《猫城记》的问世；一是更加关怀城市贫民的苦难，以此作为主要描写对象，《月牙儿》叙述母女两代沦为暗娼，《我这一辈子》诉说下级警察的坎坷经历。在《骆驼祥子》中，以农村来到城市拉车的祥子个人的毁灭，写出一场沉痛的社会悲剧。把城市底层暗无天日的生活引进现代文学的艺术世界，是他的一大建树。《骆驼祥子》是他个人也是中国现代文学史的重要作品。他从30年代初起，开始写作短篇小说，作品收入《赶集》、《樱海集》、《蛤藻集》等。其中如《柳家大院》、《上任》、《老字号》、《断魂枪》诸篇，绰约多姿，精致完整，是不可多得的佳作。

抗日战争爆发后，于1937年11月只身奔赴武汉。1938年3月，参加中华全国文艺界抗敌协会，出任总务部主任，对文艺界的团结抗日多有贡献。他写于抗战时期的作品，也多以直接为民族解放服务为题旨。自1944年初开始，进入长篇小说《四世同堂》的创作，回到所熟悉的北京市民社会和所擅长的幽默讽刺艺术。小说刻画深受传统观念束缚的市井平民，在民族生死存亡关头的内心冲突，于苦难中升腾起来的觉醒和抗争，自然也有消极逃匿和无耻堕落。是他抗战时期的力作，也是抗战文艺的重要收获。1946年3月，应美国国务院邀请赴美讲学。一年期满后，继续旅居美国，从事创作和将自己的作品译成英文。

得知中华人民共和国建立，老舍立即启程回国。新社会的新气象使他极为振奋，不久就发表以艺人生活为题材的剧作《方珍珠》。1951年初创作的话剧《龙须沟》上演，获得巨大成功。剧本通过大杂院几户人家的悲欢离合，写出了历尽沧桑的北京和备尝艰辛的城市贫民正在发生的天翻地覆的变化，是他创作新的里程碑，他因此获得人民艺术家的荣誉称号。50—60年代，他在文艺、政治、社会、对外文化交流等方面担任多种职务，但仍然勤奋创作。作品以话剧为主，有《春华秋实》、《西望长安》、《红大院》、《女店员》等。自50年代后半期起，他在话剧《茶馆》、《义和团》（又名《神拳》）和小说《正红旗下》（未完成）等作品中，转而描绘近代北京的历史风云。《茶馆》以一座茶馆作为舞台，展开了清末戊戌维新失败、民国初年北洋军阀盘踞时期、国民党政权崩溃前夕3个时代的生活场景和历史动向，写出旧中国的日趋衰微，揭示必须寻找别的出路的真理。是当代中国话剧舞台最享盛名的保留剧目，继《骆驼祥子》之后，再次为他赢得国际声誉。

文化大革命初期遭受迫害，于1966年8月24日自溺于北京太平湖。

我记忆中的老舍先生

季羡林

老舍先生含冤逝世已经二十多年了。在这一段相当长的时间内，我经常想到他，想到的次数远远超过我认识他以后直至他逝世的三十多年。每次想到他，我都悲从中来。我悲的是中国失去一个热爱祖国、热爱人民的正直的大作家，我自己失去一位从年龄上看来算是师辈的和蔼可亲的老友。目前，我自己已经到了晚年，我的内心再也承受不住这一份悲痛，我也不愿意把它带着离开人间。我知道，原始人是颇为相信文字的神秘力量的，我从来没有这样相信过。但是，我现在宁愿作一个原始人，把我的悲痛和怀念转变成文字，也许这悲痛就能突然消逝掉，还我心灵的宁静，岂不是天大的好事吗？

我从高中时代起，就读老舍先生的著作，什么《老张的哲学》、《赵子曰》、《二马》，我都读过。到了大学以后，以及离开大学以后，只要他有新作出版，我一定先睹为快，什么《离婚》、《骆驼祥子》等等，我都认真读过。最初，由于水平的限制，他的著作我不敢说全都理解。可是我总觉得，他同别的作家不一样。他的语言生动幽默，是地道的北京话，间或也夹上一点山东俗语。他没有许多作家那种忸怩作态让人读了感到浑身难受的非常别扭的文体，一种新鲜活泼的力量跳动在字里行间。他的幽默也同林语堂之流的那种着意为之的幽默不同。总之，老舍先生成了我毕生最喜爱的作家之一，我对他怀有崇高的敬意。

但是，我认识老舍先生却完全出于一个偶然的机会。三十年代初，我离开了高中，到清华大学来念书。当时老舍先生正在济南齐鲁大学教书。济南是我的老家，每年暑假我都回去。李长之是济南人，他是我唯一的一个小学、中学、大学“三连贯”的同学。有一年暑假，他告诉我，他要在家里请老舍先生吃饭，要我作陪。在旧社会，大学教授架子一般都非常大，他们与大学生之间宛然是两个阶级。要我陪大学教授吃饭，我真有点受宠若惊。及至见到老舍先生，他却全然不是我心目中的那种大学教授。他谈吐自然，蔼然可亲，一点架子也没有，特别是他那一口地道的京腔，铿锵有致，听他说话，简直就像听音乐，是一种享受。从那以后，我们就算是认识了。

解放后，我在当时所谓故都又会见了老舍先生，上距第一次见面已经有二十多年了。

我现在已经记不清楚我们重逢时的情景。但是我却清晰地记得起五十年代初期召开的一次汉语规范化会议时的情景。当时语言学界的知名人士，以及曲艺界的名人，都被邀请参加，其中有侯宝林、马姊妹等等。老舍先生、叶圣陶先生、罗常培先生、吕叔湘先生、黎锦熙先生等等都参加了。这是解放后语言学界的第一盛会。当时还没有达到会议成灾的程度，因此大家的兴致都很高，会上的气氛也十分亲切融洽。

有一天中午，老舍先生忽然建议，要请大家吃一顿地道的北京饭。大家都知道，老舍先生是地道的北京人，他讲的地道的北京饭一定会是非常地道的，都欣然答应。老舍先生对北京人民生活之熟悉，是众所周知的。有人戏称他为“北京土地爷”。他结交的朋友，三教九流都有。他能一个人坐在酒缸旁，同洋车夫、旧警察等旧社会的“下等人”，开怀畅饮，亲密无间，宛如亲朋旧友，谁也感觉不到他是大作家、名教授、留洋的学士。能做到这一步的，并世作家中没有第二人。这样一位老北京想请大家吃北京饭，大家的兴致哪能不高涨起来呢？商议的结果是到西四砂锅居去吃白煮肉，当然是老舍先生做东。他同饭馆的经理一直到小伙计都是好朋友，因此饭菜极佳，服务周到。大家尽兴地饱餐了一顿。虽然是一顿简单的饭，然却令人毕生难忘。

还有一件小事，也必须在这里提一提。忘记了是哪一年了，反正我还住在城里翠花胡同没搬出城外。有一天，我到东安市场北门对门的一家著名的理发馆里去理发，猛然瞥见老舍先生也在那里，正躺在椅子上，下巴上白糊糊的一团肥皂泡沫，正让理发师刮脸。这不是谈话的好时机，只寒暄了几句，就什么也不说了。等我坐在椅子上时，从镜里看到他跟我打招呼，告别，看到他的身影走出门去。我理完发要付钱时，理发师说：老舍先生已经替我付过了。这样芝麻绿豆的小事殊不足以见老舍先生的精神；但是，难道也不足以见他这种细心体贴人的心情吗？

老舍先生的道德文章，光如日月，巍如山斗，用不着我来细加评论，我也没有那个能力。我现在写的都是一些小事。然而小中见大，于琐细中见精神，于平凡中见伟大，豹窥一斑，鼎尝一脔，不也能反映出老舍先生整个人格的一个缩影吗？

中国有一句俗话："好死不如赖活着。"这一句话道出了一个真理。一个人除非万不得已决不会自己抛掉自己的生命。印度梵文中"死"这个动词，变化形式同被动态一样。我一直觉得非常有趣，非常有意思。印度古代语法学家深通人情，才创造出这样一个形式，死几乎都是被动的。有几个人主动地去死呢？老舍先生走上自沉这一条道路，必有其不得已之处。有人说，人在临死前总会想到许多东西的，他会想到自己的一生的。可惜我还没有这个经验，只能在这里胡思乱想。当老舍先生徘徊在湖水岸边决心自沉时，眼望湖水茫茫，心里悲愤填膺，唤天天不应，唤地地不答，悠悠天地，仿佛只剩下自己孤身一人，他会想到自己的一生吧！这一生是忠诚于祖国、忠诚于人民的一生，然而到头来却落到这等地步。为什么呢？究竟是为什么呢？如果自己留在美国不回来，著书立说，优游自在，洋房、汽车、声名禄利，无一缺少。舒舒服服地过一辈子，说不定能寿登耄耋，富埒王侯。他不是为热爱自己的祖国母亲，才毅然历尽艰辛回来的吗？是今天祖国母亲无法庇护自己那远方归来的游子了呢？还是不愿意庇护了呢？我猜想，老舍先生决不会埋怨自己的祖国母亲，祖国母亲永远是可爱的，在任何情况下都是可爱的。他也决不会后悔回来的。但是，他确实有一些问题难以理解，他只有横下一条心，一死了之。这样的问题，我们今天又有谁能理解呢？我想，老舍先生还会想到自己的朋友。所有这些都是十分美好可爱的。对于这些难道他就一点也不留恋吗？决不会的，决不会的。但是，有种东西梗在他心中，像大毒蛇缠住了他，他只能纵身一跳，投入波心，让弥漫的湖水给自己带来解脱了。

两千多年以前，屈原自沉于汨罗江。他行吟泽畔，心里想的恐怕同老舍先生有类似之处吧。他想到："蝉翼为重，千钧为轻；黄钟毁弃，瓦釜雷鸣。"他又想到："世人皆浊我独清，众人皆醉我独醒。"难道老舍先生也这样想过吗？这样的问题，有谁能够答复我呢？恐怕到了地球末日也没有人能答复了。我在泪眼模糊中，看到老舍先生戴着眼镜，在和蔼地对我笑着；我耳朵里仿佛听到了他那铿锵有节奏的北京话。我浑身颤抖，连灵魂也在剧烈地震动。

呜呼！我欲无言。

名人婚恋

老舍的“情书”

老舍在33岁时已是文坛著名的作家，但还未成婚，当时，朋友们见他与胡絜青性格和爱好比较接近，就轮流请他俩吃饭。赴宴三次后，两人都心会了。终于老舍给胡絜青写出了第一封信:“我们不能总靠吃人家饭的办法会面说话，你和我手中都有一支笔，为什么不能利用它——这完全是属于自己的小东西，把心里想说的话都写出来。”信写得诚恳坦率，打开了两个人情感的闸门。他们相约，每天都给对方写一封信，如果哪天老舍没有收到姑娘的信，他就像丢了魂儿似的坐立不安。

姑娘时代的胡絜青手巧爱做衣裳。朋友们告诉老舍：你看胡絜青，每天准换一身衣裳。老舍赶忙去信说：“……我可没钱供你，看来，你跟我好，就得牺牲这衣裳。我不能像外国人似的，在外面把老婆捧得老高，回家就一顿打。我不会欺负你，更不会打你，可我也不会像有些外国男人那样，给你提着小伞，让你挺神气地在前头走，我在后头伺候你。”

老舍认为选择爱人的标准是：“两个帮手，彼此帮忙，是上等婚姻。”他说：“美不是一切，太太不是图画与雕刻，可以用审美态度去鉴赏。人的美还有品德体格的成分在内。”

老舍自传

解放前，老舍曾写过一篇自传，质朴自谦，妙趣横生。这篇自传全文如下：舒舍予，字老舍，现年40岁，面黄无须。生于北平。3岁失怙，可谓无父；志学之年，帝王不存，可谓无君。无父无君，特别孝爱老母，布尔乔亚之仁未能一扫空也。幼读三百篇，不求甚解。继学师范，遂奠教书匠之基。及壮，糊口四方，教书为业，甚难发财，每购奖券，以得末彩为荣，示甘于寒贱也。27岁发愤著书，科学哲学无所懂，故写小说，博大家一笑没什么了不得。34岁结婚，今已有一男一女，均狡猾可喜。闲时喜养花，不得其法，每每有叶无花，亦不忍弃。书无所不读，全无所获并不着急，教书作事均甚认事，往往吃亏，亦不后悔。如此而已，再活40年也许能有点出息。

老舍作品精选

断　魂　枪

沙子龙的镳局已改成客栈。

东方的大梦没法子不醒了。炮声压下去马来与印度野林中的虎啸。半醒的人们，揉着眼，祷告着祖先与神灵；不大会儿，失去了国土、自由与主权。门外立着不同面色的人，枪口还热着。他们的长矛毒弩，花蛇斑彩的厚盾，都有什么用呢；连祖先与祖先所信的神明全不灵了啊！龙旗的中国也不再神秘，有了火车呀，穿坟过墓破坏着风水。枣红色多穗的镳旗，绿鲨皮鞘的钢刀，响着串铃的口马，江湖上的智慧与黑话，义气与声名，连沙子龙，他的武艺、事业，都梦似的变成昨夜的。今天是火车、快枪，通商与恐怖。听说，有人还要杀下皇帝的头呢！

这是走镳已没有饭吃，而国术还没被革命党与教育家提倡起来的时候。

谁不晓得沙子龙是短瘦、利落、硬棒，两眼明得像霜夜的大星？可是，现在他身上放了肉。镳局改了客栈，他自己在后小院占着三间北房，大枪立在墙角，院子里有几只楼鸽。只是在夜间，他把小院的门关好，熟习熟习他的“五虎断魂枪”。这条枪与这套枪，二十年的工夫，在西北一带，给他创出来：“神枪沙子龙”五个字，没遇见过敌手。

现在，这条枪与这套枪不会再替他增光显胜了；只是摸摸这凉、滑、硬而发颤的杆子，使他心中少难过一些而已。只有在夜间独自拿起枪来，才能相信自己还是“神枪沙”。

在白天，他不大谈武艺与往事；他的世界已被狂风吹了走。

在他手下创练起来的少年们还时常来找他。他们大多数是没落子的，都有点武艺，可是没地方去用。有的在庙会上去卖艺：踢两趟腿，练套家伙，翻几个跟头，附带着卖点大力丸，混个三吊两吊的。有的实在闲不起了，去弄筐果子，或挑些毛豆角，赶早儿在街上论斤吆喝出去。那时候，米贱肉贱，肯卖膀子力气本来可以混个肚儿圆；他们可是不成：肚量既大，而且得吃口管事儿的；干饽饽辣饼子咽不下去。况且他们还时常去走会：五虎棍，开路，太狮少狮……虽然算不了什么——比起走镳来——可是到底有个机会活动活动，露露脸。是的，走会捧场是买脸的事，他们打扮的得像个样儿，至少得有条青洋绉裤子，新漂白细市布的小褂，和一双鱼鳞洒鞋——顶好是青缎子抓地虎靴子。他们是神枪沙子龙的徒弟——虽然沙子龙并不承认——得到处露脸，走会得赔上俩钱，说不定还得打场架。没钱，上沙老师那里去求。沙老师不含糊，多少不拘，不让他们空着手儿走。可是，为打架或献技去讨教一个招数，或是请给说个“对子”——什么空手夺刀，或虎头钩进枪——沙老师有时说句笑话，马虎过去：“教什么？拿开水浇吧！”有时直接把他们赶出去。他们不大明白沙老师是怎么了，心中也有点不乐意。

可是，他们到处为沙老师吹腾，一来是愿意使人知道他们的武艺有真传授，受过高人的指教；二来是为激动沙老师：万一有人不服气而找上老师来，老师难道还不露一两手真的么？所以：沙老师一拳就砸倒了个牛！沙老师一脚把人踢到房上去，并没使多大的劲！他们谁也没见过这种事，但是说着说着，他们相信这是真的了，有年月，有地方，千真万确，敢起誓！

王三胜——沙子龙的大伙计——在土地庙拉开了场子，摆好了家伙。抹了一鼻子茶叶末色的鼻烟，他抡了几下竹节钢鞭，把场子打大一些。放下鞭，没向四围作揖，叉着腰念了两句：“脚踢天下好汉，拳打五路英雄！”向四围扫了一眼：“乡亲们，王三胜不是卖艺的；玩艺儿会几套，西北路上走过镳，会过绿林中的朋友。现在闲着没事，拉个场子陪诸位玩玩。有爱练的尽管下来，王三胜以武会友，有赏脸的，我陪着。神枪沙子龙是我的师傅；玩艺地道！诸位，有愿下来的没有？”他看着，准知道没人敢下来，他的话硬，可是那条钢鞭更硬，十八斤重。

王三胜，大个子，一脸横肉，努着对大黑眼珠，看着四围。大家不出声。

他脱了小褂，紧了紧深月白色的“腰里硬”，把肚子杀进去。给手心一口唾沫，抄起大刀来：“诸位，王三胜先练趟瞧瞧。不白练，练完了，带着的扔几个；没钱，给喊个好，助助威。这儿没生意口。好，上眼！”大刀靠了身，眼珠努出多高，脸上绷紧，胸脯子鼓出，像两块老桦木根子。一跺脚，刀横起，大红缨子在肩前摆动。削砍劈拨，蹲越闪转，手起风生，忽忽直响。忽然刀在右手心上旋转，身弯下去，四围鸦雀无声，只有缨铃轻叫。

刀顺过来，猛的一个“踩泥”，身子直挺，比众人高着一头，黑塔似的。收了势：“诸位！”一手持刀，一手叉腰，看着四围。稀稀的扔下几个铜钱，他点点头。“诸位！”

他等着，等着，地上依旧是那几个亮而削薄的铜钱，外层的人偷偷散去。他咽了口气：“没人懂！”他低声的说，可是大家全听见了。

“有功夫！”西北角上一个黄胡子老头儿答了话。“啊？”王三胜好似没听明白。

“我说：你——有——功——夫！”老头子的语气很不得人心。

放下大刀，王三胜随着大家的头往西北看。谁也没看重这个老人：小干巴个儿，披着件粗蓝布大衫，脸上窝窝瘪瘪，眼陷进去很深，嘴上几根细黄胡，肩上扛着条小黄草辫子，有筷子那么细，而绝对不像筷子那么直顺。王三胜可是看出这老家伙有功夫，脑门亮，眼睛亮——眼眶虽深，眼珠可黑得像两口小井，深深的闪着黑光。王三胜不怕：他看得出别人有功夫没有，可更相信自己的本事，他是沙子龙手下的大将。“下来玩玩，大叔！”王三胜说得很得体。

点点头，老头儿往里走。这一走，四外全笑了。他的胳臂不大动；左脚往前迈，右脚随着拉上来，一步步的往前拉扯，身子整着，像是患过瘫痪病。蹭到场中，把大衫扔在地上，一点没理会四围怎样笑他。

“神枪沙子龙的徒弟，你说？好，让你使枪吧；我呢？”老头子非常的干脆，很像久想动手。

人们全回来了，邻场耍狗熊的无论怎么敲锣也不中用了。“三截棍进枪吧？”王三胜要看老头子一手，三截棍不是随便就拿得起来的家伙。

老头子又点点头，拾起家伙来。

王三胜努着眼，抖着枪，脸上十分难看。

老头子的黑眼珠更深更小了，像两个香火头，随着面前的枪尖儿转，王三胜忽然觉得不舒服，那俩黑眼珠似乎要把枪尖吸进去！四外已围得风雨不透，大家都觉出老头子确是有威。为躲那对眼睛，王三胜耍了个枪花。老头子的黄胡子一动：“请！”王三胜一扣枪，向前躬步，枪尖奔了老头子的喉头去，枪缨打了一个红旋。老人的身子忽然活展了，将身微偏，让过枪尖，前把一挂，后把撩王三胜的手。拍，拍，两响，王三胜的枪撒了手。场外叫了好。王三胜连脸带胸口全紫了，抄起枪来；一个花子，连枪带人滚了过来，枪尖奔了老人的中部。老头子的眼亮得发着黑光；腿轻轻一屈，下把掩裆，上把打着刚要抽回的枪杆；拍，枪又落在地上。

场外又是一片彩声。王三胜流了汗，不再去拾枪，努着眼，木在那里。老头子扔下家伙，拾起大衫，还是拉拉着腿，可是走得很快了。大衫搭在臂上，他过来拍了王三胜一下：“还得练哪，伙计！”

“别走！”王三胜擦着汗：“你不离，姓王的服了！可有一样，你敢会会沙老师？”

“就是为会他才来的！”老头子的干巴脸上皱起点来，似乎是笑呢。“走；收了吧；晚饭我请！”

王三胜把兵器拢在一处，寄放在变戏法二麻子那里，陪着老头子往庙外走。后面跟着不少人，他把他们骂散了。“你老贵姓？”他问。

“姓孙哪，”老头子的话与人一样，都那么干巴。“爱练；久想会会沙子龙。”

沙子龙不把你打扁了！王三胜心里说。他脚底下加了劲，可是没把孙老头落下。他看出来，老头子的腿是老走着查拳门中的连跳步；交起手来，必定很快。但是，无论他怎么快，沙子龙是没对手的。准知道孙老头要吃亏，他心中痛快了些，放慢了些脚步。

“孙大叔贵处？”

“河间的，小地方。”孙老者也和气了些：“月棍年刀一辈子枪，不容易见功夫！”

“说真的，你那两手就不坏！”王三胜头上的汗又回来了，没言语。

到了客栈，他心中直跳，唯恐沙老师不在家，他急于报仇。他知道老师不爱管这种事，师弟们已碰过不少回钉子，可是他相信这回必定行，他是大伙计，不比那些毛孩子；再说，人家在庙会上点名叫阵，沙老师还能丢这个脸么？“三胜，”沙子龙正在床上看着本《封神榜》，“有事吗？”三胜的脸又紫了，嘴唇动着，说不出话来。

沙子龙坐起来，“怎么了，三胜？”

“栽了跟头！”

只打了个不甚长的哈欠，沙老师没别的表示。

王三胜心中不平，但是不敢发作；他得激动老师：“姓孙的一个老头儿，门外等着老师呢；把我的枪，枪，打掉了两次！”他知道“枪”字在老师心中有多大分量。没等吩咐，他慌忙跑出去。

客人进来，沙子龙在外间屋等着呢。彼此拱手坐下，他叫三胜去泡茶。三胜希望两个老人立刻交了手，可是不能不沏茶去。孙老者没话讲，用深藏着的眼睛打量沙子龙。

沙很客气：“要是三胜得罪了你，不用理他，年纪还轻。”

孙老者有些失望，可也看出沙子龙的精明。他不知怎样好了，不能拿一个人的精明断定他的武艺。“我来领教领教枪法！”他不由地说出来。

沙子龙没接碴儿。王三胜提着茶壶走进来——急于看二人动手，他没管水开了没有，就沏在壶中。

“三胜，”沙子龙拿起个茶碗来，“去找小顺们去，天汇见，陪孙老者吃饭。”

“什么！”王三胜的眼珠几乎掉出来。看了看沙老师的脸，他敢怒而不敢言地说了声“是啦！”走出去，撅着大嘴。“教徒弟不易！”孙老者说。

“我没收过徒弟。走吧，这个水不开！茶馆去喝，喝饿了就吃。”沙子龙从桌子上拿起缎子褡裢，一头装着鼻烟壶，一头装着点钱，挂在腰带上。

“不，我还不饿！”孙老者很坚决，两个“不”字把小辫从肩上抡到后边去。

“说会子话儿。”

“我来为领教领教枪法。”

“功夫早搁下了，”沙子龙指着身上，“已经放了肉！”“这么办也行，”孙老者深深的看了沙老师一眼：“不比武，教给我那趟五虎断魂枪。”

“五虎断魂枪？”沙子龙笑了：“早忘干净了！早忘干净了！告诉你，在我这儿住几天，咱们各处逛逛，临走，多少送点盘缠。”

“我不逛，也用不着钱，我来学艺！”孙老者立起来，“我练趟给你看看，看够得上学艺不够！”一屈腰已到了院中，把楼鸽都吓飞起去。拉开架子，他打了趟查拳：腿快，手飘洒，一个飞脚起去，小辫儿飘在空中，像从天上落下来一个风筝；快之中，每个架子都摆得稳、准，利落；来回六趟，把院子满都打到，走得圆，接得紧，身子在一处，而精神贯串到四面八方。抱拳收势，身儿缩紧，好似满院乱飞的燕子忽然归了巢。

“好！好！”沙子龙在台阶上点着头喊。

“教给我那趟枪！”孙老者抱了抱拳。

沙子龙下了台阶，也抱着拳：“孙老者，说真的吧；那条枪和那套枪都跟我入棺材，一齐入棺材！”

“不传？”

“不传！”

孙老者的胡子嘴动了半天，没说出什么来。到屋里抄起蓝布大衫，拉拉着腿：“打搅了，再会！”

“吃过饭走！”沙子龙说。

孙老者没言语。

沙子龙把客人送到小门，然后回到屋中，对着墙角立着的大枪点了点头。

他独自上了天汇，怕是王三胜们在那里等着。他们都没有去。

王三胜和小顺们都不敢再到土地庙去卖艺，大家谁也不再为沙子龙吹胜；反之，他们说沙子龙栽了跟头，不敢和个老头儿动手；那个老头子一脚能踢死个牛。不要说王三胜输给他，沙子龙也不是他的对手。不过呢，王三胜到底和老头子见了个高低，而沙子龙连句硬话也没敢说。“神枪沙子龙”慢慢似乎被人们忘了。

夜静人稀，沙子龙关好了小门，一气把六十四枪刺下来；而后，拄着枪，望着天上的群星，想起当年在野店荒林的威风。叹一口气，用手指慢慢摸着凉滑的枪身，又微微一笑，“不传！不传！”

养　花

我爱花，所以也爱养花。我可还没成为养花专家，因为没有工夫去作研究与试验。

我只把养花当作生活中的一种乐趣，花开得大小好坏都不计较，只要开花，我就高兴。

在我的小院中，到夏天，满是花草，小猫儿们只好上房去玩耍，地上没有它们的运动场。

花虽多，但无奇花异草。珍贵的花草不易养活，看着一棵好花生病欲死是件难过的事。我不愿时时落泪。北京的气候，对养花来说，不算很好。冬天冷，春天多风，夏天不是干旱就是大雨倾盆；秋天最好，可是忽然会闹霜冻。在这种气候里，想把南方的好花养活，我还没有那么大的本事。因此，我只养些好种易活、自己会奋斗的花草。

不过，尽管花草自己会奋斗，我若置之不理，任其自生自灭，它们多数还是会死了的。我得天天照管它们，像好朋友似的关切它们。一来二去，我摸着一些门道：有的喜阴，就别放在太阳地里，有的喜干，就别多浇水。这是个乐趣，摸住门道，花草养活了，而且三年五载老活着、开花，多么有意思呀！不是乱吹，这就是知识呀！多得些知识，一定不是坏事。

我不是有腿病吗，不但不利于行，也不利于久坐。我不知道花草们受我的照顾，感谢我不感谢；我可得感谢它们。在我工作的时候，我总是写了几十个字，就到院中去看看，浇浇这棵，搬搬那盆，然后回到屋中再写一点，然后再出去，如此循环，把脑力劳动与体力劳动结合到一起，有益身心，胜于吃药。要是赶上狂风暴雨或天气突变哪，就得全家动员，抢救花草，十分紧张。几百盆花，都要很快地抢到屋里去，使人腰酸腿疼，热汗直流。第二天，天气好转，又得把花儿都搬出去，就又一次腰酸腿疼，热汗直流。可是，这多么有意思呀！不劳动，连棵花儿也养不活，这难道不是真理么？

送牛奶的同志，进门就夸“好香”！这使我们全家都感到骄傲。赶到昙花开放的时候，约几位朋友来看看，更有秉烛夜游的神气——昙花总在夜里放蕊。花儿分根了，一棵分为数棵，就赠给朋友们一些；看着友人拿走自己的劳动果实，心里自然特别喜欢。

当然，也有伤心的时候，今年夏天就有这么一回。三百株菊秧还在地上（没到移入盆中的时候），下了暴雨。邻家的墙倒了下来，菊秧被砸死者约三十多种，一百多棵！全家都几天没有笑容！

有喜有忧，有笑有泪，有花有实，有香有色，既须劳动，又长见识，这就是养花的乐趣。

忆 冰 心

冰心传略

冰心（1900—1999），原名谢婉莹，福建长乐人，1900年10月5日出生于福州现代小说家、散文家、诗人。1912年考入福州女子师范学校预科，1913年，冰心随父迁居北京，次年入贝满女中，1918年升入协和女子大学理预科，“五四”运动的爆发和新文化运动的兴起，使冰心把自己的命运和民族的振兴紧密地联系在一起。她于1919年8月的《晨报》上，发表第一篇散文《二十一日听审的感想》和第一篇小说《两个家庭》。后者第一次使用了“冰心”这个笔名。由于作品直接涉及到重大的社会问题，很快产生影响。之后所写的《斯人独憔悴》、《去国》、《秋风秋雨愁煞人》等“问题小说”，突出反映了封建家庭对人性的摧残、面对新世界两代人的激烈冲突以及军阀混战给人民带来的苦痛。其时，协和女子大学并入燕京大学，冰心以一个青年学生的身份加入了当时著名的文学研究会。发表了引起评论界重视的小说《超人》，引起社会文坛反响的小诗《繁星》、《春水》。1923年，冰心以优异的成绩取得美国威尔斯利女子大学的奖学金。出国留学前后，开始陆续发表总名为《寄小读者》的通讯散文，成为中国儿童文学的奠基之作。

1926年冰心获得文学硕士学位回国，回国后，先后在燕京大学、北平女子文理学院和清华大学国文系任教。1929年6月15日，冰心与吴文藻在燕京大学举行婚礼，成家后的冰心，仍然创作不辍，作品尽情地赞美母爱、童心、大自然，同时还反映了对社会不平等现象和不同阶层生活的细致观察，纯情、隽永的笔致也透露着微讽。小说的代表性作品有1931年的《分》和1933年的《冬儿姑娘》，散文优秀作品是1931年的《南归——献给母亲的在天之灵》等。1932年，《冰心全集》分三卷本（小说、散文、诗歌各一卷），由北新书局出版，这是中国现代文学中的第一部作家的全集。1936年，冰心随丈夫吴文藻到欧美游学一年，1938年吴文藻、冰心夫妇携子女于抗战烽火中离开北平，经上海、香港辗转至大后方云南昆明。1940年移居重庆，出任国民参政会参政员。不久参加中华文艺界抗敌协会，热心从事文化救亡活动，还写了《关于女人》、《再寄小读者》等有影响的散文篇章。抗战胜利后，1946年11月她随丈夫赴日本，曾在日本东方学会和东京大学文学部讲授“中国新文学”课程。

中华人民共和国成立后，冰心夫妇于1951年回到日思夜想的祖国。从此定居北京。冰心感受到新中国欣欣向上的民心，以百倍的精力投入到祖国的各项文化事业和国际交流活动中去。同时她发表大量作品，歌颂祖国，歌颂人民的新生活。她所创作的大量散文和小说，结集为《小桔灯》、《樱花赞》、《拾穗小扎》等，皆脍炙人口，广为流传。

文化大革命开始后，冰心受到冲击，进“牛棚”下干校，直到1971年，冰心与吴文藻才回到北京，接受党和政府交给的有关翻译任务。她与吴文藻、费孝通等人，通力全作完成了《世界史纲》、《世界史》等著作的翻译。

中国共产党十一届三中全会之后，冰心迎来了第二次创作高潮。1980年6月，发表的短篇小说《空巢》，获全国优秀短篇小说奖。散文方面，除《三寄小读者》外，连续创作了四组系列文章，即《想到就写》、《我的自传》、《关于男人》、《伏枥杂记》。年近九旬时发表的《我请求》、《我感谢》、《给一个读者的信》，都是用正直、坦诚、热切的拳拳之心，说出真实的话语，显示了她对祖国、对人民深沉的爱。

冰心还是著名的翻译家。她的译作如黎巴嫩凯罗·纪伯伦的《先知》、《沙与沫》，印度泰戈尔的《吉檀迦利》、《园丁集》及戏剧集多种，都是公认的文学翻译精品。

遗爱在人间——悼念冰心大姐

藏克家

文坛世纪老人冰心安详地走了，撇下她心爱的祖国和她的亿万读者，远行了！她慈祥的面容，宽广的胸怀，高尚的人品，将永远铭刻在我的记忆里；她用圣洁的爱和纯真的情铸成的作品，将永远地流传下去，直到千年万代！

2月13日，从中国作协传来冰心大姐病危的消息，我的心顿时揪在了一起。我和全家人都在祷祝她能平安地迈进21世纪，再亲眼看看更加繁荣昌盛的祖国，看看下一代儿童在她的作品滋润下茁壮成长！但是3月1日清晨的广播传来了噩耗，我们都悲痛万分！

冰心大姐是我和我全家都很尊敬的文学前辈。她的《寄小读者》、《小桔灯》等不朽著作，教育了我家几代人。1923—1926年，我读中学时，酷爱新文学，她的代表作《繁星》、《春水》、《寄小读者》等诗文集，是我最喜爱的读物之一。她那对大海和母亲的纯真的爱，那清新的文笔，深深地感染着我。直到1945年2月，我才和冰心大姐初次见面。

那是一次不寻常的见面！抗战胜利前夕，国民党当局的独裁统治，使民不聊生，文化界受迫害更甚。由郭沫若领衔起草的《文化界时局进言》，要求召开临时紧急会议，商讨战时政治纲领，组织战时全国一致政府。文化人纷纷响应。诗人力扬带着“进言”从重庆市区赶来歌乐山我的住处，我在上面签了名；他还要我一起去同住歌乐山的前辈作家冰心家里，冰心稍作考虑，也在《进言》上签了名。2月22日，重庆《新华日报》以头版头条登出了有300多位文化人签名的《文化界时局进言》。国民党当局惊惶失措，派人动员某些签名者发表反悔声明，也确有个别人登报声明，说自己是上当受骗。当有人去冰心家，问她：这名是你自己签的吗？她义正辞严地回答："是"。那人悻悻地走了。这一"是"字，见出了冰心的风骨！

1956年，中国作协成立了书记处，我和冰心同被调往工作。"文革"中，我们十多人被关进"牛棚"，同挨批斗，完全失去了人身自由。冰心大姐豁达、镇定，从不唉声叹气，劳动之余或午休时间，有时还为同志编织毛袜子。在她心中，有一种光明必定会战胜黑暗的坚定信心与气概！

后来，我们这些老弱先后下到咸宁文化部五七干校。算是照顾，我和冰心大姐有一度轮班看菜园。菜园在一个小土坡上，四顾无人，我们像出笼的鸟，自由自在。交班后，我总是和她聊一会儿才走。她健谈又有风趣。我们谈起在重庆初次见面时的那次签名，我说：你这"是"字，真是一字千金，掷地有声！她向我述说解放后从日本归国的心情和经过。她说，工宣队曾对她讲过："谢冰心啊，你的材料，有些我们知道的，你不知道；有些你知道的，我们不知道。"在那种是非颠倒的特殊政治气候下，冰心大姐心里十分明白，她从不透露周恩来总理对她全家的关照和爱护。

"四人帮"倒台后，我们同庆再度解放，心情愉快，我去过她住的民族学院的"和平楼"，她来过我住的赵堂子胡同小院。我去时，她满面带笑，向我"诉苦"：我不是民族学院的人，接待外宾，翻译英文书，都拉着我，把我写作的时间全占了。她来我家，要我陪她去寻祖居，说祖居就在赵堂子胡同一带。我们来回跑了胡同的前前后后，人是宅非，早已新楼换旧楼了，她怅然。

我喜欢作家字，会客室里高挂着郭老、茅公、叶老、闻一多、王统照、老舍、郑振铎等十多位师友的手迹条幅。我去信向冰心大姐求字，她一直不作答。我一再催促，终于在1977年5月19日寄来了她的墨宝，我欣喜万分；更何况她写的是"敬读毛主席词二首"后的"旧作"词，真是双璧辉映。她写的词是：

"仰望井冈山，赤帜高翻，巨人挥手白云端，燕雀低飞天欲雨，莫下征鞍，百战兴犹酣，怕甚艰难。熊罴虎豹等闲看，唤起全球无产者共越雄关。"

我马上以诗答谢："高挂娟秀字，我作壁下观。忽忆江南圃，对坐聊闲天。"冰心大姐既谦逊又风趣地回来一信："我的几个破字，换来了两信及一张诗笺，我总算一本万利了。老兄诗兴不浅，可喜可贺！"她这幅字，一直与郭老、闻一多先生的条幅一起高挂在我会客室的东墙上。

冰心大姐心平如镜，十分达观。1985 年 9 月，我得知文藻同志重病住院，去信慰问。9 月 9 日她来信说："文藻因心脏病于 7 月 27 日入院，8 月 3 日起昏迷不醒……医生正在抢救，暂时平稳。人老了，总得想到身后的事，我想这也是自然规律，我把他惦念的事办好了就行……您也不要太为老友伤心。"文藻同志谢世后，直到 1994 年她自己住院前的近十年间，她仍笔耕不辍，又写下了《关于男人》等不少作品。1989 年，我主编《毛泽东诗词鉴赏》一书，向她约稿，她欣然命笔，寄来大作《毛泽东诗词鉴赏一得》，称毛主席诗词是"大气磅礴，豪迈精深"。她还深切关怀着教育工作者、妇女和儿童，不断地为他们呼吁。她将慈母般的爱心给予她所爱的人，人们也全心身地爱着她，尊敬她。

冰心大姐 90 华诞那天，我和妻子郑曼携小女儿苏伊前去祝寿。她身披红披肩，满面春风，神采奕奕。在挂有她最心爱的梁启超为她题写的对联前的沙发上，她让我和郑曼分坐在她的身边，亲切地注视着我喝完那杯她递来的祝寿酒，她的外孙陈钢摄下了这一瞬间。这张照片，成为我家永远珍藏的纪念品。

冰心大姐住院后，我也病倒了。几年来，我和全家都很惦念她，怕打扰，不敢去医院探望，只不时地给她家打去电话，询问病情。我们是多么希望冰心老人能健强地活到科学家所说的人类生命的极限，让她的爱和美照亮她所关爱的千千万万人的心。而今，她走了；不，她没有走！她永远活在人们的心中！

1999 年 3 月 6 日

附记：我年高久病，此文请郑曼代笔。——克家

【作者简介】

臧克家（1905—2004），汉族。山东潍坊市诸城人，著名诗人。

1923 年夏，考入山东省立第一师范。1925 年首次在全国性刊物《语丝》上发表作品，

署名少全。1927年，考入中央军事政治学校武汉分校，曾经参加北伐战争。1929年，在青岛《民国日报》上第一次发表新诗《默静在晚林中》，署名克家。

1930年，考入国立山东大学，学习期间创作了《难民》、《老马》、《有的人》等有名的诗篇，《罪恶的黑手》是他早期诗歌的代表作，已成为我国现代诗史上的经典之作。

1933年第一部诗集《烙印》出版，次年，诗集《罪恶的黑手》问世，从此蜚声诗坛。1934年至1937年在山东省立临清中学任教，出版诗集《运河》和长诗《自己的写照》，创作了散文集《乱莠集》。1936年参加中国文艺家协会。抗日战争爆发后，于1938年参加中华全国文艺界抗敌协会，1943年夏，负责编辑《难童教养》杂志至1945年秋。1948年12月，由于上海白色恐怖严重，被迫潜往香港。1949年3月，由中共党组织安排来到北平。历任华北大学文艺学院文学创作研究室研究员，出版总署、人民出版社编审，《新华月报》编委。1956年，调任中国作家协会书记处书记。1957年至1965年任《诗刊》主编。在“文化大革命”中遭受迫害，被迫停止文学创作和社会活动，下放到湖北咸宁“五七干校”。1972年回到北京。2004年2月5日在北京逝世。

名人婚恋

冰心与吴文藻

1923年初夏，23岁的谢冰心以优异的成绩获燕京大学“金钥匙奖”和美利坚威尔斯利女子大学奖学金。8月中旬，这位在当时已小有名气的女诗人和梁实秋、顾一樵等朋友一起搭乘“杰克逊号”邮轮赴美留学，攻读硕士学位。

在船上，冰心偶然遇到了一位身材魁伟、眉毛粗黑、高高鼻梁上架着玳瑁眼镜的小伙子，这个血气方刚的英俊小伙子就是女诗人未来的夫君——吴文藻先生。他是去美利坚攻读社会学、民族学的，深得冰心好感。两人虽不是青梅竹马，却是一见钟情。一路话语投机，经过海阔天空的侃谈，这一对年轻学子都似乎大有相见恨晚之感。

异国求学几年，冰心、吴文澡不在一起，但书信和假期交往使双方进一步加深了解和爱的思念。谢冰心视吴文藻为“人生的畏友和老师”；吴文藻则称冰心为“新思想旧道德兼备的无瑕完人。”

1926年冰心学成回国，应聘在燕京大学任教。归国前，她与吴文藻共同策划了以吴文藻名义给未来岳父母大人的三千言“求婚书”。面对这封由女儿带回来的求婚书，冰心父亲，这位甲午海战中威海卫保卫战“来远舰”上的炮兵二副、后来的海军中将、烟台海军学校校长舐犊情深，“金言一诺”。1928年冬，吴文藻通过博士论文答辩后取道欧洲回国，任教于清华、燕京二校。翌年初春，在一个阳光明媚喜气洋洋的佳日双方举行了简单的订婚仪式，同年6月成婚。亲朋好友在燕京大学临湖轩吃了他们的喜酒，而新婚的洞房则选择在京西大觉寺一间只放着两张小帆布床和一张旧饭桌的小屋中，以示日后同甘苦共患难。这一点在后来的岁月里得到了印证。1957年，吴文藻先生被错划成右派，这一意外的灾难从天而降，冰心痛苦至极，默默承受。她无时无刻不在关心文藻、帮助文藻，相依为命的度过那些艰难的岁月。

1985年，吴文藻先生大去，冰心专此撰文纪念，称：“这是我文字生涯中最后要做的一件事。”夫妻情深至此，十分令人浩叹！

名人自述

只拣儿童多处行

冰　心

从香山归来，路过颐和园，看见成千盈百的孩子，闹嚷嚷地从颐和园门内挤了出来。就像从一只大魔术匣子里，飞涌出一群接着一群的小天使。

这情景实在有趣！我想起两句诗：“儿童不解春何在，只拣游人多处行”，反过来说也可以：“游人不解春何在，只拣儿童多处行”。我们笑着下了车，迎着儿童的涌流，挤进颐和园去。

我们本想在知春亭畔喝茶，哪知道知春亭畔已是座无隙地！女孩子、男孩子，戴着红领巾的，把外衣脱下搭在肩上拿在手里的，东一堆，西一堆，叽叽呱呱地，也不知说些什么，笑些什么，个个鼻尖上闪着汗珠，小小的身躯上喷发着太阳的香气息。也有些孩子，大概是跑累了，背倚着树根坐在小山坡上，聚精会神地看小人书。湖面无数坐满儿童的小船，在波浪上荡漾，一面一面鲜红的队旗，在东风里哗哗地响着。

沿着湖边的白石栏杆向玉澜堂走，在转弯的地方，总和一群一群的孩子撞个满怀，他们匆匆地说了声“对不起”，又匆匆地往前跑，知春亭和园门口大概是他们集合的地方，太阳已经偏西，是他们归去的时候了。

走进玉澜堂的院落里，眼睛突然地一亮，那几棵大海棠树，开满了密密层层的淡红的花，这繁花开得从树枝开到树梢，不留一点空隙，阳光下就像几座喷花的飞泉……

春光，就会这样地饱满，这样地烂漫，它把一冬天蕴藏的精神、力量，都尽情地释放出来了！

我们在花下大声赞叹，引起一群刚要出门的孩子，又围聚过来了，他们抬头看看花，又看看我们。我拉住一个额前披着短发的女孩子。笑问：“你说这海棠花好看不好看？”她忸怩地笑着说：“好看。”我又笑问：“怎么好法？”当她说不出来低头玩着纽扣的时候，一个在她后面的男孩子笑着说：“就是开得旺嘛！”于是他们就像过了一关似的，笑着推着跑出门外去了。

对，就是开得旺！只要管理得好，给它适时地浇水施肥，花也和儿童一样，在春天的感召下，就会欢畅活泼地，以旺盛的生命力，舒展出新鲜美丽的四肢，使出浑身解数，这时候，自己感到快乐，别人看着也快乐。

朋友，春天在哪里？当你春游的时候，记住“只拣儿童多处行”，是永远不会找不到春天的！

（本篇最初发表于《北京晚报》1962年5月6日，后收入散文集《拾穗小札》。）

冰心作品精选

小　桔　灯

这是十几年以前的事了。

在一个春节前一天的下午，我到重庆郊外去看一位朋友。她住在那个乡村的乡公所楼上。走上一段阴暗的仄仄的楼梯，进到一间有一张方桌和几张竹凳、墙上装着一架电话的屋子，再进去就是我的朋友的房间，和外间只隔一幅布帘。她不在家，窗前桌上留着一张条子，说是她临时有事出去，叫我等着她。

我在她桌前坐下，随手拿起一张报纸来看，忽然听见外屋板门吱地一声开了。过了一会，又听见有人在挪动那竹凳子。我掀开帘子，看见一个小姑娘，只有八九岁光景，瘦瘦的苍白的脸，冻得发紫的嘴唇，头发很短，穿一身很破旧的衣裤，光脚穿一双草鞋，正在登上竹凳想去摘墙上的听话器，看见我似乎吃了一惊，把手缩了回来。我问她："你要打电话吗？"她一面爬下竹凳，一面点头说："我要 ×× 医院，找胡大夫，我妈妈刚才吐了许多血！"我问："你知道 ×× 医院的电话号码吗？"她摇了摇头说："我正想问电话局……"我赶紧从机旁的电话本子里找到医院的号码，就又问她："找到了大夫，我请他到谁家去呢？"她说："你只要说王春林家里病了，她就会来的。"

我把电话打通了，她感激地谢了我，回头就走。我拉住她问："你的家远吗？"她指着窗外说："就在山窝那棵大黄果树下面，一下子就走到的。"说着就登登登地下楼去了。

我又回到屋里去，把报纸前前后后都看完了，又拿起一本《唐诗三百首》来，看了一半，天色越发阴暗了，我的朋友还不回来。我无聊地站了起来，望着窗外浓雾里迷茫的山景，看到那棵黄果树下面的小屋，忽然想去探望那个小姑娘和她生病的妈妈。我下楼在门口买了几个大红的桔子，塞在手提袋里，顺着歪斜不平的石板路，走到那小屋的门口。

我轻轻地扣着板门，发出清脆的“咚咚”声，刚才那个小姑娘出来开了门，抬头看了我，先愣了一下，后来就微笑了，招手叫我进去。这屋子很小很黑，靠墙的板铺上，她的妈妈闭着眼平躺着，大约是睡着了，被头上有斑斑的血痕，她的脸向里侧着，只看见她脸上的乱发，和脑后的一个大髻。门边一个小炭炉，上面放着一个小沙锅，微微地冒着热气。这小姑娘把炉前的小凳子让我坐了，她自己就蹲在我旁边，不住地打量我。我轻轻地问：“大夫来过了吗？”她说：“来过了，给妈妈打了一针……她现在很好。”

她又像安慰我似地说：“你放心，大夫明早还要来的。”我问：“她吃过东西吗？这锅里是什么？”她笑说：“红薯稀饭，我们的年夜饭。”我想起了我带来的桔子，就拿出来放在床边的小矮桌上。她没有作声，只伸手拿过一个最大的桔子来，用小刀削去上面的一段皮，又用两只手把底下的一大半轻轻地揉捏着。

我低声问：“你家还有什么人？”她说：“现在没有什么人，我爸爸到外面去了……”她没有说下去，只慢慢地从桔皮里掏出一瓤一瓤的桔瓣来，放在她妈妈的枕头边。

炉火的微光，渐渐地暗了下去，外面更黑了。我站起来要走，她拉住我，一面极其敏捷地拿过穿着麻线的大针，把那小桔碗四周相对地穿起来，像一个小筐似的，用一根小竹棍挑着，又从窗台上拿了一段短短的洋蜡头，放在里面点起来，递给我说：“天黑了，路滑，这盏小桔灯照你上山吧！”

我赞赏地接过，谢了她，她送我出到门外，我不知道说什么好，她又像安慰我似地说：“不久，我爸爸一定会回来的。那时我妈妈就会好了，一定！”她用小手在面前画一个圆圈，最后按到我的手上：“我们大家也都好了！”显然地，这“大家”也包括我在内。泪水在我眼中打转……

我提着这灵巧的小桔灯，慢慢地在黑暗潮湿的山路上走着。这朦胧的桔红的光，实在照不了多远，但这小姑娘的镇定、勇敢、乐观的精神鼓舞了我，我似乎觉得眼前有无限光明！

我的朋友已经回来了，看见我提着小桔灯，便问我从哪里来。我说："从……从王春林家来。"她惊异地说："王春林，那个木匠，你怎么认得他？去年山下医学院里，有几个学生，被当做共产党抓走了，以后王春林也失踪了，据说他常替那些学生送信……"

当夜，我就离开那山村，再也没有听见那小姑娘和她母亲的消息。

但是从那时起，每逢春节，我就想起那盏小桔灯。十二年过去了，那小姑娘的爸爸一定早回来了。她妈妈也一定好了吧？因为我们"大家"都"好"了！

写于1957年1月3日

一只木屐

淡金色的夕阳，像这条轮船一样，懒洋洋地停在这一块长方形的海上。两边码头上仓库的灰色大门，已经紧紧地关起了。一下午的嘈杂的人声，已经寂静了下来，只有乍起的晚风，在吹卷着码头上零乱的草绳和尘土。

我默默地倚伏在船栏上，周围是一片的空虚和沉重，时间一分一分地过去，苍茫的夜色，笼盖了下来。

猛抬头，我看见在离船不远的水面上，飘着一只木屐，它已被海水泡成黑褐色的了。它在摇动的波浪上，摇着、摇着，慢慢地往外移，仿佛要努力地摇到外面大海上去似的！

啊！我苦难中的朋友！你怎么知道我要悄悄地离开？你又怎么知道我心里丢不下那些把你穿在脚下的朋友？你从岸上跳进海中，万里迢迢地在船边护送着我过去几年的、在东京的苦闷不眠的夜晚——相伴我的只有瓦檐上的雨声，纸窗外的月色，更多的是空虚而沉重的、黑魆魆的长夜：而每一个不眠的夜晚，我都听到嘎达嘎达的木屐声音，一阵一阵的从我楼前走过。这声音，踏在石子路上，清空而又坚实：它不像我从前听过的、引人憎恨的、北京东单操场上日本军官的军靴声，也不像北京饭店的大厅上日本官员、绅士的皮鞋声。这是日本劳动人民的、风里雨里寸步不离的、清空而又坚实的声音……

我把双手交叉起，枕在脑后，随着一阵一阵的屐声，在想象中从穿着木屐的双脚，慢慢地向上看，我看到悲哀憔悴的穿着外褂、套着白罩衣的老人、老妇的脸；我看到痛苦愤怒的穿着工裤、披着蓑衣的工人、农民的脸；我看到忧郁彷徨的戴着四角帽、穿着短裙的青年、少女的脸……这些脸，都是我白天在街头巷尾不断看到的，这时都汇合了起来，从我楼前嘎达嘎达地走过。

“苦难中的朋友！在这里黑魆魆长夜，希望在哪里？你们这样嘎达嘎达地往哪里走呢？”在失眠的辗转反侧之中，我总是这样痛苦地想。

但是鲁迅的几句话，也常常闪光似地刺进我黑暗的心头，“我想：希望本无所谓有，无所谓无的。这正如地上的路；其实地上本没有路，走的人多了，也便成了路。”

就这样，这清空而又坚实的木屐声音，一夜又一夜地从我的乱石嶙峋的思路上踏过；一声又一声、一步又一步地替我踏出了一条坚实平坦的大道，把我从黑夜送到黎明！

事情过去十多年了，但是我还常常想起那日那时日本横滨码头旁边水上的那只木屐。对于我，它象征着日本劳动人民，也使我回忆起那几年居留日本的一段生活，引起我许多复杂的情感。

从那日那时离开日本后，我又去了两次。这时候，日本人民不但是我的苦难中的朋友，也是我斗争中的朋友了，我心中的苦乐和十几年前已大不相同。但是，当同去的人们，珍重地带回了些与富士山或樱花有关的纪念品的时候，我却收集一些小小的、引人眷恋的玩具木屐……

忆 废 名

废名传略

废名（1901—1967），原名冯文炳，生于湖北黄梅，1917 年考入国立湖北第一师范学校，接触新文学，被新诗迷住，立志“想把毕生的精力放在文学事业上面”。毕业后留在武昌一所小学任教，1922 年，考入北京大学预科英文班，开始发表诗和小说。1925 年 10 月，出版第一本短篇小说集《竹林的故事》。1927 年，张作霖下令解散北大，改组京师大学堂，愤而退学，任教成达中学。1929 年，在重新改组的北平大学北大学院英国文学系毕业，受聘于国立北京大学中国文学系任讲师。次年和冯至等创办《骆驼草》文学周刊并主持编务，共出刊 26 期。此后教书，写作，研究学问。抗日战争期间回黄梅县教小学，写就《阿赖耶识论》。1946 年由俞平伯推荐受聘北大国文系副教授。1949 年任北大国文系教授。1952 年调往长春东北人民大学（后更名为吉林大学）中文系任教授。1956 年任中文系主任，被选为吉林省文联副主席，1967 年 10 月 7 日，因病逝于长春。

代表作品有：长篇小说《莫须有先生传》、《桥》等。

怀 废 名

周作人

余识废名在民十以前，于今将二十年，其间可记事颇多，但细思之又空空洞洞一片，无从下笔处。废名之貌奇古，其额如螳螂，声音苍哑，初见者每不知其云何。所写文章甚妙，但此是隐居西山前后事，《莫须有先生传》与《桥》皆是，只是不易读耳。废名曾寄住余家，常往来如亲属，次女若干亡十年矣，今日循俗例小作法事，废名如在北平，亦必来赴，感念今昔，弥增怅触。余未能如废名之悟道，写此小文，他日如能觅路寄予一读，恐或未必印可也。

以上是民国二十六年十一月末所写，题曰《怀废名》，但是留得底稿在，终于未曾抄了寄去。于今又已过了五年了，想起要写一篇同名的文章，极自然的便把旧文抄上，预备拿来做个引子，可是重读了一遍之后，觉得可说的话大都也就有了，不过或者稍为简略一点，现在所能做的只是加以补充，也可以说是作笺注罢了。关于认识废名的年代，当然是在他进了北京大学之后，推算起来应当是民国十一年考进预科，两年后升入本科，中间休学一年，至民国十八年才毕业。但是在他来北京之前，我早已接到他的几封信，其时当然只是简单的叫冯文炳，在武昌当小学教师，现在原情存在故纸堆中，日记查找也很费事，所以时日难以确知，不过推想起来这大概总是在民九民十之交吧，距今已是二十年以上了。废名眉棱骨奇高，是最特别处。在《莫须有先生传》第四章中房东太太说，莫须有先生，你的脖子上怎么那么多的伤痕？这是他自己讲到的一点，此盖由于瘰疬，其声音之低哑或者也是这个缘故吧。

废名最初写小说，登在胡适之的《努力周报》上，后来结集为《竹林的故事》，为新潮社文艺丛书之一。这《竹林的故事》现在没有了，无从查考年月，但我的序文抄存在《谈龙集》里，其时为民国十四年九月，中间说及一年多前答应他做序，所以至迟这也就是民国十二年的事吧。废名在北京大学进的是英文学系，民国十六年张大元帅入京，改办京师大学校，废名失学一年余，及北大恢复乃复入学。废名当初不知是住公寓还是寄宿舍，总之在那失学的时代也就失所寄托，有一天写信来说，近日几乎没得吃了。恰好章矛尘夫妇已经避难南下，两间小屋正空着，便招废名来住。后来在西门外一个私立中学走教国文，大约有半年之久，移住西山正黄旗村里，至北大开学再回城内。这一期间的经验与他的写作很有影响，村居，读莎士比亚，我所推荐的《吉诃德先生》，李义山诗，这都是构成《莫须有先生传》的分子。从西山下来的时候，也还寄住在我们家里，以后不知是哪一年，他从故乡把妻女接了出来，在地安门里租屋居住，其时在北京大学国文学系做讲师，生活很是安定，到了民国二十五六年，不知怎的忽然又将夫人和子女打发回去，自己一个人住在雍和宫的喇嘛庙里。当然大家觉得他大可不必，及至卢沟桥事件发生，又很羡慕他，虽然他未必真有先知。废名于那年的冬天南归，因为故乡是拉锯之地，不能在大南门的老屋里安住，但在附近一带托迹，所以时常还可彼此通信，后来渐渐消息不通，但是我总相信他仍是在那一个小村庄里隐居，教小学生念书，只是多“静坐沉思”，未必再写小说了吧。

翻阅旧日稿本，上边抄存两封给废名的信，这可以算是极偶然的事，现在却正好利用，重录于下。其一云：

“石民君有信寄在寒斋，转寄或恐失落，信封又颇大，故拟暂图存，俟见面时交奉。星期日林公未来，想已南下矣。旧日友人各自上飘游之途，回想《明珠》时代，深有今昔之感。自知如能将此种怅惘除去，可以近道，但一面也不无珍惜之意：觉得有此怅惘，故对于人间世未能恝置，此虽亦是一种苦，目下却尚不忍即舍去也。匆匆。九月十五日。”时为民国二十六年，其时废名盖尚在雍和宫。这里提及《明珠》，顺便想说明一下。废名的文艺的活动大抵可以分几个段落来说。甲是《努力周报》时代，其成绩可以《竹林的故事》为代表。乙是《语丝》时代，以《桥》为代表。丙是《骆驼草》时代，以《莫须有先生》为代表。以上都是小说。丁是《人间世》时代，以《读论语》这一类文章为主。戊是《明珠》时代，所作都是短文。那时是民国二十五年冬天，大家深感到新的启蒙运动之必要，想再来办一个小刊物，恰巧《世界日报》的副刊《明珠》要改编，便接受了来，由林庚编辑，平伯、废名和我帮助写稿，虽然不知道读者觉得如何，在写的人则以为是颇有意义的事。但是报馆感觉得不大经济，于二十六年元旦又断行改组，所以林庚主编的《明珠》只办了三个月，共出了九十二号，其中废名写了很不少，十月九篇，十一二月各五篇，里边颇有些好文章好意思。例如十月份的《三竿两竿》,《陶渊明爱树》,《陈亢》，十一月份的《中国文章》，《孔门之文》，我都觉得很好。《三竿两竿》起首云："中国文章，以六朝人文章为最不可及。"《中国文章》也劈头就说道。"中国文章里简直没有厌世派的文章，这是很可惜的事。"后边又说。"我尝想，中国后来如果不是受了一点佛教影响，文艺里的空气恐怕更陈腐，文章里恐怕更要损失好些好看的字面。"这些话虽然说的太简单，但意思极正确，是经过好多经验思索而得的，里边有其颠扑不破的地方。废名在北大读莎士比亚，读哈代，转过来读本国的杜甫，李商隐，《诗经》，《论语》，《老子》，《庄子》，渐及佛经，在这一时期我觉得他的思想最是圆满，只可惜不曾更多所述著，这以后似乎更转入神秘不可解的一路去了。

我的第二封信已在废名走后的次年，时为民国二十七年三月，其文云：

"偶写小文，录出呈览。此可题曰《读大学中庸》，题目甚正经，宜为世所喜，惜内容稍差，盖太老实而平凡耳。椎亦正以此故，可以抄给朋友们一看，虽是在家人亦不打诳语，此鄙人所得之一点滴的道也。日前寄一二信，想已达耶，匆匆不多赘。三月六日晨，知堂白。"所云前寄一二信悉未存底，唯《读大学中庸》一文系三月五日所写，则抄在此信稿的前面，今亦抄录于后：

"近日想看《礼记》，因取郝兰皋笺本读之，取其简洁明了也。读《大学》《中庸》各一过，乃不觉惊异。文句甚顺口，而意义皆如初会面，一也。意义还是很难懂，懂得的地方也只是些格言，二也。《中庸》简直多是玄学，不佞盖犹未能全了物理，何况物理后学乎。《大学》稍可解，却亦无甚用处，平常人看看想要得点受用，不如《论语》多多矣。不知道世间何以如彼珍重，殊可惊诧，此其三也。从前书房里念书，真亏得小孩们记得住这些。不佞读《下中》时是十二岁了，愚钝可想，却也背诵过来，反覆思之，所以能成诵者，岂不正以其不可解故那。"此文也就只是《明珠》式的一种感想小篇，别无深义，寄去后也不记得废名覆信云何，只在笔记一叶之末录有三月十四日黄梅发信中数语云：

“学生在乡下常无书可读，写字乃借改男的笔砚，乃近来常觉得自己有学问，斯则奇也。”寥寥的几句话，却很可看出他特殊的谦逊与自信。废名常同我们谈莎士比亚，瘐信，杜甫，李义山，《桥》下篇第十八章中有云：

“今天的花实在很灿烂，——李义山咏牡丹诗有两句我很喜欢，我是梦中传彩笔，欲书花叶寄朝云。你想，红花绿叶，其实在夜里都布置好了，——朝云一刹那见。”此可为一例。随后他又谈《论语》，《庄子》，以及佛经，特别是佩服涅梁经，不过讲到这里，我是不懂玄学的，所以就觉得不大能懂，不能有所评述了。废名南归后曾寄示所写小文一二篇，均颇有佳处，可惜一时找不出，也有很长的信讲到所谓道，我觉得不能赞一辞，所以回信中只说些别的事情，关于道字了不提及，废名见了大为失望，于致平伯信中微露其意，但即是平伯亦未敢率尔与之论道也。

关于废名的这一方面的逸事，可以略记一二。废名平常颇佩服其同乡熊十力翁，常与谈论儒道异同等事，等到他着手读佛书以后，却与专门学佛的熊翁意见不合，而且多有不满之意。有余君与熊翁同住在二道桥，曾告诉我说，一日废名与熊翁论僧肇，大声争论，忽而静止，则二人已扭打在一处，旋见废名气哄哄的走出，但至次日，乃见废名又来，与熊翁在讨论别的问题矣。余君云系亲见，故当无错误。废名自云喜静坐深思，不知何时乃忽得特殊的经验，趺坐少顷，便两手自动，作种种姿态，有如体操，不能自己，仿佛自成一套，演毕乃复能活动。鄙人少信，颇疑是一种自己催眠，而废名则不以为然。其中学同窗有力僧者，甚加赞叹，以为道行之果，自己坐禅修道若干年，尚未能至，而废名偶尔得之，可为幸矣。废名虽不深信，然似亦不尽以为妄。假如是这样，那么这道便是于佛教之上又加了老庄以外的道教分子，于不佞更是不可解，照我个人的意见说来，废名谈中国文章与思想确有其好处，若舍而谈道，殊为可惜。废名曾撰联语见赠云，微言欣其知之为海，道心恻于人不胜天。今日找出来抄录于沈，废名所赞虽是过量，倡他实在冕知贫我铭意思之一人，现在想起来，不但有今昔之感，亦觉得至可怀念也。

三十二年三月十五日，记于北京。

废名与胡适

废名1922年考入北京大学预科，1929年在英文系毕业后留校任教。抗战爆发后，回故乡任教。1945年抗战胜利后回到母校担任中文系教授。

胡适在北大三次任职期间，废名恰好在北大读书和教书。他们称得上是师生，也称得上是北大同仁。废名进入北大预科读书时，就对胡适主编的《努力周报》产生了兴趣。他将自己创作的一些新诗和短篇小说，投给《努力周报》。胡适很重视培养青年人，为废名提供了发表作品的园地，由此，他们开始了书信往来，建立了师生之谊。1924年1月胡适在《读书杂志》上刊登筹办《努力月刊》的预告，废名见到这个“预告”，马上给胡适写信表示祝贺，并寄上一篇小说。遗憾的是，这份《努力月刊》没有办成，但胡适还是将废名的小说推荐给陈源主编的《现代评论》发表了。

1931年初，废名得知胡适将被聘为北大文学院院长时，便于2月14日给胡适写信，告诉胡适这几年北大人事关系很复杂，不要接任此职。虽说胡适并没有接受他的建议，但对废名的赤诚相劝，还是心存感激的。

尽管他们的个人关系很好，但是废名在教学和学术见解上，却与胡适保持着一定的距离。废名在担任北大国文系讲师，讲新诗课之初，曾经向胡适请教这门课怎么讲？胡适告诉他按着他主编的《中国新文学大系》的诗歌卷来讲。可是废名并没有遵照老师的教导去做，而是独辟蹊径，与自己的老师针锋相对地提出了自己的见解。特别是对于胡适很钟爱的徐志摩，他却弃之不讲。只是胡适的度量很大，并不计较这些，没有因此而影响到他们的关系。

废名与鲁迅

1924年《语丝》创刊，鲁迅、周作人、林语堂都被邀请为撰稿人。后经周作人举荐，废名也被吸收为撰稿人。当时，废名作为一名学生，对鲁迅、周作人兄弟崇敬有加。废名在接触新文学作品之初，他虽然喜欢鲁迅、胡适和周作人的作品，但在思想上更接近周作人。在文学上他受到周作人的影响较深，但对鲁迅的文章也很喜欢。他于1924年发表了《“呐喊”》一文，是文坛上较早出现的一篇评论鲁迅这部小说集的文章。此文对鲁迅的《孔乙己》评价很高，称这篇小说是他最为推崇的佳作。

1925年的三四月间，废名曾两次拜会鲁迅先生，第一次，他怀着十分崇敬的心情单独拜会鲁迅，谨小慎微，甚至连自己晚到了些许时间，也感到内疚。到第二次会见鲁迅时，交谈中鲁迅流露出忧国伤时的苦闷心情，由此，加深了他对鲁迅为人和他的一些杂感的理解。他开始意识到鲁迅文章里讲的一些“不干净”的话，实际上是映现着“他干净的心”。这说明他对鲁迅的理解得到了升华。鲁迅对废名的文学才华很重视，希望他能写出关注人生的作品。

1927年废名读了鲁迅发表在《语丝》上的《马上支日记》之后，写了篇《忘记了的日记》，文章坦诚地说出了他与鲁迅的思想差别：“我日来所写的都是太平天下的故事，而他玩笑似的赤着脚在这荆棘道上踏”。但他出于鲁迅对新文学的贡献，还是很景仰鲁迅，并且“时常念他”。不久，鲁迅的杂文集《坟》出版时，特意赠给了废名一本。1929年鲁迅回京省亲时，废名还专程去鲁家看望了他。

1930年由鲁迅、郁达夫、冯雪峰等51人发起组织“中国自由运动大同盟”之后，废名对鲁迅的态度发生了180度大转弯。他在同年5月出版的《骆驼草》周刊上化名“丁武”发表文章，称组织这个“大同盟”是“文士立功”的表现，言外之意他们有政治野心。这就表明他与鲁迅是彻底地分道扬镳了。

1935年鲁迅编《中国新文学大系·小说二集》时，选录了废名的《浣衣母》、《竹林的故事》、《河上柳》等三篇，这都是废名早期的作品。并在“导言”中提到：“后来以‘废名’出名的冯文炳，也是在《浅草》中略见一斑的作者，但并未显出他的特长来。在1925出版的《竹林的故事》里，才见以冲淡为衣，而如著者所说，仍能‘从他们当中理出我的哀愁’的作品。可惜的是大约作者过于珍惜他有限的‘哀愁’，不久就更加不欲像先前一般的闪露，于是从率直的读者看来，就只见其有意低徊，顾影自怜之态了。”这几句话道出了鲁迅对废名创作上变化的惋惜，也表明他们思想上的分歧。不过鲁迅并没有因为他们的思想分歧而贬抑废名在文学画廊上的地位。

废名作品精选

菱　荡

陶家村在菱荡圩的坝上，离城不过半里，下坝过桥，走一个沙洲，到城西门。

一条线排着，十来重瓦屋，泥墙，石灰画得砖块分明，太阳底下更有一种光泽，表示陶家村总是兴旺的。屋后竹林，绿叶堆成了台阶的样子，倾斜至河岸，河水沿竹子打一个湾，潺潺流过。这里离城才是真近，中间就只有河，城墙的一段正对了竹子临水而立。竹林里一条小路，城上也窥得见，不当心河边忽然站了一个人，——陶家村人出来挑水。落山的太阳射不过陶家村的时候（这时游城的很多），少不了有人攀了城垛子探首望水，但结果城上人望城下人，仿佛不会说水清竹叶绿，——城下人亦望城上。

陶家村过桥的地方有一座石塔，名叫洗手塔。人说，当初是没有桥的，往来要摆渡。摆渡者，是指以大乌竹做成的筏载行人过河。一位姓张的老汉，专在这里摆渡过日，头发白得像银丝。一天，何仙姑下凡来，度老汉升天，老汉道："我不去。城里人如何下乡？乡下人如何进城？"但老汉这天晚上死了。清早起来，河有桥，桥头有塔。何仙姑一夜修了桥。修了桥洗一洗手，成洗手塔。这个故事，陶家村的陈聋子独不相信，他说："张老头子摆渡，不是要渡钱吗？"摆渡依然要人家给他钱，同聋子"打长工"是一样，所以决不能升天。

塔不高，一棵大枫树高高的在塔之上，远路行人总要歇住乘一乘阴。坐在树下，菱荡圩一眼看得见，——看见的也仅仅只有菱荡圩的天地了，坝外一重山，两重山，虽知道隔得不近，但树林在山腰。菱荡圩算不得大圩，花篮的形状，花篮里却没有装一朵花，从底绿起，——若是荞麦或油菜花开的时候，那又尽是花了。稻田自然一望而知，另外树林子堆的许多球，哪怕城里人时常跑到菱荡圩来玩，也不能一一说出，那是村，那是园，或者水塘四周栽了树。坝上的树叫菱荡圩的天比地更来得小，除了陶家村以及陶家村对面的一个小庙，走路是在树林里走了一圈。有时听得斧头斫树响，一直听到不再响了还是一无所见。那个小庙，从这边望去，露出一幅白墙，虽是深藏也逃不了是一个小庙。到了晚半天，这一块儿首先没有太阳，树色格外深。有人想，这庙大概是村庙，因为那么小，实在同它背后山腰里的水竹寺差不多大小，不过水竹寺的林子是远山上的竹林罢了。城里人有终其身没有向陶家村人问过这庙者，终其身也没有再见过这么白的墙。

陶家村门口的田十年九不收谷的，本来也就不打算种谷，太低，四季有水，收谷是意外的丰年（按，陶家村的丰年是岁旱）。水草连着菖蒲，菖蒲长到坝脚，树阴遮得这一片草叫人无风自凉。陶家村的牛在这坝脚下放，城里的驴子也在这坝脚下放，人又喜欢伸开他的手脚躺在这里闭眼向天。环着这水田的一条沙路环过菱荡。

菱荡圩是以这个菱荡得名。

菱荡属陶家村，周围常青树的矮林，密得很。走在坝上，望见白水的一角。荡岸，绿草散着野花，成一个圈圈。两个通口，一个连菜园，陈聋子种的几畦园也在这里。

菱荡的深，陶家村的二老爹知道，二老爹是七十八岁的老人，说，道光十九年，剩了他们的菱荡没有成干土，但也快要见底了。网起来的大小鱼真不少，鲤鱼大的有二十斤。这回陶家村可热闹，六城的人来看，洗手塔上是人，荡当中人挤人，树都挤得稀疏了。

菱叶遮蔽了水面，约半荡，余则是白水。太阳当顶时，林茂无鸟声，过路人不见水的过去。如果是熟客，绕到进口的地方进去玩，一眼要上下闪，天与水。停了脚，水里唧唧响，——水仿佛是这一个一个的声音填的！偏头，或者看见一人钓鱼，钓鱼的只看他的一根线。一声不响的你又走出来了。好比是进城去，到了街上你还是菱荡的过客。

这样的人，总觉得有一个东西是深的，碧蓝的，绿的，又是那么圆。

城里人并不以为菱荡是陶家村的，是陈聋子的。大家都熟识这个聋子，喜欢他，打趣他，尤其是那般洗衣的女人，——洗衣的多半住在西城根，河水浑了到菱荡来洗。菱荡的深，这才被她们搅动了。太阳落山以及天刚刚破晓的时候，坝上也听得见她们喉咙叫，甚至，衣篮太重了坐在坝脚下草地上“打一栈”的也与正在槌捣杵的相呼应。野花做了她们的蒲团，原来青青的草被她们踏成了路。

陈聋子，平常略去了陈字，只称聋子。他在陶家村打了十几年长工，轻易不见他说话，别人说话他偏肯听，大家都嫉妒他似的这样叫他。但这或者不始于陶家村，他到陶家村来似乎就没有带别的名字了。二老爹的园是他种，园里出的菜也要他挑上街去卖，二老爹相信他一个人，回来一文一文的钱向二老爹手上数。洗衣女人问他讨萝卜吃——好比他正在萝卜田里，他也连忙拔起一个大的，连叶子给她。不过讨萝卜他就答应一个萝卜，再说他的萝卜不好，他无话回，笑是笑的。菱荡圩的萝卜吃在口里实在甜。

菱荡满菱角的时候，菱荡里不时有一个小划子（这划子一个人背得起），坐划子菱叶上打回旋的常是陈聋子。聋子到哪里去了，二老爹也不知道，二老爹或者在坝脚下看他的牛吃草，没有留心他的聋子进菱荡。聋子挑了菱角回家——聋子是在菱荡摘菱角！

聋子总是这样的去摘菱角，恰如菱荡在菱荡圩不现其水。

有一回聋子送一篮菱角到石家井去，——石家井是城里有名的巷子，石姓所居，两边院墙夹成一条深巷，石铺的道，小孩子走这里过，故意踏得响，逗回声。聋子走到石家大门，站住了，抬了头望院子里的石榴，仿佛这样望得出人来。两匹狗朝外一奔，跳到他的肩膀上叫。一匹是黑的，一匹是白的，聋子分不开眼睛，尽站在一块石上转，两手紧握篮子，一直到狗叫出了石家的小姑娘，替他喝住狗。石家姑娘见了一篮红菱角，笑道：“是我家买的吗？”聋子被狗呆住了的模样，一言没有发，但他对了小姑娘牙齿都笑出来了。小姑娘引他进门，一会儿又送他出门。他连走路也不响。

以后逢着二老爹的孙女儿吵嘴，聋子就咕噜一句：

“你看街上的小姑娘是多么好！”

他的话总是这样说的。

一日，太阳已下西山，青天罩着菱荡圩照样的绿，不同的颜色，坝上庙的白墙，坝下聋子人一个，他刚刚从家里上园来，挑了水桶，挟了锄头。他要挑水浇一浇园里的青椒。他一听——菱荡里洗衣的有好几个。风吹得很凉快。水桶歇下畦径，荷锄沿畦走，眼睛看一个一个的茄子。青椒已经有了红的，不到跟前看不见。

走回了原处，扁担横在水桶上，他坐在扁担上，拿出烟杆来吃。他的全副家伙都在腰边。聋子这个脾气厉害，倘是别个，二老爹一天少不了嗦几遍，但他是聋子。（圩里下湾的王四牛却这样说：一年四吊毛钱，不吃烟做个什么？何况聋子挑了水，卖菜卖菱角！）

打火石打得火喷，——这一点是陈聋子替菱荡圩添的。

吃烟的聋子是一个驼背。

衔了烟偏了头听，——是张大嫂，张大嫂讲了一句好笑的话。聋子也笑。

烟杆系上腰。扁担挑上肩。

“今天真热！”张大嫂的破喉咙。

“来了人看怎么办？”

“把人热死了怎么办？”

两边的树还遮了挑桶的，木桶的一只已经进了菱荡。

“嗳呀——”

“哈哈哈，张大嫂好大奶！”

这个绰号鲇鱼，是王大妈的第三个女儿，刚刚洗完衣服同张大嫂两人坐在岸上。张大嫂解开了她的汗湿的褂子兜风。

“我道是谁——聋子。”

聋子眼睛望了水，笑着自语——

“聋子！”

五　祖　寺

现在我住的地方离五祖寺不过五里路，在我来到这里的第二天我已经约了两位朋友到五祖寺游玩过了。大人们做事真容易，高兴到哪里去就到哪里去！我说这话是同情于一个小孩子，便是我自己做小孩子的时候。真的，我以一个大人来游五祖寺，大约有三次，每回在我一步登高之际，不觉而回首望远，总很有一个骄傲，仿佛是自主做事的快乐，小孩子所欣羡不来的了。这个快乐的情形，在我做教师的时候也相似感到，比如有时告假便告假，只要自己开口说一句话，记得做小学生的时候总觉得告假是一件很不容易的事了。总之我以一个大人总常常同情于小孩子，尤其是我自己做小孩子的时候，——因之也常常觉得成人的不幸，凡事应该知道临深履薄的戒惧了，自己作主是很不容易的。因之我又常常羡慕我自己做小孩时的心境，那真是可以赞美的，在一般的世界里，自己那么的繁荣自己那么的廉贞了。五祖寺是我小时候所想去的地方，在大人从四祖，五祖带了喇叭，木鱼给我们的时候，幼稚的心灵，四祖寺，五祖寺真是心向往之，五祖寺又更是那么的有名，天气晴朗站在城上可以望得见那个庙那个山了。从县城到五祖山脚下有二十五里，从山脚下到庙里有五里。这么远的距离，那时我，一个小孩子，自己知道到五祖寺去玩是不可能的了。然而有一回做梦一般的真个走到五祖寺的山脚下来了，大人们带我到五祖寺来进香，而五祖寺在我竟是过门不入。这个，也不使我觉得奇怪，为什么不带我到山上去呢？也不觉得怅惘。只是我一个小孩子在一天门的茶铺里等候着，尚被系坐在车子上未解放下来，心里确是有点孤寂了。最后望见外祖母，母亲，姊姊从那个山路上下来了，又回到我们这个茶铺所在的人间街上来了（我真仿佛他们好容易是从天上下来），甚是喜悦。我，一个小孩子，似乎记得始终没有说一句话。到现在那件过门不入的事情，似乎还是没有话可说，即是说没有质问大人们为什么不带我上山去的意思，过门不入也是一个圆满，其圆满真仿佛是一个人间的圆满，就在这里为止也一点没有缺欠。所以我先前说我在茶铺里坐在车上望着大人们从山上下来好像从天上下来，是一个实在的感觉。那时我满了六岁，已经上学了，所以寄放在一天门的原故，大约是到五祖寺来进香小孩子们普遍的情形，因为山上的路车子不能上去，只好在山脚下茶铺里等着。或者是我个人特别的情形亦未可知，因为我记得那时我是大病初愈，还不能好好的走路，外祖母之来五祖寺进香乃是为我求福了，不能好好走路的小孩子便不能跟大人一路到山上去，故寄放在一天门。不论为什么原故，其实没有关系，因为我已经说明了，那时我一个小孩子便没有质问的意思，叫我在这里等着就在这里等着了。这个忍耐之德，是我的好处。最可赞美的，他忍耐着他不觉苦恼，忍耐又给了他许多涵养，因为我，一个小孩子，每每在这里自己游戏了，到长大之后也就在这里生了许多记忆。现在我总觉得到五祖寺进香是一个奇迹，仿佛昼与夜似的完全，一天门以上乃是我的夜之神秘了。这个夜真是给了我一个很好的记忆。后来我在济南千佛山游玩，走到一个小庙之前白墙上横写着一天门三个字，我很觉得新鲜，“一天门？”真的我这时乃看见“一天门”三个字这么个写法，儿时听惯了这个名字，没想到这个名字应该怎么写了。原来这里也有一天门，我以为一天门只在我们家乡五祖寺了。然而一天门总还在五祖寺，以后我总仿佛“一天门”三个字写在一个悬空的地方，这个地方便是我记忆里的一天门了。我记忆里的一天门其实什么也不记得，真仿佛是一个夜了。今年我自从来到亭前之后，打一天门经过了好几回，一天门的街道是个什么样子我曾留心看过，但这个一天门也还是与我那个一天门全不相干，我自己好笑了。写到这里，我想起了二天门。今年四月里，我在多云山一个亲戚家里住，一天约了几个人到五祖寺游玩，走进一天门，觉得不像，也就算了，但由一天门上山的那个路我仿佛记得是如此，因此我很喜欢的上着这个路，一直走到二天门，石径之间一个小白屋，上面写“二天门”，大约因为一天门没有写着一天门的原故，故我，一个大人，对于这个二天门很表示着友爱了，见了这个数目字很感着有趣，仿佛是第一回明白一个“一”字又一个“二”字那么好玩。我记得小时读“一去二三里，烟村四五家，楼台六七座，八九十枝花”，起初只是唱着和着罢了，有一天忽然觉着这里头有一二三四五六七八九十，十个字，乃拾得一个很大的喜悦，不过那个喜悦甚是繁华，虽然只是喜欢那几个数目字，实在是仿佛喜欢一天的星，一春的花；这回喜欢“二天门”，乃是喜欢数目字而已，至多不过旧雨重逢的样子，没有另外的儿童世界了。后来我在二天门休息了不小的工夫，那里等于一个凉亭，半山之上，对于上山的人好像简单一把扇子那么可爱。

那么儿时的五祖寺其实乃与五祖寺毫不相干，然而我喜欢写五祖寺这个题目。我喜欢这个题目的原故，恐怕还因为五祖寺的归途。到现在我也总是记得五祖寺的归途，其实并没有记住什么，仿佛记得天气，记得路上有许多桥，记得沙子的路。一个小孩子，坐在车上，我记得他同大人们没有说话，他那么沉默着，喜欢过着木桥，这个木桥后来乃像一个影子的桥，它那么的没有缺点，永远在一个路上。稍大读《西厢记》，喜欢“四围山色中，一鞭残照里”

两句，也便是唤起了五祖寺归途的记忆，不过小孩子的“残照”乃是朝阳的憧憬罢了。因此那时也懂得读书的快乐。我真要写当时的情景其实写不出，我的这个好题目乃等于交一份白卷了。

附　记

民国二十八年秋季我在黄梅县小学教国语，那时交通隔绝，没有教科书，深感教材困难，同时社会上还是《古文观止》有势力，我个人简直奈他不何。于是我想自己写些文章给小孩们看，总题目为《父亲做小孩子的时候》，这是我的诚意，也是我的战略，因为这些文章我是叫我自己的小孩子看的，你能禁止我不写白话文给我自己的小孩子看吗？孰知小学国语教师只做了一个学期，功课又太忙，写了一篇文章就没写了，而且我知道这篇文章是失败的，因为小学生看不懂。后来我在县初中教英语，有许多学生又另外从我学国文，这时旧的初中教科书渐渐发现了，我乃注意到中学教科书里头好些文章可以给学生读，比我自己来写要事半功倍得多，于是我这里借一种，那里借一种，差不多终日为他们找教科书选文章。我选文章时的心情，当得起大公无私，觉得自己的文章当初不该那样写，除了《桥》里头有数篇可取外，没有一篇敢保荐给自己的小孩子看，这不是自己的一个大失败吗？做了这么的一个文学家能不惶恐吗？而别人的文章确是有好的，我只可惜他们都太写少了，如今这些少数的文章应该是怎样的可贵呵，从我一个做教师与做父亲的眼光看来。现在我还想将《父亲做小孩子的时候》继续写下去，文章未必能如自己所理想的，我理想的是要小孩子喜欢读，容易读，内容则一定不差，有当作家训的意思。《五祖寺》这一篇是二十八年写的，希望以后写得好些，不要显得“庄严”相。

民国三十五年十一月八日废名记于北平

忆沈从文

沈从文传略

沈从文（1902—1988），原名沈岳焕，苗族，湖南凤凰县人，1924年开始文学创作，一生共出版了《石子船》、《从文子集》等30多种短集小说集和《边城》、《长河》等6部中长篇小说，他的创作风格融写实、纪梦、象征于一体，语言格调古朴，句式简峭、主干凸出，单纯而又厚实，朴素而又传神，具有浓郁的地方色彩，凸现出乡村人性特有的风韵与神彩。作品充满了对人生的隐忧和对生命的哲学思考，给人教益和启示。

沈从文创作的小说主要有两类，一种是以湘西生活为题材，一种是以都市生活为题材，前者通过描写湘西人原始、自然的生命形式，赞美人性美；后者通过都市生活的腐化堕落，揭示都市自然人性的丧失。其笔下的乡村世界是在与都市社会对立互参的总体格局中获得表现的，而都市题材下的上流社会“人性的扭曲”是在“人与自然契合”的人生理想的烛照下获得显现，正是他这种独特的价值尺度和内涵的哲学思辨，构起了他笔下的都市人生与乡村世界的桥梁，也正由于这种对以金钱为核心的“现代文学”的批判，以及对理想浪漫主义的追求，使得他写出了《边城》这样的理想生命之歌。

中篇小说《边城》是他的代表作，是他表现人性美最突出的作品，作品通过湘西儿女翠翠与恋人傩送的爱情悲剧，反映出湘西在“自然”、“人事”面前不能把握自己的命运，一代又一代重复着悲剧的人生，寄托了作者民族的和个人的隐痛。

沈从文1917年到1922年漂游在湘西沅水流域；1923年至1928年在北京以写作谋生；1928年至1930年，在上海中国公学任讲师，兼《大公报》、《益世报》等文艺副刊主编；1931年至1933年在青岛大学任讲师；1934年至1939年在北京主编全国中小学国文教科书；1939年至1947年在昆明西南联合大学任教授；1947年至1949年在北京大学任教授；1950年至1978年在北京中国历史博物馆任文物研究员；1978年至1988年在中国社会科学院研究所任研究员。沈从文的文学作品《边城》、《湘西》、《从文自传》等，在国内外有重大的影响。沈从文不仅是著名的作家，还是著名的历史学家、考古学家，他撰写出版了《中国丝绸图案》、《唐宋铜镜》、《龙凤艺术》、《战国漆器》、《中国古代服饰研究》等学术专著，特别是巨著《中国古代服饰研究》影响很大，填补了我国文化史上的一项空白。

怀念从文

巴 金

我和从文见面在1932年。那时我住在环龙路我舅父家中。南京《创作月刊》的主编汪曼铎来上海组稿，一天中午请我在一家俄国西菜社吃中饭，除了我还有一位客人，就是从青岛来的沈从文。他当天晚上去南京，我同他在书局门口分手时，他要我到青岛去玩，说是可以住在学校的宿舍里。我本来要去北平，就推迟了行期，9月初先去青岛，是在动身前写封短信通知他。我在他那里过得很愉快，我随便，他也随便，好像我们有几十年的交往一样。他的妹妹在山东大学念书，有时也和我们一起出去走走、看看。他对妹妹很友爱，很体贴，我早就听说，他是自学出身，因此很想在妹妹的教育上多下功夫，希望她熟悉她自己想知道却并不很了解的一些知识和事情。

在青岛他把他那间屋子让给我，我可以安静地写文章、写信，也可以毫无拘束地在樱花林中散步。他有空就来找我，我们有话就交谈，无话便沉默。他比我讲得多些，他听说我不喜欢在公开场合讲话，便告诉我他第一次在大学讲课，课堂里坐满了学生，他走上讲台，那么多年轻的眼睛望着他，他红着脸，一句话也讲不出来，只好在黑板上写了五个字："请等五分钟。"他就是这样开始教课的。他还告诉我在这之前，他每个月要卖一部稿子养家，徐志摩常常给他帮忙，后来，他写多了，卖稿有困难，徐志摩便介绍他到大学教书，起初到上海中国公学，以后才到青岛大学。

在青岛我就知道他在恋爱。第二年我去南方旅行，回到上海，得到从文和张兆和在北平结婚的消息，我发去贺电，祝他们"幸福无量"。从文来信要我到他的新家做客。在上海我没有事情，决定到北方去看看。我先去天津南开大学，同我哥哥李尧林一起生活了几天，便搭车去北平。

……我仿佛回到了1933年、1934年。多少人在等待《国闻周报》上的连载（指沈从文的《记丁玲》——编者注），他那样勤奋工作，那样热情写作。《记丁玲》之后又是《边城》，他心爱的家乡的风景和他关心的小人物的命运，这部中篇经过几十年并未失去它的魅力，还鼓舞美国的学者长途跋涉。到美丽的湘西寻找作家当年的足迹。

我在从文家做客的时候，他编辑的《大公报》文艺副刊和读者见面了。单是为这个副刊他就要做三方面工作：写稿、组稿、看稿。我也想得到他的忙碌，但从未听见他诉苦。我为"文艺"写过一篇散文，发刊后我拿回原稿。这手稿我后来捐赠北京图书馆了。我的钢笔字很差，墨水浅淡，只能说是勉强可读，从文却用毛笔填写得清清楚楚。我真想谢谢他，可是我知道他从来就是这样工作，他为多少年轻人看稿、改稿，并设法介绍出去。他还花钱刊印一个青年诗人的第一本诗集并为它作序。不是听说，我亲眼见到那本诗集。

从文就是这样一个人。他不喜欢表现自己。可是我和他接触较多，就看出他身上有不少发光的东西。不仅有很高的才华，他还有一颗金子般的心。他工作多，事业发展，自己并不曾得到什么报酬，反而引起不少的吱吱喳喳。那些吱吱喳喳加上多少年的小道消息，发展为今天所谓的争议，这争议曾经一度把他赶出文坛，不让他给写进文学史。但他还是默默地做他的工作（分派给他的新的工作）。在极端困难的条件下，一样地做出出色的成绩。我接到从香港寄来的那本关于中国服装史的大书，一方面为老友新的成就感到兴奋，一方面又痛惜自己浪费掉的几十年的光阴。我想起来了，就是在他那个新家的客厅里，他对我不止讲过一次这样的话："不要浪费时间。"后来他在上海对我，对靳以，对萧乾也讲过类似的话。我当时并不同意，不过我相信他是出于好心。

他并不曾搁笔，可是作品写得少。他过去的作品早已绝版，读到的人不多。开明书店愿意重印他的全部小说，他陆续将修订稿寄去。可是一部分底稿在中途遗失，他叹息地告诉我，丢失的稿子偏偏是描写社会疾苦的那一部分，出版的几册却都是关于男女事情的。"这样别人更不了解我了。"

最后一句不是原话，他也不仅说一句，但大意是如此。抗战前他在上海《大公报》发表过批评海派的文章引起强烈反感。在昆明他的某些文章又得罪了不少的人。因此常有对他不友好的文章和议论出现。他可能感到一点寂寞，偶尔也发发牢骚，但主要还是对那种越来越重视金钱、轻视知识的社会风气。在这一点我倒理解他，我在写作生涯中挨过的骂可能比他多，我不能说我就不感到寂寞。但是我并没有让人骂死。我也看见他倒了又站起来，一直勤奋地工作。最后他被迫离开了文艺界。

那是1949年的事。最初北平和平解放，然后上海解放。6月我和靳以、辛笛、健吾、唐弢、赵家璧他们去北平，出席首次全国文代会，见到从各地来的许多熟人和分别多年的老友，还有更多的为国家和人民的前途献出自己的青春和心血的文艺战士。我很感动，我很兴奋。

但是从文没有露面，他不是大会的代表。我们几个人到他的家去，见到了他和兆和，他们早已不住在达子营了，不过我现在也说不出他们是不是住在东堂子胡同，因为一晃就是40年。我的记忆模糊了。这几十年中间我没有看见他住过宽敞的房屋，最后他得到一个舒适的住处，却已经疾病缠身，只能让人搀扶着在屋里走走。我至今未见到他这个新居，1985年5月后我就未去过北京。不是我不想去，我越来越举步艰难了。

“文革”前我最后一次去他家，是在1965年7月，我就要动身去越南采访。是在晚上，天气热，房里没有灯光，砖地上铺一床席子，兆和睡在地上。从文说：“三姐生病，我们外面坐。”我和他各人一把椅子在院子里坐了一会，不知怎样我们两个人讲话都没有劲头，不多久我就告辞走了。当时我绝没有想到不出一年就会发生“文化大革命”，但是我有一种感觉，我头上那把利剑，正在缓缓地往下坠。

在越南我进行了三个多月的采访，回到上海，等待我的是姚文元的《评新编历史剧（海瑞罢官）》。“文化大革命”就要开场了。我有种种的罪名，不但我紧张，朋友们也替我紧张。我回到机关参加学习，才知道自己仍在网里，真是在劫难逃了。进了“牛棚”，仿佛落入深渊。别人都把我看做罪人，我自己也认为有罪。表现得十分恭顺。绝没有想到这个所谓“触及灵魂的革命”会持续10年。在灵魂受到煎熬的漫漫长夜里，我偶尔也想到几个老朋友，希望从友情那里得到一点安慰。可是关于他们，一点消息也没有。我想到了从文，他的温和的笑容明明在我眼前。我对他讲过的那句话：“我不怕……我有信仰。”像铁槌在我的头上敲打。我哪里有信仰？我只有害怕。我还有脸去见他？

这种想法在当时也是很古怪的，一会儿就过去了。过些日子它又在我脑子里闪亮一下，然后又熄灭了。我一直没有从文的消息，也不见人来外调他的事情。

6年过去了，我在奉贤县文化系统五七干校里学习和劳动，在那里劳动的有好几个单位的干部，许多人我都不认识。有一次我给揪回上海接受批判，批判后第二天一早到巨鹿路作协分会旧址学习，我刚刚在指定的屋子里坐好，一位年轻姑娘走进来，问我是不是某人，她是从文家的亲戚，从文很想知道我是否住在原处。她是音乐学院附中的学生，我在干校见过。从文一家平安，这是很好的消息，可是我只答了一句，我仍住在原处，她就走了。回到干校，过了一些日子，我又遇见她，她说从文把我的地址遗失了，要我写一个交给她转去。我不敢背着工宣队"进行串连"，我怕得很。考虑了好几天，我才把写好的地址交给她。经过几年的改造，我变成了另外一个人，我遵守的信条是：多一事不如少一事。我并不希望从文来信。但是出乎我的意外，他很快就寄了信来。我回家休假，萧珊已经病倒，得到北京寄来的长信，她拿着五张信纸反复地看，含着眼泪说："还有人记得我们啊！"这对她是多大的安慰！

他的信是这样开始的："多年来家中搬动太大，把你们家的地址遗失了，问别人忌讳又多，所以直到今天得到熟人一信相告，才知道你们住处。大致家中变化还不太多。"

五页信纸写了不少朋友的近况，最后说："熟人统在念中。便中也希望告知你们生活种种，我们都十分想知道。"

他还是像在30年代那样关心我。可是我没有寄去片纸只字的回答。萧珊患了不治之症，不到两个月便离开人世。我还是审查对象，没有通信自由，甚至不敢去信通知萧珊病逝。

我为什么如此缺乏勇气？回想起来今天还感到惭愧。尽管我不敢表示自己并未忘记故友，从文却一直惦记着我。他委托一位亲戚来看望，了解我的情况。1974年他来上海，一个下午，到我家探望，我女儿进医院待产，儿子在安徽农村插队落户，家中冷冷清清，我们把藤椅搬到走廊上，没有拘束，谈得很畅快。我也忘了自己的"结论"已经下来：一个不戴帽子的反革命。

等到这个"结论"推翻，我失去的自由逐渐恢复，我又忙起来了。多次去北京开会，却只到过他家两次。头一次他不在家，我见着兆和，急匆匆不曾坐下吃一杯茶。屋子里连写字桌也没有，只放得下一张小茶桌，夫妻二人轮流使用。第二次他已经搬家，可是房间还是很小，四壁图书，两三帧大幅近照，我们坐在当中，两把椅子靠得很近，使我想起1965年那个晚上，可是压在我们背上的包袱已经给摔掉了，代替它的是老和病。他行动不便，我比他好不了多少。我们不容易交谈，只好请兆和做翻译，谈了些彼此的近况。

我大约坐了不到一个小时吧，告别时我高高兴兴，没有想到这是我们最后的一面，我以后就不曾再去北京。当时我感到内疚，暗暗地责备自己为什么不早来看望他。后来在上海听说他搬了家，换了宽敞的住处，不用下楼，可以让人搀扶着在屋子里散步，也曾替他高兴过一阵子。

倘使真的和从文见面，我将对他讲些什么呢?

我还记得兆和说过："火化前他像熟睡一般，非常平静，看样子他明白自己一生在大风大浪中已尽了自己应尽的责任，清清白白，无愧于心。"他的确是这样。我多么羡慕他！可是我却不能走得像他那样平静，那样从容，因为我并未尽了自己的责任，还欠下一身债。我不可能不惊动任何人静悄悄离开人世，那么就让我的心长久燃烧，一直到还清我的欠债。

有什么办法呢？中国知识分子的悲剧我是躲避不了的。

谈沈从文（节选）

黄永玉

一

有一天傍晚，我正在孔庙前文星街和一群孩子进行一场简直像真的厮杀的游戏，忽然一个孩子告诉我，你们家来了个北京客人！

这个人和祖母围着火炉膛在矮凳上坐着，轻言细语地说着话，回头看见了我。

“这是老大吗？”那个人问。

“是呀！”祖母说，“底下还有四个咧！真是旺丁不旺财啊！”

“喂，”我问，“你是北京来的吗？”

“怎么那样口气？叫二表叔！”祖母说，“是你的从文表叔！”

我笑了，在他周围看了一圈，平平常常，穿了件灰布长衫。

“嗯……你坐过火车和轮船？”

他点点头。

“那好！”我说完马上冲出门去，继续我的战斗。一切一切就那么淡漠了。

……

许多年过去了。

我流浪在福建德化山区里，在一家小瓷器作坊里做小工。我还不明白世界上有一种叫做工资的东西，所以老板给我水平极差的三顿伙食已经十分满足。有一天，老板说我的头发长得已经很不成话，简直像个犯人的时候，居然给了我一块钱。我高高兴兴地去理了一个“分头”，剩下的七角钱在书店买了一本《昆明冬景》。

我是冲着沈从文三个字去买的。钻进阁楼上又看了半天，仍然是一点意思也不懂。这我可真火了。我怎么可以一点也不懂呢？就这么七角钱？你还是我表叔，我怎么一点也不明白你在说些什么呢？七角钱，你知不知道我这七角钱要派多少用场？知不知道我日子多不好过？我可怜的七角钱……

二

我已经和表叔沈从文开始通信。他的毛笔蝇头行草是很著名的，我收藏了将近30年的来信，好几大捆，可惜在令人心疼的前些日子，都散失了。有关传统艺术系统知识和欣赏知识，大部分是他给我的。那一段时间，他用了许多精力在研究传统艺术，因此我也沾了不少的光，他为我打开了历史的窗子，使我有机会沐浴着祖国伟大传统艺术的光辉。在1946年还是1947年，他有过一篇长文章谈我的父母和我的行状，与其说是我的有趣的家世，不如说是我们乡土知识分子在大的历史变革中的写照，表面上，这文章犹如山峦上抑扬的牧笛与江流上浮游的船歌相呼应的小协奏。实质上，这文章道尽了旧时代小知识分子、小山城相互依存的哀哀欲绝的悲惨命运。我在傍晚的大上海的马路上买到了这张报纸，就着街灯，一遍又一遍地读着，眼泪湿了报纸，热闹的街肆中没有任何过路的人打扰我，谁也不知道这哭着的孩子正读着他自己的故事。

……

三

从文表叔满屋满床的画册书本，并以大字报的形式把参考用的纸条条和画页都粘在墙上。他容忍世界上最生疏的客人的马拉松访问，尤其仿佛深怕他们告辞，时间越长，越热情越精神的劲头使我不解，因为和我对待生疏朋友的情况竟如此相似。

有关民族工艺美术及其他史学艺术的著作一本本出来了，天晓得他用什么时间写出来的。

婶婶像一位高明的司机，对付这么一部结构很特殊的机器，任何情况都能驾驶在正常的生活轨道上，真是神奇之至。两个人几乎是两个星球上来的人，他们却巧妙地走在一道来了。没有婶婶，很难想象生活会变成什么样子，又要严格，又要容忍。她除了承担全家运行着的命运之外，还要温柔耐心引导这长年不驯的山民老艺术家走常人的道路。因为从文表叔从来坚信自己比任何平常人更平常，所以形成一个几十年无休无止的学术性的争论。婶婶很喜欢听我讲一些有趣的事和笑话，往往笑得直不起身。这里有一个秘密，作为从文表叔文章首席审查者，她经常为他改了许多错别字。婶婶一家姐妹的书法都是非常精彩的，但她谦虚到了腼腆的程度，面对着称赞往往像是身体十分不好受起来，使人简直不忍心再提起这件事。

那时候，《新观察》杂志办得正起劲，编辑部的朋友约我为一篇文章赶着刻一幅木刻插图。那时候年轻，一晚上就交了卷。发表了，自己也感觉弄得太仓促了，不好看。为这幅插图，表叔特地来家里找我，狠狠地批了我一顿：

你看看，这像什么？怎么能够这样浪费生命？你已经30岁了。没有想象，没有技巧，看不到工作的庄严！准备就这样下去？…我走了…

我真感觉羞耻。将近30年好像昨天说的一样，我总是提心吊胆想到这话。

四

……

表叔自己记性非常好，但谈论现代科学所引用的数字明显地不准确。尽管是在聊天，孩子们却很认真，说爷爷今天讲的数字很多相似。表叔自己有时发觉了也会好笑起来：“怎么我今天讲的全是‘七’字（七十辆车皮，七万件文物，七百名干部调来搞文物，七个省市……）”

“文化大革命”时，那些“管”他的人员要他背《毛主席语录》，他也是一筹莫展。

我说他的非凡的记忆力，所有和他接触过的年轻朋友是无有不佩服的。他曾为我开过一个学术研究的100多个书目，注明了出处和卷数以及大约页数。

他给中央美院讲过古代丝绸锦缎课，除了随带的珍贵古丝绸锦缎原件之外，几乎是空手而至，站在讲台上把近百的分期和断代信口讲出来。

他那么热衷于文物，我知道，那就离开他曾经朝夕相处近40年的小说生涯越来越远了。解放后出版的一本《沈从文小说选集》序言中有一句话：

我和我的读者都行将老去

听起来真令人伤感……

有一年我在森林，我把森林的生活告诉他，不久就收到他一封毛笔蝇头行草的长信，他给我三点自己的经验：

一、充满爱去对待人民和土地；二、摔倒了，赶快爬起来往前走，莫欣赏摔倒的地方耽误事，莫停下来哀叹；三、永远地、永远地拥抱自己的工作不放。

这几十年来，我都尝试着这么做。

有时候，他也讲俏皮话——

“有些人真奇怪，一辈子写小说，写得好是应该的，不奇怪；写得不好倒真叫人奇怪。”

写小说，他真是太认真了，十次、二十次地改。文字音节上，用法上，一而再的变换写法，薄薄的一篇文章，改三百回根本不算一回事。

【作者简介】

黄永玉，1924年出于湖南省凤凰县，土家族人，受过小学和不完整初级中学教育。十六岁开始以绘声绘色画及木刻谋生。曾任瓷场小工、小学教员、中学教员、家众教育馆员、剧团见习美术队员、报社编辑、电影编剧及中央美术学院教授、中国美术家协会副主席。

自学美术、文学，为一代“鬼才”。他设计的猴票和酒鬼酒包装家喻户晓。其人博学多识，诗书画俱佳，亦是诗、杂文、散文、小说、剧本的大家，出版《永玉六记》、《吴世茫论坛》、《老婆呀，不要哭》、《这些忧郁的碎屑》、《沿着塞纳河到翡冷翠》、《太阳下的风景》、《无愁河的浪荡汉子》等书。画过《阿诗玛》、毛主席纪念堂山水画等。在澳大利亚、德国、意大利开过画展，在海内外享誉甚高。

名人之间

沈从文与巴金

巴金在《怀念从文》中写道:“在朋友中待人最好、最热心帮忙的人只有你,至少你是第一个。这是真话。”这句质朴无华、发自心底的话,反映出巴金与沈从文五十多年的真挚友谊和无限情深。

巴金与沈从文相识于1932年的冬天。当时正在青岛大学教书的沈从文,收到张允和、张兆和姐妹发来的电报,告诉他有关婚事已获父母的应允。她们的父母当时住在上海,想见一见这个未来的乘龙快婿,于是沈从文乘船到了上海。在上海逗留期间,沈从文遇见了在南京主编《创作月刊》的陈曼铎。陈曼铎是来上海找巴金约稿的,他就约巴金和沈从文一起,到一家俄国人开的西餐馆聚餐。素昧生平的巴金和沈从文都是青年作家,彼此又都读过对方的作品,因此一见如故。交谈中巴金得知沈从文有本短篇小说集,想找个出版社出版。饭后,巴金带着沈从文到闸北的新中国书局,将沈从文的小说集交给这个书局的老板,并且预支了部分稿酬。

在上海期间,巴金还帮助沈从文挑选了拜见未来的岳父母的礼物。沈从文想买几套外文书作为见面礼,可是又担心自己买不好,就请巴金帮忙。巴金不负所望,带着沈从文到书店精心挑选了几套俄罗斯的文学名著,其中有一套英文版的《契诃夫小说集》,印制精美,又是权威译本,沈从文的未婚妻张兆和非常喜欢,这对成全沈从文的婚事起到推波助澜的作用。

1933年9月9日,沈从文与张兆和在北平中央公园水榭举行了一次宴会,宣布他们结婚。前来赴宴的除了张家姐妹外,就是沈从文的文学界的朋友们。巴金得知他们结婚的消息,马上给他们发了贺电,祝福他们“幸福无量”。不久,巴金来到北平时,住在达子营沈从文家里。尽管沈从文新婚燕尔刚刚一个多月,但他们夫妇对巴金这个好朋友却是相敬如宾。他俩都在酝酿着新的作品,舍不得花时间闲聊,就分头搞起了创作。北方的秋天气候宜人,沈从文将书房让给巴金创作《雾·雨·电》中的插曲《雷》,而自己却在院子里的树阴下写自己的《边城》。不久。沈从文的大姐前来看望他们新婚夫妇，巴金才搬离沈家。

抗战结束以后，伴随着两种命运的决战，沈从文的灵魂出现了迷乱。他“游离”于国共两党政治之外的“中间路线”，倡导自由主义的文艺追求。他写了大量的政论杂文，其观点出现了一些“极端”倾向。巴金为他的前途担忧，就通过朋友传话，劝导沈从文应该将主要精力用在小说创作上。遗憾的是沈从文没能够听从老朋友的劝告而刹住车。1949 年北平解放后，他感到了巨大的精神压力。于是在 3 月 28 日这一天，他拿起一把水果刀，割破了血管，以便寻求解脱。幸好他的妻弟及时发现，挽救了他的生命。从此以后沈从文家门庭冷落，很少与朋友往来。

1949 年 7 月，巴金应邀到北平出席首届文代会，他多次在会议的休息时间到沈从文家拜访。同年 9 月，巴金出席第一次政协会议时，也到沈家去看望他。在沈从文最为消沉与寂寞的时候，巴金的友谊给了他极大的安慰与支持。即使是在“文革”时期，巴金和沈从文都自身难保时，仍然惦念着对方。至于在“文革”结束后，他们的往来就更多了。可见他们的友谊是经得起挫折考验的。

沈从文与黄永玉

沈从文是画家黄永玉的表叔，年龄比黄永玉大 21 岁。他们被称作是湘西飞出的两只“金凤凰”。

黄永玉是常德人，他的父亲黄玉书毕业于常德师范，在男小学当校长，曾以通草作画捧回巴拿马赛会铜奖；母亲杨光蕙毕业于桃源省立二师，在女小学当校长。父母在读书时学的都是音乐和美术，对黄永玉对未来发展留下了遗传基因。在黄永玉 1924 年 8 月出生后不久，他家就搬到凤凰县居住，从此黄永玉与他的表叔沈从文成了名副其实的乡党。

黄永玉第一次见到沈从文是在他读小学时。有一天他正与几个伙伴疯跑，忽然有个伙伴告诉他，他家从北平来了客人。祖母告诉他这是他的二表叔沈从文。沈从文摸摸他的头，将他揽在怀里，很喜欢这个小表侄。少不更事的黄永玉听说这位表叔在北平当教授，写文章，并没有怎么在意，过一会儿，便跑去与小伙伴玩耍去了。

黄永玉从16岁开始以绘画与木刻为生，到处漂泊。在福建德化山区做小工时，老板见他头发太长了，给他一块钱让他去理发，可是他在书摊上见到一本表叔写的《昆明冬景》，便花了七角钱买了下来。他读着表叔写的书，对表叔的才华滋生了无限仰慕的感情。

1946年他才开始与表叔沈从文通信。这些信有谈艺术知识的，有谈艺术欣赏的，对黄永玉的未来发展大有补益。本来黄永玉名字中的“玉”是“裕”，是沈从文说他的名像个卖布的，建议他改为现在用的“玉”字的，意思是永远继承父亲黄玉书的艺术才华。沈从文曾在一封信中向黄永玉介绍了自己的人生体验：一是充满着爱去对待人民和土地。二是摔倒了，不要停下来哀叹，要赶快爬起来往前走。三是永远地拥抱自己的工作不放。这样的教诲成了黄永玉的座右铭，也成了指导他前进的一盏明灯。

1950年沈从文动员在香港的黄永玉回北京参加工作。1953年黄永玉回到北京到中央美院任教。叔侄都住在北京，彼此的联系多，也经常走动。“文革”开始后，他们叔侄俩都成了审查对象。有一次在大街上他们邂逅了。沈从文怕连累表侄，装作没有看见，便走了过去。毕竟黄永玉年轻些，胆子大些，他借擦身而过的瞬间对表叔低声说：“要从容对付呀！”这句话表达了亲属间的惦念与安慰，对沈从文也是个很大的鼓励。

沈从文作品精选

鸭窠围的夜

天快黄昏时落了一阵雪子，不久就停了。天气真冷，在寒气中一切都仿佛结了冰。便是空气，也像快要冻结的样子。我包定的那一只小船，在天空大把撒着雪子时已泊了岸，从桃源县沿河而上这已是第五个夜晚。看情形晚上还会有风有雪，故船泊岸边时候便从各处挑选好地方。沿岸除了某一处有片沙嘴宜于泊船以外，其余地方全是黛色如屋的大岩石。石头既然那么大，船又那么小，我们都希望寻觅得到一个能作小船风雪屏障，同时要上岸又还方便的处所。凡是可以泊船的地方早已被当地渔船占去了。小船上的水手，把船上下各处撑去，钢钻头敲打着沿岸大石头，发出好听的声音，结果这只小船，还是不能不同许多大小船只一样，在正当泊船处插了篙子，把当作锚头用的石碇抛到沙上去，尽那行将来到的风雪，摊派到这只船上。

这地方是个长潭的转折处，两岸是高大壁立千丈的山，山头上长着小小竹子，长年翠色逼人。这时节两山只剩余一抹深黑，赖天空微明为画出一个轮廓。但在黄昏里看来如一种奇迹的，却是两岸高处去水已三十丈上下的吊脚楼。这些房子莫不俨然悬挂在半空中，借着黄昏的余光，还可以把这希奇的楼房形体，看得出个大略。这些房子同沿河一切房子有个共通相似处，便是从结构上说来，处处显出对于木材的浪费。房屋既在半山上，不用那么多木料，便不能成为房子吗？半山上也用吊脚楼形式，这形式是必须的吗？然而这条河水的大宗出口是木料，木材比石块还不值价。因此，即或是河水永远长不到处，吊脚楼房子依然存在，似乎也不应当有何惹眼惊奇了。但沿河因为有了这些楼房，长年与流水斗争的水手，寄身船中枯闷成疾的旅行者，以及其它过路人，却有了落脚处了。这些人的疲劳与寂寞是从这些房子中可以一律解除的。地方既好看，也好玩。

河面大小船只泊定后，莫不点了小小的油灯，拉了篷。各个船上皆在后舱烧了火，用铁鼎罐煮红米饭。饭焖熟后，又换锅子熬油，哗的把菜蔬倒进热锅里去。一切齐全了，各人蹲在舱板上三碗五碗把腹中填满后，天已夜了。水手们怕冷怕动的。收拾碗盏后，就莫不在舱板上摊开了被盖，把身体钻进那个预先卷成一筒又冷又湿的硬棉被里去休息。至于那些想喝一杯的，发了烟瘾得靠靠灯，船上烟灰又翻尽了的，或一无所为，只是不甘寂寞，好事好玩想到岸上去烤烤火谈谈天的，便莫不提了桅灯，或燃一段废缆子，摇晃着从船头跳上了岸，从一堆石头间的小路径，爬到半山上吊脚楼房子那边去，找寻自己的熟人，找寻自己的熟地。陌生人自然也有来到这条河中来到这种吊脚楼房子里的时节，但一到地，在火堆旁小板凳上一坐，便是陌生人，即刻也就可以称为熟人乡亲了。

这河边两岸除了停泊有上下行的大小船只三十左右以外，还有无数在日前趁融雪涨水放下形体大小不一的木筏。较小的木筏，上面供给人住宿过夜的棚子也不见，一到了码头，便各自上岸找住处去了。大一些的木筏呢，则有房屋，有船只，有小小菜园与养猪养鸡栅栏，还有女眷和小孩子。

黑夜占领了全个河面时，还可以看到木筏上的火光，吊脚楼窗口的灯光，以及上岸下船在河岸大石间飘忽动人的火炬红光。这时节岸上船上都有人说话，吊脚楼上且有妇人在黯淡灯光下唱小曲的声音，每次唱完一支小曲时，就有人笑嚷。什么人家吊脚楼下有匹小羊叫，固执而且柔和的声音，使人听来觉得忧郁。我心中想着，“这一定是从别一处牵来的，另外一个地方，那小畜生的母亲，一定也那么固执的鸣着吧。”算算日子，再过十一天便过年了。“小畜生明不明白只能在这个世界上活过十天八天？明白也罢，不明白也罢，这小畜生是为了过年而赶来，应在这个地方死去的。”此后固执而又柔和的声音，将在我耳边永远不会消失。我觉得忧郁起来了。我仿佛触着了世界上一点东西，看明白了这世界上一点东西，心里软和得很。

但我不能这样子打发这个长夜。我把我的想象，追随了一个唱曲时清中夹沙的妇女声音，到她的身边去了。于是仿佛看到了一个床铺，下面是草荐，上面摊了一床用旧帆布或别的旧货做成脏而又硬的棉被，搁在床正中被单上面的是一个长方木托盘，盘中有一把小茶盏，一个小烟盒，一支烟枪，一块小石头，一盏灯。盘边躺着一个人在烧烟。唱曲子的妇人，或是袖了手捏着自己的膀子站在吃烟者的面前，或是靠在男子对面的床头，为客人烧烟。房子分两进，前面临街，地是土地，后面临河，便是所谓吊脚楼了。这些人房子窗口既一面临河，可以凭了窗口呼喊河下船中人，当船上人过了瘾，胡闹已够，下船时，或者尚有些事情嘱托，或有其他原因，一个晃着火炬停顿在大石间，一个便凭立在窗口，"大老你记着，船下行时又来。""好，我来的，我记着的。""你见了顺顺就说：会呢，完了；孩子大牛呢，脚膝骨好了。细粉带三斤。""记得到，记得到，大娘你放心，我见了顺顺大爷就说：会呢，完了。大牛呢，好了。细粉来三斤，冰糖来三斤。""杨氏，杨氏，一共四吊七，莫错账！""是的，放心呵，你说四吊七就四吊七，年三十夜莫会要你多的！你自己记着就了！"这样那样的说着，我一一都可听到，而且一面还可以听着黑暗中某一处咩咩的羊鸣。我明白这些回船的人是上岸吃过去时"荤烟"了的。

我还估计得出，这些人不吃"荤烟"，上岸时只去烤烤火的，到了那些屋子里时，便多数只在临街那一面铺子里。这时节天气太冷，大门必已上好了，屋里一隅或点了小小油灯，屋中土地上必就地掘了浅凹火炉膛，烧了些树根柴块。火光煜煜，且时时刻刻爆炸着一种难于形容的声音。火旁矮板凳上坐有船上人，木筏上人，有对河住家的熟人。且有虽为天所厌弃还不自弃年过七十的老妇人，闭着眼睛蜷成一团蹲在火边，悄悄的从大袖筒里取出一片薯干或一枚红枣，塞到嘴里去咀嚼。有穿着肮脏身体瘦弱的孩子，手擦着眼睛傍着火旁的母亲打盹。屋主人有退伍的老军人，有翻船背运的老水手，有单身寡妇，借着火光灯光，可以看得出这屋中的大略情形，三堵木板壁上，一面必有个供奉祖宗的神龛，神龛下空处或另一面，必贴了一些大小不一的红白名片。这些名片倘若有那些好事者加以注意，用小油灯照着，去仔细检查检查，便可以发现许多动人的名衔，军队上的连附，上士，一等兵，商号中的管事，当地的团总，保正，催租吏，以及照例姓滕的船主，洪江的木簰商人，与其他各行各业人物，无所不有。这是近一二十年来经过此地若干人中一小部分的题名录。这些人各用一种不同的生活，来到这个地方且同样的来到这些屋子里，坐在火边或靠近床边，逗留过若干时间。这些人离开了此地后，在另一世界里还是继续活下去，但除了同自己的生活圈子中人发生关系以外，与一同在这个世界上其他的人，却仿佛便毫无关系可言了。他们如今也许早已死掉了；水淹死的，枪打死的，被外妻用砒霜谋杀的，然而这些名片却依然将好好的保留下去。也许有些人已成了富人名人，成了当地的小军阀；这些名片却仍然写着催租人，上士等等的衔头。……除了这些名片，那屋子里是不是还有比它更引人注意的东西呢？锯子，小捞兜，香烟大画片，装干栗子的口袋，……

提起这些问题时使人心中很激动。我到船头上去眺望了一阵，河面静静的，木筏上火光小了，船上的灯光已很少了，远近一切只能借着水面微光看出个大略情形。另外一处的吊脚楼上，又有了妇人唱小曲的声音，灯光摇摇不定，且有猜拳声音。我估计那些灯光是同声音所在处，不是木筏上的牌头在取乐，就是水手们小商人在喝酒。妇人手指上说不定还戴了水手特别为她从常德府捎带来的镀金戒指，一面唱曲一面把那只手理着鬓角，多动人的一幅画图！我认识他们的哀乐，这一切我也有份。看他们在那里把每个日子打发下去，也是眼泪也是笑，离我虽那么远，同时又与我那么相近。这正同读一篇描写西伯利亚的农人生活动人作品一样，使人掩卷引起无言的哀戚。我如今只用想象去领味这些人生活的表面姿态，却用过去一分经验，接触着了这种人的灵魂。

羊还固执的鸣着。远处不知什么地方有锣鼓声音，那一定是某个人家禳土酬神还愿巫师的锣鼓。声音所在处必有火燎与九品蜡照耀争辉。眩目火光下必有头包红布的老巫师独立作旋风舞，门上架上有黄钱，平地有装满了谷米的平斗。有新宰的猪羊伏在木架上，头上插着小小五色纸旗。有行将为巫师用口把头咬下的活生公鸡，缚了双脚与翼翅，在土坛边无可奈何的躺卧。主人锅灶边则热了满锅猪血稀粥，灶中正火光熊熊。

邻近一只大船上，水手们已静静的睡下了，只剩余一个人吸着烟，且时时刻刻把烟管敲着船舷。也像听着吊脚楼的声音，为那点声音所激动，引起种种联想，忽然按捺自己不住了，只听到他轻轻的骂着野话，擦了支自来火，点上一段废缆，跳上岸往吊脚楼那里去了。他在岸上大石间走动时，火光便从船篷空处漏进我的船中。也是同样的情形吧，在一只装载棉军服向上行驶的船上，泊到同样的岸边，躺在成束成捆的军服上面，夜既太长，水手们爱玩牌的各蹲坐在舱板上小油灯光下玩天九，睡既不成，便胡乱穿了两套棉军服，空手上岸，借着石块间还未融尽残雪返照的微光，一直向高岸上有灯光处走去。到了街上，除了从人家门罅里露出的灯光成一条长线横卧着，此外一无所有。在计算中以为应可见到的小摊上成堆的花生，用哈德门长烟盒装着干瘪瘪的小橘子，切成小方块的片糖，以及在灯光下看守摊子把眉毛扯得极细的妇人（这些妇人无事可作时还会在灯光下做点针线的），如今什么也没有，既不敢冒昧闯进一个人家里面去，便只好又回转河边船上了。但上山时向灯光凝聚处走去，方向不会错误。下河时可糟了。糊糊涂涂在大石小石间走了许久，且大声喊着，才走近自己所坐的一只船。上船时，两脚全是泥，刚攀上船舷还不及脱鞋落舱，就有人在棉被中大喊："伙计哥子们，脱鞋呀！"把鞋脱了还不即睡，便镶到水手身旁去看牌，一直看到半夜，——十五年前自己的事，在这样地方温习起来，使人对命运感到十分惊异。我懂得那个忽然独自跑上岸去的人，为什么上去的理由！

等了一会，邻船上对那人还不回到他自己的船上来，我明白他所得的必比我多了一些。我想听听他回来时，是不是也像别的船上人，有一个妇人在吊脚楼窗口喊叫他。许多人都陆续回到船上了，这人却没有下船。我记起"柏子"。但是同样是水上人，一个那么快乐的赶到岸上去，一个却是那么寂寞的跟着别人后面走上岸去，到了那些地方，情形不会同柏子一样，也是很显然的事了。

为了我想听听那人上船时那点推篷声音，我打算着，在一切声音全已安静时，我仍然不能睡觉。我等待那点声音。大约到午夜十二点，水面上却起了另外一种声音。仿佛鼓声，也仿佛汽油船马达转动声，声音慢慢的近了，可是慢慢的又远了。像是一个有魔力的歌唱，单纯到不可比方，也便是那种固执的单调，以及单调的延长，使一个身临其境的人，想用一组文字去捕捉那点声音，以及捕捉在那长潭深夜一个人为那声音所迷惑时节的心情，实近于一种徒劳无功的努力。那点声音使我不得不再从那个业已用被单塞好空罅的舱门，到船头去搜索它的来源。河面一片红光，古怪声音也就从红光一面掠水而来。原来日里隐藏在大岩石下的一些小渔船，在半夜前早已静悄悄的下了拦江网。到了半夜，把一个从船头伸在水面的铁兜，盛上燃着熊熊烈火的油柴，一面用木棒槌有节奏的敲着船舷各处漂去。身在水中见了火光而来与受了柝声吃惊的四窜的鱼类，便在这种情形中触了网，成为渔人的俘虏。当地人把这种捕鱼方法叫“赶白”。

一切光，一切声音，到这时节已为黑夜所抚慰而安静了，只有水面上那一分红光与那一派声音。那种声音与光明，正为着水中的鱼和水面的渔人生存的搏战，已在这河面上存在了若干年，且将在接连而来的每个夜晚依然继续存在。我弄明白了，回到舱中以后，依然默听着那个单调的声音。我所看到的仿佛是一种原始人与自然战争的情景。那声音，那火光，都近于原始人类的战争，把我带到四五千年那个“过去”时间里去。

不知在什么时候开始落了很大的雪，船上人细语着，我心想，第二天我一定可以看到邻船上那个人上船时节，在岸边雪地上留下那一行足迹，那寂寞的足迹，事实上我却不曾见到，因为第二天到我醒来时，小船已离开那个泊船处很远了。

湘西古街（老照片）

忆 罗 淑

罗淑传略

罗淑（1903—1938），原名罗世弥，祖籍四川简阳，生于成都。1921年进简阳县立女子学堂，1923年转入成都省立第一女子师范，1929年9月与马宗融去法国里昂，不久结婚。1930年入里昂大学学习教育。1933年结束学业回国，在上海郊区南翔立达学园农村教育科教书，兼任小学部主任。

1936年，年已33岁的罗世弥，悄悄地写了个短篇小说《生人妻》交给巴金。巴金意外地发现了她的文学才华，就在原稿上替她署名“罗淑”，送《文学月刊》发表，该刊编者靳以也觉得这篇小说很好，有些“刻心的真情的描述”。小说发表后，引起了文坛和读者的重视。从此，她就以“罗淑”为笔名，继续习作，接着发表了小说《橘子》、《刘嫂》、《井工》等，作者关心的仍然是在死亡线上的劳动人民。还翻译了《何为》、《白甲骑兵》等俄国小说。

由于日本军国主义的侵略所造成的民族灾难，罗淑在动荡中，因产褥热于1938年离开了人世。当罗淑死讯传来，巴金沉痛不已，为了纪念她，把罗淑的《生人妻》及其他三个已发表的短篇编为一集，作为《文学丛刊》出版。

纪念友人世弥

巴　金

我想不到我会来写这样的文章，记忆逼着我写。记忆使我痛苦。甚至在这样一个个人命运和民族命运紧密地联系在一起的时代中，我还受着个人情感的熬煎。我不说我们民族的损失，固然世弥（即罗淑）是中国的一个优秀的女儿；我不说我们文坛的损失，固然世弥的作品显示了她未来的光辉的成就；因为在侵略者铁蹄的践踏下，许多青年有为的生命，许多优秀卓绝的文学才能已经变成了白骨黑灰。为了一个民族的独立和生存，这样的牺牲并不算是昂贵的代价。许多人默默地死去，许多人默默地哀悼他们的死者，没有谁出来发一声不平的怨言。我也没有权利把我个人的悲痛提出来加在这许多人的悲痛上面，促他们多回顾"过去"，给他们多添一分苦恼。他们需要的是"遗忘"，要忘记过去的一切，要忘记灾祸与悲痛，像堂·吉珂德那样地投身到神圣的抗战中去。

然而我不能够制止个人的悲痛，我无法补偿个人的损失。这一个友人的死给我留下的空虚，到现在还不曾得到填补。记忆逼着我写，悲痛逼着我写，为了我自己，为了我的一些朋友，我要写下这篇关于世弥的文章。

世弥是一个平凡的人，甚至在她的外貌上，人也看不出锋芒。她写过文章，但她的文笔并不华丽，那里面有的是一种真实、朴素的美。她不喜欢表显自己，她写文章也不愿意让朋友们知道。她把她的热情隐藏在温厚的外表下。许多人说她是一个贤妻良母型的女性，却少有人知道她是社会革命的斗士。在我们这些友人中间，有时因为意见的分歧会损害友情，个人的成见妨害到事业的发展，然而她把我们（至少是我们中间的一部分人）团结在一起。她的客厅仿佛成了我们的会所。但我们并不是同时去的，我们个别地去，常常怀着疑难和苦恼去求助于她。她像长姊似地给我们解决问题，使我们得到安慰和鼓舞。她的考虑十分周到，她的话语简单而有力量，我们都相信她，敬爱她。

她有一种吸引力把许多朋友拉到她的身边，而且使他们互相接近了解。一个朝鲜朋友被日本人追缉得厉害的时候，他到上海来总是由她和她的丈夫款待，他就住在他们家里，或者她替他转信。那个朋友也是我的友人。艰苦的环境使他的头发在几个月内完全变成了白色，但是他的精神并没有衰老。有一次我受了一个朋友的嘱托从日本海军陆战队布岗警戒下的虹口带了一支手枪，一百颗子弹和一包抗日文件到她的家里寄存。她毫不迟疑地收下了我提去的那口箱子，让那些东西在她的家里放了一年，到她离开上海时才让另一个朋友拿去。这些事倘使她活着，她一定不让我说出来，而我也不便写。但是如今她和我已经成了两个世界的人。我不曾当着她的面说一句感激的话，我知道这会使她不高兴。然而这时候思念割痛我的心，我愿意让人知道我们从她那里得过的恩惠。要是这触犯了她，她也会原谅她的朋友，因为这是最后的一次了。

我不敢想，有时候我甚至不能相信世弥的死讯是真实的。去年九月八日上海西车站的分别仿佛还是昨天的事。上海沦陷后她和宗融打过急电来探问我的安全，又屡次写信劝我离开“孤岛”。我答应今年到他们那里去。如今我失了约，而她也不能活着来责备我了。

这三四年来，我在生活里、事业遇到各种麻烦。我究竟缺乏忍耐，我不能从容地应付一切，常常让自己沉溺在苦恼中间。朋友不宽恕我，敌人不放松我。我不能严格地改正错误，我反而让自己陷在绝望的心境中。好几次我带着气愤到她那里倾诉，她仔细地开导我，安慰我，甚至指责我的缺点。她知道我的弱点，我的苦恼和我的渴望。但是她决不姑息她的友人。我是在朋友们的督责下成长起来的。她便是那许多朋友中间给了我帮助最大的一位。但是如今我不知不觉间就失掉了这样一位友人。我的悲痛是很大、很大的。

我唠唠叨叨地叙说我个人的损失，我太自私了。我们许多人中间失去这一个连锁，那损失比我个人的更大。而且就个人的悲痛来说，我们大家热爱的马大哥，我认识他在他和世弥结婚以前，我知道世弥在他的生活里、情感上占着什么样的位置，我知道世弥是他的一个怎样的不可分离的生活与工作的伴侣。他们九年来始终没有分离过。如今一只残酷的魔手把她抓了去，永远不放回来。留下他一个人带着那个聪明可爱的小弥和一个新生的孩子（那个男孩是她用自己的生命换来的），在那间空阔的屋子里，八岁的小弥天天嚷着要“妈妈”，新生的孩子又无知地啼哭等着人喂奶。做一个这样的父亲，不知道要花费多少的心血。对于在书堆里过惯生活的马大哥，我简直不敢想象他的悲痛。我不能够安慰他，因为他的灾祸太大了。但是我想借用意大利爱国者马志尼劝赫尔岑的话来劝他：勇敢些，你要抑制悲痛，不要叫你的精神破碎。

我常常以为我们亲爱的人的死会使我们变成更好的人，你的义务是去做一切她所喜欢的事而不去做任何她所反对的事。……

现在正是这个时候了。

别了，我永不能忘记的友人，我不再用言词哀悼你。我知道你不喜欢我这样做。你不愿意在这样的年纪早早地死去，你更不会愿意在你渴望了几年的抗战的烽火燃烧的时候寂寞地闭上眼睛。但是你已经尽了你的职责了。你留下了这么深的敬爱在我们中间。我们失去了你这样一个连锁，可是我们已经坚实地团结起来。你的手所放下的火炬，也将由我们接过来高高地举起。我们会把它举得更高，使你的和我们的理想早日实现，我知道那会是你最快活的时候。到了那一天，你会活起来，活在我们的心里，活在我们的理想里。

1938 年 4 月在广州

罗淑与巴金

巴金与罗淑都是四川成都人。罗淑生于1903年，年长于巴金一年。他们相识于1929年的秋天。当时罗淑的未婚夫马宗融从法国回来，将罗淑从四川接到上海，准备去巴黎结婚。此时已从法国回到上海的巴金，在宝光里见到了马宗融和他的未婚妻罗淑。

1931年“九一八”事变后，马宗融夫妇回国，马宗融在复旦大学任教。罗淑在上海郊区南翔立达学院教书。1936年3月，罗淑夫妇去看望巴金，巴金与他们谈起法文翻译的事，问他们能否译些法文著作？得到允诺后，巴金就将车尔尼雪夫斯基的《何为》（今译《怎么办》）法文本给他们翻译。一个多月后，罗淑就将她的译稿交给巴金，由文化生活出版社出版。这一年的9月，罗淑给巴金送来她写的小说《生人妻》。巴金本来就很重视培养作者，见到文学新人无不大力扶持。如今这位同乡创作了小说，非常高兴，给她提了些修改意见，鼓励她继续写作。罗淑本名罗世弥，巴金帮助她修改这篇稿子时，给她取了个“罗淑”的笔名，并将这篇《生人妻》交给靳以发表在《文季月刊》1936年的9月号上。

《生人妻》问世后，引起了读者的广泛注意，朋友们都鼓励她继续写作，接着罗淑又发表了《刘嫂》、《桔子》和《井工》等小说。

1937年抗战全面爆发后，马宗融应聘到四川任教，此时罗淑身怀六甲，行动不便，与女儿留在上海。可是不久“八一三”淞沪战争打响，罗淑在上海很不安全。巴金让他的弟弟给罗淑买了船票，送罗淑母女前往成都。到成都后，罗淑于1938年2月生下一个男孩，取名少弥，却因产褥热不治而辞世。

噩耗传来，巴金非常悲痛。为了纪念罗淑，巴金将罗淑的作品编辑出版了《生人妻》、《鱼儿坳》、《地上的一角》等三本创作集。还亲自为这些集子写了编后记。

罗淑逝世不几年，她的丈夫马宗融也病逝了，留下一对孤儿孤女。巴金和萧珊就将罗淑的一双儿女接到家里抚养，一直供养他们大学毕业。至今这对姐弟如同巴金的亲生儿女一样。

名人故事

痛斥兵痞

在罗淑的亲友中，流传着这样一个故事：有一年的农历 2 月 15 日，风和日丽。罗淑和十多位同学到青羊宫去赶花会。刚刚走出二沺庵门，忽见几十个佩盒子枪的弁兵蜂拥着一个四十来岁中等身材的瘦子迎面走来，拦住了女学生的去路。这帮不怀好意的丘八嘻皮笑脸，围着女学生指指点点，评头论足。学生们惊惊惶惶，往后躲藏不迭。罗淑本来走在后面，见了这般情况，就挺身上前，义正辞严的对为首的那个人说：“你这个人太岂有此理，怎么怂恿兵丁如此无理。男女都是平等的，要互相尊重，也应当自爱。”一个马弁大吼：“这是我们的石旅长！”罗淑说：“我们是文庙街一女师的学生，将来是要做教育学生的老师的。你既是一旅之长，就应当懂道理，为人表率，把为国为民的事放在心上，为什么这样不知礼仪？奉劝阁下好好约束自己的部下，不要惹事生非。”一席话说得那人目瞪口呆，半晌说不出话来，憋了半天，只说了一句“承蒙指教”，拱拱手，悻悻然带着兵丁们走了。这时老百姓才围过来说，女先生真了不起，刚才那个人是土匪出身的混世魔王石肇武，军阀刘文辉的干儿子，无恶不作的。罗淑听了，也有些后怕。回到学校，校长批评罗淑说，这种事可一不可再，万一出点事情，太不值得。罗淑说：“人是战斗的动物，我们十来个人被他们围住，若不背水一战，怎么脱身呢？”

罗淑作品精选

轿　　夫

记得是在一个暑期里，因为一时的高兴，答应了几个住在辽远的L县的同学，一同到她们的家乡去过夏。只给家里通了个信去，并不等候许可，就同着她们走了。

起初的两天是坐木船。可是在船上没有像我们想象中的那么潇洒，平静，因为我们搭着的是一只装载菜油往下河去的货船，蔑篷终日给阳光炙得火烫，舱底的油蒸发着强烈的熏人的气味，而且搭客太多，起居上也深感到不便当。于是在第二天的晚上，我们便商议改走山路，虽是多了一日的路程，免不了要受她们家庭的埋怨，但是有我这一个外客，凡事只往我身上推，不就什么都干净了么？等到早晨船靠了一个市镇的时候，我们就上岸去，在这里雇了四乘凉轿。

没有上轿以前，我们叮咛轿夫说："四乘轿子要接连一起走，不许隔得太远，有赶不上的，走拢了不添酒钱。"

于是四乘轿子，八个轿夫，热热闹闹地拉了一长串，在满是树木的山道上蜿蜒地前进。

轿夫们全都很驯良，又因许了他们到家后多把小费，供给一餐饭食，所以他们就格外地殷勤。

我们一路上耽搁着，只要有好风景的地方，或者看见了一些不曾见过的花木，总把轿子停了下来，逗留好些时候才肯再走。要是停轿的地方有人家，他们就趁着我们向乡里人买东西的时候，向人讨碗凉水，几口吞完之后，再打一个欠，坐在突出地面的大树根上，石头上，抽着旱烟低声地闲话着。从那不善掩饰的目光里，我猜想得到他们谈话的主题是我们，可是我拿得定，那是不含着任何恶意的：我们没有像穿黄衣服的兵大爷，时刻用枪柄在他们干柴似的骨架上敲打，也不像着长袍大褂的老爷们，惯于用口唾和脚头对付他们。

“我看那两个轿夫的模样有些特别。”

一次下轿来买甘蔗，我的一个朋友对我这样说。随着她的视线，我望了一下立在一棵庞大的古松底下的抬我那两青年轿夫，他们正在对着一群找野食的鸡抛石子。

“有什么特别呢？”我问。

“你仔细看看，我也说不出他们的特别地方，总之，我觉得他们的确有点异样就是了。”

我又仔细再看，这一次仍然没有发现他所谓的特别的地方，只不过他们不像别的六个轿夫一样打着赤膊，身上老是挂着一件给汗水灰尘糊紧了的褴褛的衣裳，除此，便是他们的眼睛比较其余的要显得温和一点罢了。

“没有什么希奇，还不是一个样子？”

我的朋友便不再说什么。

我的轿子本来是在第三，渐渐地，第四乘冲上去了。我招呼我的轿夫说：

“快点呵，看看你们就要跟不上了，叫前面的等一等吧！”

“赶得上的，不要他们等！”他们似乎不愿意输气。

话虽这样说，他们的脚步分毫没有加快，而且不到多久，连前面的三乘轿子的影子都几乎望不见了。我很着急，不断地催促他们赶快走，可是无论怎样，我总是和前面的人愈隔愈远，终于他们在我的视线中不见了踪影！

太阳已经沉西，灿烂的彩霞失掉了鲜明的颜色，路上的行人也少了，这时起了一阵凉风，全山的树木全都披头散发的抖擞着，似乎在欢迎临近了的温柔的夜。

我不住地叫苦，身上的汗直淌，心像要跳出腔子似的那末难过。我在轿里蹬脚大声地喊道：

“等到了店子再给你们算帐！……叫你们喊他们等等，你们偏不叫！……

这样配当轿夫吗？坏东西，明天不要你们抬，我另自换人，呵！我另自换人！”

“呵呵！小姐，你生气！老实地讲，我们跟得上他们男子汉么？老天偏又不给我们这些人多生两只脚，……”前面的一个说。

“什么？你们是女人？”我惶惑地问。

“不是女人是男人？”后面的一个咕噜道。

我的一团怒气完全给这几句简单的话语消除得一丝无存，我由不得随口问了一句：

“为什么女人也要跑来抬轿子呢？”

“哈！哈！哈！我的老天爷，为什么！……”后面的一个大笑说。

“为肚皮呵！小姐！”前面的一个接口道。

这句话一完，两个人合拢又是几声哈哈。

这种笑，在她们也许是单纯的，可是我觉得那里面夹杂着讽刺，夹杂着血和泪，愤怒和呼号，它使我发起呆来，我木然地任她们把我抬着在苍茫的暮色里缓慢地走着。

弄堂里的叫卖声

风雨不改，每天总有许多卖零食的小贩到弄堂里来叫卖，如像瓜，糕饼，香豆，素火腿，酸梅汤之类的东西。每一个人有一个人的特别声调，有的声音尖锐得震耳朵；有的又懒，又长，又低。听去好似一个人在说梦话，又好似烟瘾没有过足，提不起神，而又不得不喊几声的样子。还有的叫里带着唱，很可以使一个初次听见的人发笑。

最讨厌的莫过于卖茯苓糕的人，不管你午后躺一躺或是夜里正要入睡的时候，他总要用那凄厉的，哭一般的声音把你惊醒，那时要是手中有东西，真说不定会向他扔去，但是，一想，算了吧，别人为着要吃饭，拚着不结实的喉咙在做广告啦！

他们的声音虽是不好听，却有着无上的魔力，往往这些声音一来。弄堂里的孩子们就嘈杂起来：哭的哭，闹的闹，跑的跑，各人去向各人的母亲要铜钱买，等到妈妈被缠得不开交了，于是，铜子飞进小贩的袋里，他的货物的一部分移入小孩的手里。

交易成功：挑担的，拿木盘的，各自满足地叫着走开了。

黄昏，太阳失掉了它的威力。善于讨好的凉风，把所有躲在屋里的人们都欢迎了出来。过道成了会集所。到处有的是谈话。

“我的大孩子昨天肚泻了一次，今天还没全好！”

“呵！……小三也有些发吐呢……”

“天气太热了，大人都吃不消，还说小人……”

是的，天气过热，容易使人发生病症，不过，那些叫卖的声音过多了，作兴还会使几个作母亲的人哭呢！

但是卖零食的若是不叫卖，或者他的孩子的母亲又会哭了！……

古弄堂

忆梁实秋

梁实秋传略

梁实秋（1903—1987），号均默，原名梁治华，字实秋，笔名子佳、秋郎，程淑等。著名散文家、学者、文学批评家、翻译家，国内第一个研究莎士比亚的权威，祖籍浙江杭州，出生于北京。

1915 年秋考入清华学校。在该校高等科求学期间开始写作。第一篇翻译小说《药商的妻》1920 年 9 月发表于《清华周刊》增刊第 6 期。第一篇散文诗《荷水池畔》发表于 1921 年 5 月 28 日《晨报》第 7 版。

1923 年 8 月毕业后赴美留学。1926 年回国任教于南京东南大学。1930 年，杨振声邀请他到山东大学任外文系主任兼图书馆长。1932 年到天津编《益世报》副刊《文学周刊》。1934 年应聘任北京大学研究教授兼外文系主任。1935 年秋创办《自由评论》，先后主编过《世界日报》副刊《学文》和《北平晨报》副刊《文艺》。

七七事变后，离家独身到后方。在重庆主持《中央日报·平明副刊》。任国民参政会参政员，国民政府教育部小学教科书组主任，国立编译馆翻译委员会主任委员。抗战后回任北平师大教授。

1949 年到台湾，任台湾师范学院（后改师范大学）英语系教授，后兼系主任，再后又兼文学院长。1961 年起专任师大英语研究所教授。1966 年退休。曾携妻子游美，在美台两地轮流居住，其妻辞世后重返台湾。1987年11月3日病逝于台北。

梁实秋40岁以后着力较多的是散文和翻译。散文代表作《雅舍小品》从1949年起20多年共出4辑。30年代开始翻译莎士比亚作品，持续40载，到1970年完成《莎士比亚全集》的翻译，计剧本37册，诗3册。晚年用7年时间完成百万言著作《英国文学史》。

怀念梁实秋先生

聂华苓

我认识梁实秋先生，正值我一生最黯淡的时候。在60年代初，生活宛如孤岛。我在台湾大学和东海大学两校教创作，在台大校园和大厦山上和学生们在一起，是我枯寂生活中最大的乐趣。再就是和海音、孟瑶一同于周末去梁先生家。

梁先生家一片春风，甚至他家帮佣的小姑娘名字也有“春”意：春绸。那是我听到的最好听的名字之一，至今难忘。梁先生、梁师母都是美食家。我们去他们家之前，就知道那天梁师母将给我们吃什么：饺子呀，薄饼呀，炸酱面呀，全是梁先生喜欢吃的食物。他那时已有糖尿病，只有望食兴叹，浅尝即止。我们可乐了，不但吃得好，还可听梁先生讲笑话，还可看梁先生故作馋相扮小丑——他是很好的演员。他妙语如珠，睿智之中透着孩子般无奈的天真，仿佛是报复我们那几个白吃：你们不准我吃，好！我就讲笑话，笑得你们喷菜，笑得你们流泪，笑得你们告饶。海音和我都爱笑，孟瑶也笑。梁先生的妙语，我们的笑声，巡回不已，皆大欢喜。梁先生用笑话代替炸酱面，才不致“馋”得很痛苦。记得他给我们讲过一个单身汉的故事。

某君从美国学成归国，找不着女朋友。他长得不错，只是个头太矮。他认为只要有钱，就可以找到女朋友。于是他将由美国带回的四百美金视若生命。他买了个特制的夹层皮带，将美金塞在两层之间，用拉链封好，日夜绑在身上。他外出购物，拿不出钱，就进厕所，解开皮带取钱。因此，他需要钱的时候，必上厕所。久而久之，有人知道了他的秘密。有天晚上，鬼使神差，他睡觉前把裤子连皮带一起顺手搭在椅背上。半夜醒来，裤子不见了。他到处寻找，在院子里找到裤子，皮带不见了，四百美金不见了。他从此发奋赚钱，身兼数职，非常节省，吃饭用鱼内脏下饭（我们正吃梁师母亲手做的鲜肉饺子）。他存了许多钱，还买了四栋房子出租。他每天必去看看房子，摸摸房子的砖头。但是，他还是找不着女朋友。因为他太矮了吧。他便订做了双高底鞋。在人多的场合，他必站在高处显眼的地方。他还是找不着女朋友。还有什么毛病呢？单眼皮，他去医院动手术割眼皮。医生得从他手臂上割下一块皮，粘在眼皮上，要等手臂的皮在眼皮上粘牢了，他才能将手臂放下。一连好几天，他举起手臂贴在眼皮上。眼睛成了双眼皮，仍然找不着女朋友。

梁先生说那是真人真事。我们逼着问：是谁？是谁？他笑而不答。梁先生讲笑话时就是那副真真假假的神情。一直到今天，我也不知道梁先生是否讲的真人真事。那简真就是契诃夫的短篇小说嘛！

吃喝谈笑之中，偶尔也谈文坛旧事。我们巴巴地问到徐志摩、陆小曼、冰心、老舍、沈从文……三四十年代的作家们，那时他们都好像是另一个世界的人。我们对那些身为作家的“人”，远比任何文坛事件有兴趣。例如，我们会问：“冰心是什么样儿？”梁先生笑笑，想起了他的秋郎时代吧？“长得不错。”他没多说。从他那一笑之中，我就可以想象冰心年轻时清丽的模样。

梁先生那时还没从师范大学退休。他不喜酬酢，很少外出，也很少有客人，对外界的事也似乎没兴趣。我和海音、孟瑶似乎也为他们夫妇俩的生活添了点儿乐趣，每过一阵子，他们就邀我们去玩。只有文蔷一家从美国回去看两老的时候，他们就不理我们了。那时我觉得梁先生挺寂寞的。

1964 年，我由台湾来美国之前，去看梁先生和梁师母。

“你没有路费吧？”梁先生在谈话中突然问我这么一句话。

“您怎么知道？”

“我知道。你需要多少？”

我到美国的路费，就是梁先生借给我的。我到美国后申请到一笔研究金，才还给了在西雅图的文蔷。

我和梁先生通信多年；信虽不多，但一纸短笺，寥寥数语，却给我这海外游子无限鼓励和温暖，我也对至情至性的梁先生多了点认识。

1972 年，我和安格尔去西雅图，正值梁先生和梁师母在文蔷那儿。杨牧（那时候他还叫叶珊。在我心目中，他永远是躺在我爱荷华家中地板上，手指自己鼻尖说："我，叶珊，二十五。"）已从麻州大学转到华盛顿大学去教书。他邀我们和梁先生夫妇相聚。我们一起开车去文蔷家接两老去一中国餐馆。八年不见，相见特欢。梁先生和安格尔一见如故。我隐约感觉到两老都有些异国飘零的心情。他们非常钟爱女儿，也非常享受儿孙的绕膝之乐，但他们似乎不知如何安顿自己。他们说，女儿女婿太忙，忙得他们心疼，要帮忙吧，又插不进手，而且，女儿女婿也不要两老动手。父母的慈爱，儿女的孝心，在美国全无法表达，宛如交响乐中的钢琴、小提琴，各自美则美矣，却无法合奏起来。

从那次见面以后，就没再见到梁先生、梁师母了。那已是16年前的事了。我们仍然偶尔彼此写封短简，就是我到国外去，也告诉梁先生一声。1974年春，我和安格尔在亚洲七八个国家旅行了三个月，也到了台湾，梁先生梁师母仍在西雅图。六月回到爱荷华，就看到梁先生的英文信。那是他写给我的惟一一封英文信，为的是要安格尔也立刻看到，不必经我翻译。他迫不及待地要我们知道他丧妻的悲痛。梁师母在去超级市场途中遭梯子击倒去世了，那天是4月30日。梁先生的信是5月4日写的，正是为梁师母悼祭的日子。读着梁先生的信，我可以看到在心中哭泣、挣扎活下去的梁先生。我非常担心他如何打发以后的日子，因为我知道他如何依赖梁师母。

几个月之后，1975年初，我又收到梁先生从西雅图来的信，告诉我他在台湾认识了韩菁清女士，并已结不解之缘。"我的友好几乎都持反对或怀疑我的态度……"我将信译给安格尔听。我俩立刻各自给梁先生写了信，告诉他我们十分高兴他又找到幸福，不必为外间闲言闲语所扰。我们也告诉他，年龄的差别不是幸福的障碍，甚至文化的区别也不是，重要的是彼此了解、尊重、体谅、宽容和忠诚。我和安格尔就是我这辈子见到的最和谐的婚姻。

梁先生立刻又来了信，又是迫不及待地，表示"感激涕零"。他忽然成了个恋爱中的惨淡少年，需要支持，需要保证，需要信心。梁先生在我心目中一直是位给人支持、给人保证、给人信心、大仁大智的人，没料到他在爱情面前也会如此脆弱。就因为这点儿"脆弱"，梁先生才更可爱、可敬、可佩！

梁先生返台以后，我们通信渐少。知道他在台生活很好，也就心安了。据马逢华先生来信说，梁先生去西雅图还问起我近况，马先生说很好，大概他也心安了吧。他在马先生那儿看到我的一本书：《爱荷华札记——三十年后》，马先生说他“爱不释手”，带回台湾了。1978年，我回祖国大陆探望我的哥哥和妹妹，安格尔和两个女儿薇薇、蓝蓝也同行。30年后又饮长江水，心情激动，回到爱荷华，在百忙中，一口气写出了《爱荷华札记》。1986年，我和弟弟华桐专程回去“寻根”，姐弟俩从重庆坐船，经三峡沿江而下，回到每一个我们生长的地方。战乱的苦难，家庭的变故，儿时“不知愁滋味”的嬉戏，我们重新又“活”了一遍。每到一地，见到亲朋故旧，真个是“少年离别意非轻，老去相逢亦怆情。草草杯盘供笑语，昏昏灯火话平生”。

梁先生早在70年代初就一再提到，我应该回内地看看。直到1978年才成行。那年我见到的第一位作家就是和梁先生有不寻常友谊的冰心。她是我想象中的模样：一座非常典雅的象牙小雕像。年代久了，象牙雕像变色了，但还是细致得逗人喜爱。她爱说：“是吗？”尾音往上一扬，眼角、嘴角轻轻一翘。她说话很好听，一个个字珠圆玉润地溜出来。她谈到文革以后第一次文联大会：“我去了，见到好多老朋友。有的人残废了；有的人身体很弱；有的人拄着拐杖上台去讲文革受迫害的情形。台上哭，台下也哭。”

我也见到梁先生的朋友沈从文先生，那是1980年，在一个作家宴会上。年轻人已不知沈从文是何许人也。一个年轻人带着姓名地址去接沈先生来参加宴会。字条上“沈从文”三个字写得模糊不清。年轻人挨门挨户找“沈从文”，总算给她找到了。沈先生听人唤他“沈从文”，大概只有苦笑吧！我在多年前曾将《从文自传》的片断译给安格尔看。他十分佩服沈先生。宴会上有一位红光满面、微笑不语的老人。我要安格尔猜他是谁。安格尔猜不出来。我对他耳语。

“啊，沈从文！”他大叫，热烈握他手。

我发现沈先生很少吃菜。他说平时只吃面条，吃很多糖。

我问：“为什么吃那么多糖呢？对您身体不好呀！”

沈先生笑眯眯地说：“因为以前我爱上一个糖坊的姑娘，没有成，从此我就爱吃糖。”

梁先生，这些都是您想听的话。我还有许多话要对您讲，满以为见面时可以告诉您。但您已经先走了，又是迫不及待地，走得那么匆匆。

【作者简介】

聂华苓，1925年出生于大陆，1949年抵台湾定居并从事创作。1964年，由于《自由中国》停刊事件，离开台湾，应聘至美国爱荷华“作家工作室”工作，致力于世界文化交流。1967年创办“国际写作计划”，每年邀请世界各地的作家、诗人前往爱荷华大学进修创作。

自五十年代起，创作了长篇小说《失去的金铃子》、《桑青与桃红》、《千山外，水长流》，中篇小说《葛藤》，短篇小说集《翡翠猫》、《一朵小白花》、《聂华苓短篇小说集》、《王大年的几件喜事》、《台湾轶事》及散文评论集《梦谷集》、《黑色、黑色，最美丽的颜色》、《三十年后——归人札记》与《沈从文评传》等，部分作品被翻译成多国语文发表，其代表作品为《桑青与桃红》，被列入亚洲小说一百强之中。著有回忆录《三生三世》。

梁实秋与闻一多

闻一多与梁实秋一生中有过三次相处较多的机会。

第一次是在北平清华学校。闻一多比梁实秋年长三岁，早于梁实秋进清华读书，可是轰轰烈烈的五四运动却将他们连接在一起。在五四运动中他们都是积极分子，闻一多被选为出席全国学联的清华学校代表，而梁实秋则被推举为学生参与学校管理的评议会的评议员。他们在学生运动中建立了联系，但是他们个人的友谊，还是从“小说研究社”开始的。

五四运动后，这伙青年学子产生了一种对社会发言的冲动。在这种冲动的驱使下，梁实秋对文学发生了兴趣，就与顾一樵、翟毅夫、齐学启等六个同学，在 1920 年创办了“小说研究社”。他们找了间没人住的学生宿舍，定期开展活动。闻一多得知这个社团的消息，就申请加入。随后又吸收朱湘、孙大雨、饶孟侃等人参加，壮大了力量。第二年，“小说研究社”接受闻一多的建议更名为“清华文学社”，并推举闻一多为书记，梁实秋任干事。使他们成为好朋友的因素，还有一个是他们对新文学的观点一致。对于当时出现的新诗，他们认为既然是“诗”，就应该讲究“诗的艺术、诗的想象、诗的情感”，而不能写得俗如白话。为了阐明自己的观点，闻一多写了《冬夜评论》，梁实秋写了《草儿评论》。可是这两篇长文投寄出去，却一直没有回音。这两个火气方刚的大学生耿耿于怀，激愤于没有对社会发言的机会。不久梁实秋的父亲梁咸熙知道了他们的苦衷，就赞助 100 元钱，将这两篇评论长文出版了。随后，他们分头开始了诗歌创作，旨在用诗的实践来体现自己的诗的美学观。闻一多将自己的新诗编为《红烛》，梁实秋将自己的新诗编为《荷花池畔》，还请闻一多为这本诗集设计了封面。闻一多本想将这两本新诗集一并推出，不料梁实秋中途变卦，被闻一多誉为“东方之义山，西方之济慈”的梁实秋，也就没有在现代新诗画廊上留下自己的芳名。

第二次是在美国。闻一多于 1922 年到美国芝加哥大学学习西洋绘画，而在第二年梁实秋则到了美国的科罗拉多泉大学。闻一多得知梁实秋到科罗拉多泉大学读书的消息，就马上办理了转学手续，来到“科泉”与梁实秋一起开始了同窗生涯。梁实秋攻读英文和文学理论，选修美术；闻一多学习西方绘画，选修文学。共同的爱好和兴趣，将他们连接得更为亲密。他们在学校附近租了两间房，在房东家包伙食，朝夕相伴，形影不离，共同钻研诗文和艺术，度过了近两年的“西窗剪烛、杯酒论文”的惬意生活。1924 年暑假，闻一多要去纽约继续深造绘画，梁实秋要去波士顿哈佛大学研究院学习西方文化和文学理论。他们结伴东行，在芝加哥依依惜别。

第三次是在青岛。闻一多和梁实秋先后于 1925 年和 1926 年回国，分别在南京的大学教书。1927 年，他们来到上海，参与了与徐志摩一起创办新月书店和《新月》期刊的工作。此后，杨振声受命筹建青岛大学，前来上海邀请闻一多和梁实秋到青岛大学分别主持国文系和外文系，他们就一同来到青岛。

在青岛他们住得相距不远，经常相约而行。青岛大学的校长杨振声喜欢饮酒，经常与闻一多、梁实秋、赵太侔、陈季超、刘康甫、邓仲存和方令孺在一起饮酒，被称作“酒中八仙”。他们每逢周末，就到学校附近的顺兴楼饭庄一起饮酒，往往是 30 斤一坛的绍兴花雕，不喝得见底决不罢休。有一次胡适到青岛，杨振声做东，邀请其他“酒仙”作陪。胡适见他们豁拳豪饮的架势，连忙将他太太给他的刻有“戒酒”二字的戒指戴上，宣布内人有嘱，要求免战。

一次，闻一多和梁实秋在一个教室里看到一幅漫画，画的是龟兔赛跑，题为《闻一多与梁实秋》。闻一多问梁实秋说：“你是哪一个？”梁实秋说：“你选剩下的就是我。”后来，杨振声辞职后，闻一多也离开了青岛大学。梁实秋是在 1934 年 7 月才离开青岛，回到北平的。

梁实秋与老舍

1938 年 3 月 27 日，中华全国文艺界抗敌协会（“文协”）在汉口宣布成立，老舍当选为常务理事和总务部主任。随着武汉的沦陷，“文协”迁往重庆。

有一天，在国立编译馆任职的梁实秋到“文协”去看望朋友，听说老舍也在这里。他便在楼梯拐角处的小屋里找到老舍。他们异地邂逅，分外欣喜。

交谈中得知，他们都住在北碚，相距不远，既然都是“天涯沦落”的老北京，又是志同道合者，自然很亲近，彼此的联系也很多。

他们的交往中，最为脍炙人口的是他们说相声的一段逸事。当年，由国立编译馆牵头，邀请驻在北碚的各机关团体，发起募款劳军，在北碚儿童福利试验区的大礼堂举行晚会。这个晚会共举办两场。演出的主轴戏是京剧《刺虎》，由国立礼乐馆的张充和女士与编译馆的姜作栋先生（名伶钱金福的弟子）合演。为了吸引更多的观众，在演出主轴戏之前，需要演出个“帽戏”。可是没有这类节目，老舍就自报奋勇，来个相声小段来“垫一垫”，并且要梁实秋给他做搭档。老舍是在北平的平民家长大的，喜欢曲艺，对相声很有研究。梁实秋虽说也是北平人，也听过北平相声名角儿焦德海、草上飞的相声，可是毕竟不如老舍熟悉。他本不想出演，老舍却说，你不上台，我一个人怎么演?为了劳军，梁实秋只得硬着头皮答应下来。他们商定这两场的演出，头一晚老舍“逗哏”，梁实秋“捧哏”，第二晚进行互换。在排练时，老舍告诉他说：“说相声第一要沉得住气，放出一副冷面孔，永远不许笑，而且要控制住观众的注意力，用干净利落的口齿，在说到紧要处，使出全副气力，斩钉截铁一般迸出一句俏皮话，则全场必定爆出一片喝彩声，哄堂大笑，用句术语来说，这叫做‘皮儿薄’，言其一戳即破。”梁实秋听了，觉得心里没有底，老舍就鼓励他说：“不要紧，咱们练着瞧。”他们说的相声段子是老相声《新洪羊洞》和《一家六口》。手头没有本子，老舍就凭着记忆写出本子。

到了上演的那一天，他们穿着长衫，走到台前，泥塑木雕一般，绷着脸肃立片刻，观众已经笑得前仰后合。他们每说一句就抖落一个包袱，观众更是笑声不断。当表演到用折扇敲头的时候，老舍一时激动忘形，竟然忘记了假打的行规，举起折扇就朝着梁实秋的头顶打来。梁实秋急忙躲闪，折扇打在梁实秋的眼镜上。幸好梁实秋反映敏捷，用手接住了眼镜。这个动作更赢得了观众的喝彩。在轮到表演梁实秋用折扇敲打老舍时，老舍担心梁实秋报复他，就有意站得远一些。梁实秋想真打他却没有打成。大家对他们说的相声很有兴趣，要求再演一次，他们答应等到抗战胜利的时候再演，遗憾的是，抗战胜利后，大家急于返回故地，没有机会演出。

后来，老舍与梁实秋天各一方，可是他们的友谊是非常真挚的。当梁实秋听说“文革”期间老舍自沉湖底的消息，非常悲伤，一连写了三篇悼念亡友老舍的文章。

梁实秋作品精选

吃　相

一位外国朋友告诉我，他旅游西南某地的时候，偶于餐馆进食，忽闻壁板砰砰作响，其声清脆，密集如联珠炮，向人打听才知道是邻座食客正在大啖其糖醋排骨。这一道菜是这餐馆的拿手菜，顾客欣赏这个美味之余，顺嘴把骨头往旁边喷吐，你也吐，我也吐，所以把壁板打得叮叮咄咄响。不但顾客为之快意，店主人听了也觉得脸上光彩，认为这是大家为他捧场。这位外国朋友问我这是不是国内各地普遍的风俗，我告诉他我走过十几省还不曾遇见过这样的场面，而且当场若无壁板设备，或是顾客嘴部筋肉不够发达，此种盛况即不易发生。

可是我心中暗想，天下之大，无奇不有，这样的事恐怕亦不无发生的可能。《礼记》有“毋啮骨”之诫，大概包括啃骨头的举动在内。糖醋排骨的肉与骨是比较容易脱离的，大块的骨头上所联带着的肉若是用牙齿咬断下来，那龇牙咧嘴的样子便觉不大雅观。所以“割不正不食”“席不正不食”都是对于在桌面上进膳的人而言，啮骨应该是桌底下另外一种动物所做的事。不要以为我们一部分人把排骨吐得劈拍响便断定我们的吃相不佳。各地有各地的风俗习惯。世界上至今还有不少地方是用手抓食的。听说他们是用右手取食，左手则专供做另一种肮脏的事，不可混用，可见也还注重清洁。我不知道像咖喱鸡饭一类粘糊糊儿的东西如何用手指往嘴里送。用手取食，原是古已有之的老法。罗马皇帝尼禄大宴群臣，他从一只硕大无比的烤鹅身上扯下一条大腿，手举着鼓槌，歪着脖子啃而食之，那副贪婪无厌的饕餮相我们可于想象中得之。罗马的光荣不过尔尔，等而下之不必论了。欧洲中古时代，餐桌上的刀叉是奢侈品，从十一世纪到十五世纪不曾被普遍使用，有些人自备刀叉随身携带，这种作风一直延至十八世纪还偶尔可见，据说在酷嗜通心粉的国度里，市尘道旁随处都有贩卖通心粉（与不通心粉）的摊子，食客都是伸出右手像是五股钢叉一般把粉条一卷就送到口里，干净利落。

不要耻笑西方风俗鄙陋，我们泱泱大国自古以来也是双手万能。礼记："共饭不泽手。"吕氏注曰："不泽手者，古之饭者以手，与人共饭，摩手而有汗泽，人将恶之而难言。"饭前把手洗洗揩揩也就是了。樊哙把一块生猪肘子放在铁楯上拔剑而啖之，那是鸿门宴上的精彩节目，可是那个吃相也就很可观了。我们不愿意在餐桌上挥刀舞叉，我们的吃饭工具主要的是筷子，筷子即箸，古称饭頬。细细的两根竹筷，搦在手上，运动自如，能戳、能夹、能撮、能扒、神乎其技。不过我们至今也还有用手进食的地方，像从兰州到新疆，"抓饭""抓肉"都是很驰名的。我们即使运用筷子，也不能不有相当的约束，若是频频夹取如金鸡乱点头，或挑肥捡瘦的在盘碗里翻翻弄弄如拨草寻蛇，就不雅观。

餐桌礼仪，中西都有一套。外国的餐前祈祷，兰姆的描写可谓淋漓尽致。家长在那里低头闭眼口中念念有词，孩子们很少不在那里做鬼脸的。我们幸而极少宗教观念，小时候不敢在碗里留下饭粒，是怕长大了娶麻子媳妇，不敢把饭粒落在地上，是怕天打雷劈。喝汤而不准吮吸出声是外国规矩，我想这规矩不算太苛，因为外国的汤盆很浅，好像都是狐狸请鹭鸶吃饭时所使用的器皿，一盆汤端到桌上不可能是烫嘴热的，慢一点灌进嘴里去就可以不至于出声。若是喝一口我们的所谓"天下第一菜"口蘑锅巴汤而不出一点声音，岂不强人所难?

从前我在北方家居，邻户是一个治安机关，隔着一堵墙，墙那边经常有几十口子在院子里进膳，我可以清晰的听到"呼噜，呼噜，呼——噜"的声响，然后是"咔嚓！"一声。他们是在吃炸酱面，于猛吸面条之后咬一口生蒜瓣。

餐桌的礼仪要重视，不要太重视。外国人吃饭不但要席正，而且挺直腰板，把食物送到嘴边。我们"食不厌精，脍不厌细"，要维持那种姿式便不容易。我见过一位女士，她的嘴并不比一般人小多少，但是她喝汤的时候真能把上下唇撮成一颗樱桃那样大，然后以匙尖触到口边徐徐吮饮之。这和把整个调羹送到嘴里面去的人比较起来，又近于矫枉过正了。人生贵适意，在环境许可的时候是不妨稍为放肆一点。吃饭而能充分享受，没有什么太多礼法的约束，细嚼烂咽，或风卷残云，均无不可，吃的时候怡然自得，吃完之后抹抹嘴鼓腹而游，像这样的乐事并不常见。我看见过两次真正痛快淋漓的吃，印象至今犹新。一次在北京的“灶温”，那是一爿道地的北京小吃馆。棉帘启处，进来了一位赶车的，即是赶轿车的车夫，辫子盘在额上，衣襟掀起塞在褡布底下，大摇大摆，手里托着菜叶裹着的生猪肉一块，提着一根马兰系着的一撮韭黄，把食物往柜台上一拍：“掌柜的，烙一斤饼！再来一碗炖肉！”等一下，肉丝炒韭黄端上来了，两张家常饼一碗炖肉也端上来了。他把菜肴分为两份，一份倒在一张饼上，把饼一卷，比拳头要粗，两手扶着矗立在盘子上，张开血盆巨口，左一口，右一口，中间一口！不大的功夫，一张饼下肚，又一张也不见了，直吃得他青筋暴露满脸大汗，挺起腰身连打两个大饱膈。又一次，我在青岛寓所的后山坡上看见一群石匠在凿山造房，晌午歇工，有人送饭，打开笼屉热气腾腾，里面是半尺来长的酦面蒸饺，工人蜂拥而上，每人拍拍手掌便抓起饺子来咬，饺子里面露出绿韭菜馅。又有人挑来一桶开水，上面漂着一个瓢，一个个红光满面围着桶舀水吃。这时候又有挑着大葱的小贩赶来兜售那像甘蔗一般粗细的大葱，登时又人手一截，像是饭后进水果一般。上面这两个景象，我久久不能忘，他们都是自食其力的人，心里坦荡荡的，饿来吃饭，取其充腹，管什么吃相！

老　年

时间走得很停匀，说快不快，说慢不慢。不知从什么时候起在宴会中总是有人簇拥着你登上座，你自然明白这是离入祠堂之日已不太远。上下台阶的时候常有人在你肘腋处狠狠的搀扶一把，这是提醒你，你已到达了杖乡杖国的高龄，怕你一跤跌下去，摔成好几截。黄口小儿一晃的功夫就窜高好多，在你眼前跌跌跖跖的跑来跑去，喊着阿公阿婆，这显然是在催你老。

其实人之老也，不需人家提示。自己照照镜子，也就应该心里有数。乌溜溜毛毵毵的头发哪里去了？由黑而黄，而灰，而斑，而耄耄然，而稀稀落落，而牛山濯濯，活像一只秃鹫。瓠犀一般的牙齿哪里去了？不是熏得焦黄，就是裂着罅隙，再不就是露出七零八落的豁口。脸上的肉七棱八瓣，而且还平添无数雀斑，有时排列有序如星座，这个像大熊，那个像天蝎。下巴颏儿底下的垂肉变成了空口袋，捏着一揪，两层松皮久久不能恢复原状。两道浓眉之间有毫毛秀出，像是麦芒，又像是兔须。眼睛无端淌泪，有时眼角上还会分泌出一堆堆的桃胶凝聚在那里。总之，老与丑是不可分的。尔雅：“黄发、齯齿、鲐背、耇老，寿也。”寿自管寿，丑还是丑。

老的徵象还多的是。还没有喝完川水，就先善忘。文字过目不旋踵就飞到九霄云外，再翻寻有如海底捞针。老友几年不见，觌面说不出他的姓名，只觉得他好生面熟。要办事超过三件以上，需要结绳，又怕忘了哪一个结代表哪一桩事，如果笔之于书，又可能忘记备忘录放在何处。大概是脑髓用得太久，难免漫漶，印象当然模糊。目视茫茫，眼镜整天价戴上又摘下，摘下又戴上。两耳聋聩，无以与乎钟敲之声，倒也罢了，最难堪是人家说东你说西。

齿牙动摇，咀嚼的时候像反刍，而且有时候还需要戴围嘴。至于登高腿软，久坐腰酸，睡一夜浑身关节滞涩，而且睁着大眼睛等天亮，种种现象不一而足。

老不必叹，更不必讳。花有开有谢，树有荣有枯。桓温看到他“种柳皆已十围，慨然曰：‘木犹如此，人何以堪！’攀枝执条，泫然流泪。”桓公是一个豪迈的人，似乎不该如此。人吃到老，活到老，经过多少狂风暴雨惊涛骇浪，还能双肩承一喙，俯仰天地间，应该算是幸事。荣启期说，“人生有不见日月不免襁褓者”，所以他行年九十，认为是人生一乐，叹也无用，乐也无妨，生、老、病、死，原是一回事。有人讳言老，算起岁数来断断计较按外国算法还是按中国算法，好像从中可以讨到一年便宜。更有人老不歇心，怕以皤皤华首见人，偏要染成黑头。半老徐娘，驻颜无术，乃乞灵于整容郎中化妆师，隆鼻隼，抽脂肪，扫青黛眉，眼睚涂成两个黑窟窿。“物老为妖，人老成精。”人老也就罢了，何苦成精？老年人该做老年事，冬行春令实是不祥。西塞罗说，“人无论怎样老，总是以为自己还可以再活一年。”是的，这愿望不算太奢。种种方面的人情欠人，正好及时做个了结。贤者识其大，不贤者识其小，各有各的算盘，大主意自己拿。最低限度，别自寻烦恼，别碍人事，别讨人嫌。“有人问莎孚克利斯，年老之后还有没有恋爱的事，他回答得好，‘上天不准！我好容易逃开了那种事，如逃开凶恶的主人一般。’”这是说，老年人不再追求那花前月下的旖旎风光，并不是说老年人就一定如槁木死灰一般的枯寂。人生如游山。年轻的男男女女携着手儿陟彼高冈，沿途有无限的赏心乐事，兴会淋漓，也可能遇到一些挫沮，歧路徬徨，不过等到日云暮矣，互相扶持着走下山冈，却正别有一番情趣。白居易睡觉诗："老眠早觉常残夜，病力先衰不待年，五欲已销诸念息，世间无境可勾牵。"话是很洒脱，未免凄凉一些。五欲指财、色、名、饮食、睡眠。五欲全销，并非易事，人生总还有可留恋的在。

江州司马泪湿青衫之后，不是也还未能忘情于诗酒么？

忆 朱 湘

朱湘传略

朱湘（1904—1933），现代诗人，字子沅，安徽太湖县，出生于湖南省沅陵县，时父亲在湖南沅陵做官。自幼天资聪颖，6岁开始读书，7岁学作文，11岁入小学，13岁就读于南京第四师范附属小学。1919年入南京工业学校预科学习一年，受《新青年》的影响，开始赞同新文化运动。1920年入清华大学，参加清华文学社活动。1922年开始在《小说月报》上发表新诗，并加入文学研究会。此后专心于诗歌创作和翻译。1927年9月赴美国留学，先后在威斯康辛州劳伦斯大学、芝加哥大学、俄亥俄大学学习英国文学等课程。为家庭生活计，他学业未完，便于1929年8月回国，应聘到安庆安徽大学任英国文学系主任。1932年夏天去职，飘泊辗转于北平、上海、长沙等地，以写诗卖文为生。终因生活窘困，愤懑失望，于1933年12月5日晨在上海开往南京的船上投江自杀。

朱湘1921年在清华学习期间开始新诗创作。初期作品多收在诗集《夏天》（1925）中。作品《小河》等风格纤细清丽，技巧还较为幼稚。1925年以后，自觉追求新诗音韵格律的整饬，曾于1926年参与闻一多徐志摩创办的《晨报副刊·诗镌》的工作，提倡格律诗的运动，并发表“我的读诗会”广告，努力实践诗歌音乐美的主张。他的第二部诗集《草莽集》（1927）形式工整，音调柔婉，风格清丽，《摇篮歌》、《采莲曲》节奏清缓、动听，他的著名长诗《王娇》，注意融汇中国古代词曲及民间鼓书弹词的长处。这个诗集标志他诗歌创作的日趋成熟。朱湘出国前后的创作较多接受外国诗歌的影响，对西方多种诗体进行了尝试。在后期，他多用西洋的诗体和格律来倾吐人生的感叹，其中《石门集》（1934）所收的70余首十四行体诗，被称为是他诗集中“最有价值的一部分”（柳无忌《朱湘的十四行诗》）。其外在他其他作品中，还包含了有回环调，巴俚曲，商籁体，散文诗，诗剧等等，这些都是外来形式，和前期诗歌的格调形成了鲜明的对照。

朱湘的诗重格律形式，诗句精炼有力，庄肃严峻，富有人生哲学的观念，字少意远。其中，他的代表作《有忆》更是做到了闻一多所提出的“三美”主张——音乐美，绘画美，建筑美。

朱湘还写过不少散文随笔、诗歌批评，翻译介绍了不少外国名诗。他曾用“天用”的笔名在1924年《文学周报》上开辟“桌话栏”，发表了关于《呐喊》、《红烛》等的书评。他的著作还有：诗集《永言集》（1936），散文和评论《中书集》（1934）、《文学闲谈》（1934），书信《海外寄霓君》（1934）、《朱湘书信集》（1936），译作《路曼尼亚民歌一斑》（1924）、《英国近代小说集》（1929）、《芭乐集》（1936）。

我所见于诗人朱湘者

苏雪林

听说一切诗人的性情总是奇奇怪怪，不可捉摸的，诗人朱湘所给于我的印象也始终是神秘两个字。天才是疯癫，我想这话并不是完全没有理由。

记得民国十九年我到安徽大学教书，开始认识这位《草莽集》的作者。一个常常穿着西服颀长清瘦神情傲慢见人不大招呼的人。那时安大教授多知名之士，旧派有桐城泰斗姚永朴；新派有何鲁，陆侃如，冯沅君，饶孟侃，但似乎谁也没有诗人架子大。听见学生谈起他，我才知道他住在教会旧培媛女校里，有一个美丽太太作伴，架上书籍很多；又听见说他正计划着写这个写那个。斗大的安庆城只有百花亭圣公会有点西洋风味，绿阴一派，猩红万点，衬托出一座座白石玲珑的洋楼。诗人住在这样理想的读书与写作的环境中间，身边还有添香的红袖，清才浓福，兼而有之，这生活我觉得很值人羡慕。

但是，没有过得几时，我便发见诗人性情的乖僻了。他对于我们女同事好像抱有一种轻视的态度。每逢学校聚会，总要无端投我们以几句不轻不重的讽嘲。记得有一次学校想派教职员四名到省政府请求拨发积欠经费。已经举出了两个人，有人偶然提到冯沅君和我的名字，忽然我听见同席上有人嘻笑着大声说：

——请女同事去当代表，我极赞成。这样经费一定下来得快些。

这人便是诗人朱湘。沅君和我气得面面相觑。我想起来质问他这话怎样解说，但生来口才笨拙的我终于没有立起来的勇气。后来我问沅君为什么也不响，她说这人是个疯子，我们犯不着同他去呕气。

二十一年十月间我在武大。有一天接到一封朱诗人由汉口某旅社寄来的信，信里说他要赴长沙不幸途中被窃，旅费无着，想问我通融数十元。这信突如其来，颇觉不近情理；况且武大里也有他清华旧同学，何以偏偏寻着我？但转念一想，诗人的思想与行动本不可以寻常尺度相衡，他既不以世俗人待我，我又何必以世俗人自居呢？那天我恰有事要到汉口，便带了他所需要的钱数寻到他的寓所。那旅馆靠近一码头，湫隘不堪，不像中上阶级落脚之所，粉牌上标着"朱子沅"。茶房一听说我是武大来的，便立刻带着我向他房间里走。他说姓朱的客人问武大有没有人来访已有几次了。他真落了难么？我心里想，看他望救如此之切，幸而我没有怕嫌疑而不来，不然，岂不害他搁浅在这里。上了楼，在一间黑暗狭小的边房里会见了诗人，容貌比在安大所见憔悴得多了，身上一件赭黄格子哔叽的洋服，满是皱纹，好像长久没有熨过，皮鞋上也积满尘土。寒暄之下，才知道他久已离开安大。路费交去之后，他说还不够，因为他还要在汉口赎取什么。我约他明日自到武大来拿，顺便引他参观珞珈全景。问他近来做诗没有？他从小桌上拿起一叠诗稿，约有十来首光景。我随意接着看了一下：他的作风近来似乎改变了，很晦涩，有点像闻一多先生的《死水》。而且诗人说话老是吞吞吐吐，有头没尾的，同他的诗一样不容易了解，一样充满了神秘性。我闷得发慌，没有谈得三句话便辞别了他回山了。

第二天诗人到了珞珈山，仍旧那副憔悴的容颜，那套敝旧的衣服，而且外套也没有，帽子也不戴。我引他参观了文学院，又引他参观图书馆，走过阅览室时，我指着装新文学参考书的玻璃柜对他说：——您的大作也在这里面，但只有《夏天》和《草莽集》两种。您还有新出版的著作么？告诉我，让我好叫图书馆去购置。诗人忽然若有所感似的在柜边立住了脚，脸上露出悲凉的表情，本来凄黯的眼光更加凄黯了，答道："这两本诗是我出国前写的，我自己也很不满意。新著诗稿数种现在长沙我妻子的身边，还没有接洽到出版处呢？"

他说着又微微一笑。我不知这笑是轻蔑，还是感慨，只觉得这笑里蕴藏着千古才人怀才不遇的辛酸与悲愤，直到于今只须眼睛一闭，这笑容还在我面前荡漾着。我们行到理学院，恰遇着王抚五先生迎面而来。我因为他们曾在安大共事，便介绍相见。诗人神情之落寞，与谈话之所答非所问使得抚五先生也觉得惊疑。

诗人去了的第四天，忽有投朱霓君名片来访我者。相见似甚面善，问之才知就是朱湘夫人。据朱夫人说，她接丈夫的信说在汉口失窃被旅馆扣留，她今日从长沙早车赶来，则他已于先一天走了。临走时告诉茶房说他到珞珈山访苏某人，所以赶到我这里来。茶房又说诗人落到旅馆里时，仅有一床薄薄的毡子，一只小小手提箱，每天除起来吃两碗面之外只拥着毡子睡觉，他们都说这是个仅见的行踪诡秘的客人。我将一切经过报告朱夫人，并说他此刻大约已返长沙，回去一定可以寻着。和朱夫人一番谈话之后，才知道他们夫妇感情从前极好，现在则已破裂，这些时正在闹着离婚。朱夫人又说他丈夫在安大颇得学生敬仰，他要是好好干下去，他那外国文学系主任的位置，一辈子也不得动摇，无奈他性情过于狂傲，屡因细故与学校当局冲突，结果被辞退了。失业以后，南北飘流，行踪靡定，家庭赡养，绝对置之不问。朱夫人说到这里伸出她的一双手，说："苏先生，你看，我现在带着两个小孩寄居母家，自己做工维持生活，弄得十个指头这样粗糙，我境况之痛苦，可想而知，而他一概不管，这也是有良心的男人干的事么？"我劝她道；"大凡诗人的性情，总有些随随便便，否则也不成其为诗人了，我劝您还是担待些他吧。"朱夫人又诉说她丈夫种种古怪脾气和行径，我愈觉得诗人不是寻常的人，至少也有点神经变态。朱夫人说当她和丈夫同住在安庆时，有一次她因事归宁，寓中儿女托丈夫管理。某儿大病新愈，他每日强迫他吃香蕉一枚，孩子吃不下也要填鸭子似的填下去，不到几天这断乳未久的婴儿竟得了消化不良的病而夭亡了。安庆城里没有自流井，人家用的水都由大江挑来。某年夏季，朱夫人觉得挑水夫太辛苦，每桶多给工资数十文，诗人就同她大吵，说她这样优待挑水夫，一定同他有什么关系。他领到学校薪俸，便尽数供给他那闲住北平的哥嫂。他自幼没有父母，由哥哥抚养大，所以怕哥哥比父亲还甚，哥哥有一天打得他满屋乱钻，躲到夫人绣房里，哥哥还追进来揍了他十几拳，他竟不敢还一下手，但对夫人却很暴戾，动不动以声色相加，所以家庭空气很不平静。我才知道从前以为他们是一对神仙伴侣，这猜测竟错了。天下事外面看来如花似锦，里面一团糟的，往往而有，这就是一个好例吧。朱夫人回长沙后，诗人陆续寄了许多诗来，好像他有了新作品总要抄一份给我看似的。信上地址与朱夫人留下的不同，我才知道他回去并非住在丈人家里。

诗人的行动对我本已是一个闷葫芦，自从听见他们琴瑟不调的消息，我的态度愈加慎重，他由长沙赴了北平，不多时又南下而至上海，来信报告行踪，我均置之不覆。来信常请我代他的作品介绍发表的地方，好像他在文艺界没有什么熟人；又好像他是个新出茅庐的作家非有人担保则作品无人接受。起先我觉得他过谦，有时甚至疑他故意同人开玩笑。后来听见他似乎患着一种神经过敏的病，总觉得世界上所有的人都在轻视他，欺侮他，迫害他，不肯赏识他作品的好处，不肯让他的天才有充分的发展的机会，才知道他写信同我那样说，倒是由衷之谈。

大约是三个月以后吧，朱夫人第二次到珞珈山来找我，身边带着一个五六岁的男孩——后来我知道就是小沅。她说诗人近来要实行同他离婚，她生活可以独立，离婚后倒没有什么，只是孩子失了教养太可怜，假如有人能够替他在武大找个教书的位置，解决了生活问题，则夫妇的感情或者可以恢复。她并说武大从前曾有聘请诗人来教书的意思，现在假如去见见王抚五先生，也许有成功的希望，我知道武大教授由教授委员会聘请，私人荐引没有多大用处；况且现在也不是更换教授的时候，但朱夫人既这样说，我也不便阻挡，当时就替她打电话给王先生。恰值王先生因公外出，约有几天才得回山，朱夫人等不得只好悒悒而去，听说诗人有一个哥哥在武昌做官，她想去找找他。

二十二年的十月，诗人又到了武昌。这一次穿的是灰色条子土布长袍，头发梳得颇光滑，言语举止也比较第一次镇静，他说自于安大失业后就没有找着事，现在生活恐慌得很，不知武大有没有相当功课让他担任，我教他去寻他清华旧同学时方高诸先生也许有办法。他临去时，又嗫嚅地说武大的事假如不成，他要到安大去索欠薪，但可恨途中又被小偷光顾……我明白了他的意思，便又拿了一笔钱给他。又请他到本校消费合作社吃了一碗面，替他买了一包白金龙的烟，一盒火柴，他以一种几乎近于抢的姿势，将烟往怀中一藏，吸的时候很郑重地取出一支来，仍旧将烟包藏入怀里，好像怕人从旁夺了去。我看了不禁暗暗好笑，可怜的诗人，一定长久没有嗅着烟的香味了。

听说诗人果然找到方先生家里要他为曹邱生，果然没有希望。三天后他又来访我一次，恰值我进城去了，他坐等了两个钟头才走。自从这次走后，我再也没有看见他了。

他究竟为什么要自杀呢？社会虽然善于压迫天才，但已从许多艰难挫折中奋斗出来的他，不见得还会遭着青年诗人 Chatter-ton 同样惨澹的失败。他，正像他夫人所说只要肯好好干下去，安大的教席是可以与学校相终始的，而他居然为了一点芥子般的小事与学校决裂。大学里虽站不住，难道中小学不能暂时混混？清高的教授地位虽失去了，难道机关小职员的职分不可以勉强俯就一下？他同他夫人从前爱情如此浓厚，后来变得如此之冷淡，这中间又有什么缘故？听他夫人所述种种，似乎家庭之失和，他负的责任较多。一个人为什么要把自己的幸福，一下捣得粉碎？为什么要脱离安适的环境，甜蜜的家庭走上饥饿、寒冷、耻辱、误解的道路上去？这个谜我以前总猜不透，现在读了他死后出版的《石门集》才恍有所悟，他有一首诗曾这样说道：只要一个浪漫事，给我，好阻挡这现实，戕害生机的；我好宣畅这勇气，这感情的块垒，这纠纷！

树木，空虚了，还是紧抓着大地，盲目的等候着一声雷，一片热给与它们以蓬勃。给与以春天……他回国以来的沉默，证明了他灵感泉源之枯竭与创作力之消沉。太美满的生活环境从来不是诗人之福，“诗穷而后工”不是吗？他觉得有一种飘忽的玄妙的憧憬，永远在他眼前飘漾，好像美人的手招着：来呀。但是你要想得到我，须抛弃你现在所有的一切，好像富人进天国必须舍施他的全部财产。这就是那美丽魅人的诗神的声音。

于是他将那足以戕害他生机的现实像敝屣一样抛掷了。饥饿、寒冷、耻辱、误解，还有足以使得一个敏感的诗人感到彻骨痛伤的种种，果然像一声雷一片热催发他埋藏心底的青春，生命中的火焰，性灵中的虹彩，使它们一一变成了永垂不朽的诗篇。谁说一部《石门集》不是诗人拿性命兑换来的？不信，你看诗人怎样对诗神说？“我的诗神，我弃了世界，世界也弃了我……给我诗，鼓我的气，替我消忧。我的诗神！这样你也是应该看一看我的牺牲罢。那么多！醒，睡与动，静，就只有你在怀；为了你，我牺牲一切，牺牲我！全是自取的；我决不发怨声”。这是他对诗神发的誓，这誓何等的悲壮热烈。怪不得诗神果然接受了他，教他的诗篇先在这荒凉枯寂的世界开了几百朵的奇葩，又把他的灵魂带到美丽，光明的永恒里去！

生命于我们虽然宝贵，比起艺术却又不值什么，不过谁能力殉艺术，像诗人朱湘这样呢？我仿佛看见诗人悬崖撒手之顷，顶上晕着一道金色灿烂的圣者的圆光，有说不出的庄严，说不出的瑰丽。

但是，偏重物质生活的中国人对于这个是难以了解的，所以诗人朱湘生时寂寞，死后也还是寂寞！

朱湘与涂霞村

朱湘是与闻一多、徐志摩齐名的中国现代诗人。徐霞村是我国著名的作家和翻译家。他是1925年在北京汇文中学读书时，结识朱湘的。1924年，在清华读书的朱湘因带头抵制学校早餐点名制度，被学校开除。朱湘便依靠写作和翻译外国作品，赚取稿费为生。他出版了诗集《夏天》，还经常在《小说月报》和《晨报·副刊》发表作品，这在文学爱好者眼中是很令人景仰的。1925年夏天的一天，爱好文学的徐霞村经一位黎姓同学的引荐，拜会了这位仅比他年长三岁的朱湘。

他们一见如故，觉得非常投缘。几天后，徐霞村将自己试译的两篇莫泊桑的短篇小说，拿给朱湘看，朱湘很仔细认真地、逐字逐句地加以校阅，给他提了很多指导性意见。从那时起，徐霞村就成了朱湘家的常客。他们在一起切磋文字，研究学问，在朱湘的帮助和指导下，徐霞村的外文翻译水平提高很快，到1926年就经常翻译一些欧美作家的作品投稿了。因此，徐霞村一直尊朱湘是他“从事文艺工作的第一个指路人和启蒙老师”。

1926年春，朱湘曾参与新月社在《晨报》创刊《诗镌》的工作，徐志摩担任主编，朱湘任编委。不料，出版了几期之后，朱湘就声明与《诗镌》脱离关系。事后，徐霞村拜会朱湘时，问及此事，朱湘仍愤愤地说：“徐志摩利用编选的权力，搞文人间的互相吹捧，这种市侩作风，我是不能容忍的！”自此以后，在新月社的同仁中，朱湘只与闻一多保持着友谊。同年夏，清华换了曹云祥当校长，朱湘的同学罗念生和孙大雨向校长反映情况说，朱湘一向品行很好，建议恢复朱湘的学籍。曹云祥随即向有关教师了解朱湘的情况，大都反映不错，就批准朱湘复学了。

1926年底，徐霞村在上海的姑父病重，姑母来信要他来上海帮助照料一段时间，然后资助他到法国留学，他马上去征求朱湘的意见。朱湘听了很高兴，非常支持他到法国去。在徐霞村去上海前，朱湘主动给上海《小说月报》

的主编郑振铎写了封举荐信。郑振铎十分热情地接待了他，并且约他给《小说月报》写稿，还被聘为欧洲通讯员，要他把一路见闻记录下来，陆续寄回国内发表。后来徐霞村的许多小说创作和翻译的长篇小说，都是在《小说月报》发表的。

1927年5月，徐霞村赴法国留学，不久朱湘则去美国留学。他们先后于1928年和1929年回国。朱湘回国后，在安徽大学外文系任教，后因他举荐上海文艺界的友人来校任教，校方没有接受，和对更改系名有异议，愤然辞职。从此失业，过着漂泊流浪的生活。1931年11月的一天，面容憔悴的朱湘来到北平的徐霞村的家，提出借150块钱。徐霞村将这些钱交给他时，他却很严肃、认真地说了声“谢谢”，徐霞村为此十分同情他的处境，觉得很难过。送他到大门外，给他雇了辆人力车，一直目送他消失在夜幕里。不料，在1933年12月，他就从上海《新闻报》上看到朱湘于12月5日投水的消息。

名人故事

朱湘的尊严

1927年朱湘在美留学，只因教授读一篇有把中国人比作猴子内容的文章而愤然离开劳伦斯大学。后朱湘转入芝加哥大学。然而又不长，1929年春，朱湘又因教授怀疑他借书未还，加之一美女不愿与其同桌而再次愤然离去。他丝毫不能容忍任何人对他的大不敬。他喻外国为“死牢”，强烈地维护着个人的尊严和祖国的尊严。

1929年9月，朱湘提前三年回国，被荐到安徽大学任英文系主任，月薪三百元。按说，也荣华富贵了，也被重用了，该心满意足了，该安于现状了，然而朱湘却又因校方把英文文学系改为英文学系而又一次愤然离去。并且大骂，教师出卖智力，小工子出卖力气，妓女出卖肉体，其实都是一回事：出卖自己！这说法尽管专横，但对于当时之现实，并不过分。

朱湘作品精选

烟　　卷

我吸烟是近四年来的事——从前我所进的学校里，是禁止烟酒的——不过我同烟卷发生关系，却是已经二十年了。那是说的烟卷盒中的画片，我在十岁左右的时候，便开始收集了。我到如今还记得我当时对于那些画片的搜罗是多么热情，正如我当时对于收集各色的手工纸，各国的邮票那样，有的是由家里的烟卷盒中取来的，恨不得大人一天能抽十盒烟才好；还有的是用制钱——当时还用制钱——去，跑去，杂货铺里买来的，儿童时代也自有儿童时代的欢喜与失望：单就搜集画片这一项来说，我还记得当时如其有一天那烟盒中的画片要是与从前的重复了，并不是一张新的，至少有半天，我的情感是要梗滞着，不舒服，徒然的在心中希冀着改变那既成的事实，收集全了一套画片的时候，心里又是多么欢喜！那便是一个成人与他所恋爱的女子结了婚，一个在政界上钻营的人一旦得了肥缺，当时所体验到的鼓舞，也不能在程度上超越过去。

便是烟卷盒中的画片这一种小件的东西。就中都能以窥得出社会上风气的转移，如今的画片，千篇一律的，是印着时装的女子，或是侠义小说中的情节；这一种的风气，在另一方面表现出来，便是肉欲小说与新侠义小说的风行，再在另一方面表现出来，便是跳舞馆像雨后春笋一般的竖立起来，未成年的幼者弃家弃业的去求侠客的记载不断的出现于报纸之上。在二十年前，也未尝没有西洋美女的照相画片——性，那原是古今中外一律的一种强有力的引诱；在十年以前，我自己还拿十岁时候所收集的西洋美女的照相画片之内的一张剪出来，插在钱夹里，——也未尝没有水浒上一百零八人的画片，——水浒，它本来是一部文学的价值既高，深入民心的程度又深的书籍，可以自是古代的白话文学中唯一的能以将男性充分的发挥出来的长篇小说，（我当时的失望啊，为了再也搜罗不到玉麒麟卢俊义这张画片的缘故！）——不过在二十年前，也同时有军舰的照相画片，英国的各时代的名舰的画片，海陆军官的照相画片，世界上各地方的出产物的画片，……这二十年以来，外国对于我国的态度无可异议的是变了，期待改变成了藐视，理想上的希望改变了实际上的取利；由画片这一小项来看，都可以明显的看见了。

当时我所收集的各种画片之内，有一种是我所喜欢的，并不是为的它印刷精美，也不是为的它搜罗繁难，它是在每张之上画出来一句成语或一联的意义，而那些的绘画，或许是不自觉的，多少含有一些滑稽的意味。“若要工夫深，钝铁磨成针。”“爬得高，跌得重。”以及许多同类的成语，都寓庄于谐的在绘画中实体的演现了出来，映入了一个上“修身”课，读古文的高小学生的视觉……当时还没有儿童世界小朋友，这一种的画片便成为我的童年时代的儿童世界小朋友了。

画片，这不过是烟卷盒中的附属品，为了吸烟卷的家庭中那般儿童而预备的，在中国这个教育，尤其是儿童教育落伍的国家，一切含有教育意义的事物，当然都是应该欢迎、提倡的。——不过就一般为吸烟而吸烟的人说来，画片可以说是视而下见的；所以在出售于外国的高低各种，出售于中国的一些烟盒、烟罐之内，画片这一项节目是蠲除去了。

烟卷的气味我是从小就闻惯了，嗅它的时候，我自然也是感觉到有一种香味，还有些时候，我撮拢了双掌，将烟气向嗅官招了来闻，至于吸烟，少年时代的我也未尝没有尝试过，但是并没有尝出了什么好处来，像吃甜味的糖，咸味的菜那样，所以便弃置了不去继续——并且在心里坚信着，大人的说话是不错的，他们不是说了，烟卷虽是嗅着烟气算香，吸起来都是没有什么甜头，并且晕脑的么？

我正式的第一次抽烟卷，是在 26 岁左右，在美国西部等船回国的时候；我正式的第一次所抽的烟卷，是美国国内最通行的一种烟卷，“幸中”（Lucky Strike）。因为我在报纸、杂志之上时常看到这种烟卷的触目的广告，而我对于烟卷又完全是一个外行，当时为了等船期内的无聊，感觉到抽烟卷也算得一条便利的出路，于是我的“幸中”便落在这一种烟卷的身上。

船过日本的时候，也抽过日本的国产烟卷，小号的，用了日本的国产火柴，小匣的。

回国以后，服务于一个古旧狭窄的省会之内；那时正是“美丽牌”初兴的时候，我因为它含有一点甜味，或许烟叶是用甘草焙过的，我便抽它。也曾经断过烟，不过数日之后，发现口的内部的软骨肉上起了一些水泡，大概是因为初由水料清洁的外国回来，漱口时用不惯微菌充斥着的江水、井水的缘故，于是烟卷又照旧的吸了起来，数日之后，那些口内的水泡居然无形中消灭了；从此以后，抽烟卷便成为我的一种习惯了。医学所说的烟卷有毒这一类话，报纸上所登载的某医士主张烟卷有益于人体以及某人用烟卷支持了多日的生存的那一类消息，我同样的不介于怀……大家都抽烟卷，我为什么不？如其它是有毒的，那么茶叶也是有毒的，而茶叶在中国原是一种民需，又是一种骚人墨客的清赏品，并且由中国销行到了全世界——好像菸草由热带流传遍了全世界那样，有人说，古代的饮料，中国幸亏有茶，西方幸亏有啤酒，不然，都来喝冷水，恐怕人种早已绝迹于地面了，这或许是一种快意之言，不过，事物都是有正面与反面的。烟、酒，据医学而言，都是有毒的，但是鸦片与白兰地，医士也拿了来治病。一种物件，我们不能说是有毒或无毒，只能说，适当，不适当的程度，在施用的时候。

抽烟卷正式的成为我的一种习惯以后，我便由一天几支加到了一天几十支，并且，驱于好奇心，迫于环境，各种的烟卷我都抽到了，江苏菜一般的“佛及尼”与四川菜一般的“埃及”，舶来品与国货，小号与“Grandeur”，“Navycut”与“Straightcut”，橡皮头与非橡皮头，带纸嘴的与不带纸嘴的，“大炮台”与“大英牌”，纸包与“听”与方铁盒，我并非一个为吸烟而吸烟的人——这一点自认，当然是我所自觉惭愧的——我之所以吸烟，完全是开端于无聊，继续于习惯，好像我之所以生存那样，买烟卷的时候，我并不限定于哪一种；只是买得了不辣咽喉的烟卷的时候，我决不买辣咽喉的烟卷，这个如其算是我对于烟卷之选择上的一种限定，也未尝不可。吸烟上的我的立场，正像我在幼年搜罗画片，采集邮票时的立场，又像一班人狎妓时的立场；道地的一句话，它便是一般人在生活的享受上的立场。

我咀嚼生活，并不曾咀嚼出多少的滋味来，那么，我之不知烟味而作了一个吸烟的人，也多少可以自宽自解了。我只知道，优好的烟卷浓而不辣，恶劣的烟卷辣而不浓；至于普通的烟卷，则是相近而相忘的，除非到了那一时没得抽或是那抽得大多了的时候。

橡皮头自然是方便的，不过我个人总嫌它是一种滑头，不能叼在唇皮之上，增加一种切肤的亲密的快感；那使有时要被那烟卷上的稻纸带下了一块唇皮，流出了少量的血来，个人的，我终究觉得那偶尔的牺牲还是值得的，我终究觉得“非橡皮头”还是比橡皮头好。

烟嘴这个问题，好像个人的生活这个问题，中国的出路这个问题一样，我也曾经慎重的考虑过。烟嘴与橡皮头，它们的创作是基于同一的理由，不过烟嘴在困了几天以后，气管中便会发生一种交通不便的现象，在这种的关头上，烟油与烟气便并立于交战的地位，终于烟油越裹越多，烟气越来越少，烟嘴便失去了烟嘴的功效了。原来是图求清洁的，如今反而不洁了；吸烟原来是要吸入烟气到口中，喉内的，如今是双唇与双颊用了许大的力量，也不能吸到若干的烟气，一任那人神将烟卷无补于实际的燃烧成了白灰，黑灰。肃清烟嘴中的积滞，那是一种不讨欢喜的工作；虽说吸烟是为了有的是闲工夫，却很少有人愿意将他的闲工夫用在扫清烟嘴中的烟油的这种工作之上。我宁可去直接的吸一支畅快的烟，取得我所想要取得的满足，即使熏黄了食指与中指的指尖。

有时候，道学气一发作，我也曾经发过狠来戒烟，但是，早晨醒来的时候，喉咙里总免不了要发痒，吐痰……我又发一个狠，忍住；到了吃完午饭以后，这时候是一饱解百忧，对于百事都是怀抱着一种——任其所之，于我并无妨害的态度，于是便记忆了起来，自己发狠来戒吸的这桩事件，于是便拍着肚皮的自笑起来，戒烟不戒烟，这也算不了怎样一回大事，肚子饱了，不必去考虑罢……啊，那一夜半天以后的第一口深吸！这或者便是道学气的好处，消极的。

还有时候，当然是手头十分窘急的时候，“省俭”这个布衣的，面貌清癯的神道教我不要抽烟，他又说，这一层如其是办不到，至少是要限定每天吸用的支数。于是我便用了一只空罐装好今天所要吸的支数；这样实行了几天，或是一天，又发生了一种阻折，大半是作诗，使得我悖叛了神旨，在晚间的空罐内五支五支的再加进去烟卷。我，以及一般人，真是愚蠢得不可救药，宁可将享受在一次之内疯狂的去吞咽了，在事后去受苦，自责，决不肯，决不能算术的将它分配开来，长久的去受用！

烟卷，我说过了，我是与它相近而相忘的；倒是与烟卷有连带关系的项目，有些我是觉得津津有味，时常来取出它们于“回忆”的池水，拿来仔细品尝的。这或许是幼时好搜罗画片的那种童性的遗留罢。也许，在这个世界上，事物的本身原来是没有什么滋味，它们的滋味全在附带的枝节之上罢。

烟罐的装潢，据我个人的嗜好而言，是“加利克”最好。或许是因为我是一个有些好“发思古之幽情”的文人，所以那种以一个蜚声于英国古代的伶人作牌号的烟卷，烟罐上印有他的像，又引有一个英国古代的文人赞美菸草的话，最博得我的欢心。正如一朵花，由美人的手中递与了我们，拿着它的时候，我们在花的美丽上又增加了美丽的联想。

广告，烟卷业在这上面所耗去的金钱真正不少。实际的说来，将这笔巨大的广告费转用在烟卷的实质的增丰之上，岂不使得购买烟卷的人更受实惠么？像一些反对一切的广告的人那样，我从前对于烟卷的广告，也曾经这样的想过。如今知道了，不然，人类的感觉，思想是最圃于自我，最漠于外界的……所以自从天地开辟以来，自从创世以来，苹果尽管由树上落到地上，要到牛顿，他才悟出来此中的道理；没有一根拦头的棒，实体的或是抽象的，来击上他的肉体，人是不会在感觉、思想之上发生什么反应的。没有鲜明刺目的广告，人们便引不起对于一种货品的注意。广告并不仅仅只限于货品之上，求爱者的修饰、衣着便是求爱者的广告，政治家的宣言便是政治家的广告，甚至于每个人的言语、行为，它们也便是每个人的广告。广告既然是一种基于人性的需要，那么，充分的去发展它，即使消费去多量的金钱，那也是不能算作消费的。

广告还有一种功用，增加愉快的联想。“幸中”这种烟卷在广告方面采用了一种特殊的策略：在每期的杂志上，它的广告总是一帧名伶、名歌者的彩色的像，下面印有这最要保养咽喉的人的一封证明这种烟并不伤害咽喉的信件，页底印着，最重要的一层，这名伶、名歌者的亲笔签名。或许这个签字是公司方面用金钱买来的（这种烟也无异于他种的烟，受恳的人并不至于受良心上的责备），购买这种烟卷的人呢，我们也不能说他们是受了愚弄，因为这种烟卷的售价并没有因为这一场的广告而增高——进一步说，宗教，爱国，如其益处撇开了不提，我们也未尝不能说它们是愚弄。这一场的广告，当然增加了这种烟卷的销路，同时也给与了购者以一种愉快的联想；本来是一种平凡的烟卷，而购吸者却能泛起来一种幻想，这个，那个名伶、名歌者也同时在吸用着它。又有一种广告，上面画着一个酷似那“它的女子”Clara Bow 的半身女像，撮拢了她的血红的双唇，唇显得很厚，口显得很圆，她又高昂起她的下巴，低垂着她的眼脸，一双瞳子向下的望着；这幅富于暗示与联想的广告，我们简直可以说是不亚于魏尔伦（velaine）的一首漂亮的小侍了。

抽烟卷也可以说是我命中所注定了的，因为由十岁起，我便看惯了它的一种变相的广告——画片。

采 莲 曲

小船呀轻飘，
杨柳呀风里颠摇，
荷叶呀翠盖，
荷花呀人样妖娆。
日落，
微波，
金线闪动过小河，
左行，
右撑，
莲舟上扬起歌声。

菡萏呀半开，
蜂蝶呀不许轻来，
绿水呀相伴，
清净呀不染尘埃。
溪间，

采莲，
水珠滑走过荷钱。
拍紧，
拍轻，
桨声应答着歌声。

藕心呀丝长，
羞涩呀水底深藏，
不见呀蚕茧，
丝多呀蛹裹中央？
溪头，
采藕，
女郎要采又夷犹。
波沉，
波生，
波上抑扬着歌声。

莲蓬呀子多，
两岸呀柳树婆娑，
喜鹊呀喧噪，
榴花呀落上新罗。
溪中，
采莲，
耳鬓边晕着微红。
风定，
风生，
风里荡漾着歌声。

升了呀月钩，
明了呀织女牵牛；

薄雾呀拂水，
凉风呀飘去莲舟。
花芳，
衣香，
消融入一片苍茫；
时静，
时闻，
虚空里袅着歌音。

忆 丁 玲

丁玲传略

丁玲（1904—1986），现代著名作家。原名蒋伟，字冰之，又名蒋炜、蒋玮、丁冰之。笔名彬芷、从喧等。湖南临澧人。1918年就读于桃源第二女子师范学校预科，次年转入长沙周南女子中学。1922年初赴上海，曾在陈独秀、李达等创办的平民女子学校学习。1923年经瞿秋白等介绍，入中国共产党创办的上海大学中国文学系学习。次年夏转赴北京，曾在北京大学旁听文学课程。

1927年开始小说创作。处女作《梦珂》于同年年底发表于《小说月报》，不久又完成代表作《莎菲女士的日记》，引起文坛的热烈反响。1928年10月，出版第一本小说集《在黑暗中》。1929年冬，完成第一部长篇小说《韦护》。

1930年参加中国左翼作家联盟，后出任左联机关刊物《北斗》主编及左联党团书记（1932年加入中国共产党）。这时期她创作的《水》、《母亲》等作品，显示了左翼革命文学的实绩。1933年5月在上海被国民党特务绑架，后转至南京幽禁三年。1936年9月在党的营救下逃离南京，经上海潜赴西安，不久到中共中央所在地陕北保安县。在陕北历任西北战地服务团团长、《解放日报》文艺副刊主编等职，并先后创作《一颗未出膛的枪弹》、《夜》、

《我在霞村的时候》、《在医院中时》等解放区文学优秀作品。1948 年完成了反映土改运动的优秀长篇小说《太阳照在桑干河上》，曾被译成多种外文。1951 年获斯大林文学奖。

新中国成立后，丁玲曾任中国文联委员、全国文协（后改为作协）副主席、《文艺报》主编、《人民文学》副主编、中央文学研究所所长等职，并被选为第一届全国人民代表大会代表。并在繁忙工作之余，发表了大量小说、散文和评论文章。

1955 年和 1957 年被错误地定为“丁玲、陈企霞反党小集团”和“丁玲、冯雪峰右派反党集团”主要成员，1958 年又受到“再批判”。并被下放到北大荒劳动改造。“文化大革命”期间深受迫害并被投入监狱。

1979 年平反后重返文坛，先后出任中国作家协会副主席等职，并多次出访欧美诸国。丁玲一生著作丰富，有些作品被译成多种文字，在世界各国流传，产生了广泛的影响。

丁玲的“傲气”

施蛰存

《新文学史料》今年第二期登载了一篇《丁玲谈早年生活二三事》，是一篇录音整理记录。在这篇谈话中，丁玲谈到一九二三——一九二四年间在上海大学时的一些情况。

其中有一段说：“同学有戴望舒，施蛰存，孔另境，王秋心，王环心等，这些同学对我们很好，我们则有些傲气。”这寥寥三句话，确是记录了丁玲在上海大学时的姿态。她不说，我也早就感觉到，不过，在六十年之后，她还自己这样说，可知她的“傲气”，即使在当时，也是自觉的。

现在我要给这一段话做一个笺释，为丁玲传记作者或文学史家提供一点资料，也为爱谈文坛轶事者供应谈助。不过，先要交代一下这里所提到的五个同学。戴望舒和我，因为在一九二八年以后和丁玲还有来往，可以说是丁玲比较熟悉的，孔另境是茅盾的妻弟，我和望舒都是由另境带路而开始到茅盾家里去走动，但我不记得当时丁玲曾去过茅盾家里。王秋心、王环心是兄弟二人，江西人。他们在上海大学，比我们高一班，他们是二年级，我们和丁玲都是一年级。王氏兄弟都做新诗，我们认识他们时，他们已印出了一本诗集《棠棣之花》，所以他们是上海大学有名的诗人。但他们和丁玲的来往，我们都不知道。他们离上海大学后，就去参加革命，听说在南昌起义后牺牲了。

在上海大学时，尤其是在青云路的上海大学，我们三人和丁玲及其他四五位女同学的关系，仅仅限于同堂听课，王氏兄弟则连同堂听课的缘分也没有。丁玲说：“这些同学待我们很好。”这句话恐怕还是出于礼貌，因为我想不起当时有过什么“很好”的具体表现。倒是丁玲自己所说“傲气”，我记得当时是有所体会的。

丁玲的“傲气”，大约有两个方面。第一是女大学生的傲气。在一九二三年，大学兼收女生，还是一种新事物。北京大学早已向女生开放，上海却还没有几个大学男女兼收。当时男女同学的大学里，每堂上课，总是男生先进教室，从第三排或第四排课桌坐起，留出最前的两三排让女生坐。待男生坐定后，女生才鱼贯进入教室。她们一般都是向男同学扫描一眼，然后垂下眼皮，各自就坐，再也不回过头来。

当时我们班上一共只有五六名女生，我们空出两排坐位，每排三个双人课桌，她们坐满第一排就够了。第二排常是空着。偶然有女同学的朋友也来听课，第二排上就会出现一二个临时女学生。王剑虹是中文系二年级生，但有时和丁玲一起来听课。

我和望舒坐在第三排，正在丁玲背后，因此同学半年，见到她背影的时候为多。只有在教师发讲义的时候，把一叠讲义交给第一排的女同学，她们各人取一张，然后交给背后的男同学。这时，我们才又一次见到丁玲的面相，有时也打个无言的招呼。

此外，我不记得和丁玲还有过课外交往，因为下课之后，男女同学各自走散。丁玲她们就住在教室楼上，据她的谈话，说是住在亭子间里，当时我们都不知道。我和望舒在校外附近租住了一间里弄房屋，不上课也很少到学校里去。

尽管上海大学的学生差不多全是从文学革命发展到政治革命的进步青年，但在男女同学之间，还多少有些封建主义残余思想的拘束。学校搬到西摩路（今陕西北路）之后，女生宿舍较为像样。有一次，望舒因事要通知女同学，他就冒冒失失地闯进女生宿舍，坐在一位女同学的床上。他也看不出那位女同学的脸色。他走后，那位女同学把床上的被褥全部换掉。即此一例，就可以体会丁玲所谓“傲气”，这是一九二〇年代大学中女生对男生的“傲气”。

另外一方面，丁玲还有意识形态上的“傲气”。她自负是一个彻底解放了的女青年，从她的谈话中可以知道，她在一九二三年的上海大学，崇拜的是施存统。施存统是因为发表了一篇《非孝》的文章，而被浙江第一师范开除的。他提倡“非孝”被守旧分子认为是“大逆不道”。而青年人却认为是最激进的反封建。施存统因鼓动“非孝”而暴得大名，来当了上海大学的“教授”。在那时候，施存统的社会名望高于瞿秋白，所以丁玲“常常去他那里玩”，而瞿秋白在丁玲的认识里，还只是“觉得还是可以与之聊天的”。

到了一九二四年，瞿秋白在社会学系讲课的声望超过了施存统。王剑虹又和瞿秋白接近，终于和瞿秋白结婚。也许，从此以后，丁玲才改变了对瞿秋白的评价。在丁玲的谈话里，有二处提到瞿秋白。从前后二段的语气中，也可以体会到这一情况。

一九二四年暑假后，丁玲离开上海大学而到了北京。据她的谈话，这次北游，是为了北京的“思想好”。这也反映出她在上海大学时，对我们这些上海青年是瞧不起的。

她在北京的时候，认识了胡也频，并与胡同居，又开始写《莎菲女士的日记》等轰动一时的小说。直到胡也频牺牲之后，丁玲才明显转向，从《水》开始，改变了她的创作方向。从这些现象中，的确有许多人以为丁玲的转向是胡也频牺牲的影响。但这回丁玲的谈话却说：“事实上，在北京时，我是左的，胡也频是中间的，沈从文是右的。”又说：“胡也频在认识我以前，没有认识一个革命者。他对鲁迅是佩服的，但是思想上与鲁迅差一截。”这些话，我可以证明是真实的。从一九二八年到一九三一年，丁玲和胡也频同住在上海，我和望舒和他们俩接触的机会较多。丁玲还显得是一个“莎菲女士”的姿态，没有表现出她的政治倾向。胡也频却十足是个小资产阶级文学青年，热心的是写诗，写小说，拿到稿费，就买一些好吃的，好玩的。一九三一年二月七日的噩耗传来，我们都有些意外，不相信他会成为无产阶级革命的烈士。当然，冯雪峰是知道的，但他从来没有谈起过。

丁玲的革命思想，成熟得早于胡也频，胡也频参加革命工作，是丁玲和冯雪峰的影响。但丁玲在文学创作上的转向革命，却表现在胡也频牺牲之后。

这就是丁玲在上海大学时对我们的“傲气”的来历。可能她在一九二八——一九三一年间，还有这种“傲气”，不过当时我们已彼此过从较密，她也有点收敛或隐匿吧。

一九八八年七月

【作者简介】

施蛰存（1905—2003），中国现代著名作家、文学翻译家、学者。

原名施青萍，生于浙江杭州。1922年考入杭州之江大学。1923年入上海大学，第一部短篇小说集《江干集》自费刊印。1926年转入震旦大学法文特别班，与同学戴望舒、刘呐鸥等创办《璎珞》旬刊。1927年回松江任中学教员。1928年后任上海第一线书店和水沫书店编辑，与戴望舒等合编《文学工场》、《无轨列车》，发表《妮侬》、《雨》等小说、新诗。1930年与戴望舒等编《新文艺》月刊，刊载《鸠摩罗什》、《凤阳女》、《阿秀》、《花》、《将军的头》等小说。1932年主编大型文学月刊《现代》，发表《创刊宣言》、小说《残秋的下弦月》、散文《无相庵随笔》等。1935年应聘上海杂志公司，与阿英合编《中国文学珍本丛书》。主编《文饭小品》六期，编纂《晚明二十家小品》，译德国小说家格莱赛的《一九〇二级》、美国里德的《今日之艺术》。1939年任教云南大学，1943年任教厦门大学，1952年入华东师范大学中文系任教授，1954年出版《轭下》。1974年撰写《浮生杂咏》。1978年撰写《唐诗百话》。

1980年主编《百花洲文库》，译法国象征派诗人庞维尔、达尔尚、马拉尔美、孟代思、韩波等的散文诗，编为《法国散文诗十篇》。2001年出版《施蛰存文集·文学创作篇》第二、三卷、《北山散文集》，以及《唐诗百话》、《北山谈艺录续编》。2002年《施蛰存日记》出版。2003年11月19日病逝于上海。

名人之间

丁玲与瞿秋白

丁玲和瞿秋白初次相识于1923年，当时丁玲和挚友王剑虹住在南京，经施存统等的介绍认识了瞿秋白。瞿秋白当时在上海大学社会学系任教。在瞿秋白的劝说下，丁玲和王剑虹入了上海大学中文系，由于瞿秋白的博学多才，他成了最受丁玲等欢迎的老师。然而让丁玲困惑的是，原本和她无话不谈的王剑虹好像总有什么事情瞒着她。原来瞿秋白和王剑虹正处于热恋之中，两人都写了许多炙热的情书，丁玲这才恍然大悟。后来丁玲、王剑虹、瞿秋白、施存统等九人都住在慕尔鸣路的一处弄堂。瞿秋白甚至还给丁玲写了一首诗，说她是安琪儿，赤子之心，感激她为他和王剑虹的恋爱所做的帮助。当丁玲看到王剑虹完全沉醉于和秋白的甜蜜生活时，心中很是茫然和失落，觉得自己应寻找新的出路，于是毅然离开上海。不久丁玲在湖南老家得到王剑虹病危的消息，当她急速赶到上海时，王剑虹已因肺病去世，秋白也不见了踪影。

王剑虹病逝后，丁玲怀着十分悲痛的心情去了北京，随后认识了胡也频。这段时间瞿秋白正忙于紧张的革命工作，和丁玲直接接触不多。却仍然经常给她写信，大约有十多封。据丁玲回忆说，这些信像谜一样，她一直搞不清什么意思，似懂非懂，丁玲认为这些信并没有直接地讲出秋白心里的话，他只把她当作可以倾诉的对象。瞿秋白在失去王剑虹后，感情也是十分低沉、悲恸的，他频频给丁玲写信倾诉自己内心世界的伤感，足以见出丁玲在他心中的份量，他完全把她视为一个知己。这些信直到多年后丁玲在延安看到瞿秋白的《多余的话》，那里面隐晦、曲折的含义她才一下子明白过来。“那种语言，那种心情，我是多么地熟悉啊！我一下就联想到他过去写给我的那一束谜似的信”（丁玲：《我所认识的瞿秋白同志》）。1929 年，丁玲根据瞿秋白和王剑虹恋爱生活的素材创作了一部中篇小说《韦护》，韦护是秋白的别名，也是韦陀菩萨的称呼，瞿秋白曾对丁玲说：韦陀菩萨疾恶如仇。多年后丁玲甚至还专门写了一篇纪念秋白的文章《韦护精神》。当然丁玲在小说中把女主人公的结局改为失去爱人后重又振作起来。瞿秋白看了这篇小说，专门给丁玲写了一封信。信末署名就是“韦护”，他到丁玲家中作客时，还建议丁玲和胡也频的孩子取名“韦护”，称这是她的又一伟大作品。

历史常常具有惊人的相似和巧合，当瞿秋白曾说丁玲是“飞蛾扑火，非死不止”时，他们两人的命运都落入历史的怪圈。瞿秋白先是受左倾路线排挤，后在福建被捕，在慷慨成仁前写下了《多余的话》，以至在死后多年还被扣上“叛徒”的罪名，到了“文革”竟遭掘尸扬灰的下场。而丁玲在 1933 年被国民党逮捕，囚居南京三年。到延安后，又因《“三八节”有感》惹下文祸受到责难，1955 年被打成“丁陈”反党分子，1957 年再被划为右派，下放到北大荒，落难达 20 余年。所以当丁玲复出阅读《多余的话》时，自然就多了一种别人无法感觉的知音、知己的心绪。她深有同感地说：“正由于我们生活中的某些不够健全，一个同志在工作中犯了错误，就被揪住不放，攻其一点，不及其余，这种过左的做法，即使不是秋白，不是这样一个多感的文人，也是容易使人寒心的。”可以说，对秋白相知之深，没有人超过丁玲。

丁玲与鲁迅

1919年，“五四”运动爆发，15岁的丁玲在湖南长沙周南女子中学读书，开始接受新文学。不过那时她阅读小说，兴趣多在故事情节，悲欢离合，所以对鲁迅的短篇小说未能引起注意，甚至对《阿Q正传》亦漠然处之。

1924年，丁玲至北京大学旁听文学课程。此刻她的挚友王剑虹在上海病逝，她的心情陷于感伤、苦闷之中，无奈以读书来抚平那颗沉重的心。他重读鲁迅作品，感受迥然不同了。她觉得，是鲁迅指出了使人们身心沉重的正是多灾多难的祖国，鲁迅解剖中国社会和中国人之深刻而细致，无出其右者。于是她开始如饥似渴地四处寻找鲁迅的小说与杂文，对鲁迅发表在《京报副刊》及《语丝》上的文章一篇也不漏掉。

1926年，当创造社对鲁迅发起笔伐围攻时，丁玲表示深深的不平与同情。当她得知鲁迅参加并领导“左联”工作时，她激动异常。

1930年5月，潘汉年为“左联”事找到丁玲和胡也频谈话时，丁、胡夫妇异口同声，参加“左联”。9月17日晚，“左联”在荷兰餐馆聚餐庆祝鲁迅50华诞，胡也频出席了。回来后，胡也频与丁玲备述与鲁迅见面时的情景，丁玲听后为之欣喜而感动。

1931年榴花盛开季节，在上海北四川路一所小学校里召开“左联”工作会议，丁玲首次参加，也是第一次面见鲁迅。给丁玲最深的印象是：鲁迅平易得很，与大家坐在一起像一家人一样。

丁玲第一次到鲁迅家拜访是在1931年7月30日，这天由冯雪峰陪同前往。原委是，丁玲刚刚接手《北斗》的编辑工作，为插图之需，需到鲁迅那里索取几张版画。向鲁迅说明来意后，鲁迅热情地拿出多张版画，并一一作了介绍，期间特别向丁玲推荐了珂勒惠支的《牺牲》一幅，鲁迅还答应为这幅画写个说明。这就是刊发于《北斗》创刊号上的那一幅。

1931年春，鲁迅向丁玲索讨《水》的单行本。鲁迅也将自己的书，包得整齐四方，有角有棱，赠予丁玲。一日晚间，丁玲、鲁迅，还有冯雪峰在一起聊天。丁玲坦率地说："我有脾气，不好！"鲁迅却说："有脾气有什么不好？人嘛，总应该有点脾气的。我也是有脾气的呢！"大家为之首肯。

1933年5月14日，丁玲在上海被国民党特务绑架。鲁迅与宋庆龄等人多方奔走，全力营救。这迫使国民党政府不敢承认绑架丁玲是由租界地进行的，更不敢杀人灭口。此外，鲁迅又将丁玲近况告诉赵家璧，催其尽早出版丁玲的《母亲》，并将丁玲母亲的通讯处告知，再三叮嘱赵家璧将这笔稿费径寄丁母之处。

丁玲被捕后，社会上传言甚多。6月，盛传丁玲已在南京遇害，鲁迅痛惜不已，于6月28日作《悼丁君》诗一首："如磐夜气压重楼，剪柳春风导九秋。瑶瑟凝尘清怨绝，可怜无女耀高丘。"悲恸哀怨之情，溢于词表。

1933年5月22日，《东亚日报》驻中国特派记者申彦俊应约于内山书店拜访鲁迅。当时申氏问："在中国现代文坛上，您认为谁是无产阶级代表作家？"鲁迅毫不犹豫地答道："丁玲女士才是唯一的无产阶级作家。"

1934年，尽管丁玲尚在缧绁之中，鲁迅与茅盾共同编选英译本中国短篇小说集《草鞋脚》时，毅然将丁玲的《莎菲女士的日记》与《水》两篇小说编入集中，交付美国友人伊罗生出版。同时，在鲁迅、茅盾合编的《中国左翼文艺定期刊编目》中，对丁玲主编的《北斗》杂志，依然作了正面论述，给予了高度评价。

1936年夏，曹靖华受托将丁玲的消息与请求及时报告给鲁迅，鲁迅再秘密地跟刚从陕北抵沪的中共中央特派员冯雪峰联系，冯雪峰即派张天翼到南京与丁玲具体联络，之后，丁玲终于逃出南京，奔向陕北。

然而就在这经由西安而北上途中，丁玲接到鲁迅溘然长逝的噩耗。她在无限悲戚与痛悼之下，以"耀高丘"的署名，给许广平发了唁函，内云："无限的难过汹涌在我的心头。我两次到上海，均万分想同他见一次，但因为环境的不许可，只能令我悬想他的病躯和他扶病力作的不屈精神！现在传来的噩耗……这哀恸是属于我们大众的，我们只有拼命努力来纪念世界上这一颗陨落的巨星，是中国最光荣的一颗巨星！"

丁玲作品精选

我们需要杂文

有一位理论家曾向我说过："活人很难说，以后谈谈死人吧。"我懂得这意思，因为说活人常要引起纠纷，而死人是永无对证，要不致有文人相轻，宗派观念，私人意气……之讥讽和责难。为逃避是非，以明哲保身为原则自然是很对的。

另外的地方，也有人这样说，"还是当一个好群众，什么意见都举手吧。"

甚至像这样应该成为过时的幽怨我也听到过很多了："我是什么东西，说句话还不等于放个屁么！"

这些意见表现了什么，表现了我们还不懂得如何使用民主，如何展开自我批评和自由论争，我们缺乏气度，缺乏耐心的倾听别人的意见，同时，也表现了我们没有勇气和毅力，我们怕麻烦，我们怕碰钉子，怕牺牲，只是偷懒——在背地下咭咭咕咕。

有人肯说，而且敢说了，纵使意见还不完全的正确，而一定有人神经过敏的说这是有作用，有私人的党派，长短之争。这是破坏团结，是瞎闹……决不会有人跟着他再论争下去，使他的理论更至完善。这是我们生活的耻辱。

凡是一桩事一个意见在未被许多人明了以前，假如有人去做了，首先得着的一定是非难。只有不怕非难，坚持下去的才会胜利。鲁迅先生是最好的例子。

鲁迅先生因为要从医治人类的心灵下手，所以放弃了医学而从事文学。

因为看准了这一时代的病症，须要最锋锐的刀刺，所以从写小说而到杂文。他的杂文所触及的物事是包括了整个中国社会的。鲁迅先生写杂文时曾经被很多“以己之短轻人所长”的文人们轻视过，曾经被别人骂过是因为写不出小说才写杂文的。然而现在呢，鲁迅先生的杂文成为中国最伟大的思想书籍，最辉煌的文艺作品，而使人却步了。

一定要写得出像鲁迅先生那样好的杂文才肯下笔，那就可以先下决心不写。文章是要在熟练中进步的，而文章不是为着荣誉，只是为着真理。

现在这一时代仍不脱离鲁迅先生的时代，贪污腐化，黑暗，压迫屠杀进步分子，人民连保卫自己的抗战的自由都没有，而我们却只会说“中国是统一战线的时代呀！”

我们不懂得在批评中建立更巩固的统一，于是我们放弃了我们的责任。

即使在进步的地方，有了初步的民主，然而这里更须要督促，监视，中国所有的几千年来的根深蒂固的封建恶习，是不容易铲除的，而所谓进步的地方，又非从天而降，它与中国的旧社会是相连结着的。而我们却只说在这里是不宜于写杂文的，这里只应反映民主的生活，伟大的建设。

陶醉于小的成功，讳疾忌医，虽也可以说是人之常情，但却只是懒惰和怯弱。

鲁迅先生死了，我们大家常常说纪念他要如何如何，可是我们却缺乏学习他的不怕麻烦的勇气，今天我以为最好学习他的坚定的永远的面向着真理，为真理而敢说，不怕一切。

我们这时代还须要杂文，我们不要放弃这一武器。举起它，杂文是不会死的。

载1941年10月23日延安《解放日报》

夜

一

羊群已经赶进了院子，赵家的大姑娘还坐在她自己的窑门口捺鞋帮。不时扭转着她的头，垂在两边肩上的银丝耳环，便很厉害的摇晃。羊群推挤着朝栏里冲去，几只没有出外的小羊跳蹦着，被撞在一边，叫起来了。

钻聚在这边窑里炕上的几个选举委员会的委员便陆续从窗口跳了出来。他们刚结束了会议，然而却还在叮咛些什么。捺着鞋帮的清子便又扭转过来，露出一副粘腻的，又分不清是否含着轻蔑的一种笑容。

被很多问题弄得疲乏了的委员们，望了望天色，蓝色的炊烟已经从窑顶上的烟囱里吐出来而为风吹往四方，他们只好又重新决定赶到前边的庄子去吃饭，因为在这晚上还要布置第二天的第一行政村的选举大会。然而已经三四天没有回家的指导员却意外的被准许回家。区党委的副书记曾为他向大家说了一阵牧畜是很重要的等等的话。他的唯一的牛就在这两天要生产，而他的老婆是只能烧烧三顿饭的一个四十多岁了的女人。

招待员从扫着石磨的老婆身边赶了出来："已经派好了饭呢。怎的又走了呢？家里婆姨烧的饭香些么？"他抓住年轻的代理乡长的手，乡长在年下刚娶了一个才十五岁长得很漂亮的妻子，因此，常常会被别人善意的拿来取笑着。

站在大门口看对山盛开的桃花的又是那发育的很好的清子。长的黑的发辫上扎着粉红的绒绳。从黑坎肩的两边伸出着条纹花布袖子的臂膀，高高的举起，撑在门柱上边。十六岁的姑娘，长得这样高大，什么不够法定年龄，是应该嫁人的了啊！

在桥头上分了手。大家都朝南走，只有何华明独自往北向着回家的路上。他还看见那倚在门边的粗大姑娘，无言的眺望着辽远的地方。一个很奇异的感觉，来到他心上，把他适才在会议上弄得很糊涂了的许多问题全赶走了。他似乎很高兴，跨着轻快的步子，吹起口哨来。然而却又忽然停住，他几乎说出声音来的那么自语了："这妇女就是落后，连一个多月的冬学都动员不去的，活该是地主的女儿，他妈的，他赵培基有钱，把女儿当宝贝养到这样大还不嫁人……"

他有意的摇了一下头，让那留着的短发拂着他的耳壳，接着便把它抹到后脑去，像抹着一层看不见的烦人的思绪，于是他也眺望起四周来，天已经快黑了。在远远的两山之间，停着厚重的锭青色云块，那上边有几缕淡黄色的水波似的光，很迅速的又是在看不见的情形中变幻着。山的颜色和轮廓都也模糊成一片，只给人一种沉郁之感，而人又会多想起一些什么来的。比较明亮的西边山上，人还跟在牛的后边，在松的田地里走来走去。也有背着犁，把牛从山坡上赶回家去的。只有这作为指导员的他还让土地荒着。二十天来，为着这乡的什么选举，回家的次数就更少，简直没有上过一次山。相反的，就是当他每次回家之后听到的抱怨和唠叨也就更多。

其实每当他看见别人在田地里辛劳着的时候，他就要想着自己那几垧等着他去种的土地，而且一意识到在最近无论怎样都还不能离开的工作，总是说不出的一种痛楚。假如有什么人关切的问着他，他便把话拉开去。他在人面前说笑，谈问题，做报告，而且在村民选举大会的时候，还被人拉出来跳秧歌舞，唱迷胡，他有被全乡的人所最熟稔和欢迎的嗓子，然而他不愿同人说到他的荒着的田地，他只盼望着这选举工作一结束，他便好上山去，那土地，那泥土的气息，那强烈的阳光，那伴着他的牛都在呼唤着他，同他的生命都是不能分离开来的。

转到后沟的时候，已经全黑下来了，靠着几十年的来来去去，和习惯了在黑处的视觉，他仍旧走的很快。而思绪也很快的转着。他是有很久的历史，很多可纪念的事同这条凶险、幽僻的深沟一道写着的。当他还小的时候，他在这里为了追一条麃子跑到有丛林的地带去而遇见豹的危险故事。他也曾离开过这里，挟着一个小包卷去入赘在老婆的家中，那时他才廿岁，她虽说已经三十二岁了，可是即使现在他也不能在回忆中搜出一个难看的印象。不久，他又牵了驮着老婆的小驴回来了。什么地方埋葬过他的一岁的儿子，和什么地方是安睡着他四岁女儿的尸体，无论在怎样的深夜他都能看见。而且有一年多他们在这沟里简直只能在夜晚才能动作。那个小队长不就是被打死在那棵大榆树边的么？那时他正在赤卫队。他自从做了指导员以来常常弄得很晚才回家，而这些过去的印象带着一些甜蜜、辛酸和兴奋来抚慰着这个被很多艰深的政治问题和工作的繁难弄得头昏了的他，因此他对于这孤独的夜行，虽说还不能说养成为一种爱好，但却实在是并不讨厌的。

两边全是很高的山，越走树林越多，汩汩的响着的水流，有时在左，有时在右。在被山遮成很窄的一条天上，有些很冷静的星星，眨着眼来望他。微微的南风，在身后斜吹过来，总带着一些熟悉的却也分不清是什么的香味。远远的狗在叫了，有一两颗黄色的灯光在暗处。他的小村是贫穷的，几乎是这乡里最穷的小村，然而他爱它，只要他看见那堆在张家窑外边的柴堆，也就是村子最外边的一堆柴，他就格外有一种亲切的感觉。而他常常还以为骄傲的是在这只有二十家人家中却有廿八个是更亲密的同志，共产党的党员。

当他走上那宽坦的斜坡路，就走得更快了，他奇怪为什么这半天他几乎完全把他的牛忘记了。他焦急的要立刻明白这个问题。生过了呢？还是没有：平安无事呢，还是坏了？而在平日闲空时曾幻想过的一条小牛，同她母亲一模一样却是喜欢跳蹦的那影子倒完全没有了。

他急急的便爬到了家，朝着关牛的地方奔去。

二

第二次从牛的住处回来后，老婆已经把炕上收拾好，而她自己却仍坐在灶门前，并不打算睡。她凝视着他，忍着什么，不说话。但他却在她脸上的每条皱纹里，看出都埋伏得有风暴，习惯使他明白，除了披上衣，赶快出门是不能避免的。然而时间已经很晚了，加上他的牛……他嫌恶的看着她已开始露顶的前脑，但为了省去一场风波便只好不去理她，而且在他躺下去时便说：“唉，实在熬！”他这样说。也不过表示他的不愿意吵架。希望那女人会因为他疲乏而饶了他。

然而有一滴什么东西落在地下了，女人在哭，先是一颗两颗的，后来眼泪便在脸上开了许多条河流不断的流着。微弱的麻油灯，照在那满是灰尘的黄发上，那托着腮颊的一只瘦手在灯下也就显出怕人的苍白。她轻轻的埋怨着自己，而且诅咒：“你是应该死的了，你的命就是这样坏的呀！活该有这末一个老汉，吃不上穿不上是你的命嘛……”他不愿说什么，心里又惦着牛，便把身子朝窑外躺着。他心里想：“这老怪，简直不是个‘物质基础’，牛还会养仔，她是个什么东西，一个不会下蛋的母鸡。”什么是“物质基础”呢，他不懂，但他明白那意思，就是说那老东西已经不会再生娃的了。这是从这区党委副书记那里听来的新名词。

他们两人都极希望再有个孩子，他需要一个帮手，她一想到她没有一个靠山便伤心，可是他们却更不和气，她骂他不挣钱不顾家，他骂她落后，拖尾巴，自从他做了这乡的指导员以后，他们便更难以和好，像有着解不开的仇恨。

以前他们也吵架的，但使她更难过的是他越来越厉害的沉默。好像他的脾气变得好了，而她的更坏，但她感觉得他离去的更远，她毫不能把握住他。她要的是安适的生活，而他到底要什么呢，她不懂，简直是荒唐。更其令她伤心的，是她明白她老了，而他年轻，她不能满足他，引不起他丝毫的兴趣。

她哭得更厉害，捶打着什么，大声诅骂，她希望能激怒他。而他却平静的躺着，用着最大的力量压住自己的嫌厌，一个坏念头便不觉的又来了："把几垧地给了她，咱也不要人烧饭。做个光身汉，这窑，这锅灶，这碗碗盏盏全给她。我拿一副铺盖，三两件衣服，横竖没娃，她有土地，家具，她可以抚养个儿子，咱就……"仿佛感觉到一种独身的轻松，翻了一个身，一只暖烘烘的猫正睡在他侧边，被他一打，躬着身子走了一步又躺下了。这猫被养了三年，是只灰色的猫，他并不喜欢这个家的，然而却很喜欢这只灰猫，每当他受苦回家后，它便偎在他身边，躺在热炕上等着老婆把饭烧好了拿上来。

老婆还在生气，他担心她失错把她旁边孵豆芽的缸打破，他是很欢喜吃豆芽的。但他却不愿说话，他又翻过身去。脚又触到炕角上的篓子，那里边罩了一窠新生的小鸡，因为被惊，便啾啾的叫了起来。

"知道我身体不成，总是'难活'，连一点忙都不帮，草也是我铡的，牛要生仔，也不管……"她好像已经站了起来，他怕她跑过来，便一溜下炕，往院子里去了。他心里却还在赌气的说："牛，小牛都给你。"

半个月亮倒挂在那面山顶上边，照得院子有半边亮。一只狗躺在院当中，看见他便站起来走过一边去。他信脚又到了牛栏边，槽里还剩下很多的草。牛躺在暗处，轻轻的喷着鼻子，"妈的，为什么还不生呢！"便焦急的想起明天的会。

他刚要离开牛栏的时候，一个人影横过来，轻声的问着："你的牛生仔了没有？"这人一手托着草筐，一手撑在牛栏的门上，挡住他出来的路。

"是你，侯桂英。"他嘎声的说了。心不觉的跳得快了起来。

侯桂英是他间壁的青联主任的妻子，丈夫才十八岁，而二十三岁了的她却总不欢喜，她曾提出过离婚。她是妇联会的委员，现已被提为参议会的候选人。

这是第三次还是第四次了，当他晚上起来喂牲口时，她也跟着来喂，而且总跟过来说几句话，即使白天见了，她也总是眯着她那单眼皮的长眼笑。他讨厌她，恨她，有时就恨不得抓过来把她撕开把她压碎。

月亮光落在剪了的发上，落在敞开的脖子上，牙齿轻轻的咬着嘴唇，她望着他。他也呆立在那里。

“你……”

他感到一个可怕的东西在自己身上生长出来了，他几乎要去做一件吓人的事，他可以什么都不怕的。但忽然另一个东西压住了他，他截断了她说道：“不行的，侯桂英，你快要做议员了，咱们都是干部，要受批评的。”于是推开了她，头也不回的，走进自己的窑里去。老婆已经坐到炕上，好像还在流眼泪。

“唉！”他长长的抽了一口气，躺到了炕上。

像经过了一件大事后的那么有着应有的镇静。像想着别人的事件似的想着适才的事。他觉得很满意。于是他喊他的老婆：“睡吧，牛还没有养仔呢，怕要到明天。”

老婆看见他在说话了，便停止了哭泣。吹熄了灯。

“这老家伙终是不成的，好，就让她烧烧饭吧。闹离婚印象不好。”

然而院子里的鸡叫了。老婆已脱了衣服，躺在他侧边，她唠叨的问着：“明天还要出去么？什么开不完的会……”“牛是又怕侍候不成了……”但他已经没有很多时间来想牛的事，他需要睡眠，他阖着眼，努力去找瞌睡，却只见一些会场，一些群众，而且听到什么“宣传工作不够罗，农村落后呀，妇女工作等于零……”等等的话。他一想到这里，就免不了烦躁，如何能把农村弄好呢，这里没有做工作的人呀。他自己是个什么呢，他什么也不懂。他没有住过学，不识字，他连儿子都没有一个，而现在他做了乡的指导员，他明天还要报告开会意义……。

“第一要发扬民主才能抗战胜利；第二，三三制就是……”窗户纸在慢慢变白，间壁已经有人起身了。而何华明却刚刚沉入在半睡眠状态中，黄瘦的老婆已经睡熟了，有一滴眼泪嵌在那凹下去了的眼角上。猫又睡在他侧边，沉沉的打着鼾。映在曙光里的这窑洞倒也显得很温暖，很甜适。天渐渐的大亮了。

一九四一年六月

忆 靳 以

靳以传略

靳以（1909—1959），作家。天津人。原名章方叙，字正侯，笔名靳以（三十年代起用）。1932年毕业于复旦大学国际贸易系。抗战期间任重庆复旦大学教授，兼任《国民公报》副刊《文群》编辑。1940年在永安与黎烈文编《现代文艺》。又任教于福建师专。1944年回重庆复旦大学，胜利后随校迁回上海，任国文系主任，与叶圣陶等合编《中国作家》。1933年起，先后与郑振铎合编《文学季刊》，与巴金合编《文学月刊》。建国后，历任沪江大学教务长、教授，复旦大学教授，《收获》主编，中国作协书记处书记，中国作协第一、二届理事和上海分会副主席。是第二届全国人大代表。出版有《猫与短简》、《雾及其他》、《血与火花》、《圣型》、《珠落集》、《洪流》、《前夕》、《江山万里》，散文集《幸福的日子》、《热情的赞歌》等。

1959年11月7日凌晨，靳以因心脏病第三次复发而在上海离开人世，离开了他一生热爱而倾心的文学事业。

悼靳以

冰心

我写下这篇短文的题目，我的眼泪忽然落在纸上了。靳以！我——你的“大姐”，会来写悼念你的文章，这不是极其不幸的事情么？靳以，你死的太早了！

十月革命节的那一天，我在两个会的中间，回家来换衣服，在我的书桌上，有人留了一张字条，上面说：“我们特来告诉您一件不幸的消息：靳以同志已于今天零时十六分在上海因心脏病逝世了……”灯光下我匆匆看了一遍，全身震动起来了，在进城去的车上，我的手掌里还紧紧地捏着这一张纸，脑子里旋转着这二十多年中你给我的一盆旺火般的形象。

你拿我当大姐姐看待，我也像一个大姐姐对待小弟弟一般，很少当面夸过你。但是你是一个多么热情，多么正直，又是一个多么淳厚的青年呵！

我说青年，是想起我们第一次见面的情景：二十多年前，你和巴金两个人一起来看我；你也许不记得了，那是一个初夏的早晨，我的桌上供着一瓶鲜红的玫瑰，你坐在桌边的一张椅子上，正向着窗外涌泻进来的阳光。你的脸和玫瑰花一样，也是红扑扑的，有着双眼皮的充满着朝气的大眼，流溢着热情淳厚的光辉。

这二十多年中，我不断地见到你，你的脸上一直是红扑扑的。你的谈话，总是热情的，总是火一般地勃勃地向上的。解放以后，你的热情的火，挑得更旺了，你从心里感到自己的幸福。你走进“祖国的每一个角落”，钻到“劈山倒海的英雄人物”中间，去接近他们，歌唱他们，你从黑夜唱到黎明，唱着不完的幸福和热情的赞歌！

你送我的那本散文集——《江山万里》，就立在我伸手能及的书架上，它常常提醒我说："看小弟弟跑得多快，跑得多远，你，做大姐姐的，还不快快赶上么？"

就在前几天的夜里，我还在灯下细读你在《人民文学》十一月号上发表的那篇散文:《跟着老马转》。最后的一段，读来使我心弦跳动！你写老马："他的脸红通通，正像初升的太阳；两只眼睛冒着青春的光辉。"这不正是你自己的写照么？你又写："他紧紧地握着我的手，使我深切地感到他满心快乐和无穷的力量，我也非常激动，简直不知道该向他说些什么才好。我本来应该好好安慰他几句，让他好好工作几年，保重身体，不要太累，不要跑得太快，免得上气不接下气……"我不是听说过，你在最近一次的劳动中，就是累得"上气不接下气"，而送到医院去急救么？你对自己说的话，却不是"保重身体，免得太累"，而是："你跑吧……只要我们跟着党跑，我们党永远不会错，也永远不会疲乏！"

靳以，我相信，在你的心脏停止跳动的时候，你没有也不会感到疲乏，而是感到满心幸福！

今年夏天，"跟着党跑"了许多年的你，被光荣地接受到伟大队伍里了。当我看到为你发出的讣告是，在你的许多工作头衔的最后，还有"中国共产党预备党员"的字样，做大姐姐的是如何地为你欢喜，而又如何地自惭啊！

你总是不断地鼓励我的——记得那还是筹备《收获》的时期吧，一个冬天的早晨，一辆汽车飞也似地开到我的门口，你，一阵旋风似地卷上了楼，身上穿着一件簇新的皮大衣。我笑说："好呀，这皮大衣给我带来了一屋子的热气！"你也笑了说："我要到苏联去了，这是行装的一部分——告诉你，我们要办一个新文学刊物了，名字就叫《收获》，你对这名字有意见没有？你可要给这刊物写文章呵，我就是为这个来的。"

此后，就是一九五七年的春天，我到了上海的第二天清早，桌头的电话响了，又是你的声音！你欢迎我到上海，你要带我去参观鲁迅纪念馆，去逛城隍庙，吃饭，买糖……最后还是要我为《收获》写文章。那一天我们玩得多好！我们在鲁迅的像下徘徊，谈了许多他生前的故事。城隍庙那一家你常去的小馆，名字我已经忘记了，可是我们挤坐在许多劳动者中间，在小小的一张白木桌上，我们吃得多香甜呵！说到写文章，我却辜负了你的希望，我真是写得太少也太坏呵！

我常想，人一过了中年，不可避免地会常常得到关于朋友的“不幸的消息”，去年的十月底，在莫斯科音乐大厦的台上，坐在我身边的巴金，忽然低低地对我说：“你不要难过，告诉你一个不幸的消息，振铎的飞机出事了！”去年的年底，我在北京家里，吴晓铃一清早打了一个电话来，说：“您不要难过，告诉您一个不幸的消息，罗莘田先生昨天下午去世了！”

我怎能不难过呢？一个热情，正直，淳厚的朋友，是人生中最可宝贵的财产。丧失了一个，就永远少了一个，虽然我们还不断地可以交到新的朋友，而我们的老朋友，他们每一个人，在我们心中都有他们自己的地位，别人是没有法代替的！

放心吧，靳以，在大家一同跃进的时代，赞歌总是有人唱的，而且这唱歌的队伍还会越来越庞大，歌唱的声音也会越来越洪亮。我，你的大姐姐，决不再“滥竽充数”，我的嗓子虽然不好，但是我将永远学习着唱，永远不断地高声地唱！

1959年11月9日夜

靳以与《收获》

1956年，靳以等一群天真而不懂政治，以文学为自己毕生追求，以纯真之心想为新中国添砖加瓦的文人，正在为创办《收获》这样一份纯创作的大型刊物忙碌着。

这年的11月，靳以受命出访苏联。11月3日，他在上级催促下匆匆离开上海奔赴北京，然而等到15日才得以离京启程。在北京等待逗留的短短10天里，他忙不迭跑遍了老朋友的住所，忙不迭告知要办《收获》的消息，并立即着手组稿。

“《收获》当时是中国作协的刊物，作协书记处委托靳以办的。作协的几位负责同志过去都是靳以主编的刊物的撰稿人。有一次大家在一起谈到靳以从前编辑的大型刊物，为了体现‘双百’方针，有人建议让他创办一份纯创作的大型刊物，靳以也想试一试，连刊物的名字也想好了。我没有发表意见，说真话，各种各样的大会小会几乎把我的精力消耗光了，我只盼望多放几天假，让我好好休息。因此我没有参加《收获》的筹备工作。靳以对我谈起一些有关的事情，我也只是点点头，讲不出什么。我答应做一个编委。连我在内，编委一共十三人。我说：‘编委就起点顾问的作用吧，用不着多开编委会。’《收获》的编委会果然开得少。刊物在北京印刷发行，因为靳以不愿把家搬到北京，编辑部便设在上海，由靳以主持。大约在创刊前三四个月，有天晚上靳以在我家聊天，快要离开的时候，他忽然严肃地说：‘还是你跟我合编吧，像以前那样。’就只有这么一句，我回答了一个字：‘好’。一九三六年他到上海编辑《文学月刊》，就用了我们合编的名义。我们彼此信任。”

在巴金先生的这段话中，提到1936年靳以与他合编《文学月刊》的往事。合编，对于他们来说，就是由靳以主持具体编务，坐编辑室，而他们两人之间又互通有无。由于“彼此信任”，所以不分你我。若靳以有事不能分身，巴金先生会为刊物做完所有的事。所以，当靳以诚邀巴金与他合编《收获》时，此一句：“像以前一样”，彼一句：“好”，如此简单，一锤定音，蕴含着他们之间怎样的信任和默契！

靳以作品精选

一人班

在地上用粉块写着尺大的三个“飞白”字：“一人班”。

这是在什刹海的最南边，隔了一面残缺的墙，就是奔驰着车马的大路了，暂时闲散下来的车夫，把身子俯在墙上，望了下来；在北面和西面，疏落地围了几个人（那还是以孩子为多），凝神地看着的却是一个像在扭打着的两个人型，穿了人的衣帽。上半身好像没有什么动作，两个人的四只脚，却极生动地踢着，绊着，还要出来掼交的着数。那些小孩子们真是为那惊险的过节所抓住了，愕然地睁大了乌黑的眼睛，有的把手指含在嘴里都忘记拿出来，口涎就顺着手淌了下来。他们好像是真在为那将被掼到地上的一个担着心，果然，洞的一声，两个人都倒下去了，于是从一个人的身子里钻出一个头来，那两个套裤青靴里，又缩出两只手来。

他是那么老的一个人，他的脸好像是被汗洗了一样，他把所有的和气都堆在他的笑容里，他打着躬，把两只手合拢来作着揖。

“先生，您多捧捧，玩意儿是假的，就说这点儿力气。……小的今年七十二了，大热的天，唉，也是没有法子！”

他朝着这面打过了躬，又朝着那面，他那呆滞的眼睛随着一个两个的铜元落到地上，那些车夫们哄哄地笑着，小孩子们抹抹污秽的脸，一溜烟跑散了。

他抹抹汗，站在那里，偶然是轻轻地叹息了一声。他不像那些江湖人朝着那些散去的人投着讽骂的话，他是以恳切的眼光望着那些人，也许希望着他们会不经意地回过头来，看见他的眼睛动了心不忍离去，“您不给钱也不要紧的，”他的眼睛好像在说，“您站在这儿，到底也给我助个威，引来些别的主顾。”

四散的人并没有一个回过头来，那面凉棚上的锣鼓在热闹地敲着，更使他们的脚步快了一些。

他莫可奈何地苦笑着，弯下身去把地上的三四个铜元拾了起来，仔细地擦去了尘土放在腰袋里。

他抚摸着颔下花白胡子，擦去了附着在那上面的汗水，然后就长长地吸了一口气，又把头钻到里面去，两只手插到靴筒里。他是像马一样地伏着，脚和手都踏着地，他是以自己的脚踢着自己的手，或是用自己的手打着自己脚。

车夫们又把身子伏在墙头上看着，新来的游人停住了脚，曾经看过的嗤笑着走过去了，小孩子们又围了上来。地上的尘土有些飞扬起来，扭打着的两个人像是更出力地缠着。有的时候一个像是要倒下去了，却又猛然地站定了脚，有的时候这个人的脚绊了那个人的，暂时地停顿着，正像那些掼交的人在静止中思索着怎样来运用智力以求克服对方。就试探着，拨着，挑着，突然一个大转身，有一个人就猛然地坐下去了。这一次跌得更重一些，围看的人大声地哗笑着；可是看到已经跌下去，就开始移动着脚步。手和头又缩出来了，从那地位上看，方才发着音响正是由于他的头触在地上。当着他向四方打躬拱手的时候，他还时时地用一只手抚摸着他那光亮的头顶。那上面已经没有一根毛发，是老年使他如此呢，还是为生活的撞击到了这样的地步呢？

他仍然是笑望着那些走开去的人，他没有一句怨言，别人把钱丢下来了，他总不忘记朝着那面拱拱手。

重重叠叠的皱纹，为他记下了人生的经历，他知道他的路是短了，也狭了。怎么样能和那些以美色炫耀着的，有精巧技艺的去争胜呢？汗水打着脚背，汗水打着尘埃，他已经到了该歇息的年岁了。

收地租的警察，带了帆布袋子和纸簿来了，用熟稔的语调来和他说：“怎么样，今儿个？”“先生，您回头再辛苦一趟吧，我——我还没有打下钱来呢！”

也许有泪水在他的眼睛里涨满了，用低缓的声音说过后，就含着笑，恭敬地打着躬，那个警察也没有说一句话，转向别的地摊去了。他就又把头钻了进去。

太阳又沉下些去，把树的阴影映成更高大的铺在地上，一片荷塘被嘈杂的声音搅成污浊的了，晚风飘着；汗水还是湿透了他的全身，想到了这一天，也许就打了一个寒战。

鸟　和　树

鸟的王国该是美丽的吧，不然怎样会引起那个老雅典人的憧憬？（这是希腊的喜剧家阿里斯多芬在他的剧作《鸟》中暗示给我们的）佛朗士又说到企鹅的国度，但是在真实的世界上哪一个角落里，有这样的国家呢？治理各国家的虽然也用两只脚支持他们的体重，可是他们既不能飞，又不能唱；但是他们是万能的人类中的万能者，承受万人的膜拜和爱戴，役使万人，也使万人成为孤寡。

使人类添加一分幸福一分喜悦的，该不是人类本身的事。清晨，窗外的鸟声就把我从烦苦的梦境中抓回来了，我张大了眼睛望不到；可是我的两只耳朵，全被那高低的鸣啭充盈了。被露水洗清的高树，巨人般地站在我的窗前，使它的枝叶晃动的，该是那跳跃的，飞翔的大小的快乐的鸟呢？如果我有双羽翼，也该从窗口飞上枝头了。可惜我那暗哑低沉的音调，即使是一只鸟，也只好做一只不会歌唱的含羞的鸟。

是什么样的叫出那清越的高音，是什么样的叫得那么曲折婉转？是什么样的叫得那么短促那么急，更是什么样的叫得像猫，又像一支哀怨的洞萧？还有那快乐的，细碎的，忘却人间一切苦痛的，在为那不同的鸣叫击着轻松的拍子。以不同的心和不同的声音高啭低鸣的众鸟啊，都不过使这个世界更丰富些而已。

可是当我站到树的下面，以虔诚的心想来静聆它们的鸣叫，我的身影就使它们惊逃飞散了。这却使我看到它们华丽的羽毛，翠绿的，血红的，在蓝天的海上漂着，我极自然地心里说："山野间怎么能有这样好看的鸟！"——随即领悟到鸟对于人类的厌恶不是无端的了。

是的，人类惯于把一些樊笼和枷锁加在其他生物的身上或颈项上，只是为了自己的贪欲，所以鸟该是不爱人类的，可是它却爱树，那沉默的大树伸出枝叶去，障住了阳光，也遮住风雨，可以安置它的巢，也可以供它短暂的休憩。它站在山边，站在水旁，给远行人留下最后的深刻的影子；招致仓皇的归鸟，用残余的力量，迅速飞向枝头，它就是那么挺然地站着，那臃笨的身躯抵住风雨的摇撼，小小的鸟啊，在它的枝干间自在地跳跃。

如果我是一株树啊，我要做一株高大粗壮的树，把我的顶际插入云端，把我的枝干伸向辽远。我要看得深远，当着太阳沉下去了，我用我的全心来迎接四方八面的失巢的小鸟，要它们全都栖息在我的枝干间，要它们全能从我的身上得着一份温暖，用我的汁液作为它们的养料，我还为它们抵挡风雨的侵蚀，我想那时候它们该真心爱我了，因为我已经不是那个属于使它们厌恶的人类中的，我失去了那份自私和贪鄙，为了小鸟的幸福我情愿肩起最辛苦最沉重的担子。

忆钱钟书

钱钟书传略

钱钟书（1910—1998），中国著名学者、现代文学研究家、作家、文学史家、古典文学研究家。江苏无锡人。字默存，号槐聚，笔名中书君。

1910年生于江苏无锡，1933年毕业于清华大学外国语文系，获文学学士学位。1933年—1935年在上海光华大学任外文系讲师。1935年赴英国留学。1937年毕业于英国牛津大学英文系，获副博士学位，后赴法国巴黎大学研究院研究法国文学。1938年回国，曾任昆明西南联合大学外文系、湖南师范学院、上海震旦女子文理学院、上海暨南大学外语系教授，国立师范学院英语系主任，北京图书馆英文馆刊顾问，南京中央图书馆外文部总纂。

建国后，历任清华大学外文系教授，北京大学、中国科学院、中国社会科学院哲学社会科学部古典文学组研究员，中共中央宣传部《毛泽东选集》英文编译委员会委员，中共中央对外联络部毛选英文编译定稿小组成员。1953年任中国科学院文学研究所研究员、哲学社会科学部学部一级研究员。“文革”中受冲击。1982年起任中国社会科学院副院长（1993年免）、文学所研究员。1993年被聘为中国社会科学院特邀顾问。

其治学采用贯通中西、古今互见的方法，融汇多种学科知识，探幽入微，钩玄提要，在当代学术界自成一家。其长期致力于中国和西方文学的研究。主张用比较文学、心理学、单位观念史学、风格学、哲理意义学等多学科的方法，从多种角度理解和评价文学作品。著有散文集《写在人生边上》，短篇小说集《人？兽？鬼》，长篇小说《围城》，选本《宋诗选注》，文论集《七缀集》、《谈艺录》及《管锥篇》（五卷）等。《管锥篇》曾获第一届国家图书奖。

写《围城》的钱钟书[1]

杨　绛

要认识作者，还是得认识他本人，最好从小时候起。

钟书一出世就由他伯父抱去抚养，因为伯父没有儿子。据钱家的“坟上风文”，不旺长房旺小房；长房往往没有子息，便有，也没出息，伯父就是“没出息”的长子。他比钟书的父亲大十四岁，二伯父早亡，他父亲行二，叔父行四，两人是同胞双生，钟书是长孙，出嗣给长房。伯父为钟书连夜冒雨到乡间物色得一个壮健的农妇；她是寡妇，遗腹子下地就死了，是现成的好奶妈（钟书称为“姆妈”）。姆妈一辈子帮在钱家，中年以后，每年要呆呆的发一阵子呆，家里人背后称为“痴姆妈”。她在钟书结婚前特地买了一只翡翠镶金戒指，准备送我做见面礼。有人哄她那是假货，把戒指骗去，姆妈气得大发疯，不久就去世了，我始终没见到她。

钟书自小在大家庭长大，和堂兄弟的感情不输亲兄弟。亲兄弟、堂兄弟共十人，钟书居长。众兄弟间，他比较稚钝，孜孜读书的时候，对什么都没个计较，放下书本，又全没正经，好像有大量多余的兴致没处寄放，专爱胡说乱道。钱家人爱说他吃了痴姆妈的奶，有“痴气”。我们无锡人所谓“痴”，包括很多意义：疯、傻、憨、稚气、騃气、淘气等等。他父母有时说他“痴颠不拉”、“痴舞作法”、“呒著呒落”（“著三不著两”的意思——我不知正确的文字，只按乡音写）。他确也不像他母亲那样沉默寡言、严肃谨慎，也不像他父亲那样一本正经。他母亲常抱怨他父亲“憨”。也许钟书的“痴气”和他父亲的憨厚正是一脉相承的。我曾看过他们家的旧照片。他的弟弟都精精壮壮，唯他瘦弱，善眉善眼的一副忠厚可怜相。想来那时候的“痴气”

只是稚气、騃气，还不会淘气呢。

钟书周岁"抓周"，抓了一本书，因此取名"钟书"。他出世那天，恰有人送来一部《常州先哲丛书》，伯父已为他取名"仰先"，字"哲良"。可是周岁有了"钟书"这个学名，"仰先"就成为小名，叫作"阿先"。但"先儿"、"先哥"好像"亡儿"、"亡兄"，"先"字又改为"宣"，他父亲仍叫他"阿先"。（他父亲把钟书写的家信一张张帖在本子上，有厚厚许多本，亲手帖上题签"先儿家书（一）（二）（三）……"；我还看到过那些本子和上面贴的信。）伯父去世后，他父亲因钟书爱胡说乱道，为他改字"默存"，叫他少说话的意思。钟书对我说："其实我喜欢'哲良'，又哲又良——我闭上眼睛，还能看到伯伯给我写在练习簿上的'哲良'。"这也许因为他思念伯父的缘故。我觉得他确是又哲又良，不过他"痴气"盎然的胡说乱道，常使他不哲不良——假如淘气也可算不良。"默存"这个号显然没有起克制作用。

伯父"没出息"，不得父母欢心，原因一半也在伯母。伯母娘家是江阴富户，做颜料商发财的，有七八只运货的大船。钟书的祖母娘家是石塘湾孙家，官僚地主，一方之霸。婆媳彼此看不起，也影响了父子的感情。伯父中了秀才回家，进门就挨他父亲一顿打，说是"杀杀他的势气"；因为钟书的祖父虽然有两个中举的哥哥，他自己也不过是个秀才。钟书不到一岁，祖母就去世了。祖父始终不喜欢大儿子，钟书也是不得宠的孙子。

钟书四岁（我纪年都用虚岁，因为钟书只记得虚岁，而钟书是阳历十一月下旬生的，所以周岁当减一岁或二岁）由伯父教他识字。伯父是慈母一般，钟书成天跟着他。伯父上茶馆，听说书，钟书都跟去。他父亲不便干涉，又怕惯坏了孩子，只好建议及早把孩子送入小学。钟书六岁入秦氏小学。现在他看到人家大讲"比较文学"，就记起小学里造句："狗比猫大，牛比羊大"；有个同学比来比去，只是"狗比狗大，狗比狗小"，挨了老师一顿骂。他上学不到半年，生了一场病，伯父舍不得他上学，借此让他停学在家。他七岁，和比他小半岁的常弟钟韩同在亲戚家的私塾附学，他念《毛诗》，钟韩念《尔雅》。但附学不便，一年后他和钟韩都在家由伯父教。伯父对钟书的父亲和叔父说："你们两兄弟都是我启蒙的，我还教不了他们？"父亲和叔父当然不敢反对。

其实钟书的父亲是由一位族兄启蒙的。祖父认为钟书的父亲笨，叔父聪明，而伯父的文笔不顶好。叔父反正聪明，由伯父教也无妨；父亲笨，得请一位文理较好的族兄来教。那位族兄严厉得很，钟书的父亲挨了不知多少顿痛打。伯父心疼自己的弟弟，求了祖父，让两个弟弟都由他教。钟书的父亲挨了族兄的痛打一点不抱怨，却别有领会。他告诉钟书："不知怎么的，有一天忽然给打得豁然开通了。"

钟书和钟韩跟伯父读书，只在下午上课。他父亲和叔父都有职业，家务由伯父经管。

每天早上，伯父上茶馆喝茶，料理杂务，或和熟人聊天。钟书总跟着去。伯父化一个铜板给他买一个大酥饼吃（据钟书比给我看，那个酥饼有饭碗口大小，不知是真有那么大，还是小儿心目中的饼大）；又化两个铜板，向小书铺子或书摊租一本小说给他看。家里的小说只有《西游记》、《水浒》、《三国演义》等正经小说。钟书在家里已开始囫囵吞枣地阅读这类小说，把"同獃子"读如"岂子"，也不知《西游记》里的"獃子"就是猪八戒。书摊上租来的《说唐》、《济公传》、《七侠五义》之类是不登大雅的，家里不藏。钟书吃了酥饼就孜孜看书，直到伯父叫他回家。回家后便手舞足蹈向两个弟弟演说他刚看的小说：李元霸或裴元庆或杨林（我记不清）一锤子把对手的枪打得弯弯曲曲等等。他纳闷儿的是，一条好汉只能在一本书里称雄。关公若进了《说唐》，他的青龙堰月刀只有八十斤重，怎敌得李元霸的那一对八百斤重的锤头子；李元霸若进了《西游记》，怎敌得过孙行者的一万三千斤的金箍（我们在牛津时，他和我讲哪条好汉使哪种兵器，重多少斤，历历如数家珍）。妙的是他能把各件兵器的斤两记得烂熟，却连阿拉伯数字的1、2、3都不认识。钟韩下学回家有自己的父亲教，伯父和钟书却是"老鼠哥哥同年伴儿"。伯父用绳子从高处挂下一团棉花，教钟书上、下、左、右打那四棉花，说是打"棉花拳"，可以练软功。伯父爱喝两口酒。他手里没多少钱，只能买些便宜的熟食如酱猪舌之类下酒，哄钟书那是"龙肝凤髓"，钟书觉得其味无穷。至今他喜欢用这类名称，譬如洋火腿在我家总称为"老虎肉"。他父亲不敢得罪哥哥，只好伺机把钟书抓去教他数学；教不会，发狠要打又怕哥哥听见，只好拧肉，不许钟书哭。

钟书身上一块青、一块紫，晚上脱掉衣服，伯父发现了不免心疼气恼。钟书和我讲起旧事，对父亲的着急不胜同情，对伯父的气恼也不胜同情，对自己的忍痛不敢哭当然也同情，但回忆中只觉得滑稽又可怜。我笑说：痛打也许能打得“豁然开通”，拧，大约是把窍门拧塞了。钟书考大学，数学只考得十五分。

钟书小时候最乐的事是跟伯母回江阴的娘家去；伯父也同去（堂姊已出嫁）。他们往往一住一两个月。伯母家有个大庄园，钟书成天跟着庄客四处田野里闲逛。他常和我讲田野的景色。一次大雷雨后，河边树上挂下一条大绿蛇，据说是天雷打死的。伯母娘家全家老少都抽大烟，后来伯父也抽上了。钟书往往半夜醒来，跟着伯父伯母吃半夜餐。

当时快乐得很，回无锡的时候，吃足玩够，还穿着外婆家给做的新衣。可是一回家他就担忧，知道父亲要盘问功课，少不了挨打。父亲不敢当着哥哥管教钟书，可是抓到机会，就着实管教，因为钟书不但荒了功课，还养成不少坏习气，如晚起晚睡、贪吃贪玩等。

一九一九年秋天，我家由北京回无锡。我父母不想住老家，要另找房子。亲友介绍了一处，我父母去看房子，带了我同去。钟书家当时正租居那所房子。那是我第一次上他们钱家的门，只是那时两家并不相识。我记得母亲说，住在那房子里的一位女眷告诉她，搬进以后，没离开过药罐儿。那所房子我家没看中；钱家虽然嫌房子阴暗，也没有搬出。他们五年后才搬入七尺场他们家自建的新屋。我记不起那次看见了什么样的房子、或遇见了什么人，只记得门口下车的地方很空旷，有两棵大树；很高的白粉墙，粉墙高处有一个个砌着镂空花的方窗洞。钟书说我记忆不错，还补充说，门前有个大照墙，照墙后有一条河从门前流过。他说，和我母亲说话的大约是婶母，因为叔父婶母住在最外一进房子里，伯父伯母和他住中间一进，他父母亲伺奉祖父住最后一进。

我女儿取笑说：“爸爸那时候不知在哪儿淘气呢。假如那时候爸爸看见妈妈那样的女孩子，准抠些鼻牛来弹她。”钟书因此记起旧事说，有个女裁缝常带着个女儿到他家去做活；女儿名宝宝，长得不错，比他大两三岁。他和钟韩一次抓住宝宝，把她按在大厅隔扇上，钟韩拿一把削铅笔的小脚刀作势刺她。宝宝大哭大叫，由大人救援得免。兄弟俩觉得这番胜利当立碑纪念，就在隔扇上刻了“刺宝宝处”四个字。钟韩手巧，能刻字，但那四个字未经简化，刻来煞是费事。这大概是顽童刚开始“知慕少艾”的典型表现。后来房子退租的时候，房主提出赔偿损失，其中一项就是隔扇上刻的那四个不成形的字，另一项是钟书一人干的坏事，他在后园“挖人参”，把一棵玉兰树的根刨伤，那棵树半枯了。

钟书十一岁，和钟韩同考取东林小学一年级，那是四年制的高等小学。就在那年秋天，伯父去世。钟书还未放学，经家人召回，一路哭着赶回家去，哭叫“伯伯”，伯父已不省人事。这是他生平第一次遭受的伤心事。

伯父去世后，伯母除掉长房应有的月钱以外，其它费用就全由钟书父亲负担了。伯母娘家败得很快，兄弟先后去世，家里的大货船逐渐卖光。钟书的学费、书费当然有他父亲负担，可是学期中间往往添买新课本，钟书没钱买，就没有书；再加他小时候贪看书摊上伯父为他租的小字书，看坏了眼睛，坐在教室后排，看不见老师黑板上写的字，所以课常上老师讲什么，他茫无所知。练习簿买不起，他就用伯父生前亲手用毛边纸、纸捻子为他钉成的本子，老师看了直皱眉。练习英文书法用钢笔。他在开学的时候有一支笔杆、一个钢笔尖，可是不久笔尖撅断了头。同学都有许多笔尖，他只有一个，断了头就没法写了。他居然急中生智，把毛竹筷削尖了头蘸着墨水写，当然写得一塌糊涂，老师简直不愿意收他的练习簿。

我问钟书为什么不问父亲要钱。他说，从来没想到过。有时伯母叫他向父亲要钱，他也不说。伯母抽大烟，早上起得晚，钟书由伯母的陪嫁大丫头热些馊粥吃了上学。他同学、他弟弟都穿洋袜，他还穿布袜，自己觉得脚背上有一条拼缝很刺眼，只希望穿上棉鞋可遮掩不见。雨天，同学和弟弟穿皮鞋，他穿钉鞋，而且是伯伯的钉鞋，太大，鞋头塞些纸团。一次雨天上学，路上看见许多小青蛙满地蹦跳，觉得好玩，就脱了鞋捉来放在鞋里，抱着鞋光脚上学；到了教室里，把盛着小青蛙的钉鞋放在黑板桌下。上课的时候，小青蛙从鞋里出来，满地蹦跳。同学都忙着看青蛙，窃窃笑乐。老师问出因由，知道青蛙是从钟书鞋里出来的，就叫他出来罚立。有一次他上课玩弹弓，用小泥丸弹人。中弹的同学嚷出来，老师又叫他罚立。可是他混混沌沌，并不觉得羞惭。他和我讲起旧事常说，那时候幸亏糊涂，也不觉得什么苦恼。

钟书跟我讲，小时候大人哄他说，伯母抱来一个南瓜，成了精，就是他；他真有点儿怕自己是南瓜精。那时候他伯父已经去世，“南瓜精”是舅妈、姨妈等晚上坐在他伯母鸦片榻畔闲谈时逗他的，还正色嘱咐他切莫告诉他母亲。钟书也怀疑是哄他，可是真有点耽心。他自说混沌，恐怕是事实。这也是家人所谓“痴气”的表现之一。

他有些混沌表现，至今依然如故。例如他总记不得自己的生年月日。小时候他不会分辩左右，好在那时候穿布鞋，不分左右脚。后来他和钟韩同到苏州上美国教会中学的时候，穿了皮鞋，他仍然不分左右乱穿。在美国人办的学校里，上体育课也用英语喊口号。他因为英文好，当上了一名班长。可是嘴里能用英语喊口号，两脚却左右不分；因此只当了两个星期的班长就给老师罢了官，他也如释重负。他穿内衣或套脖的毛衣，往往前后颠倒，衣服套在脖子上只顾前后掉转，结果还是前后颠倒了。或许这也是钱家人说他“痴”的又一表现。

钟书小时最喜欢玩“石屋里的和尚”。我听他讲得津津有味，以为是什么有趣的游戏；原来只是一人盘腿坐在帐子里，放下帐门，披着一条被单，就是“石屋里的和尚”。

我不懂那有什么好玩。他说好玩得很；晚上伯父伯母叫他早睡，他不肯，就玩“石屋里的和尚”，玩得很乐。所谓“玩”，不过是一个人盘腿坐着自言自语。这大概也算是“痴气”吧。

钟书上了四年高小，居然也毕业了。钟韩成绩斐然，名列前茅；他只是个痴头傻脑、没正经的孩子。伯父在世时，自愧没出息，深怕“坟上风水”连累了嗣给长房的钟书。

原来他家祖坟下首的一排排树高大茂盛，上首的细小萎弱。上首的树当然就代表长房了。

伯父一次私下化钱向理发店买了好几斤头发，叫一个佃户陪着，悄悄带着钟书同上祖坟去，把头发埋在上首几排树的根旁。他对钟书说，要叫上首的树荣盛，“将来你做大总统。”那时候钟书才七八岁，还不懂事，不过多少也感觉到那是伯父背着人干的私心事，所以始终没向家里任何别人讲过。他讲给我听的时候，语气中还感念伯父对他的爱护，也惊奇自己居然有心眼为伯父保密。

钟书十四岁和钟韩同考上苏州桃坞中学（美国圣公会办的学校）。父母为他置备了行装，学费书费之外，还有零用钱。他就和钟韩同往苏州上学，他功课都还不错，只算术不行。

那年他父亲到北京清华大学任教，寒假没回家。钟书寒假回家没有严父管束，更是快活。他借了大批的《小说世界》、《红玫瑰》、《紫萝兰》等刊物恣意阅读。暑假他父亲归途阻塞，到天津改乘轮船，转辗回家，假期已过了一半。他父亲回家第一事是命钟书钟韩各做一篇文章；钟韩的一篇颇受夸赞，钟书的一篇不文不白，用字庸俗，他父亲气得把他痛打一顿，钟书忍笑向我形容他当时的窘况：家人都在院子里乘凉，他一人还在大厅上，挨了打又痛又羞，呜呜地哭。这顿打虽然没有起“豁然开通”的作用，却也激起了发奋读书的志气。钟书从此用功读书，作文大有进步。他有时不按父亲教导的方法作古文，嵌些骈骊，倒也受到父亲赞许。他也开始学着作诗，只是并不请教父亲。

一九二七年桃坞中学停办，他和钟韩同考入美国圣公会办的无锡辅仁中学，钟书就经常有父亲管教，常为父亲代笔写信，由口授而代写，由代写信而代作文章。钟书考入清华之前，已不复挨打而是父亲得意的儿子了。一次他代父亲为乡下某大户作了一篇墓志铭。

那天午饭时，钟书的姆妈听见他父亲对他母亲称赞那篇文章，快活得按捺不住，立即去通风报信，当着他伯母对他说：“阿大啊，爹爹称赞你呢！说你文章做得好！”钟书是第一次听到父亲称赞，也和姆妈一样高兴，所以至今还记得清清楚楚。那时商务印书馆出版钱穆的一本书，上有钟书父亲的序文。据钟书告诉我，那是他代写的，一字没有改动。

我常见钟书写客套信从不起草，提笔就写，八行笺上，几次抬头，写来恰好八行，一行不多，一行不少。钟书说，那都是他父亲训练出来的，他额角上挨了不少“爆栗子”呢。

钟书二十岁伯母去世。那年他考上清华大学，秋季就到北京上学。他父亲收藏的“先儿家书”是那时候开始的。他父亲身后，钟书才知道父亲把他的每一封信都贴在本子上珍藏。信写得非常有趣，对老师、同学都有生动的描写。可惜钟书所有的家书（包括写给我的），都由“回禄君”收集去了。

钟书在清华的同班同学饶余威一九六八年在新加坡或台湾写了一篇《清华的回忆》，有一节提到钟书：“同学中我们受钱钟书的影响最大。他的中英文造诣很深，又精于哲学及心理学，终日博览中西新旧书籍，最怪的是上课时从不记笔记，只带一本和课堂无关的闲书，一面听讲一面看自己的书，但是考试时总是第一，他自己喜欢读书，也鼓励别人读书。……”据钟书告诉我，他上课也带笔记本，只是不作笔记，却在本子上乱画。现在美国的许振德君和钟书是同系同班，他最初因钟书夺去了班上的第一名，曾想揍他一顿出气，因为他和钟书同学之前，经常是名列第一的。一次偶有个不能解决的问题，钟书向他讲解了，他很感激，两人成了朋友，上课常同坐在最后一排。许君上课时注意一女同学，钟书就在笔记本上画了一系列的《许眼变化图》，在同班同学里颇为流传，钟书曾得意地拿给我看。一年前许君由美国回来，听钟书说起《许眼变化图》还忍不住大笑。

钟书小时候，中药房卖的草药每一味都有两层纸包裹；一张白纸，一张印着药名和药性。每服一付药可攒下一叠包药的纸。这种纸干净、吸水，钟书大约八、九岁左右常用包药纸来临摹他伯父藏的《芥子园画谱》，或印在《唐诗三百首》里的“诗中之画”。

他为自己想出一个别号叫“项昂之”——因为他佩服项羽，“昂之”是他想象中项羽的气概。他在每幅画上挥笔署上“项昂之”的大名，得意非凡。他大约常有“项昂之”的兴趣，只恨不善画。他曾央求当时在中学读书的女儿为他临摹过几幅有名的西洋淘气画，其中一幅是《魔鬼临去遗臭图》（图名是我杜撰），魔鬼像吹喇叭似的后部撒着气逃跑，画很妙。上课画《许眼变化图》，央女儿代摹《魔鬼遗臭图》，想来也都是“痴气”的表现。

钟书在他父亲的教导下“发愤用功”，其实他读书还是出于喜好，只似馋嘴佬贪吃美食：食肠很大，不择精粗，甜咸杂进。极俗的书他也能看得哈哈大笑。戏曲里的插科打诨，他不仅且看且笑，还一再搬演，笑得打跌。精微深奥的哲学、美学、文艺理论等大部著作，他像小儿吃零食那样吃了又吃，厚厚的书一本本渐次吃完，诗歌更是他喜好的读物。重得拿不动的大字典、辞典、百科全书等，他不仅挨着字母逐条细读，见了新版本，还不嫌其烦地把新条目增补在旧书上。他看书常做些笔记。

我只有一次见到他苦学。那是在牛津，论文预试得考“版本和校勘”那一门课，要能辨认十五世纪以来的手稿。他毫无兴趣，因此每天读一本侦探小说“休养脑筋”，“休养”得睡梦中手舞脚踢，不知是捉拿凶手，还是自己做了凶手和警察打架。结果考试不及格，只好暑假后补考。这件补考的事，《围城》英译本《导言》里也提到。钟书一九七九年访美，该译本出版家把译本的《导言》给他过目，他读到这一段又惊又笑，想不到调查这么精密。

后来胡志德（TheodoreHuters）君来见，才知道是他向钟书在牛津时的同窗好友 DonaldStuart 打听来的。胡志德一九八二年出版的《钱钟书》里把这件事却删去了。

钟书的“痴气”书本里灌注不下，还洋溢出来。我们在牛津时，他午睡，我临贴，可是一个人写写字困上来，便睡着了。他醒来见我睡了，就饱醮浓墨，想给我画个花脸。

可是他刚落笔我就醒了。他没想到我的脸皮比宣纸还吃墨，洗净墨痕，脸皮像纸一样快洗破了，以后他不再恶作剧，只给我画了一幅肖像，上面再添上眼镜和胡子，聊以过瘾。

回国后他暑假回上海，大热天女儿熟睡（女儿还是娃娃呢），他在她肚子上画一个大脸，挨他母亲一顿训斥，他不敢再画。沦陷在上海的时候，他多余的“痴气”往往发泄在叔父的小儿小女、孙儿孙女和自己的女儿阿圆身上。这一串孩子挨肩儿都相差两岁，常在一起玩。有些语言在“不文明”或“臭”的边缘上，他们很懂事似的注意避忌。钟书变着法儿，或作手势，或用切口，诱他们说出来，就赖他们说“坏话”。于是一群孩子围着他吵呀，打呀，闹个没完。他虽然挨了围攻，还俨然以胜利者自居。他逗女儿玩，每天临睡在她被窝里埋置“地雷”，埋得一层深入一层，把大大小小的各种玩具、镜子、刷子，甚至砚台或大把的毛笔都埋进去，等女儿惊叫，他就得意大乐。女儿临睡必定小心搜查一遍，把被里的东西一一取出。钟书恨不得把扫帚、畚箕都塞入女儿被窝，博取一遭意外的胜利。这种玩意儿天天玩也没多大意思，可是钟书百玩不厌。

他又对女儿说，《围城》里有个丑孩子，就是她。阿圆信以为真，却也并不计较。

他写了一个开头的《百合心》里，有个女孩子穿一件紫红毛衣，钟书告诉阿圆那是个最讨厌的孩子，也就是她。阿圆大上心事，怕爸爸冤枉她，每天找他的稿子偷看，钟书就把稿子每天换个地方藏起来。一个藏，一个找，成了捉迷藏式的游戏。后来连我都不知道稿子藏到那里去了。

钟书的“痴气”也怪别致的。他很认真地跟我说：“假如我们再生一个孩子，说不定比阿圆好，我们就要喜欢那个孩子了，那我们怎么对得起阿圆呢。”提倡一对父母生一个孩子的理论，还从未讲到父母为了用情专一而只生一个。

解放后，我们在清华养过一只很聪明的猫。小猫初次上树，不敢下来，钟书设法把它救下。小猫下来后，用爪子轻轻软软地在钟书腕上一搭，表示感谢。我们常爱引用西方谚语：“地狱里尽是不知感激的人。”小猫知感，钟书说它有灵性，特别宝贝。猫儿长大了，半夜和别的猫儿打架。钟书特备长竹竿一枝，倚在门口，不管多冷的天，听见猫儿叫闹，就急忙从热被窝里出来，拿了竹竿，赶出去帮自己的猫儿打架。和我们家那猫儿争风打架的情敌之一是紧邻林徽因女士的宝贝猫，她称为她一家人的“爱的焦点”。

我常怕钟书为猫而伤了两家和气，引用他自己的话说：“打狗要看主人面，那么，打猫要看主妇面了！”（《猫》的第一句），他笑说：“理论总是不实践的人制定的。”

钱家人常说钟书“痴人有痴福”。他作为书痴，倒真是有点痴福。供他阅读的书，好比富人“命中的禄食”那样丰足，会从各方面源源供应（除了下放期间，他只好“反刍”似的读读自己的笔记，和携带的字典）。新书总会从意外的途径到他手里。他只要有书可读，别无营求。这又是家人所谓“痴气”的另一表现。

钟书和我父亲诗文上有同好，有许多共同的语言。钟书常和我父亲说些精致典雅的淘气话，相与笑乐。一次我父亲问我：“钟书常那么高兴吗？”“高兴”也正是钱家所谓“痴气”的表现。

我认为《管锥编》、《谈艺录》的作者是个好学深思的钟书，《槐聚诗存》的作者是个“忧世伤生”的钟书，《围城》的作者呢，就是个“痴气”旺盛的钟书。我们俩日常相处，他常爱说些痴话，说些傻话，然后再加上创造，加上联想，加上夸张，我常能从中体味到《围城》的笔法。我觉得《围城》里的人物和情节，都凭他那股子痴气，呵成了真人实事。可是他毕竟不是个不知世事的痴人，也毕竟不是对社会现象漠不关心，所以小说里各个细节虽然令人捧腹大笑，全书的气氛，正如小说结尾所说：“包涵对人生的讽刺和伤感，深于一切语言、一切啼笑”，令人回肠荡气。

钟书写完了《围城》，“痴气”依然旺盛，但是没有体现为第二部小说。一九五七年春，“大鸣大放”正值高潮，他的《宋诗选注》刚脱稿，因父病到湖北省亲，路上写了《赴鄂道中》五首绝句，现在引录三首：“晨书暝写细评论，诗律伤严敢市恩。碧海掣鲸闲此手，祗教疏凿别清浑。”“奕棋转烛事多端，饮水差知等暖寒。如膜妄心应褪净，夜来无梦过邯郸。”“驻车清旷小徘徊，隐隐遥空蹍薄雷。脱叶犹飞风不定，啼鸠忽噤雨将来。”后两首寄寓他对当时情形的感受，前一首专指《宋诗选注》而说，点化杜甫和元好问的名句（“或看悲翠兰苕上，未掣鲸鱼碧海中”；“谁是诗中疏凿手，暂教泾渭各清浑”）。据我了解，他自信还有写作之才，却只能从事研究或评论工作，从此不但口“噤”，而且不兴此念了。《围城》重印后，我问他想不想再写小说。他说：“兴致也许还有，才气已与年俱减。要想写作而没有可能，那只会有遗恨；有条件写作而写出来的不成东西，那就只有后悔了。遗恨里还有哄骗自己的余地，后悔是你所学的西班牙语里所谓‘面对真理的时刻’，使不得一点儿自我哄骗、开脱、或宽容的，味道不好受。我宁恨毋悔。”这几句话也许可作《围城》《重印前记》的笺注吧。

我自己觉得年纪老了；有些事，除了我们俩，没有别人知道。我要乘我们夫妇都健在，一一记下。如有错误，他可以指出，我可以改正。《围城》里写的全是捏造，我所记的却全是事实。

【注释】

①本文选自杨绛的《记钱钟书与〈围城〉》第二部分。

钱钟书与杨绛

钱钟书与杨绛

1932年春，杨绛考入清华大学研究院不久，就知道已是三年级本科生的钱钟书的赫赫大名了。钱钟书名气真大，新生一入校便都会知道他。但他的架子太大，一般低年级的学生根本不敢冒昧去拜访他，所以许多新生都觉得他很神秘，更想一睹他的风采。

1932年春天，在一个风光旖旎的日子，杨绛结织了这位大名鼎鼎的同乡才子。杨绛初见钱钟书时，他穿着一件青布大褂，一双毛布底鞋，戴一副老式大眼镜。钱钟书的个头不高，面容清癯，虽然不算风度翩翩，但他的目光却炯炯有神，在目光中闪烁着机智和自负的神气。而站在钱钟书面前的杨绛虽然已是研究生，却显得娇小玲珑，温婉聪慧而又活泼可爱。钱钟书侃侃而谈的口才，旁征博引的记忆力，诙谐幽默的谈吐，给杨绛留下了深刻的印象。

两人一见如故，谈起家乡，谈起文学，兴致大增，谈起来才发觉两个人确实是挺有缘份的。1919年，8岁的杨绛曾随父母到钱钟书家去过，虽然没有见到钱钟书，但现在却又这么巧合地续上“前缘”，这不能不令人相信缘份！而且钱钟书的父亲钱基博与杨绛的父亲杨荫杭又都是无锡本地的名士，都被前辈大教育家张謇誉为“江南才子”，都是无锡有名的书香世家。真所谓“门当户对，珠连璧合”。当然最大的缘份还在于他们两人文学上的共同爱好和追求，性格上的互相吸引，心灵的默契交融，这一切使他们一见钟情。

1933年夏，钱钟书从清华大学外文系毕业，获得了文学学士学位。清华校方早有意让他留校或在西洋文学研究所攻读硕士学位，约在三四年级时，罗家伦校长特地将他叫去，把破格录取他的经过告诉他，言下之意希望他留下来，但他一概谢绝了。

清华大学留不住钱钟书，伦敦大学再次请他去英国，他没有应允。钱钟书另有选择。他父亲当时在光华大学任中文系主任，身体欠佳，便召他赴上海，到光华大学任教，这大概是钱钟书南返的一个重要原因。另一方面，钱钟书已有足够的治学能力，他的知识大都缘于自学，他不愿再听课了。1931年九·一八事变后，东北三省沦陷，华北也岌岌可危。到了1933年，学生屡屡请愿、游行，清华大学的秩序几乎不能正常维持。此时的大学生忧心国事，已无心安坐于教室之中。东北局势不安定，这是钱钟书南返的另一个重要原因。就这样，钱钟书暂别仍在清华读书的心上人杨绛，回到了上海。这时，他还没有把他与杨绛的关系告诉父亲，只是与杨绛书信往来谈情说爱。

一天，杨绛给钱钟书寄来一封信，不巧被钱钟书的父亲钱基博老先生看到了，老先生招呼也不打就擅自拆阅了。待老先生看到信后，对杨绛大加赞赏。杨绛在信中对钱钟书说："现在吾两人快乐无用，须两家父亲兄弟皆大欢喜，吾两人之快乐乃彻始终不受障碍。"老先生边看边赞："真是聪明人语。"在老先生看来，杨绛真大方懂事，能体贴对方父母，对于不谙世事的儿子来说，杨绛是再适合不过的好女孩。老先生为自己一心只知道读书的"痴气"儿子感到欣然，他也不待征求儿子的意见，便自作主张，直接提笔给未过门的儿媳妇写了一封信，把她大大夸奖一番，并郑重其事地把儿子"托付"给她。

杨绛也把钱钟书介绍给自己的父亲，杨荫杭先生也非常赏识钱钟书。两人门当户对，甚是般配，定下婚约。

钱钟书在光华大学教书一年有余，到了1935年春，他参加了教育部第三届庚子赔款公费留学资格考试。当时其所报的英国文学只有一个名额，但他却以绝对优势名列榜首。

钱钟书立即把这一消息告诉杨绛，希望她能与自己一道赴英留学。

时间仓促，杨绛来不及写信通知家里，便打点行李，乘火车回苏州见父母。

杨绛把自己提前毕业以及和钱钟书一同出国的打算告诉父母，她的父母很赞成女儿的决定，立即为她置办嫁妆，准备与钱钟书完婚。

1935年夏天，钱钟书与杨绛在无锡七尺场钱家新居举行了婚礼。

婚后不久，钱钟书杨绛即告别父母朋友，相伴前往英国牛津大学深造。1937年，他们的女儿钱瑗出生了。

1938年，钱钟书杨绛携女儿提前回国。杨绛的父母先后去世，这对孝顺的杨绛来说，不啻于一次重大的情感打击。这以后，钱钟书杨绛相依为命，颠沛流离，曾一度生活艰难，钱钟书为维持这个家，不得不多代课。直到1949年，他们重返清华大学园。

新中国成立后，他们迎来了人生的又一个春天。1950年起，中央领导力邀钱钟书担任“《毛泽东选集》英译委员会”主任委员，他应承了，为之耗费了大量的心血。此时杨绛在清华大学外文系教书，课务并不繁重，便在业余时间从事文学翻译。

1966年，“文革”开始了。钱钟书夫妇俩也在劫难逃。1966年8月9日，杨绛被“揪”了出来，3天后，钱钟书也被“揪”了出来。那时候，钱钟书在文学所，杨绛在外文所，同属学部，命运也相同。每天上班，他俩各自挂着自己精心制作的牌子，自己用毛笔工整地写上“资产阶级学术权威”等罪名，然后穿上绳子各自挂在胸前，互相鉴赏。一天，钱钟书在被揪斗中，头发给人剃掉纵横两道，成了“十”字怪头，亏得杨绛一向是钱钟书的“理发师”，赶紧将“学士头”改为“和尚头”，抹掉了“十”字。尽管被批斗，但他们的感情融洽到给人一种“胶着”的亲密感。在被批斗的日子里，他们一同上下班，互相照顾，走时肩并肩，手挽手，被学部的人誉为“模范夫妻”。

1969年，钱钟书被下放到河南干校，临走那天，杨绛及女儿、女婿王得一拿着大包小包哭着为他送行。钱钟书不等车开就催他们回去，免得看见他们难过的样子。车子开走了，把杨绛的心也带走了。

1970年，杨绛也下放到河南干校。下干校那天，只有女儿为她默默地送行，女婿王得一已于一个月前因军宣队批斗迫害自杀了。车子启动了，母女二人欲哭无泪地挥手作别。杨绛被安排在菜园班看菜园。她这个菜园离钱钟书的宿舍不远，钱钟书此时改任专职通讯员，每次收取报纸信件都要经过这片菜园，夫妇俩经常可以在菜园相会。两人坐在水渠边晒晒太阳、谈谈话。钱钟书还经常写信给她，写些所见所闻、杂感、笑话和诗词。鱼雁往来，给他们生活增加了慰藉。

这种生活一直持续到1972年才结束。

“文革”结束后，钱钟书杨绛获得了自由，终于又回到了阔别已久的家中。浪费了整整10年的光阴，钱钟书夫妇俩决定整天闭门自守，什么地方也不去了，终日沉入自己的学问事业中。

钱钟书与钱基博

钱钟书之父钱基博是一个儒家学者。钱钟书从识字开始未脱离过正统儒家教育。钱基博管教极严，他不许女儿用舶来品化妆，不许儿子穿西装，认为这是父亲的职责。他常用体罚来管教子弟。据杨绛说，1925年钱基博到北京清华大学任教，寒假没有回家。钟书寒假回家没有严父管束，甚是快活。他借了大批的《小说世界》、《红玫瑰》、《紫罗兰》等刊物恣意阅读。暑假他父亲归途阻塞，到天津改乘轮船，辗转回家。父亲回家第一件事是命钟书、钟韩各做一篇文章。钟韩的一篇颇受夸赞，钟书的一篇不文不白，用字庸俗，他父亲气得把他痛打一顿。

这次“痛打一顿”，虽然没有使钱钟书“豁然开通”，但激发了他发愤用功。不过一两年工夫便判若两人，常为父亲捉刀写文章。杨绛回忆，商务印书馆出版钱穆的一本书《国学概论》，上有钟书父亲的序文。据钟书告诉杨绛，那是他代父亲写的，一字没有改动。

1929年，钱钟书考上清华后，钱基博父子开始通信。钱基博将钟书的信一页一页地贴在本子上，而且贴了好几本。可惜这些书信在“文革”时被红卫兵一把火烧掉了。

我们现在能看到的钱氏父子的来往信札只有三封，因曾刊于光华大学半月刊上，所以得以保存下来。钱基博在1931年10月31日写的信上告诫钟书，立身正大、待人忠恕比名声大、地位高更加重要。并说：“子弟中，自以汝与钟韩为秀出，然钟韩厚重少文，而为深沉之思，独汝才辩纵横，神采飞扬，而沉潜远不如。勿以才华超绝时贤为喜，而以学养不及古圣贤人为愧。”他又说：“纬、英两儿中资，不能为大善，亦无力为大恶，独汝才辩可喜；然才辩而或恶化，则尤可危！吾之所谓恶化，亦非寻常子弟之过。世所称一般之名流伟人自吾观之，皆恶化也，皆增进危险于中国也！”做父亲的一片拳拳之心，跃然纸上。

钱钟书作品精选

窗

又是春天，窗子可以常开了。春天从窗外进来，人在屋子里坐不住，就从门里出去。不过屋子外的春天太贱了！到处是阳光，不像射破屋里阴深的那样明亮；到处是给太阳晒得懒洋洋的风，不像搅动屋里沉闷的那样有生气。就是鸟语，也似乎琐碎而单薄，需要屋里的寂静来做衬托。我们因此明白，春天是该镶嵌在窗子里看的，好比画配了框子。

同时，我们悟到，门和窗有不同的意义。当然，门是造了让人出进的。但是，窗子有时也可作为进出口用，譬如小偷或小说里私约的情人就喜欢爬窗子。所以窗子和门的根本分别，决不仅是有没有人进来出去。若据赏春一事来看，我们不妨这样说：有了门，我们可以出去；有了窗，我们可以不必出去。窗子打通了大自然和人的隔膜，把风和太阳逗引进来，使屋子里也关着一部分春天，让我们安坐了享受，无需再到外面去找。古代诗人像陶渊明对于窗子的这种精神，颇有会心。《归去来辞》有两句道："倚南窗以寄傲，审容膝之易安。"不等于说，只要有窗可以凭眺，就是小屋子也住得么？

他又说："夏月虚闲，高卧北窗之下，清风飒至，自谓羲皇上人。"意思是只要窗子透风，小屋子可成极乐世界；他虽然是柴桑人，就近有庐山，也用不着上去避暑。所以，门许我们追求，表示欲望，窗子许我们占领，表示享受。这个分别，不但是住在屋里的人的看法，有时也适用于屋外的来人。一个外来者，打门请进，有所要求，有所询问，他至多是个客人，一切要等主人来决定。反过来说，一个钻窗子进来的人，不管是偷东西还是偷情，早已决心来替你做个暂时的主人，顾不到你的欢迎和拒绝了。缪塞（Musset）在《少女做的是什么梦》那首诗剧里，有句妙语，略谓父亲开了门，请进了物质上的丈夫（matérielépoux），但是理想的爱人（idéal），总是从窗子出进的。换句话说，从前门进来的，只是形式上的女婿，虽然经丈人看中，还待博取小姐自己的欢心；要是从后窗进来的，才是女郎们把灵魂肉体完全交托的真正情人。你进前门，先要经门房通知，再要等主人出现，还得寒暄几句，方能说明来意，既费心思，又费时间，那像从后窗进来的直捷痛快？好像学问的捷径，在乎书背后的引得，若从前面正文看起，反见得迂远了。这当然只是在社会常态下的分别，到了战争等变态时期，屋子本身就保不住，还讲什么门和窗！

世界上的屋子全有门，而不开窗的屋子我们还看得到。这指示出窗比门代表更高的人类进化阶段。门是住屋子者的需要，窗多少是一种奢侈，屋子的本意，只像鸟窠兽窟，准备人回来过夜的，把门关上，算是保护。但是墙上开了窗子，收入光明和空气，使我们白天不必到户外去，关了门也可生活。

屋子在人生里因此增添了意义，不只是避风雨、过夜的地方，并且有了陈设，挂着书画，是我们从早到晚思想、工作、娱乐、演出人生悲喜剧的场子。门是人的进出口，窗可以说是天的进出口。屋子本是人造了为躲避自然的胁害，而向四垛墙、一个屋顶里，窗引诱了一角天进来，驯服了它，给人利用，好比我们笼络野马，变为家畜一样。从此我们在屋子里就能和自然接触，不必去找光明，换空气，光明和空气会来找到我们。所以，人对于自然的胜利，窗也是一个。不过，这种胜利，有如女人对于男子的胜利，表面上看来好像是让步——人开了窗让风和日光进来占领，谁知道来占领这个地方的就给这个地方占领去了！我们刚说门是需要，需要是不由人做得主的。譬如饿了就要吃，渴了就得喝。所以，有人敲门，你总得去开，也许是易卜生所说比你下一代的青年想冲进来，也许像德昆西论谋杀后闻打门声所说，光天化日的世界想攻进黑暗罪恶的世界，也许是浪子回家，也许是有人借债（更许是讨债），你愈不知道，怕去开，你愈想知道究竟，愈要去开。甚至每天邮差打门的声音，也使你起了带疑惧的希冀，因为你不知道而又愿知道他带来的是什么消息。门的开关是由不得你的。但是窗呢？你清早起来，只要把窗幕拉过一边，你就知道窗外有什么东西在招呼着你，是雪，是雾，是雨，还是好太阳，决定要不要开窗子。上面说过窗子算得奢侈品，奢侈品原是在人看情形斟酌增减的。

我常想，窗可以算房屋的眼睛。刘熙译名说："窗，聪也；于内窥外，为聪明也。"正和凯罗（Gottfried Keller）《晚歌》（Abendlied）起句所谓："双瞳如小窗（Fensterlein），佳景收历历。"同样地只说着一半。眼睛是灵魂的窗户，我们看见外界，同时也让人看到了我们的内心；眼睛往往跟着心在转，所以孟子认为相人莫良于眸子，梅特林克戏剧里的情人接吻时不闭眼，可以看见对方有多少吻要从心里上升到嘴边。

我们跟戴黑眼镜的人谈话，总觉得捉摸不住他的用意，仿佛他以假面具相对，就是为此。据爱戈门（Eckermann）记一八三〇年四月五日歌德的谈话，歌德恨一切戴眼镜的人，说他们看得清楚他脸上的皱纹，但是他给他们的玻璃片耀得眼花缭乱，看不出他们的心境。窗子许里面人看出去，同时也许外面人看进来，所以在热闹地方住的人要用窗帘子，替他们私生活做个保障。晚上访人，只要看窗里有无灯光，就约略可以猜到主人在不在家，不必打开了门再问，好比不等人开口，从眼睛里看出他的心思。关窗的作用等于闭眼。天地间有许多景象是要闭了眼才看得见的，譬如梦。假使窗外的人声物态太嘈杂了，关了窗好让灵魂自由地去探胜，安静地默想。有时，关窗和闭眼也有连带关系，你觉得窗外的世界不过尔尔，并不能给与你什么满足，你想回到故乡，你要看见跟你分离的亲友，你只有睡觉，闭了眼向梦里寻去，于是你起来先关了窗。因为只是春天，还留着残冷，窗子也不能镇天镇夜不关的。

吃　饭

吃饭有时很像结婚，名义上最主要的东西，其实往往是附属品。吃讲究的饭事实上只是吃菜，正如讨阔佬的小姐，宗旨倒并不在女人。这种主权旁移，包含着一个转了弯的、不甚朴素的人生观。辨味而不是充饥，变成了我们吃饭的目的。舌头代替了肠胃，作为最后或最高的裁判。不过，我们仍然把享受掩饰为需要，不说吃菜，只说吃饭，好比我们研究哲学或艺术，总说为了真和美可以利用一样。有用的东西只能给人利用，所以存在；偏是无用的东西会利用人，替它遮盖和辩护，也能免于抛弃。柏拉图在《理想国》里把国家分成三等人，相当于灵魂的三个成份；饥渴吃喝是灵魂里最低贱的成份，等于政治组织里的平民或民众。最巧妙的政治家知道怎样来敷衍民众，把自己的野心装点成民众的意志和福利；请客上馆子去吃菜，还顶着吃饭的名义，这正是舌头对肚子的籍口，彷佛说："你别抱怨，这有你的份！你享着名，我替你出力去干，还亏了你什么？"其实呢，天知道——更有饿瘪的肚子知道——若专为充肠填腹起见，树皮草根跟鸡鸭鱼肉差不了多少！真想不到，在区区消化排泄的生理过程里还需要那么多的政治作用。

古罗马诗人波西蔼斯（Persius）曾慨叹说，肚子发展了人的天才，传授人以技术（Magisterartisingeniquelargitorventer）。这个意思经拉柏莱发挥得淋漓尽致，《巨人世家》卷三有赞美肚子的一章，尊为人类的真主宰、各种学问和职业的创始和提倡者，鸟飞，兽走，鱼游，虫爬，以及一切有生之类的一切活动，也都是为了肠胃。人类所有的创造和活动（包括写文章在内），不仅表示头脑的充实，并且证明肠胃的空虚。饱满的肚子最没用，那时候的头脑，迷迷糊糊，只配作痴梦；咱们有一条不成文的法律：吃了午饭睡中觉，就是有力的证据。我们通常把饥饿看得太低了，只说它产生了乞丐，盗贼，娼妓一类的东西，忘记了它也启发过思想、技巧，还有"有饭大家吃"的政治和经济理论。德国古诗人白洛柯斯（B. H. Brockes）做赞美诗，把上帝比作"一个伟大的厨师傅（dergross Speisemeister）"，做饭给全人类吃，还不免带些宗教的稚气。弄饭给我们吃的人，决不是我们真正的主人翁。这样的上帝，不做也罢。只有为他弄了饭来给他吃的人，才支配着我们的行动。譬如一家之主，并不是挣钱养家的父亲，倒是那些乳臭未干、安坐着吃饭的孩子；这一点，当然做孩子时不会悟到，而父亲们也决不甘承认的。拉柏莱的话似乎较有道理。试想，肚子一天到晚要我们把茶饭来向它祭献，它还不是上帝是什么？但是它毕竟是个下流不上台面的东西，一味容纳吸收，不懂得享受和欣赏。人生就因此复杂了起来。一方面是有了肠胃而要饭去充实的人，另一方面是有饭而要胃口来吃的人。第一种人生观可以说是吃饭的；第二种不妨唤作吃菜的。第一种人工作、生产、创造，来换饭吃。第二种人利用第一种人活动的结果，来健脾开胃，帮助吃饭而增进食量。所以吃饭时要有音乐，还不够，就有"佳人"、"丽人"之类来劝酒；文雅点就开什么销寒会、销夏会，在席上传观法书名画；甚至赏花游山，把自然名胜来下饭。吃的菜不用说尽量讲究。有这样优裕的物质环境，舌头像身体一般，本来是极随便的，此时也会有贞操和气节了；许多从前惯吃的东西，现在吃了彷佛玷污清白，决不肯再进口。精细到这种田地，似乎应当少吃，实则反而多吃。假使让肚子作主，吃饱就完事，还不失分寸。舌头拣精拣肥，贪嘴不顾性命，结果是肚子倒霉受累，只好忌嘴，舌头也只能像李逵所说“淡出鸟来”。这诚然是它馋得忘了本的报应！如此看来，吃菜的人生观似乎欠妥。

不过，可口好吃的菜还是值得赞美的。这个世界给人弄得混乱颠倒，到处是磨擦冲突，只有两件最和谐的事物总算是人造的：音乐和烹调。一碗好菜彷佛一只乐曲，也是一种一贯的多元，调和滋味，使相反的分子相成相济，变作可分而不可离的综合。最粗浅的例像白煮蟹和醋，烤鸭和甜酱，或如西菜里烤猪肉（Roastpork）和苹果泥（Applesauce）、渗鳖鱼和柠檬片，原来是天涯地角、全不相干的东西，而偏偏有注定的缘份，像佳人和才子，母猪和癞象，结成了天造地设的配偶、相得益彰的眷属。到现在，他们亲热得拆也拆不开。在调味里，也有来伯尼支（Leibniz）的哲学所谓“前定的调和”（Harmoniapraestabilita），同时也有前定的不可妥协，譬如胡椒和煮虾蟹、糖醋和炒牛羊肉，正如古音乐里，商角不相协，徵羽不相配。音乐的道理可通于烹饪，孔子早已明白，所以《论语》上记他在齐闻《韶》，“三月不知肉味”。可惜他老先生虽然在《乡党》一章里颇讲究烧菜，还未得吃道三昧，在两种和谐里，偏向音乐。譬如《中庸》讲身心修养，只说“发而中节谓之和”，养成音乐化的人格，真是听乐而不知肉味人的话。照我们的意见，完美的人格，“一以贯之”的“吾道”，统治尽善的国家，不仅要和谐得像音乐，也该把烹饪的调和悬为理想。在这一点上，我们不追随孔子，而愿意推崇被人忘掉的伊尹。伊尹是中国第一个哲学家厨师，在他眼里，整个人世间好比是做菜的厨房。《吕氏春秋·本味篇》记伊尹以至味说汤那一大段，把最伟大的统治哲学讲成惹人垂涎的食谱。这个观念渗透了中国古代的政治意识，所以自从《尚书·顾命》起，做宰相总比为“和羹调鼎”，老子也说“治国如烹小鲜”。孟子曾赞伊尹为“圣之任者”，柳下惠为“圣之和者”，这里的文字也许有些错简。其实呢，允许人赤条条相对的柳下惠，该算是个放“任”主义者。而伊尹倒当得起“和”字——这个“和”字，当然还带些下厨上灶、调和五味的涵意。

吃饭还有许多社交的功用，譬如联络感情、谈生意经等等，那就是“请吃饭”了。社交的吃饭种类虽然复杂，性质极为简单。把饭给自己有饭吃的人吃，那是请饭；自己有饭可吃而去吃人家的饭，那是赏面子。交际的微妙不外乎此。反过来说，把饭给予没饭吃的人吃，那是施食；自己无饭可吃而去吃人家的饭，赏面子就一变而为丢脸。这便是慈善救济，算不上交际了。至于请饭时客人数目的多少，男女性别的配比，我们改天再谈。但是趣味洋溢的《老饕年鉴》（Almanachdes Courmands）里有一节妙文，不可不在此处一提。这八小本名贵希罕的奇书，在研究吃饭之外，也曾讨论到请饭的问题。大意说：我们吃了人家的饭该有多少天不在背后说主人的坏话，时间的长短按照饭菜的质量而定；所以做人应当多多请客吃饭，并且吃好饭，以增进朋友的感情，减少仇敌的毁谤。这一番议论，我诚恳地介绍给一切不愿彼此成为冤家的朋友，以及愿意彼此变为朋友的冤家。

至于我本人呢，恭候诸君的邀请，努力奉行猪八戒对南山大王手下小妖说的话：“不要拉扯，待我一家家吃将来。”

忆 萧 红

萧红传略

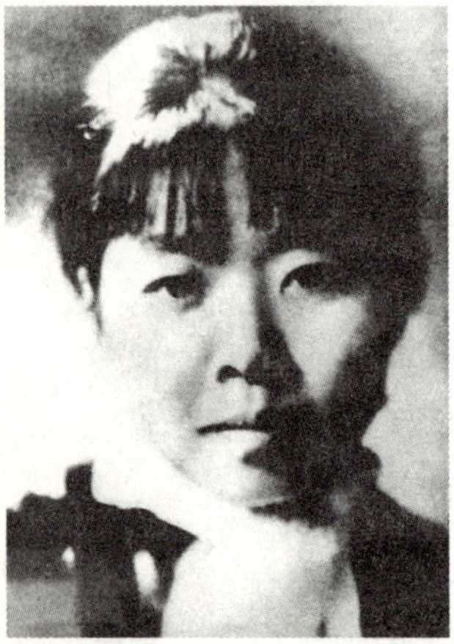

萧红（1911—1942），原名张乃莹，笔名萧红，悄吟，出生于黑龙江省呼兰县一个地主家庭，幼年丧母。1930年，为了反对包办婚姻，逃离家庭，困窘间向报社投稿，并因此结识萧军，两人相爱，萧红也从此走上写作之路，两人一同完成散文集《商市街》。1934年到上海，与鲁迅相识，同年完成长篇《生死场》，次年在鲁迅帮助下作为“奴隶丛书”之一出版。萧红由此取得了在现代文学史上的地位。《生死场》是最早反映东北人民在日本帝国主义统治下生活和斗争的作品之一，引起当时文坛的重视。鲁迅为之作序，给予热情鼓励。抗日战争爆发后，投入抗日救亡运动。后应李公仆之邀到山西临汾，在民族革命大学任教。1940年去香港。萧红带有左翼现实主义风格的小说还有一部长篇《马伯乐》，但质量不高。她更有成就的长篇是写于香港的回忆性长篇小说《呼兰河传》，以及一系列回忆故乡的中短篇，如《牛车上》、《小城三月》等。

这位没有受过高等教育却有着写作天才的女性命运悲凉，1942年1月22日因病早逝于香港。

风雨中忆萧红

丁 玲

本来就没有什么地方可去，一下雨便更觉得闷在窑洞里的日子太长。要是有更大的风雨也好，要是有更汹涌的河水也好，可是仿佛要来一阵骇人的风雨似的那么一块肮脏的云成天盖在头上，水声也是那么不断地哗啦哗啦在耳旁响，微微地下着一点看不见的细雨，打湿了地面，那轻柔的柳絮和蒲公英都飘舞不起而沾在泥土上了。这会使人有遐想，想到随风而倒的桃李，在风雨中更迅速迸出的苞芽。即使是很小的风雨或浪潮，都更能显出百物的凋谢和生长，丑陋或美丽。

世界上什么是最可怕的呢，决不是艰难险阻，决不是洪水猛兽，也决不是荒凉寂寞。而难于忍耐的却是阴沉和絮聒；人的伟大也不是能乘风而起，青云直上，也不只是能抵抗横逆之来，而是能在阴霾的气压下，打开局面，指示光明。

时代已经非复少年时代了，谁还有悠闲的心情在闷人的风雨中煮酒烹茶与琴诗为侣呢？或者是温习着一些细腻的情致，重读着那些曾经被迷醉过被感动过的小说，或者低徊冥思那些天涯的故人流着一点温柔的泪，那些天真、那些纯洁、那些无疵的赤子之心，那些轻微的感伤，那些精神上的享受都飞逝了，早已飞逝得找不到影子了。这个飞逝得很好，但现在是什么呢？是听着不断的水的絮聒，看着脏布也似的云块，痛感着阴霾，连寂寞的宁静也没有，然而却需要阿底拉斯的力背负着宇宙的时代所给予的创伤，毫不动摇的存在着，存在便是一种大声疾呼，便是一种骄傲，便是给絮聒以回答。

然而我决不会麻木的，我的头成天膨胀着要爆炸，它装得太多，需要呕吐。

于是我写着，在白天，在夜晚，有关节炎的手臂因为放在桌子上太久而疼痛，患砂眼的眼睛因为在微小的灯光下而模糊。但幸好并没有激动，也没有感慨，我不缺乏冷静，而且很富有宽恕，我很愉快，因为我感到我身体内有东西在冲撞；它支持了我的疲倦，它使我会看到将来，它使我跨过现在，它会使我更冷静，它包括了真理和智慧，它是我生命中的力量，比少年时代的那种无愁的青春更可爱啊！

但我仍会想起天涯的故人的，那些死去的或是正受着难的。前天我想起了雪峰，在我的知友中他是最没有自己的了。他工作着，他一切为了党，他受埋怨过，然而他没有感伤，他对名誉和地位是那样地无睹，那样不会趋炎附势，培植党羽，装腔作势，投机取巧。昨天我又苦苦地想起秋白，在政治生活中过了那么久，却还不能彻底地变更自己，他那种二重的生活使他在临死时还不能免于有所申诉。我常常责怪他申诉的“多余”，然而当我去体味他内心的战斗历史时，却也不能不感动，哪怕那在整体中，是很渺小的。今天我想起了刚逝世不久的萧红，明天，我也许会想到更多的谁，人人都与这社会关系，因为这社会，我更不能忘怀于一切了。

萧红和我认识的时候，是在一九三八年春初。那时山西还很冷，很久生活在军旅之中，习惯于粗犷的我。骤睹着她的苍白的脸，紧紧闭着的嘴唇，敏捷的动作和神经质的笑声，使我觉得很特别，而唤起许多回忆，但她的说话是很自然而真率的。我很奇怪作为一个作家的她，为什么会那样少于世故，大概女人都容易保有纯洁和幻想，或者也就同时显得有些稚嫩和软弱的缘故吧。但我们都很亲切，彼此并不感觉到有什么孤僻的性格。我们尽情地在一块儿唱歌，每夜谈到很晚才睡觉。当然我们之中在思想上，在感情上，在性格上都不是没有差异，然而彼此都能理解，并不会因为不同意见或不同嗜好而争吵，而揶揄。接着是她随同我们一道去西安，我们在西安住完了一个春天。我们痛饮过，我们也同度过风雨之夕，我们也互相倾诉。然而现在想来，我们谈得是多么地少啊！我们似乎从没有一次谈到过自己，尤其是我。然而我却以为她从没有一句话是失去了自己的，因为我们实在都太真实，太爱在朋友的面前赤裸自己的精神，因为我们又实在觉得是很亲近的。但我仍会觉得我们是谈得太少的，因为，像这样的能无妨嫌、无拘束、不须警惕着谈话的对手是太少了啊！

那时候我很希望她能来延安，平静地住一时期之后而致全力于著作。抗战开始后，短时期的劳累奔波似乎使她感到不知在什么地方能安排生活。她或许比我适于幽美平静。延安虽不够作为一个写作的百年长计之处，然在抗战中，的确可以使一个人少顾虑于日常琐碎，而策划于较远大的。并且这里有一种朝气，或者会使她能更健康些。但萧红却南去了。至今我还很后悔那时我对于她生活方式所参预的意见是太少了，这或许由于我们相交太浅，和我的生活方式离她太远的缘故，但徒劳的热情虽然常常于事无补，然在个人仍可得到一种心安。

我们分手后，就没有通过一封信。端木曾来过几次信，在最后的一封信上（香港失陷约一星期前收到）告诉我，萧红因病始由皇后医院迁出。不知为什么我就有一种预感，觉得有种可怕的东西会来似的。有一次我同白朗说："萧红决不会长寿的。"当我说这话的时候，我是曾把眼睛扫遍了中国我所认识的或知道的女性朋友，而感到一种无言的寂寞。能够耐苦的，不依赖于别的力量，有才智、有气节而从事于写作的女友，是如此其寥寥啊！

不幸的是我的杞忧竟成了现实，当我昂头望着天的那边，或低头细数脚底的泥沙，我都不能压制我丧去一个真实的同伴的叹息。在这样的世界中生活下去，多一个真实的同伴，便多一分力量，我们的责任还不止于打开局面，指示光明，而还是创造光明和美丽；人的灵魂假如只能拘泥于个体的褊狭之中，便只能陶醉于自我的小小成就。我们要使所有的人都能有崇高的享受，和为这享受而做出伟大牺牲。

生在现在的这世界上，活着固然能给整个事业添一分力量，而死对于自己也是莫大的损失。因为这世界上有的是戮尸的遗法，从此你的话语和文学将更被歪曲，被侮辱；听说连未死的胡风都有人证明他是汉奸，那么对于已死的人，当然更不必贿买这种无耻的人证了。鲁迅先生的"阿Q"曾被那批御用文人歪曲地诠释，那么《生死场》的命运也就难免于这种灾难。在活着的时候，你不能不被逼走到香港；死去，却还有各种污蔑在等着，而你还不会知道；那些与你一起的脱险回国的朋友们还将有被监视和被处分的前途。我完全不懂得到底要把这批人逼到什么地步才算够？猫在吃老鼠之前，必先玩弄它以娱乐自己的得意。这种残酷是比一切屠戮都更恶毒，更需要毁灭的。

只要我活着，朋友的死耗一定将陆续地压住我沉闷的呼吸。尤其是在这风雨的日子里，我会更感到我的重荷。我的工作已经够消磨我的一生，何况再加上你们的屈死，和你们未完的事业，但我一定可以支持下去的。我要借这风雨，寄语你们，死去的，未死的朋友们，我将压榨我生命所有的余剩，为着你们的安慰和光荣。那怕就仅仅为着你们也好，因为你们是受苦难的劳动者，你们的理想就是真理。

风雨已停，朦朦的月亮浮在西边的山头上，明天将有一个晴天。我为着明天的胜利而微笑，为着永生而休息。我吹熄了灯，平静地躺到床上。

一九四二年四月二十五日

名人婚恋

萧军与萧红

萧红原是黑龙江省呼兰县一个大地主的女儿。她幼年丧母，父亲张廷举是当地有名的官僚绅士，不仅对佃户奴仆很残暴，对萧红也十分严厉。家庭环境和冷漠的亲子关系使萧红从小就养成叛逆的个性。1931 年，专横的父亲逼着萧红嫁给一个旧军官的儿子汪殿甲（王恩甲）。萧红断然拒绝，和封建家庭决裂，逃出了父亲的控制。

她逃婚出走至北平，考入女师大附中，未婚夫汪殿甲尾随而至，两人因经济困窘回到哈尔滨，在哈尔滨道外正阳十六道街的东兴顺旅馆同居。1932 年，汪殿甲以回家取钱为由，将怀孕中的萧红抛弃，险些被旅馆老板卖到妓院以抵还六百多元的食宿费。孤苦无助、重病缠身的她向报社投书求助，老斐（主编裴馨园）收到信后非常同情这个不相识的女读者，便派萧军到旅馆探望。萧军按照信上所示的地址找到了萧红。两人初识时，萧红是一个憔悴的孕妇，脸色苍白，神态疲惫，穿了一件已经变灰了的蓝长衫，拖了一双变了形的女鞋。

萧红对萧军的到来，非常惊喜，更没有料到来看望她的人正是她所佩服的作家三郎。萧红读过萧军以三郎笔名发表的诗歌和小说。萧军当时头发蓬乱、衣著褴褛，活似个流浪汉，然而，却散发着豪爽的英气，萧红不由产生信赖和亲切的感觉。年轻的萧红在那狐鬼满路的茫茫人海里，终于遇到一个知音，便打开心扉，把自己的悲惨身世，不幸遭遇，难言的屈辱，痛苦的心情，对爱和美的渴望与追求，尽情地倾述出来。萧军在萧红的床上，发现了散落的纸片上画着图案式的花纹，虽是胡乱勾勒的，但线条洗练流畅，显示着勾勒者非凡的艺术才情。接着萧军又看到纸片上有几节字迹秀丽工整的短诗，萧军被震动了！他感到无比的惊异，眼前的是一个晶明的、美丽的、可爱的、闪光的灵魂！他决定不惜一切牺牲和代价拯救这个灵魂！但是萧军心有余而力不足，适巧松花江决了堤，遂得以趁乱从旅社救出萧红。萧军与萧红在患难中结为夫妻，两人在道里商市街二十五号大院的一间小房同居。萧军送给妻子的礼品，不是什么珠宝首饰，而是比珠宝更珍贵的三首定情诗，萧红也从此走上写作之路。

萧红与萧军的同居关系维持了六年（1932—1938），正式分手时，萧红已经怀孕，那孩子后来不久夭亡。1939 年（一说为 1938 年），萧红另与端木蕻良结婚，婚姻关系维持了四年，直到她病逝于香港。

萧红和萧军爱情终结的原因到底是什么？对萧红来说，可能是萧军的过于自负、暴躁、大男人主义、家暴和外遇；但对萧军来说，可能是萧红的多愁善感、体弱多病和后来的分居。萧红在 31 岁逝世，而萧军历经沧桑，垂垂老矣，在 1978 年他整理注释了萧红写给他的旧信，编选成书，说明他心里深处应该想念过这个曾经共同生活的伴侣。

名人之间

萧红萧军与鲁迅

1934 年的深秋时节，萧军和萧红乘上一艘日本轮船，离开青岛，驶往上海。此行的目的，就是前去拜会文坛大师鲁迅。在此之前，萧军曾怀着虔敬的心情，给鲁迅先生写过一封信，而鲁迅的及时复信，则使这两位“小人物”喜出望外。

然而遗憾的是，上海并没有张开双臂，以现代都市的胸怀热情欢迎两萧的到来。当萧军和萧红领略了低等舱的恶劣环境、走上甲板望着眼前的上海码头时，竟没有发现一个熟悉的身影。从轮船走上岸，一种举目无亲的感觉顿时油然而生。于是，因未能及时见到鲁迅先生而产生的焦急心情，使得萧军发出了这样的抱怨："我们是两只土拨鼠似的来到了上海！认识谁呢？谁是我们的朋友？连天看起来也是生疏的！"事实上，萧军对来到上海后没有马上见到鲁迅先生所发出的牢骚，完全是由于对鲁迅当时的处境缺乏了解所致。当时的鲁迅，已被当局通缉几年，自然处理起事情格外小心谨慎。多年的经验告诉他，当你尚未了解对方时，绝对不可贸然行事，这并非摆架子或出于大人物的矜持，而是因为现实环境过于残酷了。尽管如此，鲁迅依然及时地给他们回信，只不过提出见面的事，应当"从缓"。鲁迅的意图是非常明显的，他希望通过"从缓"来进一步加深对两萧的了解。与此同时，他的真诚与关怀又是不容置疑的。与前一封回信才相隔一天，鲁迅便又复信给两萧，其中特别提醒他们要警惕"上海有一批'文学家'阴险得很，非小心不可。"并再次发出友善的信息："我想我们是有看见的机会的。"

11 月 30 日，对于萧红萧军来说无疑是一个盛大的喜庆之日，他们终于等到了与鲁迅相见的那一刻。根据约定的时间，两萧准时来到了内山书店。出人意料的是，鲁迅已在那里等候他们了，这使萧军萧红简直有点不知所措。鲁迅迈着缓慢的步子走过来，平静地问道："是刘先生悄吟女士吗？"二人迷乱地点着头。接着，先生便引导二人走出书店到一家不远的咖啡店。也许，按照两萧本来的设想，与先生初次见面的一刹那不应是这样的，他们可能要说上许多问候语，场面也会比眼前发生的热烈。然而，刚才发生的一幕却是如此的朴素，如此的自然，多余的寒暄和客套都被省去了，这使两个人一下子便回到了本真状态，不再感到有什么拘束。特别是当萧红望着这位带有传奇色彩的一代大师原来竟是出奇的平和与充满善意时，那横亘在大人物与无名之辈之间的界限顿时消失了。萧红注视着眼前这位面色苍白显得有些衰弱的老人，他脸颊消瘦，颧骨突出，嘴上留有浓密的唇髭，头发极富于特征，硬而直立，眼睛喜欢眯起来，但目光却异常锐利，后来萧红曾特别描述过先生特有的那使人"感到一个时代的全智者的催逼"的目光。尽管鲁迅的外表与萧红想象的可能有所不同，但先生给她留下的印象仍是深刻而难忘的，初次见面可以说是极其令人愉快的。鲁迅先生喜欢萧军萧红的纯朴爽直，而萧军萧红呢，他们完全被先生的人格魅力所征服，不由自主地倾倒在鲁迅面前。为了使这次会面的气氛更加和谐，鲁迅可以说做了精心安排。不久，夫人许广平领着儿子海婴也来到了咖啡店。萧红感到与许广平真是一见如故，特别是淘气的满嘴上海话的海婴，很快就和萧红混熟了。后来，许广平曾以满怀诗意的笔调描述过这初次的会面，“阴霾的天空吹送着冷寂的歌调，在一个咖啡室里我们初次会着两个北方来的不甘做奴隶者。他们爽朗的话声把阴霾吹散了，生之执着，战斗，喜悦，时常写在脸面和音响中，是那么自然，随便，毫不费力，像用手轻轻拉开窗幔，接受可爱的阳光进来”。临了，先生又取出 20 元钱送到两萧面前，这使萧红萧军激动万分。

出于对导师的热爱和关心，第一次会面后不久，两萧便怀着不安给鲁迅写了一封信，以表达对鲁迅健康状况的忧虑。关于这一点，鲁迅显示出他一贯特有的达观态度，指出这是自然法则，不必为此而悲哀。其次，鲁迅回信中更多是对两萧的指导和帮助，特别是当他看到两人目下正处于一种焦躁状态无法工作时，提出了如下忠告：“我看你们的现在的这种焦躁的心情，不可使它发展起来，最好是常到外面去走走，看看社会上的情形，以及各种人们的脸。”毫无疑问，在先生忠告的背后所包含的无限情意，两萧是深深体会到的。

从此，在鲁迅的引导下，萧军和萧红开始走入上海文坛，并与当时的许多重要人物建立了广泛联系，而他们与鲁迅之间的友谊，则对日后自身事业的发展产生了难以估量的作用。

萧红作品精选

烦扰的一日

他在祈祷，他好像是向天祈祷。

正是跪在栏杆那儿，冰冷的，石块砌成的人行道。然而他没有鞋子，并且他用裸露的膝头去接触一些个冬天的石块。我还没有走近他，我的心已经为愤恨而烧红，而快要胀裂了！

我咬我的嘴唇，毕竟我是没有押起眼睛来走过他。

他是那样年老而昏聋，眼睛像是已腐烂过。街风是锐利的，他的手已经被吹得和一个死物样。可是风，仍然是锐利的。我走近他，但不能听清他祈祷的文句，只是喃喃着。

一个俄国老妇，她说的不是俄语，大概是犹太人，把一张小票子放到老人的手里，同时他仍然喃喃着，好像是向天祈祷。

我带着我重得和石头似的心走回屋中，把积下的旧报纸取出来，放到老人的面前，为的是他可以卖几个钱，但是当我已经把报纸放好的时候，我心起了一个剧变，我认为我是最庸俗没有的人了！仿佛我是作了一件蠢事般的。于是我摸衣袋，我思考家中存钱的盒子，可是连半角钱的票子都不能够寻思得到。老人是过于笨拙了！怕是他不晓得怎样去卖旧报纸。

我走向邻居家去，她的小孩子在床上玩着，她常常是没有心思向我讲一些话。我坐下来，把我带去的包袱打开，预备裁一件衣服。可是今天雪琦说话了：“于妈还不来，那么，我的孩子会使我没有希望。你看我是什么事也没有作，外国语不能读，而且我连读报的趣味都没有呀！”

“我想你还是另寻一个老妈子好啦！”

“我也这样想，不过实际是困难的。”

她从生了孩子以来，那是五个月，她沉下苦恼的陷阱去，唇部不似以前有颜色，脸儿皱绉。

为着我到她家去替她看小孩，她走了，和猫一样蹑手蹑脚地下楼去了。

小孩子自己在床上玩得厌了，几次想要哭闹，我忙着裁旗袍，只是用声音招呼他。

看一下时钟，知道她去了还不到一点钟，可是看小孩子要多么耐性呀！我烦乱着，这仅是一点钟。

妈妈回来了，带进来衣服的冷气，后面跟进来一个瓷人样的，缠着两只小脚，穿着毛边鞋子，她坐在床沿，并且在她进房的时候，她还向我行了一个深深的鞠躬礼，我又看见她戴的是毛边帽子，她坐在床沿。

过了一会，她是欣喜的，有点不像瓷人：“我是没有作过老妈子的，我的男人在十八道街开柳条包铺，带开药铺……我实在不能再和他生气，谁都是愿意支使人，还有人愿意给人家支使吗？咱们命不好，那就讲不了！”

像猜谜似的，使人想不出她是什么命运。雪琦她欢喜，她想幸福是近着她了，她在感谢我：“玉莹，你看，今天你若不来，我怎能去找这个老妈子来呀！”

那个半老的婆娘仍然讲着：“我的男人他打我骂我，以先对我很好，因为他开柳条包铺，要招股东。就是那个入二十元钱顶大的股东，他替我造摇，说我娘家有钱，为什么不帮助开柳条铺呢？在这一年中，就连一顿舒服饭也没吃过，我能不伤心吗！我十七岁过门，今年我是二十四岁。他从不和我吵闹过。”

她不是个半老的婆娘，她才二十四岁。说到这样伤心的地方，她没有哭，她晓得做老妈子的身份。可是又想说下去，雪琦眉毛打锁，把小孩子给她：“你抱他试试。”

小孩子，不知为什么，但是他哭，也许他不愿看那种可怜的脸相？

雪琦有些不快乐了，只是一刻的工夫，她觉得幸福是远着她了！

过了一会，她又像个瓷人，最像瓷人的部分，就是她的眼睛，眼珠定住。我们一向她看去，她忙着把眼珠活动一下，然而很慢，并且一会又要定住。

"你不要想，将来你会有好的一日……"

"我是同他打架生气的，一生气就和个呆人样，什么也不能做。"那瓷人又忙着补充一句："若不生气，什么病也没有呀！好人一样，好人一样。"

后来她看我缝衣裳，她来帮助我，我不愿她来帮助，但是她要来帮助。

小孩子吃着奶，在妈妈的怀中睡了。孩子怕一切音响，我们的呼吸，为着孩子的睡觉都能听得清。

雪琦更不欢喜了。大概她在害怕着，她在计量着，计量她的计划怎样失败。我窥视出来这个瓷器的老妈，怕一会就要被辞退。

然而她是有希望的，满有希望，她殷勤地在盆中给小孩在洗尿布。

"我是不知当老妈子的规矩的，太太要指教我。"她说完坐在木凳上，又开始变成不动的瓷人。

我烦扰着，街头的老人又回到我的心中；雪琦铅板样的心沉沉地挂在脸上。

"你把脏水倒进水池子去。"她向摆在木凳间的那瓷人说。捧着水盆子，那个妇人紫色毛边鞋子还没有响出门去，雪琦的眼睛和偷人样转过来了："她是不是不行？那么快让她走吧！"

孩子被丢在床上，他哭叫，她到隔壁借三角钱给老妈子的工钱。

那紫色的毛边鞋慢慢移着，她打了盆净水放在盆架间，过来招呼孩子。孩子惧怕这瓷人，他更哭。我缝着衣服，不知怎么一种不安传染了我的心。

忽然老妈子停下来，那是雪琦把三角钱的票子示到面前的时候，她拿到三角钱走了。

她回到妇女们最伤心的家庭去，仍去寻她恶毒的生活。

毛边帽子，毛边鞋子，来了又走了。

雪琦仍然自己抱着孩子。

"你若不来，我怎能去找她来呢！"她埋怨我。

我们深深呼吸了一下，好像刚从暗室走出。屋子渐渐没有阳光了，我回家了，带着我的包袱，包袱中好像裹着一群麻烦的想头——妇女们有可厌的丈夫，可厌的孩子。冬天追赶着叫化子使他绝望。

在家门口，仍是那条栏杆，但是那块石道，老人向天跪着，黄昏了，给他的绝望甚于死。

我经过他，我总不能听清他祈祷的文句，但我知道他祈祷的，不是我给他的那些报纸，也不是半角钱的票子，是要从死的边沿上把他拔回来。

然而让我怎样做呢？他向天跪着，他向天祈祷。……

中　秋　节

记得青野送来一大瓶酒，董醉倒在地下，剩我自己也没得吃月饼。小屋寂寞的，我读着诗篇，自己过个中秋节。

我想到这里，我不愿再想，望着四面清冷的壁，望着窗外的天。云侧倒在床上，看一本书，一页，两页，许多页，不愿看。那么我听着桌子上的表，看着瓶里不知名的野花，我睡了。

那不是青野吗？带着枫叶进城来，在床沿大家默坐着。枫叶插在瓶里，放在桌上，后来枫叶干了坐在院心。常常有东西落在头上，啊，小圆枣滚在墙根外。枣树的命运渐渐完结着。晨间学校打钟了，正是上学的时候，梗妈穿起棉袄打着嚏喷在扫偎在墙根哭泣的落叶，我也打着嚏喷。梗妈捏了我的衣裳说："九月时节穿单衣服，怕是害凉。"

董从他房里跑出，叫我多穿件衣服。

我不肯，经过阴凉的街道走进校门。在课室里可望到窗外黄叶的芭蕉。同学们一个跟着一个的向我问："你真耐冷，还穿单衣。""你的脸为什么紫色呢？""倒是关外人……"

她们说着，拿女人专有的眼神闪视。

到晚间，嚏喷打得越多，头痛，两天不到校。上了几天课，又是两天不到校。

森森的天气紧逼着我，好像秋风逼着黄叶样，新历一月一日降雪了，我打起寒颤。

开了门望一望雪天，呀！我的衣裳薄得透明了，结了冰般地。跑回床上，床也结了冰般地。我在床上等着董哥，等得太阳偏西，董哥偏不回来。向梗妈借十个大铜板，于是吃烧饼和油条。

青野踏着白雪进城来，坐在椅间，他问："绿叶怎么不起呢？"

梗妈说："一天没起，没上学，可是董先生也出去一天了。"

青野穿的学生服，他摇摇头，又看了自己有洞的鞋底，走过来他站在床边又问："头痛不？"把手放在我头上试热。

说完话他去了，可是太阳快落时，他又回转来。董和我都在猜想。他把两元钱放在梗妈手里，一会就是门外送煤的小车子哗铃的响，又一会小煤炉在地心红着。同时，青野的被子进了当铺，从那夜起，他的被子没有了，盖着褥子睡。

这已往的事，在梦里关不住了。

门响，我知道是三郎回来了，我望了望他，我又回到梦中。可是他在叫我："起来吧，悄悄，我们到朋友家去吃月饼。"

他的声音使我心酸，我知道今晚连买米的钱都没有，所以起来了，去到朋友家吃月饼。人嚣着，经过菜市，也经过睡在路侧的僵尸，酒醉得晕晕的，走回家来，两人就睡在清凉的夜里。

三年过去了，现在我认识的是新人，可是他也和我一样穷困，使我记起三年前的中秋节来。

忆 苏 青

苏青传略

苏青（1914—1982），小说家、散文家、剧作家。浙江宁波人。1933年考入国立中央大学（1949年更名为南京大学）外文系，后肄业移居上海。

1935年，为发抒产女苦闷，写作散文《产女》投稿给《论语》杂志，后改题为《生男与育女》发表，是为创作的开始。40年代初因婚姻变故而成为以文为生的职业作家，作品主要发表于《宇宙风》、《逸经》、《古今》、《风雨谈》、《天地》等杂志。1943年，代表作品长篇自传体小说《结婚十年》开始在《风雨谈》连载，次年出版单行本，到1948年底，已再版18次之多。1947年，《续结婚十年》出版。苏青还写作了大量散文小品，结集为《浣锦集》、《涛》、《饮食男女》、《逝水集》，其中《浣锦集》再版十几次。此外还有长篇小说《歧途佳人》等。1949年后留居上海，担任芳华越剧团专职编剧。曾编写《江山遗恨》、《卖油郎》、《屈原》、《宝玉与黛玉》、《李娃传》等剧目。其中1954年《宝玉与黛玉》演出连满300多场，创剧团演出最高记录。文革中多次受批斗。1982年冬天病逝。

我看苏青（节选）

张爱玲

苏青是——她家门口的两棵高高的柳树，初春抽出了淡金的丝，谁都说："你们那儿的杨柳真好看！"她走出走进，从来就没看见。可是她的俗，常常有一种无意的俊逸，譬如今年过年之前，她一时钱不凑手，性急慌忙在大雪中坐了辆黄包车，载了一车的书，各处兜售。书又掉下来了，《结婚十年》龙凤帖式的封面纷纷滚在雪地里，真是一幅上品的图画。

对于苏青的穿着打扮，从前我常常有许多意见，现在我能够懂得她的观点了。对于她，一件考究衣服就是一件考究衣服；于她自己，是得用；于众人，是表示她的身份地位；对于她立意要吸引的人，是吸引。苏青的作风里极少"玩味人间"的成份。

去年秋天她做了件黑呢子大衣，试样子的时候，要炎樱同时看看。我们三个人一同到那时装店去，炎樱说："线条简单的于她最相宜。"把大衣上的翻领首先去掉，装饰性的褶子也去掉，方形的大口袋也去掉，肩头过度的垫高也减掉。最后，前面的一排大纽扣也要去掉，改装暗红。苏青渐渐不以为然了，用商量的口吻，说这："我想……纽扣总要的罢？人家都有的！没有，好像有点滑稽。"

我在旁边笑了起来，两手插在雨衣袋里，看着她。镜子上端的一盏灯，强烈的青绿的光正照在她脸上，下面衬着宽博的黑衣，背景也是影憧憧的，更显明地看见她的脸，有一点惨白。她难得有这样的静静立着，端详她自己，虽然微笑着，因为从来没这么安静，一静下来就像有一种悲哀，那紧凑明倩的眉眼里有一种横了心的锋棱，使我想到"乱世佳人"。

苏青是乱世里的盛世的人。她本心是忠厚的，她愿意有所依附；只要有个千年不散的筵席，叫她像《红楼梦》里的孙媳妇那么辛苦地在旁边照应着，招呼人家吃菜，她也可以忙得兴兴头头。她的家族观念很重，对母亲，对弟妹，对伯父，她无不尽心帮助，出于她的责任范围之外。在这不可靠的世界里，要想抓住一点熟悉可靠的东西，那还是自己人。她疼小孩子也是因为“与其让人家占我的便宜，宁可让自己的小孩占我的便宜”。她的恋爱，也是要求可信赖的人，而不是寻求刺激。她应当是高等调情的理想对象，伶俐们说，有经验的，什么都说得出，看得开，可是她太认真了，她不能轻松。也许她自以为是轻松的，可是她马上又会怪人家不负责。这是女人的矛盾么？我想，倒是因为她有着简单健康的底子的缘故。

高级调情的第一个条件是距离——并不一定指身体上的。保持距离，是保护自己的感情，免得受痛苦。应用到别的上面，这可以说是近代人的基本思想，结果生活得轻描淡写的，与生命之间也有了距离了。苏青在理论上往往不能跳出流行思想的圈子，可是以苏青来提倡距离，本来就是笑话，因为她是那样地一个兴兴轰轰火烧似的人，她没法子伸伸缩缩，寸步留心的。

我纯粹以写小说的态度对她加以推测，错误的地方一定很多，但我只能做到这样。

有一次我同炎樱说到苏青，炎樱说：“我想她最大的吸引力是：男人总觉得他们不欠她什么，同她在一起很开心。”然而苏青认为她就吃亏在这里。男人看得起她，把她当男人看待，凡事由她自己负责。她不愿意了，他们就说她自相矛盾，新式女人的自由她也要，旧式女人的权利她也要。这原是一般新女性的悲剧；可是苏青我们不能说她是自取其咎。她的豪爽是天生的。她不过是一个直接的女人，谋生之外也谋爱，可是很失望，因为她看来看去没有一个人是看得上眼的，也有很笨的，照样地也坏。她又有她天真的一方面，轻易把人幻想得非常崇高，然后很快地又发现他卑劣之点，一次又一次，憧憬破灭了。

于是她说；“没有爱。”微笑的眼睛里有种藐视的风情。但是她的讽刺并不彻底，因为她对于人生有着太基本的爱好，她不能发展到刻骨的讽刺。

到中国现在，讽刺是容易讨好的。前一个时期，大家都是感伤的，充满了未成年人的梦与叹息，云里雾里，不大懂事。一旦懂事了，就看穿一切，进到讽刺。喜剧而非讽刺喜剧，就是没有意思，粉饰（讽刺）现实。本来，要把那些滥调的感伤清除干净，讽刺是必须的阶段，可是很容易停留有讽刺上，不知道在感伤之外还可以有感情。因为满眼看到的只是残缺不全的东西；就把这残缺不全认作真实：——性爱就是性行为；原始的人没有我们这些花头不也过得很好的么？是的，可是我们已经文明到这一步，再想退到兽的健康是不可能的了。

从前在学校是被逼着念《圣经》，有一节，记不清了，仿佛是说，上帝的奴仆各自领了钱去做生意，拿得多的人，可以获得更多；拿得少的人，连那一点也不能保，上帝追述了钱，还责罚他。当时看了，非常不平。那意思实在很难懂，我想在这里多解释两句，也害怕说不清楚。总之，生命是残酷的。看到我们缩小又缩小的，怯怯的愿望，我总觉得有无限的惨伤。

有一阵子，外间传说苏青与她离了婚的丈夫言归于好了。我一向不是爱管闲事的人，听了却是很担忧。后来知道完全是谣言，可是想起来也很近情理，她起初的结婚是一大半家里做主的，两人都是极年青，一同读书长大，她丈夫几乎是天生在那里，无可选择的，兄弟一样的自己人。如果处处觉得，“还是自己人！”那么对他也感到亲切了，何况他们本来没有太严重的合不来的地方。然而她的离婚不是赌气，是仔细想过来的。跑出来，在人间走了一道，自己觉得无聊，又回去了，这样地否定了世界，否定了自己，苏青是受不了的。她会变得暗哑了，整个地消沉下去。所以我想。如果苏青另外有爱人，不论是为了片刻的热情还是经济上的帮助，总比回到她丈夫那里去的好。

然而她现在似乎是真的有一点疲倦了。事业，恋爱，小孩在身边，母亲在故乡的危难中，弟弟在内地生肺病，妹妹也有她的问题，许许多多牵挂。照她这样生命力强烈的人，其实就有再多的拖泥带水也不至于累倒了的，还是因为这些事太零碎，各自成块，缺少统一的感情的缘故。如果可以把恋爱隔开作为生命的一部，一科，题作“恋爱”，那样的恋爱还是代用品罢？

苏青同我谈起她的理想生活。丈夫要有男子气概，不是小白脸，人是有架子的，即使官派一点也不妨，又还有点落拓不羁。他们住在自己的房子里，常常请客，来往的朋友都是谈得来的，女朋友当然也很多，不过都是年纪比她略大两岁，容貌比她略微差一点的，免得麻烦。丈夫的职业性质是常常要有短期的旅行的，那么家庭生活也不至于太刻板无变化。丈夫不在的时候她可以匀出时间来应酬女朋友（因为到底还是不放心）。偶尔生一场病，朋友都来慰问，带了吃的来，还有花，电话铃声不断。

绝对不是过分的要求，然而这里面的一种生活空气还是早两年的，现在已经没有了。当然不是说现在没有人住自己的小洋房，天天请客吃饭。——是那种安定的感情。要一个人为她制造整个的社会气氛，的确很难，但这是个性的问题。越是乱世，个性越是突出，人与人之间的差别是很大的。难当然是难找。如果感到时间逼促，那么，真的要说逼促，她的时间已经过去了——中国人嘴里的“花样年华”，不是已经有迟幕之感了吗？可是我从小看到的，尽有许多三四十岁的美好人。《倾城之恋》里的白流苏，在我原来的想象中决不止三十岁，因为恐怕这一点不能为读者大众所接受，所以把她改成二十八岁（恰巧与苏青同年，后来我发现），我见到的那些人，当然她们是保养得好，不像现代职业女性的劳苦。有一次我和朋友谈话之中研究出来一条道理，驻颜有术的女人总是：（一）身体相当好，（二）生活安定，（三）心里不安定。因为不是死心塌地，所以时时注意到自己的体格容貌，知道当心。普通的确是如此。苏青现在是可以生活得很从容的，她的美又是最容易保持的那一种，有轮廓，有神气的。——这一节，都是惹人见笑的话，可是实在很要紧——有几个女人是为了她灵魂的美而被爱。

我们家的女佣，男人是个不成器的裁缝。然而那一天空袭过后，我在昏夜的马路上遇见他，看他急急忙忙直奔我们的公寓，慰问老婆孩子，倒是感动人的。我把这个告诉苏青，她也说：“是的……”稍稍沉默了一下。逃难起来，她是只有她保护人，没有人保护她的，所以她近来特别地胆小，多幻想，一个惯坏了的小女孩在梦魇的黑暗里。她忽然地会说：“如果炸弹把我的眼睛炸坏了，以后写稿子还得嘴里念出来叫别人记，那多要命呢——”这不像她平常的为人。心境好一点的话，不论在什么样的患难中，她还是有一种生之烂漫。多遇见患难，于她只有好处；多一点枝枝节节，就多开一点花。

本来我想写一篇文章关于几个古美人，总是写不好。里面提到杨贵妃。杨贵妃一直到她死，三十八岁的时候，唐明皇的爱她，没有一点倦意。我想她决不是单靠着口才和一点狡智；也不是因为她是中国历史上唯一的一个具有肉体美的女人，还是因为她的为人的亲热，热闹。有了钱就有热闹，这是很普遍的一个错误的观念。帝王家的富贵，天宝年间的灯节，火树银花，唐明皇与妃嫔坐在楼上像神仙，百姓人山人海在楼下参拜；皇亲国戚攒珠嵌宝的车子，路人向里窥探了一下，身上沾的香气经月不散；生活在那样迷离惝恍的戏台上的辉煌里，越是需要一个着实的亲人。所以唐明皇喜欢杨贵妃，因为她于他是一个妻而不是“臣妾”。我们看杨妃梅妃争宠的经过，杨妃几次和皇帝吵翻了，被逐，回到娘家去，简直是“本埠新闻”里的故事，与历史官闱的阴谋，诡秘森惨的，大不相同。也就是这种地方，使他们亲近人生，使我们千载之下还能够亲近他们。

杨贵妃的热闹，我想是像一种陶瓷的汤壶，温润如玉的，在脚头，里面的水渐渐冷去的时候，令人感到温柔的惆怅。苏青却是个红泥小火炉，有它自己独立的火，看得见红焰焰的光，听得见哔栗剥落的爆炸，可是比较难伺候，添煤添柴，烟气呛人。我又想起胡金人的一幅画，画着个老女仆，伸手向火。惨淡的隆冬的色调，灰褐，紫褐。她弯腰坐着，庞大的人把小小的火炉四面八方包围起来，围裙底下，她身上各处都发出凄凄的冷气，就像要把火炉吹灭了。由此我想到苏青。整个的社会到苏青那里去取暖，拥上前来，扑出一阵阵的冷风——真是寒冷的天气呀，从来，从来没这么冷过！

所以我同苏青谈话，到后来常常有点恋恋不舍的。为什么这样，以前我一直不明白。她可是要抱怨：“你是一句爽气话也没有的！甚至于我说出话来你都不一定立刻听得懂。”那一半是因为方言的关系，但我也实在是迟钝。我抱歉地笑着说：“我是这样的一个人，有什么办法呢？可是你知道，只要有多一点的时间，随便你说什么我都能够懂的。”她说：“是的。我知道…能够完全懂得的。不过，女朋友至多只能够懂得，要是男朋友才能够安慰。”她这一类的隽语，向来是听上去有点过分，可笑，仔细想起来却是结实的真实。

常常她有精彩的议论，我就说：“你为什么不把这个写下来呢？”她却睁大了眼睛，很诧异似地，把脸色正了一正，说：“这个怎么可以写呢？”然而她过后也许想着，张爱玲说可以写，大约不至于触犯了非礼勿视的人们，因为，隔不了多少天，这一节意见还是在她的文章里出现了。这我觉得很荣幸。

她看到这篇文章，指出几节来说：“这句话说得有道理。”我笑起来了：“是你自己说的呀——当然你觉得有道理了！”关于进取心，她说：“是的，总觉得要向上，向上，虽然很朦胧，究竟怎样是向上，自己也不大知道。”你想，将来到底是不是要有一个理想的国家呢？”我说：“我想是有的，可是最快也要许多年。即使我们看得见的话，也享受不到了，是下一代的世界了。”她叹息，说：“那有什么好呢？到那时候已经老了。在太平的世界里，我们变得寄人篱下了吗？”

她走了之后，我一个人在黄昏的阳台上，骤然看到远处的一个高楼，边缘上印着一大块胭脂红，还当是玻璃窗上落日的反光，再一看，却是元宵的月亮，红红地升起来了。我想道：“这是乱世。”晚烟里，上海的边疆微微起伏，虽没有山也像层峦迭嶂。我想到许多人的命运，连我在内的；有一种郁郁苍苍的身世之感。“身世之感”普通人总是自伤、自怜的意思罢，但我想是可以有更广大的解释的。将来的平安，来到的时候已经不是我们的了，我们只能各人就近求得自己的平安。然而我把这些话来对苏青说，我可以想象到她的玩世的，世故的眼睛微笑望着我，一面听，一面想：“简直不知道你在说什么！大概是艺术吧？”一看见她那样的眼色，我就说不下去，笑了。

名人之间

苏青与张爱玲

20世纪40年代，人们称苏青、张爱玲为上海滩女作家中的“双璧”。她俩毕竟是有瑕疵的玉，沧桑几度，尘封入土。直至“三十年河西”，“考古队员”柯灵的一篇《遥寄张爱玲》，使张爱玲复活。俄顷，张爱玲的大小杂著像零珠碎玉，夺目于书肆坊间。犹如一枚纪念章的背面，好似一部书的封底的苏青，也随之跃入人们的视野。

张、苏，这两株“孤岛时期荒芜文坛上并列的奇葩，”缘观点、旨趣趋同成为至交。若就当年影响说，苏青不在张爱玲之下，故时称“苏张”。苏青的《结婚十年》、《浣锦集》较张爱玲的《传奇》、《流言》还要畅销。仅《结婚十年》截至1948年，重版就达36次之多！《杂志》（1945年第14期16卷）推出的《苏青张爱玲对谈记》，编者谓她们是“当前上海文坛上最负盛誉的女作家”，把她们的盛名推到了极致。

这对文坛姐妹，相互欣赏，相互支持，没有同行相嫉，同性相妒的恶习。无论私下或台上不时互为捧场。苏青当着媒体的面声言："女作家的作品，我从来不大看，只看张爱玲的文章。""我读张爱玲的作品，觉得自有一种魅力，非急切地看下去不可。……它的鲜明色彩，又如一幅图画，对于颜色的渲染，就连最好的图画也赶不上，也许人间本无此颜色，而张女士真可以是一个'仙才'了，我最敬佩她，并不是瞎捧。"张爱玲评说苏青也不讳言："如果必须把女作者特别分作一栏来评论的话，那么，把我同冰心、白薇她们来比较，我实在不能引以为荣，只有和苏青相提并论我是甘心情愿的。"你唱我和，愉己悦人。

她们的交情始于《天地》。它是中国历史上唯一的一个名副其实的由女性创办的媒体。

1943年苏青创办《天地》时，张爱玲已在文坛崭露头角。苏青亲函张爱玲"叨于同性，希望赐稿"。张爱玲欣然应允，将《公寓生活记趣》、《谈女人》、《私语》、《我看苏青》和《封锁》等佳作发在《天地》上，一段时间，《天地》期期都有张的文章。张爱玲为《天地》增光添彩，苏青自然投桃报李，在编者按上对张其人其文大加褒扬，还登张的玉照。胡兰成正是先读张的小说《封锁》后睹其玉照而一见钟情的，由苏青搭桥而使他们出演了传奇的"乱世之恋"。

张爱玲也坦言她与苏青的异同："我们的生活方式有很多不同的地方，但那是个性的关系。"不同在张爱玲习"雅"，孤芳自赏，处世不免做作、拘泥，有时不近人情到不食人间烟火的味道。苏青，从平民生活泥塘中滚爬出来的小女子，从"俗"，热情率真、大气自然。阅历上较张爱玲博杂，充任家庭妇女、作家、社会活动家和出版人多种角色。

我 的 手

苏 青

晚饭后，我拿出一只干净玻璃杯，浓浓的泡上一林绿茶。我一面啜着茶，一面苦苦思索要做的文章。忽然，我瞥见自己端着茶杯的手，纤白的指头，与绿的茶叶辉然相映，看上去像五枚细长的象牙。

——这是我的手吗？

——我的手。

于是我慢慢放下茶杯，把手接在膝上，自己仔细端详着：长长的指头，薄薄的掌心，一些血色都没有看上去实在有些怕人。

我想，这是左手，右手也许好一些吧。于是把右手放在膝上，这么一比，那么一比，看看差不多，实在说不出什么不同来。就只是右手的食指尖端多蓝墨水迹一瓣，那可是写稿时偶然不当心把它玷污的，只要用肥皂一擦，就可以洗得干干净净的了。

真是一双苍白瘦削的手呵！我不愿再看它们，只默然捧起茶杯，轻轻呷着茶。心里想，她们是应该休息休息了，再不然，凭这种没血色的手，怎能写得出有血有肉的文章？

据说有许多西洋大文豪，他们在写作的时候，是用不着自己动手的。他们只要闲适地靠坐在沙发上，只衔雪茄，一面喷烟一面念，旁边自有人替他打字或速记下来。这样做文章舒服是舒服的，但是我的地位同他们比较起来相去不知几千万里，只好当作神话想想，想过之后还得辛苦自己的手，为了生活，不得不放下茶杯拿过稿纸来写。

写呀，写呀，我的手写得麻木了，指头僵硬了。见了它们，我就把脑中准备好的快乐语句一齐忘掉，剩下来只有无限辛酸，不能用字表达出来，不能用句表达出来，对着空白的稿纸，我只是呆呆出神。

半晌，我忽然得了个主意：把左手放在稿纸上，右手拿铅笔依着它画去，不多时，一只瘦削的手的轮廓，就清楚地留在纸上了。

——这是我的手吗?

——我的手。

我的手以前可决不是这样：十根粗粗的指头，指甲修得很短；手掌又肥又厚，颜色是红润的。

以幼小的时候，它们整天援泥丸，捉炸据，给妈妈技小鸡革在学校里，它们忙着抄笔记，打网球，还能够把钢琴敲得叮当作响……

后来，他来了，把钻戒套在我的无名指上，吻着它，说道：“多能干呀，你的手！”

我用我的手替他们做了许多事情……

油垢，灰尘，一齐嵌进了我的手心里，刷不尽，洗不掉，我的手终于变得龌龊而且粗糙了。

但是，我并不怪我自己的手，因为它工作着，能够使别人快乐与幸福。

在冬天，我的手背上都龟裂了。但是我仍旧忍住痛，在灯下管孩子们缝花缓的棉施。

粗糙的手触着花缎，毅奉有声。

孩子们都奇怪起来，问我道：“妈妈，你的手怎么会有声响？”

我笑了：瞧瞧他的脸，但是他不笑。半晌，他皱着眉头，用憎厌的口吻对我说道：“瞧你这只手，可不是糟蹋了我的宝贵的钻戒？”

我悄然无语，第二天，便把宝贵的钻戒还了他。

但是法律，经济，都不允许我携带孩子：我是什么也没有，只凭着龟裂了的手，孤零零地自谋生活。

——这是我的手吗?

——我的手。

我的手再不能替孩子们把尿换屎，搞鼻涕了，只整天到晚左手端着茶杯，右手写，写，写……

浓的茶，滋味是苦的。我一面缓着，一面暗暗思索文章。但是什么字，什么句，才能表达我的意思呢?而且，即使表达出来，又将希望哪个知道?

半晌，我忽然得了个主意：把那张画着手的稿纸寄给我的孩子们去吧，让他们知道：我的手——瘦了。

苏青作品精选

论夫妻吵架

近来常为朋友夫妻吵架，忙着做和事佬。照例先是女方气愤愤的跑来告诉，一面擦着眼泪："你瞧，昨天早晨他又来同我吵嘴了，说是为什么没把袜跟上一个破洞补好。其实那洞子是极小极小，穿上皮鞋再也看不出什么的。我知道他实是为了清早给孩子吵醒欠睡的畅快，没好气才找我来寻事的。可是我不也一样的没睡得舒服吗？谁叫他每趟半夜三更才回来的呢？这种日子我再也过不下去，真的，"她擦干眼泪坚决地说，"还是大家离了婚好！"

我听了暂不置答，先抬眼向她全身打量一下：头发是否刚刷过油？脂粉浓淡是否恰好？手帕提箧之类是否依旧带得应有尽有？……假如这类答案都是正面的话，那我就有对付办法。对付一个正在十分气恨的人只能装出严肃态度，同情地静静倾听她的诉说，自己除时而微微点头以外最好始终默不作声，劝解的话也推情度理免开尊口。然而要对付这类只有七分气恼的人呢？就可用插科打诨办法，指着她腕上手表之类，絮絮盘问这个可是他新近送给她的生日礼物？走得快慢如何？哪国出品？长短针有没有互相轧住过？接着再讨论讨论女人手表的式样究竟是长方美观呢，还是圆形式椭圆形的时髦等等。她起初当然没心思答白，可是我既然问了这么一大串，总也不好意思不敷衍着回答一二。渐渐地她想起了这手表的惊人高价，脸上不期而然的露出得意颜色，问我可要照样买上一只。他有个表兄是钟表公司副手，叫他去买是断断不会吃亏的。这样从买表的事再讲到买表的人，把昨晨吵架的经过不免又复述一遍。不过这次却没有了那颤着的声音。眼睛虽有时仍旧擦擦，帕上也并无什么泪渍，只擦掉了一些胭脂。而刚才所说的他责她为什么不把袜子破洞补上这句话呢，就陆续加上不少句注解，大意是：虽然你自己不必动手做，也得关照陈妈一声，你是主妇，这个吩咐的责任总逃不脱的吧，这自然我明白她的身份，她可不是干补袜子这类贱役的人，她丈夫也决不敢以此相诘责的。至于她丈夫又怎么可以屈就那双破袜子呢。虽说洞子极小极小。因此她的"注解二"就是："你知道昨天早晨不是阴沉沉的像要落雨吗？她怕那双美国货鹿皮鞋靠不住会漏水，所以忙着把薄羊毛袜脱下来换只纱袜子穿。但他的上好纱袜早经陈妈扎好放进大橱子里去了，这双有破洞的放在外面，是存心送给陈妈的兄弟穿的……"她在后悔气头上告诉过我的种种了，我也赴紧拿别的话来岔了开去，大家胡乱谈上一阵。最后我问她："那末昨天晚上他回来得早不早呢？"

这又提醒了她的记忆，原来还有一桩事情没告诉我，她当时吵了一场便抱着孩子到娘家去了，所以他以后怎样便不知道。在我提出这句问话以后，她的神情显然不安起来，她在担心自己跑出以后，他或者真会出去狂舞达旦呢。于是我就知道讨论具体办法的时机到了，先代他辩护解释一番，再派她几个小小不是，最后才表示自己的意见："就不怕他急坏，为了孩子，也得回家去哩。"那时她口中虽还勉强咕哝着，看神色似乎早已赞成我所说回去的原则了，只不过回去的方式怎样呢？总不成自己跑了出来，过一天又自己跑上门去？她显然有些烦恼。"我决定还是不回去了，"她重复地喃喃说着："我决定还是不回去了。"

我知道这句话儿的后文，那该是："除非他亲自到母亲那里来陪我。"于是我担保他是十二万分愿意的。

这样，在她走后，我就打个电话去邀她男人。我没有告诉他为什么请他过来的原因，他也没有问我，大家肚里该是雪亮的。我开始计算时间，从打电话到他到我家的时间距离上面，我可以测知他急于求和的心理。我告诉他刚才他的太太来过。他装出满不关心的样子。我问他这事待怎样解决，他说这根本无所谓解决不解决，她高兴来就来，不高兴来就拉倒，家庭原是毫无意义的东西。"况且当时我又不曾叫她走过，"他重复地说，"现在她要来就来，不来就拉倒，我是根本无所谓的。"

在这种场合之下，我知道一切已经水到渠成了，遂也不再讨论下去，大家谈些别的东西，约定本星期日到他家去找他。我没有告诉他为什么要找他的理由，他也没有问我，大家肚里仍旧雪亮的。到了约定那天，我邀集三五个友人同往，大家逼着他快去岳家恭迎太太，事情便完了。

不过，话得说回来，这完全的是我辈和事佬的责任，至于他俩是否就能和好如初，那却要看有无第三者再来阻碍而定了。夫妻争吵顶怕有个第三者夹在中间；不要说夹在中间，就站在面前也是使事态扩大的主要原因。许多夫妻吵架在上半场或许还是为所争事物的本身而闹，下半场却大抵都是因有第三人在场，大家为争回面子而不得不继续胡闹下去，希望抢此最后一句作为光荣胜利的表志。

从前我曾替表兄家荐去一个很勤敏的女佣，但不到两个月他们就把她辞歇出来了，表兄为了这事很觉抱歉，特地过来向我解释："那女佣做事很合吾意，你表嫂也着实欢喜她。但却有一件事不好，就是自她来上工后，你表嫂生怕她会把我们偶尔吵嘴的情形出来告诉给你们大家听，因此每当我稍有指摘便大哭大闹，说是有意削她面子给娘姨外面笑话去了，非叫我当着娘姨的面给她讲好话不可。我实在受不了这种麻烦，她自己也觉得多花精神冤枉，因此我们决定辞歇了她，另到荐头店里喊去，这样你表嫂就偶尔让我一句，也不怕有人笑话到亲戚耳中去了。"我相信表兄说的是实话，一个妻子往往只肯在房间里悄悄给丈夫擦背，不肯在众人面前替暑天刚回家来，累得满头是汗的男人绞一把手巾。这是新式女子的面子观念，做丈夫的能体谅她，家中就得太平无事。而且进一步还可以利用她这种心理，在两口子私下争吵时以高声嚷起来人家都听见为要挟，那时你太太怕失面子，盛怒自会降作娇嗔的。女人们最爱在人前逞强，她可以为怕第三者听见而委屈忍耐，也可以因第三者在场而倔强到底。

至于男人方面呢？大抵总是火性一冒，程咬金三斧头厉害。只要太太们能够牢记"好汉勿吃眼前亏"这句老话，沉着应付，在开头时暂且虚身一闪，躲过了这锋头，以后便可拿出你的杀手来了。而且照一般情形而论，来势愈猛的人挂免战牌也愈快，做太太的应该认清这点，面子全在后头，可用智取而不宜力敌。若一闻恶声便立刻怒形于色，抡起板斧不问青红皂白的杀回过去，那种黑旋风式的愚蠢战略，女将军们是要不得的。不过，要是她真个腼腆若处子，一声狮吼便丧魂落魄呢，那就这样也无伤大雅。总之，夫妻之间若有东风压倒了西风，或者西风压倒了东风的现象的话，吵架这个阶段总是难以避免的。而吵架时期的孰胜孰败，却要看哪个更能“知己知彼”了。

还有一点谨请太太们注意：三十六着，走为下策，逃回娘家是万万使不得的！在如今盛行小家庭制度时代，恶婆婆与刁钻姑娘等压力是再不能加在新妇头上了，代之而起的却是岳母大人潜势袭击姑爷，虽说男人们度量较大，有时候也会狺狺起来。尤其是岳母寡居而妻系独女，满月回门那番千怜万舍不得的样子，会使你看了怪不舒服。“儿呀，多嚼几口润润喉咙吧，那是你哥哥新近带来的上好四川银耳呀，吃了会滋阴的。你们两口子如今在外头只租一间楼面，统共雇了一个娘姨，煮饭烧水还忙不过来，哪有工夫替你料理些补品呢。你的身子又单薄——姑爷，你怎么也呆着一动不动呀？大家多喝几口吧！”不管你心中暗骂：“老太婆既然舍不得女儿，干吗不一世藏在家里享福，嫁我这样穷光蛋作啥呀？”丈母娘只管唠叨下去：“她父亲在世的时候真一些风儿也舍不得她吹一下的呢。如今虽说福气上头欠缺一些，幸亏家里不愁吃着，我每年照样也将她喂得胖胖的。她哥嫂都万般看重她，在家里真是饭来开口，茶来伸手，什么都是现成，连欠一欠身子还怕她累了呢！如今自已在外面租房子，什么都得自己料理，虽说有个娘姨——”妻听了这些以后似乎益发娇惯起来了，索性嗔着银耳太甜不好吃，要吃一些咸的点心。她母亲偏着头想了半天，这样不好，那样又不好，看得你满心不耐烦只想走，而岳母大人又在留吃晚饭了。“我看你们新派人又没有什么别的规矩，公婆都是另外住的，谁人敢来说说闲话？儿呀，你们两口子吃过晚饭索性就在这里过夜吧，东厢房床铺刚收拾过——”那时任凭怎样好性儿，也忍不住赌起气来，沉着面孔对爱妻道：“既然岳母坚留，你就在这里多住几天吧，我明天要上写字间，晚上不能再担搁了。”

“上写字间有什么打紧，明天一早我叫阿四拉你前去便是了。况且你们房间里又没装炉子，晚上回去也冷清清的……”她说这话虽也自以为满心出于关顾，而你听起来仿佛句句都在嘲笑穷措的样子，于是你愤然站起来抓帽子了，妻又待嗔不嗔的阻她母亲：“妈，他要去就让他自去也罢，写字间写字间像煞有介事的。九点钟上写字间还得……哼！”假如你不忍过拂爱妻之意，你得放下自己帽子，默默地坐到原位上去，听她母女俩闲话家常，那些都是你所不懂的，也没有兴趣，可是只好忍受，忍受到夜深人静，呵欠连连始得被送进东厢房里睡去。不少个女婿都把岳母恨之刺骨，假如做妻子的一吵架便跳上电车回娘家去了，男子们就会立刻想起岳母平日的教唆嫌疑，甚至疑心这次吵嘴也是她们母女俩预先定好的阴谋呢。

那时万一岳母大人仍不知就里，非但不能善避嫌疑，反而根据爱女一面之词，集合子侄辈大兴问罪之师起来，事情就闹僵了。须知一个男人要是一经岳家诘责便慑伏了，这种懦弱之辈只太太独自也驭之有余，根本无须劳师动众。否则，稍知自尊的男人虽可屈膝于太太娇嗔之下，却万不能俯首帖耳于泰山泰水小舅子诸人之前。夫妻争吵若闹到这个地步，他们间内心裂痕是永远难以弥缝的了。

年青的夫妻们，请不要看轻那一场小小的争吵吧，却不道星星之火，可以燎原呢！我每每奇怪为什么他们这些家庭龃龉，不先不后却发生在初冬之际，经数次实地考察结果，始恍然大悟其症结所在，在于太太专心打绒线衫。我知道除极少数以外，没有一个男人不喜欢回家以后，有个太太陪他坐坐谈谈。太太对他的一切应多多关切，至少在言态上，漠然的样子是要不得的。但是十个女子九爱绒线，一天到晚四枚编针滴滴答答忙个不了，背心，衫子，手套，长袜，一件织好又一件，新的打好了旧的赶快拆掉重结，弄得家中书架上是绒线团，床毯上是绒线团，一眼望去到处却是滚来滚去的绒线团子，这个已经够使男人们看见心烦了，更何况太太的眼呀手呀统统都为绒线而忙：你对他讲汇票缩了，待理不理；告诉她新书出版了，她更加毫不在意的数她一针，二针，几十针，几百针。这样一来，做丈夫的便不想跑出去，也准得寻件事来大吵大闹一场了。

还有一点容易增加吵架危机的，便是男人们于当年择偶之际，往往喜欢拣个天真活泼的女子，而到了结缡之后，却又后悔天真无用，原来赤子之心，就是这样任性胡行，只知有己，不知为人的，尤其是值兹生活艰难之际，妻也天只，不谅人只，一个不解事不体贴的妻子给与丈夫精神上的苦痛，实是远在其他一切物质困苦之上呢。故君子尤贵乎慎始。

过　　年

过年了，王妈特别起劲。她的手背又红又肿，有些地方冻疮已溃烂了，热血淋漓，可是她还咬紧牙齿洗被单哩，揩窗子哩，忙得不亦乐乎。我说：“大冷天气，忙碌作啥？”她笑笑回答：“过年啦，总得收拾收拾。”

我的心头像给她戳了一针般，刺痛得难受。过年，我也晓得要过年啦，然而，今年的过年于我有什么意思？孤零零一个人住在这冷冷清清的房间里，没有母亲，没有孩子，没有丈夫。

我说：“王妈，我今年不过年了，你自己回去几天，同家人们团聚团聚吧！”

她的眼睛中霎时射出快乐的光辉来，但依旧装出关切的样子问：“那末你的饭呢？”

“上馆子吃去。”我爽快地回答。

“真的，一年到头，你也没有什么好东西吃；过年了，索性到馆子里去吃几顿，倒也……”说着，她的眼珠转动着快要笑出来了。虽然脸孔还装得一本正经，像在替我打算。我望着她笑笑，她也笑笑。骤然间，她的心事上来了，眼睛中快乐的光辉全失，忧郁地凝望着我，半晌，才用坚决的声调低低说道：“我当然在这里过年呐，哪里可以回家去呢？”

我知道她的意思，她不肯放弃年节的节赏。

于是我告诉她愿意留在这里也好，只是从此不许再提起“过年”两字。

我莫名其妙的应声“哦”。

第二天，我刚在吃早点的时候，她踉跄地进来了，劈头便向我说：“过年了，邮差……”

我勃然大怒道：“邮差干我屁事？我不许你说过年过年。”

但是她不慌不忙，理直气壮的回答；“过年过年不是我要说的呀，那是邮差叫我说的，他说过年了，要酒钱。”我掷了两块钱给她，赶紧掩住自己的耳朵。

下午，我从外面回来，她替我倒了茶，低慌地说道：“扫弄堂的——刚才——刚才也来过了，他说——他说——过——过——”我连忙摇手止住她说话，一面从皮夹里取出了五元钱来，一面端起茶杯。

她望着钞票却不伸手来接，只结结巴巴地说下去："这次过年别人家都给十…十元呢……"拍的一声，我把茶杯摔在地上。

菜汁溅在她的鞋上，袜上，裤脚上。她哭丧着脸说道："我又说顺了嘴呀，记性真不好。"

从此她便再不说过年了，只是我的活钱还得付。每次她哭丧着脸站在我面前，我就掏出两块钱来；她望着钞票不伸手来接，我就换了张五元的；她的脸色更难看了，我拿起十元钞票向桌上一摔，掉转身子再不去理她。

我的亲戚，朋友，都来邀我吃年夜饭，我统统答应了。到了除夕那天，我吃完午饭就睡起来，假装生病，不论电催，差人催，亲自来催，都加以谢绝。王妈蹑手蹑脚的收拾这样，收拾那样，我赌气闭了眼睛不去看她。过了一会，我真的呼呼睡熟了，直睡到黄昏时候方才苏醒。睁眼一看，天那，王妈把我的房间已经收拾得多整齐，多漂亮，一派新年气象。

我想，这时该没有人来打扰了，披衣预备下床。忽然听得楼梯头有谈话声，接着有人轻步上来，屏住气息在房门外听，我知道这是王妈。于是我在里面也屏住了气息。不去理她。王妈听了许久，见我没有动静，又自轻步下楼去了，我索性脱掉衣服重新钻进被里。只听得砰的一声，是后门关上的声音，我知道来人已去，不禁深深松了一口气。

于是，万籁俱寂。

我的心里很平静，平静得像无风时的湖水般，一片茫茫。

一片茫茫，我开始感到寂寞了。

寂寞了好久，我才开始希望有人来，来邀我吃年夜饭，甚至来讨酒钱也好。

但是，这时候，讨酒钱的人似乎也在吃年夜饭了。看，外面已是万家灯火，在这点点灯光之下，他们都是父子夫妻团聚着，团聚着。

我的房间黑黝黝地，只有几缕从外面射进来的淡黄色的灯光，照着窗前一带陈设，床以后便模糊得再也看不见什么了。房间收拾得太整齐，瞧起来便显得空虚而且冷静。但是更空虚更冷静的却还是我的寂寞的心，它冻结着，几乎快要到发抖地步。我想，这时候我可是需要有人来同我谈谈了，谈谈家常——我平日认为顶无聊的家常呀！

于是，我想到了王妈。我想王妈这时候也许正在房门口悄悄地听着吧，听见我醒了，她便会踉跄地进来的。

我捻着电灯开关，室中骤然明亮了，可是王妈并没有进来。我有些失望，只得披衣坐起，故意咳嗽几声，王妈仍旧没有进来。那时我的心里忽然恐慌起来！万一连王妈也偷偷回去同家人团聚了，我可怎么办呢？

于是我直跳下床来，也来不及穿袜子，拖着拖鞋就往外跑，跑出房门，在楼梯头拚命喊："王妈！王妈！"

王妈果然没有答应。

我心里一酸，腿便软软的，险些儿跌下楼梯。喉咙也有些作怪，像给什么东西塞住了似的，再也喊不出来。真的这个房间里就只有我一个人，这幢房子里就只有我一个人，这个世界上就只有我一个人了吗？这般孤零零地又叫我怎过下去呢？

我想哭。我跟着拖鞋跑回房里，坐在床沿上，预备哭个痛快。但是，哭呀哭的，眼泪却不肯下来，这可把我真弄得没有办法了。

幸而，房门开处，有人托着盘子进来了。进来的人是王妈。我高兴得直跳起来。那时眼泪也凑趣，淌了下来，像断串的珠子。我来不及把它拭去，一跳便跳到王妈背后，扳住她的肩膀连连喊："王妈！王妈！"

王妈慌忙放下盘子，战战兢兢地回答："我…我刚才打个瞌睡，来得迟……迟了。"

"不，不，"我拍着她的肩膀解释："你来得正好，来得正好。"

她似乎大出意外，呆呆望着我的脸。我忽然记起自己的眼泪尚未拭干，搭讪着伸手向盘中抓起块鸡肉，直向嘴边送，一面咀嚼，一面去拿毛巾揩嘴，顺便拭掉眼泪。

王妈告诉我说道鸡肉是姑母差人送来的，送来的时候我正睡着，差人便自悄悄地回去了。我点点头。

王妈说顺了嘴，便道："还有汤团呢，过年了……"说到这里，她马上记起我的命令，赶紧缩住了，哭丧着脸。

我拍拍她的肩膀，没发怒，她便大起胆子问我可要把汤团烧熟来吃。我想了想说：好的，并叮嘱她再带一副筷子上来。

不多时，她就捧着一大碗热气腾腾的汤团来了，放在我面前。但那副带来的筷子仍旧握在她的一只手里，正没放处，我便对她说道："王妈，那副筷子放在下首阳，你来陪我吃着。还有，"我拿出张百元的钞票来塞在她的另一只手里，说道："这是我给你的过年货钱。"

她张大了嘴半晌说不出话来，一手握着筷子，一手握着钞票，微微有些发抖。

我说："王妈，吃汤团呀，我们大家谈谈过年。"

她的眼睛中霎时射出快乐的光辉来，但仍旧越趄着不敢坐下。骤然间，她瞥见我赤脚吸着拖鞋便踉跄过去把袜子找来递给我道："你得先穿上袜子呀，当心受凉过……年。"

她拖长声调说出这"过年"两字，脸上再没有哭丧颜色了，我也觉得房间里不再湿得空虚而冷静，于是我们谈谈笑笑的过了年。

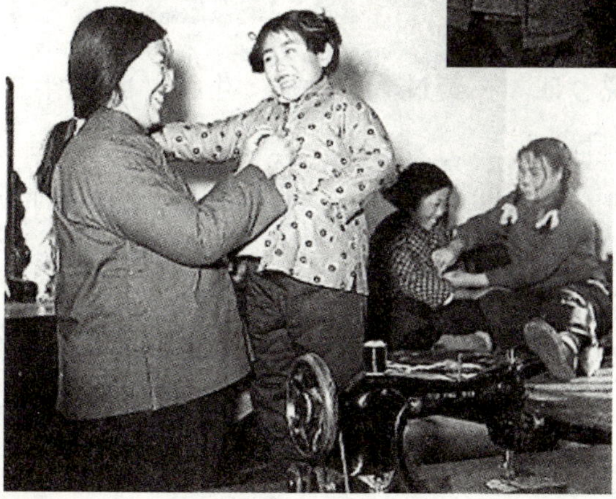

春节记忆

忆张爱玲

张爱玲传略

张爱玲（1920—1995），原名张煐。原籍河北丰润，生于上海。1930年改名张爱玲。中学毕业后到香港读书。1942年香港沦陷，未毕业即回上海，给英文《泰晤士报》写剧评、影评，给英文杂志《二十世纪》写生活类的文章。1943年小说处女作《沉香屑》被周瘦鹃发表在《紫罗兰》杂志上。随后接连发表《倾城之恋》、《金锁记》等代表作。此后三四年是她创作的丰收期。1952年移居香港，在美国新闻处工作，曾发表小说《赤地之恋》和《秧歌》。1955年旅居美国。在加州大学中文研究中心从事翻译和小说考证。在美过着“隐居”生活。1995年9月8日，被发现老死于美国洛杉矶自寓。

张爱玲的创作大多取材于上海、香港的上层社会，她的作品，既以中国古典小说为根柢，又突出运用了西方现代派心理描写技巧，并将两者融合于一体，形成颇具特色的个人风格。主要作品有小说集《传奇》和散文集《流言》，还写有中篇小说《小艾》，长篇小说《十八春》、《怨女》和评论集《红楼梦魇》等。

遥寄张爱玲

柯　灵

不见张爱玲三十年了。

“三十年前的上海，一个有月亮的晚上……我们也许没赶上看见三十年前的月亮。年青的人想着三十年前的月亮应该是铜钱大的一个红黄的湿晕，像朵云轩信笺上落了一滴泪珠，陈旧而迷惘。老年人回忆中的三十年前的月亮是欢愉的，比眼前的月亮大，圆，白；然而隔着三十年的辛苦路望回看，再好的月色也不免带点凄凉。”

这是《金锁记》里开头的一段。我现在正是带着满头的白发，回看那逝去的光阴，飞扬的尘土，掩映的云月。

七十年代末叶，我从一场恶梦中醒来，我的作品又可以享受灾李祸枣的奢侈了。每当一本新书出版的时候，我照例兴冲冲地亲自签名包扎，跑邮政局，当作一种友情和尊敬的“念心儿”分送朋友。

一九八〇年春，感谢香港昭明出版社，给我印了一本装帧、排印、纸张都很漂亮的《选集》，多年的旧交刘以鬯兄，还写了长序，奖饰有加。我特地挑了一册精装本，在扉页郑重地写上“爱玲老友指正”，准备寄往美国。但我随即听说，张爱玲近年来杜门谢客，几乎摈绝交游。我这才猛然清醒，我们之间不但隔着浩浩荡荡的时空鸿沟，还横梗一道悠悠忽忽的心理长河。虽然我们沐着同一的月光，但是天各一方。我决定把这本书什袭珍藏，作为我暮年天真未泯的一个纪念。

大陆实行对外开放以后，“海内存知己，天涯若比邻”这一联唐诗忽然走红。但在外交场合杯酒言欢中滥用的结果，最好的诗也会变成爱伦堡所谓

"磨光的二戈比"，我真有点替王勃叫屈。僭称"爱玲老友"，天外邮书，大概难免落谬托知己之诮。但彼此以文字交往始，已经整整四十年；阔别至今，她也未尝从我内心深处的"亲友题名录"中注销，却是事实。

她的著作，四十年代在大陆出版的《传奇》、《流言》，我至今好好地保存着；她近三十年在台湾和香港出版的著作，也已经大体搜集完全，只是最近得到的三本来不及读。唐文标的《张爱玲研究》、《张爱玲资料大全集》等书，我手头都有。胡兰成的《今生今世》和《山河岁月》，我也找来读了。我自己忝为作家，如果也拥有一位读者——哪怕只是一位，这样对待我的作品，我也就心满意足了。

我最初接触张爱玲的作品和她本人，是一个非常严峻的时代。一九四三年，珍珠港事变已经过去一年多，离第二次世界大战结束和中国抗战胜利还有两年。上海那时是日本军事占领下的沦陷区。当年夏季，我受聘接编商业性杂志《万象》，正在寻求作家的支持，偶尔翻阅《紫罗兰》杂志，奇迹似地发现了《沉香屑——第一炉香》。

张爱玲是谁呢？我怎么能够找到她，请她写稿呢？紫罗兰庵主人周瘦鹃，我是认识的，我踌躇再三，总感到不便请他作青鸟使。正在无计可施，张爱玲却出乎意外地出现了。

出版《万象》的是中央书店，在福州路昼锦里附近的一个小弄堂里，一座双开间石库门住宅，楼下是店堂，《万象》编辑室设在楼上厢房里，隔着一道门，就是老板平襟亚夫妇的卧室。好在编辑室里除了我，就只有一位助手杨幼生（即洪荒，也就是现在《上海抗战时期文学丛书》的实际负责人之一），不至扰乱东家的安静。当时上海的文化，相当一部分就是在这类屋檐下产生的。而我就在这间家庭式的厢房里，荣幸地接见了这位初露锋芒的女作家。

那大概是七月里的一天，张爱玲穿着丝质碎花旗袍，色泽淡雅，也就是当时上海小姐普通的装束，肋下夹着一个报纸包，说有一篇稿子要我看一看，那就是随后发表在《万象》上的小说《心经》，还附有她手绘的插图。会见和谈话很简短，却很愉快。谈的什么，已很难回忆，但我当时的心情，至今清清楚楚，那就是喜出望外。虽然是初见，我对她并不陌生，我诚恳地希望她经常为《万象》写稿。

张爱玲在写作上很快登上灿烂的高峰，同时转眼间红遍上海。这使我一则以喜，一则以忧，因为环境特殊，清浊难分，很犯不着在万牲园里跳交际舞。——那时卖力地为她鼓掌拉场子的，就很有些背景不干不净的报章杂志，兴趣不在文学而在于替自己撑场面。

上海沦陷后，文学界还有少数可尊敬的前辈滞留隐居，他们大都欣喜地发现了张爱玲，而张爱玲本人自然无从察觉这一点。郑振铎隐姓埋名，典衣节食，正肆力于抢购祖国典籍，用个人有限的力量，挽救“史流他邦，文归海外”的大劫。他要我劝说张爱玲，不要到处发表作品，并具体建议：她写了文章，可以交给开明书店保存，由开明付给稿费，等河清海晏再印行。那时开明编辑方面的负责人叶圣陶已举家西迁重庆，夏丏尊和章锡琛老板留守上海，店里延揽了一批文化界耆宿，名为编辑，实际在那里韬光养晦，躲风避雨。王统照、王伯祥、周予同、周振甫、徐调孚、顾均正诸老，就都是的。可是我对张爱玲不便交浅言深，过于冒昧。也是事有凑巧，不久我接到她的来信，据说平襟亚愿意给她出一本小说集，承她信赖，向我征询意见。

上海出版界过去有一种“一折八扣”书，专门翻印古籍和通俗小说之类，质量低劣，只是靠低价倾销取胜，中央书店即以此起家。我顺水推舟，给张爱玲寄了一份店里的书目，供她参阅，说明如果是我，宁愿婉谢垂青，我恳切陈词；以她的才华，不愁不见知于世，希望她静待时机，不要急于求成。她的回信很坦率，说她的主张是“趁热打铁”。她第一部创作随即诞生了，那就是《传奇》初版本，出版者是《杂志》社。我有点暗自失悔，早知如此，倒不如成全了中央书店。

《万象》上发表过一篇《论张爱玲的小说》，作者“迅雨”，是傅雷的化名，现在已不成为秘密。这是老一辈作家关心张爱玲明白无误的证据。他高度评价她艺术技巧的成就，肯定《金锁记》是“我们文坛最美的收获之一”，同时对《连环套》提出严格的指责。一褒一贬，从两个不同的站头出发，目标是同一终点——热情期待更大的成就。

“没有《金锁记》，本文作者决不在下文把《连环套》批评得那么严厉，而且根本也不会写这篇文字。”如果我们对傅雷素昧平生，凭这几句话，也可以帮助了解他对人生和艺术的态度。张爱玲的反应，是写了一篇随笔，远兜远转，借题发挥，实质是不很礼貌地回答说：“不！”很久以前，文坛上流行过一句玩笑话：“老婆人家的好，文章自己的好。”

张爱玲这篇随笔的题目，就叫做《自己的文章》，后来收在散文集《流言》里。直到隔了将近四十年之后，张爱玲才对《连环套》提出了比傅雷远为苛刻的自我批评。其实傅雷的议论，还有个更高的立足点，那就是以张爱玲之所长，见一般新文学作品之所短，指出“我们的作家一向对技巧抱着鄙夷的态度。‘五四’以后，消耗了无数的笔墨是关于主义的论战。仿佛一有准确的意识就能立地成佛似的，区区艺术更不成问题。”一扬一抑，有一段还涉及巴金的作品。我以为未必公允恰当，利用编辑的权力，把原稿擅自删掉一段，还因此惹恼了傅雷，引起一场小风波。我在一九七八年写的《怀傅雷》一文中，已经提到这件事，这里不再重复。

唐文标在《张爱玲研究》一书中说到，傅雷的文章一经刊出，《连环套》就被“腰斩”，此后张爱玲也不再在《万象》出现。他看到了事实，却没有阐明真相。《连环套》的中断有别的因素，并非这样斩钉截铁。我是当事人，可惜当时的细节已经在记忆中消失，说不清楚了。但有一点确切无误，我和张爱玲接触不多，但彼此一直怀有友好的感情，不存在任何芥蒂。有事实为证。

张爱玲把小说《倾城之恋》改编为舞台剧本，又一次承她信赖，要我提意见，其间还有个反复的修改过程。我没有敷衍塞责，她也并不嫌我信口雌黄。后来剧本在大中剧团上演，我也曾为之居间奔走。剧团的主持人是周剑云，我介绍张爱玲和他在一家餐厅里见面。

那时张爱玲已经成为上海的新闻人物，自己设计服装，表现出她惊世骇俗的勇气，那天穿的，就是一袭拟古式齐膝的夹袄，超级的宽身大袖，水红绸子，用特别宽的黑缎镶边，右襟下有一朵舒蜷的云头——也许是如意。长袍短套，罩在旗袍外面。

《流言》里附刊的相片之一，就是这种款式。相片的题词：“有一天我们的文明，不论是升华还是浮华，都要成为过去。然而现在还是清如水明如镜的秋天，我应当是快乐的。”周剑云战前是明星影片公司三巨头之一，交际场上见多识广，那天态度也显得有些拘谨，张爱玲显赫的文名和外表，大概给了他深刻的印象。

这台戏后来在新光大戏院上演了，导演是朱端钧，当年上海的四大导演之一，饰流苏的罗兰，饰范柳原的舒适，都是名重一时的演员。事后我因此得到张爱玲馈赠的礼物：一段宝蓝色的绸袍料。我拿来做了旗袍面子，穿在身上很显眼，桑弧见了，用上海话说："赤刮刺新的末。"桑弧是影片《不了情》的导演，张爱玲的熟朋友。——但这是后话。

一九四四年六月和一九四五年六月，我两次被日兵沪南宪兵队所捕。第一次幸而没有受武士道精神文明的洗礼——严刑拷打，却听够了被害者受刑时那种锥心刺骨的号叫声。

京剧《文昭关》里描写伍子胥一夜间须发变白，我此时才有些亲身的体会。宪兵队在贝当路，人们谈虎色变，讳言其名，称之为"贝公馆"。地点在美国学堂旧址。原来是雪白的建筑，碧绿的草地，纯洁得像天使；对门是庄严肃穆的国际礼拜堂，紫酱色的斜屋顶，墙上爬满长春藤；贝当路幽雅安静，是情侣散步的好地方。日本人不知出于什么心理，挑选这么个环境来开设他们的现世地狱。

我被释放时，恰像刚从死亡线上脱险。对那个环境感觉特别灵敏，觉得人世真是美好。回到家里，又看到张爱玲的留言，知道她在我受难时曾来存问，我立即用文言复了她一个短笺，寥寥数行，在记忆里是我最好的作品之一。原因是平常写作，很难有这种激动的心情。

这事情过去整四十年了，直到去年，我有机会读到《今生今世》，发现其中有这样一段："爱玲与外界少往来，惟一次有个朋友被日本宪兵队逮捕，爱玲因《倾城之恋》改编舞台剧上演，曾得他奔走，由我陪同去慰问过他家里，随后我还与日本宪兵说了，要他们可释放则释放。"我这才知道，原来还有这样一回事。一时间我产生了难分难解的复杂情绪。

在此以前，我刚好读过余光中针对胡兰成的人品与文品而发的《山河岁月话渔樵》。抗日战争是祖国生死存亡的关头。而胡兰成的言行，却达到了颠倒恩仇、混淆是非的极致，余光中对他严正的抨击，我有深切的共鸣，因为我个人的遭遇就提供了坚实的论据。但是对张爱玲的好心，我只有加倍的感激。

"出名要早呀！来得太晚的话，快乐也不那么痛快。""时代是仓促的，已经在破坏中，还有更大的破坏要来。"（《传奇》再版序言，一九四四年八月）张爱玲是敏感的，预言弹指间成为现实。日本宣布无条件投降以后，战火依然弥漫神州大陆，的确是"更大的破坏"，但破坏不等于毁灭。古老中国和她的儿女，都在经受水深火热的考验。——张爱玲也在经受考验，内外交困的精神综合症，感情上的悲剧，创作繁荣陡地萎缩，大片的空白忽然出现，就像放电影断了片。

一九四九年，在张爱玲看来，对她无疑是灾难。但事实不像她设想的那么坏，抗战胜利初期对她喧闹一时的指责早已沉静。天翻地覆的大变革吸引着亿万人的注意——没有什么比这更大的事了。一九五〇年，上海召开第一次文学艺术界代表大会，张爱玲应邀出席。季节是夏天，会场在一个电影院里，记不清是不是有冷气，她坐在后排，旗袍外面罩了件网眼的白绒线衫，使人想起她引用过的苏东坡词句，“高处不胜寒”。

那时大陆最时髦的装束。是男女一律的蓝布和灰布中山装，后来因此在西方博得“蓝蚂蚁”的徽号。张爱玲的打扮，尽管由绚烂归于平淡，比较之下，还显得很突出。（我也不敢想张爱玲会穿中山装，穿上了又是什么样子。）任何事情都有复杂性，不像一般观念所理解的那么简单。

老作家夏衍是张爱玲的读者之一，抗战结束，夏衍从重庆回到上海，就听说沦陷期间出了个张爱玲，读了她的作品；一九四九年后，他正好是上海文艺界的第一号人物。这就是张爱玲出现在文代会上的来龙去脉。夏衍从不讳言自己爱才，上海电影剧本创作所成立，夏衍亲自兼任所长，我被委任为他的副手。他告诉我，要邀请张爱玲当编剧，但眼前还有人反对，只好稍待一时。我来不及把消息透露给张爱玲，就听说她去了香港。夏衍一片惋惜之情，却不置一词。后来夏衍调到文化部当了副部长，我还在上海书店的书库里，购了《传奇》和《流言》，寄到北京去送给他。

生活是个谜，自己切身的事，尚且包藏着许多秘密和未知数，何况是身外冷暖，背后文章；加上彩凤折翼，灵犀失明，大陆长时期与世隔绝，被海外视为“铁幕”，彼此缺少了解，也就无怪其然了。

人没有未卜先知的本能，哪怕是一点一滴的经验，常要用痛苦作代价，这就是悲剧和喜剧的成因。时间蚕食生命，对老人来说，已经到了酒阑灯灺的当口；但是，感谢上帝，我们也因此能够看得宽一些，懂得多一些了。——真要明白，当然不见得，老糊涂多的是。

专门研究张爱玲的唐文标教授，说：“张爱玲写作在一个不幸的时代，她不能为同时代的中国人所认识，可说是阴差阳错，也许亦是她自己所决定的。”这话说得好，但也还可以推敲，因为同实际有距离，原因也是由于隔膜。我倒是想起了《倾城之恋》里的一段话："香港的陷落成全了她。但是在这不可理喻的世界里，谁知道什么是因，什么是果？谁知道呢？也许就因为要成全她，一个大都市倾覆了，成千上万的人死去，成千上万的人痛苦着，跟着是惊天动地的大改革……流苏并不觉得她在历史上的地位有什么微妙之点。"如果不嫌拟于不伦，只要把其中的"香港"改为"上海"，"流苏"改为"张爱玲"，我看简直是天造地设。

中国新文学运动从来就和政治浪潮配合在一起，因果难分。五四时代的文学革命——反帝反封建；三十年代的革命文学——阶级斗争；抗战时期——同仇敌忾，抗日救亡，理所当然是主流。除此之外，就都看作是离谱，旁门左道，既为正统所不容，也引不起读者的注意。这是一种不无缺陷的好传统，好处是与祖国命运息息相关、随着时代亦步亦趋，如影随形；短处是无形中大大减削了文学领地，譬如建筑，只有堂皇的厅堂楼阁，没有回廊别院，池台竞胜，曲径通幽。我扳着指头算来算去，偌大的文坛，哪个阶段都安放不下一个张爱玲；上海沦陷，才给了她机会。

日本侵略者和汪精卫政权把新文学传统一刀切断了，只要不反对他们，有点文学艺术粉饰太平，求之不得，给他们什么，当然是毫不计较的。天高皇帝远，这就给张爱玲提供了大显身手的舞台。抗战胜利以后，兵荒马乱，剑拔弩张，文学本身已经成为可有可无，更没有曹七巧、流苏一流人物的立足之地了。张爱玲的文学生涯，辉煌鼎盛的时期只有两年（一九四三年—一九四五年）是命中注定，千载一时，"过了这村，没有那店。"幸与不幸，难说得很。

张爱玲不见于目前的中国现代文学史，毫不足怪，国内卓有成就的作家，文学史家视而不见的，比比皆是。这绝不等于"不能为同时代的中国人所认识"，已经有足够的事实说明。往深处看，远处看，历史是公平的。张爱玲在文学上的功过得失，是客观存在；认识不认识，承认不承认，是时间问题。等待不是现代人的性格，但我们如果有信心，就应该有耐性。

今年一月，我在香港，以鬯依例赏饭，座上有梅子、黄继持、郑树森，茶余酒后，谈到了张爱玲。我说她离开大陆，是很自然的事。既然感到格格不入，不合则去，正是各行其是，各得其所。

大陆曾经"运动"成风，到"文化大革命"而达于顶点，张爱玲留在大陆，肯定逃不了，完全没有必要做这种无谓的牺牲，我为此代她庆幸。但对她的《秧歌》和《赤地之恋》，我坦率地认为是坏作品，不像出于《金锁记》和《倾城之恋》作者的手笔，我很代张爱玲惋惜。这并不因为小说的政治倾向。我近年来有一种越来越固执（也许可以说坚定）的信念：像政治、宗教这一类有关信仰的问题，应当彼此尊重，各听自便，不要强求，也决不能强求，谁如果确信自己的理想崇高美好，就孜孜以求地做去，不必害怕别人反对。

《秧歌》和《赤地之恋》的致命伤在于虚假，描写的人、事、情、境，全都似是而非，文字也失去作者原有的光采。无论多大的作家，如果不幸陷于虚假，就必定导致在艺术上缴械。张爱玲在这两部小说的序跋中，力称“所写的是真人真事”，而且不嫌其烦，屡述“故事的来源”，恰恰表现出她对小说本身的说服力缺乏自信，就像旧式店铺里挂“真不二价”的金字招牌一样。事实不容假借，想象需要依托，张爱玲一九五三年就飘然远行，平生足迹未履农村，笔杆不是魔杖，怎么能凭空变出东西来！这里不存在什么秘诀，什么奇迹。

海外有些评论家把《秧歌》和《赤地之恋》赞得一朵如花，醉翁之意不在酒。——他们为小说暴露了“铁幕”后面的黑暗，如获至宝。但这种暴露也是肤浅而歪曲的，在大陆读者看来，只觉得好笑。清明的世界不会讳疾忌医。大陆不是天堂，却决非地狱。只要有点历史感，荣枯得失，一加对照，明若观火。“知己知彼，百战不殆”，张爱玲隔岸观火，并不了解她的攻击对象，而又要加以攻击，怎么能打中要害？具有讽刺意味的是，国内文艺界正在抛弃“为政治服务”的口号，而从来笔端不沾政治的张爱玲，反而作茧自缚。

三十年骎骎地过去了，作为张爱玲的忠实读者，我多么期待能看到她新的《金锁记》，新的《倾城之恋》。——“三十年前的月亮早已沉下去”，我希望，“三十年前的故事还没有完”。

我在北方湛蓝的初冬，万里外，长城边，因风寄意，向张爱玲致以良好的祝愿，亲切的问候。

【作者简介】

柯灵（1909—2000），剧作家，评论家，原名高季琳，浙江绍兴人，生于广州。小学毕业后靠自修完成学业，1926年在上海《妇女杂志》发表叙事诗《织布的妇人》而步入文坛。1931年来到上海，先后在天一影片公司和明星影片公司从事宣传工作，同时从事文学创作和电影评论。1938年创作了第一个电影剧本《武则天》，此后创作或改编了电影剧本《乱世风光》、《末路王孙》，1945年与师陀合作将高尔基的话剧《底层》改编成话剧剧本《夜店》（后改编成电影），产生了广泛影响。1948年至香港任《文汇报》副总编，创作电影剧本《春城花落》、《海誓》，1949年回到上海，曾任上海《文汇报》副社长兼副总编、上海电影剧本创作所所长、上海电影艺术研究所所长、《大众电影》主编、上海作协书记处书记、上海影协常务副主席等职，改编或创作电影文学剧本《腐蚀》、《不夜城》、《秋瑾传》等，著有多部散文集、文艺评论集及《柯灵电影剧本选集》。

名人名言

张爱玲有关情感的妙语

☆ 于千万人之中，遇见你要遇见的人。于千万年之中，时间无涯的荒野里，没有早一步，也没有迟一步，遇上了也只能轻轻地说一句："哦，你也在这里吗？"

☆ 我要你知道，在这个世界上总有一个人是等着你的，不管在什么时候，不管在什么地方，反正你知道，总有这么个人。

☆ 在人群中偷看你的笑脸，恍惚间仿佛回到从前。会不会有一天我们再一次地偶然相遇，一见钟情，然后彼此相恋？

☆ 诺言的"诺"字和誓言的"誓"字都是有口无心的。

☆ 你在做什么？我在仰望天空。30度的仰望是什么？是我想念她的角度。为什么要把头抬到30度？为了不让我的眼泪掉下来……

☆ 人一辈子也无法心心相印，他们孤独的只剩下肉体和金钱的交换了。所以，请等待那个对你生命有特殊意义的人……

☆ 在我的世界里，你依旧纯洁，脏了的只是这个世界……

☆ 踮起脚尖，我们就能离幸福更近一点吗？

☆ 我生命里的温暖就那么多，我全部给了你，但是你离开了我，你叫我以后怎么再对别人笑。

☆ 有些人会一直刻在记忆里的，即使忘记了他的声音，忘记了他的笑容，忘记了他的脸，但是每当想起他时的那种感受，是永远都不会改变的

☆ 感情有时候只是一个人的事情。和任何人无关。爱，或者不爱，只能自行了断。

☆ 对弈的人已走，谁还在意推敲红尘之外的一盘残棋

☆ 我一直在寻找那种感觉，那种在寒冷的日子里，牵起一双温暖的手，踏实地向前走的感觉。

☆ 因为平淡，我们的爱情有时会游离原本温馨的港湾；因为好奇，我们的行程会在某个十字路口不经意的拐弯，就在你意欲转身的刹那，你会听见身后有爱情在低声地哭泣。

☆ 在这城市里，我相信一定会有那么一个人，想著同样的事情，怀著相似的频率，在某站寂寞的出口，安排好了与我相遇。

☆ 用一转身离开，用一辈子去忘记……

☆ 终有一天你会知道：公交5分钟一班，地铁9分钟一班，我们的爱——一辈子只有这一班！

☆ 为追求到我喜欢的人，我愿意放弃我所拥有的一切，可当我放弃这一切后，她还会接受我的爱吗？

☆ 生活，匀速的是爱，不匀速则变成一种伤害……

☆ 明知道天要下雨就该带把伞，明知道不会有结果就请别开始！

☆ 一段感情能给你带来多大痛苦，就曾给你带来过多大快乐……

☆ 有的人走了就再也没回来过，所以，等待和犹豫才是这个世界上最无情的杀手！

☆ 当我们都老的时候，我希望——还能吻着你的牙床，直到永远……

☆ 我颠倒了整个世界，只为摆正你的倒影……

☆ 如果一个人的感情得到了解脱，那么另一个人将走向可怕的地狱……

☆ 爱情就是上辈子欠下的情债这辈子来还——我上辈子一定俗不可耐，搞得我今生无债可还！！

☆ 有人追求幸福，所以努力；有人拥有幸福，所以放弃……

关于名字

张爱玲

我自己有一个恶俗不堪的名字，明知其俗而不打算换一个，可是我对于人名实在非常感到兴趣的。为人取名字是一种轻便的，小规模的创造。旧时代的祖父，冬天两脚搁在脚炉上，吸着水烟，为新添的孙儿取名字，叫他什么他就是什么。叫他光楣，他就得努力光大门楣：叫他祖荫，叫他承祖，他就得常常记起祖父；叫他荷生，他的命里就多了一点六月的池塘的颜色。

除了小说里的人，很少有人是名副其实的，（往往适得其反，名字代表一种需要，一种缺乏。穷人十有九个叫金贵，阿富，大有。）但是无论如何，名字是与一个人的外貌品性打成一片，造成整个的印象的。因此取名是一种创造。

我在学校读书的时候，与我同名的人有两个之多，也并没有人觉得我们的名字滑稽或具有低级趣味。中国先生点名点到我，从来没有读过白字；外国先生读到"伍婉云"之类的名字每觉得吃力，舌头仿佛卷起来打个蝴蝶结，念起我的名字却是立即朗朗上口。这是很慈悲的事。

现在我开始感到我应当对我的名字发生不满了。为什么不另挑两个美丽而深沉的字眼，即使本身不能借得它的一点美与深沉，至少投起稿来不至于给读者一个恶劣的最初印象？仿佛有谁说过：文坛登龙术的第一步是取一个炜丽的名字。果真是"名不正则言不顺，言不顺则事不成"么？

中国的一切都太好听，太顺口了。固然，不中听，不中看，不一定就中用；可是世上有用的人往往是俗人。我愿意保留我的俗不可耐的名字，向我自己作为一种警告，设法除去一般知书识字的人咬文嚼字的积习，从柴米油盐，肥皂，水与太阳之中去找寻实际的人生。

张爱玲作品精选

公寓生活记趣

读到“我欲乘风归去，又恐琼楼玉宇，高处不胜寒”的两句词，公寓房子上层的居民多半要感到毛骨悚然。屋子越高越冷。

自从煤贵了之后，热水汀早成了纯粹的装饰品。构成浴室的图案美，热水龙头上的H字样自然是不可少的一部分；实际上呢，如果你放冷水而开错了热水龙头，立刻便有一种空洞而凄怆的轰隆轰隆之声从九泉之下发出来，那是公寓里特别复杂，特别多心的热水管系统在那里发脾气了。即使你不去太岁头上动土，那雷神也随时地要显灵。无缘无故，只听见不怀好意的“嗡……”拉长了半晌之后接着“訇訇”两声，活像飞机在顶上盘旋了一会，掷了两枚炸弹。在战时香港吓细了胆子的我，初回上海的时候，每每为之魂飞魄散。若是当初它认真工作的时候，艰辛地将热水运到六层楼上来，便是咕噜两声，也还情有可原。现在可是雷声大，雨点小，难得滴下两滴生锈的黄浆……然而也说不得了，失业的人向来是肝火旺的。

梅雨时节，高房子因为压力过重，地基陷落的原故，门前积水最深。街道上完全干了，我们还得花钱雇黄包车渡过那白茫茫的护城河。雨下得太大的时候，屋子里便闹了水灾。我们轮流抢救，把旧毛巾、麻袋、褥单堵住了窗户缝；障碍物湿濡了，绞干，换上，污水折在脸盆里，脸盆里的水倒在抽水马桶里。忙了两昼夜，手心磨去了一层皮，墙根还是汪着水，糊墙的花纸还是染了斑斑点点的水痕与霉迹子。风如果不朝这边吹的话，高楼上的雨倒是可爱的。有一天，下了一黄昏的雨，出去的时候忘了关窗户，回来一开门，一房的风声雨味，放眼望出去，是碧蓝的潇潇的夜，远处略有淡灯摇曳，多数的人家还没点灯。

常常觉得不可解，街道上的喧声，六楼上听得分外清楚，仿佛就在耳根底下，正如一个人年纪越高，距离童年渐渐远了，小时的琐屑的回忆反而渐渐亲切明晰起来。

我喜欢听市声。比我较有诗意的人在枕上听松涛，听海啸，我是非得听见电车响才睡得着觉的。在香港山上，只有冬季里，北风彻夜吹着常青树，还有一点电车的韵味。

长年住在闹市里的人大约非得出了城之后才知道他离不了一些什么。城里人的思想，背景是条纹布的幔子，淡淡的白条子便是行驰着的电车——平行的，匀净的，声响的河流，汩汩流入下意识里去。

我们的公寓近电车厂邻，可是我始终没弄清楚电车是几点钟回家。“电车回家”这句子仿佛不很合适——大家公认电车为没有灵魂的机械，而“回家”两个字有着无数的情感洋溢的联系。但是你没看见过电车进厂的特殊情形吧？一辆衔接一辆，像排了队的小孩，嘈杂，叫嚣，愉快地打着哑嗓子的铃：“克林，克赖，克赖，克赖！”吵闹之中又带着一点由疲乏而生的驯服，是快上床的孩子，等着母亲来刷洗他们。车里的灯点得雪亮。专做下班的售票员的生意的小贩们曼声兜售着面包。有时候，电车全进了厂了，单剩下一辆，神秘地，像被遗弃了似的，停在街心。从上面望下去，只见它在半夜的月光中袒露着白肚皮。

这里的小贩所卖的吃食没有多少典雅的名色。我们也从来没有缒下篮子去买过东西，（想起《依本痴情》里的顾兰君了。她用丝袜结了绳子，缚住了纸盒，吊下窗去买汤面。袜子如果不破，也不是丝袜了！在节省物资的现在，这是使人心惊肉跳的奢侈。）也许我们也该试着吊下篮子去。无论如何，听见门口卖臭豆腐干的过来了，便抓起一只碗来，噔噔奔下六层楼梯，跟踪前往。在远远的一条街上访到了臭豆腐干担子的下落，买到了之后，再乘电梯上来，似乎总有点可笑。

我们的开电梯的是个人物，知书达理，有涵养，对于公寓里每一家的起居他都是一本清帐。他不赞成他儿子去做电车售票员——嫌那职业不很上等。再热的天，任凭人家将铃撳得震天响，他也得在汗衫背心上加上一件熨得溜平的纺绸小褂，方肯出现。他拒绝替不修边幅的客人开电梯。他的思想也许缙绅气太重，然而他究竟是个有思想的人。

可是他离了自己那间小屋，就踏进了电梯的小屋——只怕这一辈子是跑不出这两间小屋了。电梯上升，人字图案的铜栅栏外面，一重重的黑暗往下移，棕色的黑暗，红棕色的黑暗，黑色的黑暗……衬着交替的黑暗，你看见司机人的花白的头。

没事的时候他在后天井烧个小风炉炒菜烙饼吃。他教我们怎样煮红米饭；烧开了，熄了火，停个十分钟再煮，又松，又透，又不塌皮烂骨，没有筋道。

托他买豆腐浆，交给他一只旧的牛奶瓶，陆续买了两个礼拜，他很简单地报告道："瓶没有了。"是砸了还是失窃了，也不得而知。再隔了些时，他拿了一只小一号的牛奶瓶装了豆腐浆来。我们问道："咦？瓶又有了？"他答道："有了。"新的瓶是赔给我们的呢还是借给我们的，也不得而知。这一类的举动是颇有点社会主义风的。

我们的《新闻报》每天早上他要循例过目一下方才给我们送来。小报他读得更为仔细些，因此要到十一二点钟才轮得到我们看。英文、日文、德文、俄文的报他是不看的，因此大清早便卷成一卷插在人家弯曲的门钮里。

报纸没有人偷，电铃上的铜板却被撬去了。看门的巡警倒有两个，虽不是双生子，一样都是翻领里面竖起了木渣渣的黄脸，短裤与长统袜之间露出木渣渣的黄膝盖；上班的时候，一般都是横在一张藤椅上睡觉，挡住了信箱。每次你去看看信箱的时候总得殷勤地凑到他面颊前面，仿佛要询问："酒刺好了些罢？"

恐怕只有女人能够充分了解公寓生活的特殊优点：佣人问题不那么严重。生活程度这么高，即使雇得起人，也得准备着受气。在公寓里"居家过日子"是比较简单的事。

找个清洁公司每隔两星期来大扫除一下。也就用不着打杂的了。没有佣人，也是人生一快。抛开一切平等的原则不讲，吃饭的时候如果有个还没吃过饭的人立在一边眼睁睁望着，等着为你添饭，虽不至于使人食不下咽，多少有些讨厌。许多身边杂事自有它们的愉快性质。看不到田园里的茄子，到菜场上去看看也好——那么复杂的，油润的紫色；新绿的豌豆，熟艳的辣椒，金黄的面筋，像太阳里的肥皂泡。把菠菜洗过了，倒在油锅里，每每有一两片碎叶子粘在簸篓底上，抖也抖不下来；迎着亮，翠生生的枝叶在竹片编成的方格子上招展着，使人联想到篱上的扁豆花。其实又何必“联想”呢？簸篓子的本身的美不就够了么？我这并不是效忠于国社党[①]，劝诱女人回到厨房里去。不劝便罢，若是劝，一样的得劝男人到厨房里去走一遭。当然，家里有厨子而主人不时的下厨房，是会引起厨子最强烈的反感的。这些地方我们得寸步留心，不能太不识眉眼高低。

有时候也感到没有佣人的苦处。米缸里出虫，所以掺了些胡椒在米里——据说米虫不大喜欢那刺激性的气味，淘米之前先得把胡椒拣出来。我捏了一只肥白的肉虫的头当做胡椒，发现了这错误之后，不禁大叫起来，丢下饭锅便走。在香港遇见了蛇，也不过如此罢了。那条蛇我只见到它的上半截，它钻出洞来矗立着，约有二尺来长。我抱了一叠书匆匆忙忙下山来。正和它打了个照面。它静静地望着我，我也静静地望着它，望了半响，方才哇呀呀叫出声来，翻身便跑。

提起虫豸之类，六楼上苍蝇几乎绝迹，蚊子少许有两个。如果它们富于想象力的话，飞到窗口往下一看，便会晕倒了罢？不幸它们是像英国人一般地淡漠与自足——英国人佐在非洲的森林里也照常穿上了燕尾服进晚餐。

公寓是最合理想的逃世的地方。厌倦了大都会的人们往往记挂着和平幽静的乡村，心心念念盼望着有一天能够告老归田，养蜂种菜，享点清福。殊不知在乡下多买半斤腊肉便要引起许多闲言闲语，而在公寓房子的最上层你就是站在窗前换衣服也不妨事！

然而一年一度，日常生活的秘密总得公布一下。夏天家家户户都大敞着门，搬一把藤椅坐在风口里。这边的人在打电话，对过一家的仆欧一面熨衣裳，一面便将电话上的对白译成了德文说给他的小主人听。楼底下有个俄国人在那里响亮地教日文。二楼的那位女太太和贝多芬有着不共戴天的仇恨，一捶十八敲，咬牙切齿打了他一上午；钢琴上倚着一辆脚踏车。不知道哪一家在煨牛肉汤，又有哪一家泡了焦三仙。

人类天生的是爱管闲事。为什么我们不向彼此的私生活里偷偷的看一眼呢？既然被看者没有多大损失而看的人显然得到了片刻的愉悦？凡事牵涉到快乐的授受上，就犯不着斤斤计较了。较量些什么呢？——长的是磨难，短的是人生。

屋顶花园里常常有孩子们溜冰，兴致高的时候，从早到晚在我们头上咕滋咕滋挫过来又挫过去，像瓷器的摩擦，又像睡熟的人在那里磨牙，听得我们一粒粒牙齿在牙龈里发酸如同青石榴的子，剔一剔便会掉下来。隔壁一个异国绅士声势汹汹上楼去干涉。他的太太提醒他道，“人家不懂你的话，去也是自去。”他植拳擅袖道：“不要紧，我会使他们懂得的！”隔了几分钟他偃旗息鼓嗒然下来了。上面的孩子年纪都不小了，而且是女性，而且是美丽的。

谈到公德心，我们也不见得比人强。阳台上的灰尘我们直截了当地扫到楼下的阳台上去。“啊，人家栏杆上晾着地毯呢——怪不过意的，等他们把地毯收了进去再扫罢！”

一念之慈，顶上生出了灿烂圆光。这就是我们的不甚彻底的道德观念。

载 1943 年 12 月《天地》月刊第 3 期

【注释】

①国社党，即国家社会党，三十年代秘密成立的右翼政党，1937 年以后公开活动。